Ethnopsychoanalyse 5

Jugend
und
Kulturwandel

W0108837

Jugendliche geben den Alten Rätsel auf und treiben den kulturellen Wandel voran, sie streben nach Freiheit, erzwingen Stellungnahme. Die Beiträge stellen Jugendliche aus Papua Neuguinea, Indien, Burkina Faso und Burundi, Marokko und der Türkei sowie Deutschland vor und lassen deren Konflikte mit ihrer Umwelt transparent werden. Die Forschungsberichte aus verschiedenen Gesellschaften verdeutlichen durch ihre Fokussierung auf die Adoleszenz die unterschiedlichen Formen des Kulturwandels und der sie begleitenden Generationenkonflikte. Dabei eröffnet der interkulturelle Vergleich bei der Ausgestaltung der Adoleszenz neue Erkenntnismöglichkeiten und läßt den Antagonismus von Familie und Kultur plastisch werden. Die Autorinnen und Autoren arbeiten in ihren Beiträgen besonders geschlechtsspezifische Momente heraus. Ethnopsychoanalyse leistet so einen Beitrag zur psychoanalytischen Kulturtheorie.

Bereits erschienen:

Glaube, Magie, Religion. **Ethnopsychoanalyse 1**
3. Auflage 1997, 224 S., Paperback, ISBN 3-925798-20-X

Herrschaft, Anpassung, Widerstand. **Ethnopsychoanalyse 2**
248 S., Paperback, ISBN 3-925798-10-2

Körper, Krankheit und Kultur. **Ethnopsychoanalyse 3**
256 S., vierf. Paperback, ISBN 3-86099-113-2

Arbeit, Alltag, Feste. **Ethnopsychoanalyse 4**
256 S., vierf. Paperback, ISBN 3-86099-114-0

Ethnopsychoanalyse 5

Jugend
und
Kulturwandel

in memoriam
Goldy Parin-Matthèy

Brandes & Apsel

Auf Wunsch informieren wir regelmäßig über das Verlagsprogramm.
Eine Postkarte an den Brandes & Apsel Verlag, Zeilweg 20,
D–60439 Frankfurt a. M., genügt.

Die Deutsche Bibliothek – CIP-Einheitsaufnahme:

Ethnopsychoanalyse
5. Jugend und Kulturwandel
[Hrsg. dieses Bd.: Roland Apsel ... Red. dieses Bd.:
Roland Apsel/Wolf-Detlef Rost
1. Aufl. - Frankfurt a. M. : Brandes und Apsel, 1998
ISBN 3-86099-115-9

Herausgeber dieses Bandes: Roland Apsel
Redaktion dieses Bandes: Roland Apsel/Wolf-Detlef Rost
Redaktionsadresse: Redaktion Ethnopsychoanalyse
c/o Brandes & Apsel Verlag, Zeilweg 20, D-60439 Frankfurt a. M.

Wissenschaftlicher Beirat: Vincent Crapanzano, New York;
Mario Erdheim, Zürich; Peter Fürstenau, Düsseldorf; Utz Jeggle, Tübingen;
Peter Möhring, Gießen; Maya Nadig, Bremen; Johannes Reichmayr, Wien
Florence Weiss, Basel.

1. Auflage 1998
© Brandes & Apsel Verlag GmbH, Zeilweg 20, D–60439 Frankfurt a. M.
Buchgestaltung. Roland Apsel, Frankfurt a. M.
Foto Umschlagvorderseite: Sigrid Awart, *Junge Männer auf Papua Neuguinea*
Bild Umschlagrückseite: Gudrun Fischer-Bomert, *Frau, werdend* (1990)
Druck: Nexus Druck GmbH, Frankfurt a. M., Germany
Gedruckt auf säurefreiem, alterungsbeständigem und chlorfrei gebleichtem Papier.

ISBN 3-86099-115-9
ISSN 0937-4523

Inhalt

Vorwort

Gegen Ende des Jahrtausends scheint es mit der Idealisierung von Jugend zu Ende zu gehen. Jugendlichen werden immense Anpassungsleistungen abverlangt, es wird ihnen nicht nur mit Repression gedroht, sondern sie bekommen sie im Arbeits- und Ausbildungsleben als Drohung der Institutionen zu spüren, ausgeschlossen zu werden, herunterzufallen, erst gar nicht hineinzukommen. Bei Jugend scheint der Gedanke an Störfall vermehrt aufzutreten: als Störfall Jugend, dem mit mehr *Überwachen und Strafen* (Michel Foucault) beizukommen sei. Vom Zeitgeist aufgebauscht erscheint all dies als eiskalter Generationenkonflikt – oder vielleicht brennend heiß? Der erste Titelvorschlag zu diesem Band war dann auch entsprechend: Jugend, Kulturwandel und Repression! Er könnte auch Jugend, Kulturwandel und Generationenkonflikt lauten. Jugend und Freiheit kommt ja nicht mal mehr in der Reklame vor, nur noch der jugendliche Körper und sein scheinbar unstillbares Konsumverlangen flimmern global über die Bildschirme. Das jugendliche (Auf-)Begehren – findet es noch Orte für sich? Interessant ist, wie in Deutschland der strafrechtliche Diskurs in Verbindung mit dem ökonomischen vorangetrieben wird – und alles in Verbindung mit Jugendlichen, die vom ersten kleinen Übertritt an hart das Gesetz kennenlernen sollen und die schon mit dem 18. Lebensjahr »erwachsen« sein sollen. Nicht einmal mehr die Karenz bis zum 21. Lebensjahr soll gelten. Interessant ist, daß es in der Psychotherapie für diese Altersgruppe aber keinen selbstbestimmten Platz zu geben scheint (vgl. Ulrike Guercke, in: *Analytische Kinder- und Jugendlichen-Psychotherapie,* Heft 92, 4/1996, S. 441f.).

Doch Ethnopsychoanalyse schaut hinter die kulturellen Schranken und über die Festung Europa. Deshalb heißt dieser Band »nur« *Jugend und Kulturwandel* und bietet keinen eurozentrischen (Schein-) Durchblick, sondern interessante Beiträge aus verschiedenen Ländern und unterschiedlichen Kulturen.

Beginnen wir mit dem Beitrag von *Mario Erdheim,* in dem er die psychoanalytische Kulturtheorie mit der Adoleszenztheorie verbindet und kritische Fragen an die Gesellschaft aufwirft. Bevor wir uns der hiesigen Gesellschaftsordnung widmen, stellt *Markus Weilenmann* eine junge Frau und deren Schicksal in Burundi vor. Die Fallgeschichte gibt einen Eindruck von der Vielschichtigkeit ethnopsychoanalytischer Forschung. *Christian Maier* zeigt dann die subtile Machtstruktur westdeutscher

Mittelschichtfamilien auf, während *Ellen Reinke* einen Ansatz wählt, der den unterschiedlichen Generationen gegensätzliche Interessen zuschreibt. *Cornelia Wegeler* führt uns in die fremde Welt einer türkisch-marokkanischen Mädchengruppe im multikulturellen Frankfurt. Mit *Sigrid Awart* verlassen wir Europa und nehmen teil am Goldrausch in Papua Neuguinea. Schon wieder wechseln wir mit *Claudia Roth* den Kontient und kehren nach Afrika, genauer Burkina Faso, zurück: Hier finden wir die männlichen Jugendlichen in einer schier ausweglosen Lage... Doch sind in Indien die jungen Frauen vielleicht noch schlimmer dran? *Jürgen Krambeck* zeigt, wie widerständig weibliche Biographien dort verlaufen können.

Ruth Waldeck findet in ihrer Analyse ethnologischer Frauenforschung einen prägnanten blinden Fleck: Wie steht es um die Macht unter Frauen? Auf intrapsychischer Ebene zeigt uns – aus dem Archiv der Ethnopsychoanalyse von *Peter Möhring* gehoben – *Georges Devereux*, wo die kulturellen Zuschreibungen wirksam sind und wo die idiosynkratischen Umgehensweisen vorherrschend sind.

Wir wünschen eine interessante Lektüre und denken schon weiter: Der nächste Band, also *Ethnopsychoanalyse 6,* heißt im Moment ungefähr: *forschen, erzählen, reflektieren.* Dieser Dreischritt lehnt sich nicht von ungefähr an Sigmund Freuds *Erinnern, wiederholen, durcharbeiten* an. Es verweist zugleich auf die Darstellungsproblematik in Ethnologie und Psychoanalyse und wirft ein Licht auf den ethnopsychoanalytischen Forschungsprozeß als gesamten: Wie wird nachgedacht und mit wem? Wo zeigt sich die kulturelle Unbewußtheit? Was leistet eine ethnopsychoanalytische Kulturtheorie? Die Beiträgen sollen sich also um die Feldforschung, ihre Vorbereitung und Supervision, ihre Nachbereitung und Veröffentlichung, um das Schreiben über das Fremde und die Lust am Forschen und an der Erkenntnis ranken.

Wir danken allen, die zum Gelingen dieses Bandes beigetragen haben.

Roland Apsel / Wolf-Detlef Rost

MARIO ERDHEIM
Adoleszentenkrise und institutionelle Systeme
Kulturtheoretische Überlegungen

1. Die kulturgeschichtliche Genese der Adoleszenz

Die Krise der Adoleszenten betrachte ich nicht als ein rein psychisches Ereignis im Individuum, sondern als ein Geschehen, das sich im Rahmen von Institutionen abspielt. Und diese Institutionen existieren nicht im luftleeren Raum, sondern in einem Verbund, in einem System von Institutionen. System wiederum ist ein weiter Begriff, und ich habe mich entschieden, diesen Begriff in einem bestimmten historischen Sinn zu verwenden: Das, was die Institutionen miteinander verknüpft, ist eine spezifische kulturelle Logik, nämlich der Rationalismus. In seiner *Sozial-geschichte des Aufwachsens* schreibt Fend: »Ohne eine genaue Kenntnis der Besonderheiten des okzidentalen Rationalismus sind die verschiedenen kulturellen Strömungen der Gegenwart, an denen die junge Generation teilhat, nicht verständlich.« (1988: 40) Fend geht von einem charakteristischen Merkmal der westlichen Kultur aus, dem Rationalismus und seinen Ausprägungen in unserer technisch-ökonomischen Zivilisation, d.h. der Wissenschaftsorientierung, der rational-bürokratischen Planung, der Hierarchisierung und Atomisierung der Arbeitsabläufe, der Wettbewerbsorientierung und der repräsentativ-demokratischen Partizipation.

Mich interessieren aber nicht nur die kulturellen Strömungen, welche die Jugend prägen, sondern vor allem auch die Frage, aufgrund welcher Formen von Adoleszenz solche kulturelle Gestaltungen möglich geworden sind. Dabei muß man sich veranschaulichen, welche Werte und Tugenden mit der Umsetzung des modernen Rationalismus verknüpft sind: nämlich Disziplin, Gehorsam, Leistung, Ordnung, Pflichterfüllung, Fleiß, Unterordnung, Bescheidenheit, Selbstbeherrschung, Pünktlichkeit, Anpassungsbereitschaft, Fügsamkeit, Enthaltsamkeit. Bekanntlich kommt ja der Mensch nicht mit solchen Tugenden zur Welt. Er muß sie sich mühsam aneignen. Bei diesem Aneignungsprozeß spielt die Adoleszenz eine wesentliche Rolle. Welche Rolle das ist, wird faßbar, wenn wir uns kurz dem Problem zuwenden, wie die Adoleszenz in Kulturen verläuft, die ihre Grundstrukturen nicht auf den Rationalismus ausrichteten und folglich dieser Tugenden und Tugendsysteme nicht bedurften.

Die amerikanische Ethnologin Margaret Mead beschrieb diese Kulturen, die sich in erster Linie an Traditionen orientierten, als Kulturen, in welchen die Vergangenheit der Großeltern weitgehend identisch war mit der Zukunft ihrer Enkel. In solchen Kulturen verlief die Zeit zyklisch, und der Übergang von der Kindheit ins Erwachsenenalter, die Adoleszenz, war in hohem Maße rituell geregelt durch die Initiationsfeiern. Je schneller sich nun der Kulturwandel vollzog, je verschiedener also die Vergangenheit der Großeltern von der Zukunft der Enkel wurde, und das heißt auch, je mehr die zyklische Zeit durch die lineare Zeit ersetzt wurde, desto mehr wurde die Adoleszenz entritualisiert und verlängert und nahm im Lebenslauf des Individuums eine immer bedeutendere Rolle ein (Erdheim, 1991).

Welche Auswirkungen hatte die Verlängerung der Adoleszenz für das Individuum? Die Lehrjahre wurden immer wichtiger, weil ein sich ständig veränderndes Wissen in der technisch-ökonomischen Zivilisation unumgänglich wurde, um sich eine privilegierte Position zu sichern: »Wissen ist Macht«, wie Bacon zu Beginn der Neuzeit postulierte. Aber es ging um weit mehr als um die Anhäufung von Wissen, es ging um eine wesentliche Um- und Neugestaltung der inneren Räume des Subjekts. Die Triebstruktur des Individuums mußte in den Dienst der Disziplin, der Selbstbeherrschung und Pünktlichkeit, der Ordnung und Enthaltsamkeit gestellt werden. Hinzu kam, daß auch der Bereich der Größen- und Allmachtsphantasien neu geordnet werden mußte. Während in traditionellen Gesellschaften diese Phantasien auf die Gesellschaft übertragen und vorwiegend im religiösen Bereich gebunden waren, wurden sie nun im Subjekt verankert, und dieses mußte nun selbst sehen, wie es damit fertig wurde. Bescheidenheit und Fleiß wurden nun als Mittel gepriesen, Größenphantasien mittels Arbeit in die Realtität umzusetzen. Kreativität, Autonomie und Selbstverwirklichung wurden Dank der Größenphantasien hoch besetzt und steigerten die Motivation des Individuums, die Welt zu verändern, anstatt sie wie einst den Traditionen gemäß zu konservieren. Entscheidend dabei war, daß diese Werte und Einstellungen nicht bzw. nicht nur durch die äußere soziale Kontrolle durchgesetzt und eingehalten werden sollten, sondern auch durch innere Leitung. David Riesman spricht in diesem Zusammenhang von der Autonomie der innengeleiteten Individuen und unterscheidet sie von der Gebundenheit der traditionsgeleiteten Menschen, die sich in ihrem Verhalten an ihren Bezugsgruppen und deren Überlieferungen orientierten.

Zwei Prozesse bedingten und verstärkten einander also gegnseitig. Die Gesellschaft und ihre Subsysteme Ökonomie, Bürokratie, Wissenschaft etc. wurden einerseits immer komplexer und differenzierter, das heißt aber auch: leichter aus dem Gleichgewicht zu bringen. Und das Individuum andererseits mußte, um die immer komplexer werdenden Leistungen zu erbringen, immer subtilere, kreative Lernprozesse samt den dazugehörenden Beziehungsstrukturen eingehen. Hinzu kam noch der Prozeß der Individualisierung, durch den das Subjekt zunehmend aus traditionalen, familialen, nachbarschaftlichen, beruflichen Bindungen herausgelöst wurde.

Alle diese Prozesse sind außerordentlich störungsanfällig. Ich möchte hier nur kurz auf ein paar Formen von Störungen hinweisen:

a) Störungen können einerseits auf der Ebene des gesellschaftlichen Systems und seiner Institutionen auftreten, und zwar als Folge der hohen Komplexität. Bei den Individuen äußern sich diese Störungen nicht zuletzt als Kommunikationsstörungen. Sie können über die auftauchenden Probleme nicht mehr sprechen, und wenn sie es doch versuchen, entwickeln sich Mißverständnisse, die alles noch unübersichtlicher machen. Oft werden in solchen Fällen die Gründe für die Störungen nicht in der Institution selbst gesucht, sondern in einzelnen Individuen. Der Soziologe Ulrich Beck spricht in seinem Buch *Risikogesellschaft. Auf dem Weg in eine andere Moderne* von der »Individualisierung des Risikos«: »In der Konsequenz schlagen gesellschaftliche Probleme unmittelbar um in psychische Dispositionen: in persönliches Ungenügen, Schuldgefühle, Ängste, Konflikte und Neurosen. Es entsteht ... eine neue Unmittelbarkeit von Krise und Krankheit in dem Sinne, daß die gesellschaftlichen Krisen als individuelle erscheinen und nicht mehr oder nur sehr vermittelt in ihrer Gesellschaftlichkeit wahrgenommen werden.« (1986: 158-159)

b) Eine andere Form von Störungen sind individuelle, aus der Kindheit und Adoleszenz erwachsende Störungen (wie Psychosen, Neurosen, Dissozialität). Sie verursachen in komplexen Systemen besondere Schwierigkeiten, und die davon betroffenen Individuen werden in der Regel aus dem Alltag ausgegliedert. Diese Ausgliederung wirkt auf die Symptome zurück, manchmal sie verschärfend, manchmal sie in eine Latenz treibend, die sofort virulent wird, wenn das Individuum wieder in die Gesellschaft zurückkehrt. Psychopharmaka eröffneten in diesem Bereich neue therapeutische Möglichkeiten, insofern sie erlaubten, die soziale Isolation zu vermeiden.

c) Andere individuelle Störungen sind nicht so sehr Resultat lebensgeschichtlicher Traumatisierungen, sondern Folge der Überbelastung des Individuums durch die völlig unübersichtlich werdende Komplexität der Gesellschaft bzw. der entsprechenden Institutionen. Im Gegensatz zu a) erfüllen hier die Institutionen durchaus ihre Aufgabe, aber das Individuum ist den Anforderungen nicht gewachsen und entwickelt aus diesem Konflikt heraus seine Symptome.

Diese Überlegungen mögen zwar recht allgemein sein, aber sie gegen doch eine Art Richtlinie, um die Verschiedenheit der Störungen zu beurteilen. Zentral in dieser Perspektive ist die Berücksichtigung des Verhältnisses des Individuums zu den es umgebenden Institutionen. Hier ist eine Art Umdenken notwendig. In der Regel ist es nämlich so, daß die Störungen des Individuums vorwiegend auf Störungen der familiären Umgebung zurückgeführt werden. Die Familie, heißt es etwa, sei heutzutage zerrüttet oder am zerfallen und biete dem Jugendlichen weder Geborgenheit noch die nötige Anleitung zum Leben. Der Versuch, die Adoleszentenkrise aus der Krise der Familie abzuleiten, verstellt jedoch den Blick auf einige wesentliche Aspekte der Problematik der Adoleszenten. Wenn man die Entwicklung der Familie aus historischer Sicht betrachtet, erscheint zudem auch ihre vielbeschworene Krise in einem anderen Licht.

2. Die Neuformierung der Familie und die Adoleszenzkrisen

Wir sind von der These ausgegangen, daß die Entwicklung der modernen Gesellschaft unter dem Vorzeichen der Rationalität in Wechselbeziehung zur Entritualisierung und Verlängerung der Adoleszenz stand. Was aber heißt das in bezug auf die Entwicklung der Familie? Der wesentliche Punkt ist in diesem Zusammenhang die Abspaltung der produktiven, das heißt ökonomischen Funktion der Familie von ihrer reproduktiven Funktion. In traditionellen Gesellschaften war die Familie »nicht nur in einem sehr viel umfassenderen Sinne als heute Lebens-, Erziehungs-, Konsum- und ›Freizeit‹-Gemeinschaft gewesen, sondern zugleich – und das im strikten Gegensatz zur ›modernen Familie‹ die grundlegende Einheit der Produktion. Weder waren diese Familien ohne die Produktionsaufgaben denkbar, noch die Produktion ohne den familiären Rahmen, der sie prägte und begrenzte. (...) Die Einheit von Produktion und Haushalt bedeutete, daß jenseits aller vorhandenen Differenzierungen sachlich-ökonomische und arbeitsorganisatorische Aspekte im alltäglichen Leben dominierten. Aufgrund dessen, aber auch weil ... in diese Haushalte häufig Gesinde, Gesellen und Lehrlinge einbezogen waren, konnte sich in ihnen weder eine Privatsphäre ›Familie‹ ausbilden, noch (...) emotional affektive Orientierungen jene Bedeutung bekommen, wie sie für die moderne Familie typisch zu sein scheinen.« (Rosenbaum, 1982: 19)
Und Philippe Ariès erklärt in seiner *Geschichte der Kindheit* noch pointierter:»Die Mission, von der diese alte Familie geprägt war, war die Erhaltung des Besitzes, die gemeinsame Ausübung eines Handwerks, die

alltägliche gegenseitige Hilfe in einer Welt, in der ein einzelner Mann und mehr noch eine einzelne Frau nicht überleben konnten... Eine affektive Funktion hatte sie nicht. Das soll nicht heißen, daß es ihr grundsätzlich an Liebe fehlte; (...) Doch waren (und das ist der springende Punkt) Gefühle zwischen Ehegatten, zwischen Eltern und Kindern keine unabdingbare Voraussetzung für die Existenz wie für das Gleichgewicht der Familie: um so besser, wenn sie sich zusätzlich einstellten.« (1960: 47)

In einem solchen Zusammenhang bedeutete ›Kindheit‹ etwas ganz anderes als heute. Kinder waren mehr sich selbst überlassen und mußten sehen, wie sie sich der Welt der Erwachsenen anpaßten. Erziehung war in erster Linie Erziehung zur Arbeit, und es ging nicht darum, die kindlichen Fähigkeiten der Kinder zu fördern. »Nur das sehr kleine Kind«, schreibt Heidi Rosenbaum über die bäuerlichen Verhältnisse in Europa, »hatte viel Zeit zum zweckfreien Spiel, wobei die Spielgegenstände und Materialien selbst hergestellt werden mußten. Aber schon früh mischten sich die Arbeitsvollzüge mit dem Spiel. Das allmähliche, aber stetige Heranziehen des Kindes zur Arbeit fand sicher je nach Wohlstand und verfügbaren Arbeitskräften unterschiedlich früh und intensiv statt. Unabhängig davon spiegelte sich aber darin die grundlegende Einstellung des Bauern zu Kindern, die primär als Arbeitskräfte geschätzt wurden.« (1982: 94)

In dem Maße wie die Produktion unter dem Einfluß kapitalistischer Rationalität neu organisiert und bis auf wenige soziale Nischen aus dem familiären Bereich in die Fabrik, ins Büro oder ins Amt ausgegliedert wurde, entwickelte sich die Familie zum Ort des Privaten und des Intimen. »Die Familie ist zu einem Ort unabdingbarer affektiver Verbundenheit zwischen den Ehegatten und auch zwischen Eltern und Kindern geworden, was sie zuvor nicht gewesen war. Diese affektive Verbundenheit läßt sich vor allem an dem Rang ablesen, der der Erziehung von nun an eingeräumt wird. Es handelt sich nicht mehr einfach darum, die Kinder in den Dienst des Besitzes und der Ehre zu stellen. Wir haben es mit einer völlig neuen Einstellung zu tun: die Eltern interessieren sich für die Studien ihrer Kinder und verfolgen sie mit einer Aufmerksamkeit, wie sie im 19. und 20. Jahrhundert durchaus üblich ist, zuvor jedoch unbekannt war.« (a.a.O.: 48)

In einer solchen Familie entstanden schon von der frühen Kindheit an tiefe Bindungen, welche ebenso die aggressiven wie die sexuellen Anteile in sich aufnahmen. In der ödipalen Phase mußten die triebhaften Anteile des Kindes in zielgehemmte zärtliche umgewandelt werden, wodurch die familiäre Kohäsion wesentlich verstärkt wurde. »Als Folge der häuslichen Zurückgezogenheit der bürgerlichen Frau und ihrer wachsenden Entmündigung im öffentlichen Leben«, schreibt die Historikerin Weber-

Kellermann, »ergab sich aber nun im Ausgleich eine unerwartete senti-
mentale Auffüllung des innerfamiliären Bereiches, wie sie das Bieder-
meier entschieden auszeichnet und charakterisiert. Die Gedanken der Ehe
als einer geistigen und gefühlsmäßigen Gemeinschaft, die Familie als Ort
für die Erziehung des Menschen zu einem sozialkulturellen Wesen waren
Produkte jener Epoche. Auf ihrem Grunde wuchs das 19. Jahrhundert-
Leitbild der bürgerlichen Familie als gutsituierte Kleinfamilie, in welcher
der Vater die gesellschaftliche Stellung bestimmte, die Mutter die Häuslichkeit gestaltete, beide verbunden in ehelicher Liebe (...), verbunden im
Interesse an der Aufzucht wohlgeratener und wohlerzogener Kinder.«
(1974: 107)

Eine Lebensphase, die in der bürgerlichen Welt besonders akzentuiert
und gepflegt wurde, war die sogenannte Latenzphase, d.h. die Phase
zwischen ca. fünf Jahren und dem Ausbruch der Pubertät. Es sind in
unserer Kultur die Jahre, in welchen sich das Kind allmählich über Kindergarten, Primarschule und religiöse oder andere Gruppen (wie Pfadfin-
der etc.) von der Familie distanziert und neue Gruppen und deren Kultur
kennenlernt. Während der Latenzzeit werden die stürmischen Entwicklungen und Erwerbungen der ersten fünf Jahre (der Umgang mit Sexualität und Aggression, Spracherwerb und Wachstum, Körperbeherrschung)
beruhigt und gefestigt und in die von der Gesellschaft erwünschten Bahnen gebracht. Die Erziehung konzentriert sich vor allem auf die Herstellung von Disziplin: Pünktlichkeit, Genauigkeit und Ordentlichkeit sind
wichtige Erwerbungen dieser Lebensphase. Weiter kommt es auch zur
Entfaltung des Gewissens, das alle Handlungen beobachtet und kommentiert, und damit eine der wichtigsten inneren Voraussetzungen für die
Autonomie und Unabhängigkeit des Subjekts darstellt.

Die Latenzphase setzte besonders enge Beziehungen zwischen Eltern
und Kindern voraus. Entscheidend für das bürgerliche Leitbild der Familie war, wie Heidi Rosenbaum festhält, die Vorstellung, daß die Eltern
einander lieben sollten. Diese Liebe war aber nicht als Leidenschaft konzipiert, sondern als eine Liebe, die auch die Kinder umfassen sollte. Hierher gehörte auch die Forderung, Eltern und nicht Hausangestellte sollten
die Kinder erziehen. Aufgrund dieser Liebe wurden drakonische Erzie-
hungspraktiken, insbesondere Schläge, abgelehnt, gleichzeitig wurde aber
auch davor gewarnt, die Kinder zu verwöhnen. »Die Betonung der Verantwortung der Eltern für die Kinder war ein Novum. Sie ging einher mit
der Forderung an die Mütter, ihre Kinder selbst zu stillen, statt sie einer
Amme zu übergeben.« (a.a.O.: 268) Rosenbaum zitiert auch den Aufklä-
rer Knigge: »Das erste und natürlichste Band unter den Menschen, nächst
die Vereinigung zwischen Mann und Weib, ist von jeher das Band unter

Eltern und Kindern gewesen.« (ebd.) In der Familie sollte eine Atmosphäre herrschen, in der Vertrauen und Zuneigung sich entfalten können: »Die Kinder wurden also in die innige Gefühlsgemeinschaft zwischen den Eltern einbezogen. Das implizierte eine Verringerung der Distanz zwischen den Positionen in der bürgerlichen Familie, insbesondere eine Reduktion der Vater-Autorität. Der Vater blieb zwar oberste Autoritätsposition, er war jedoch nicht mehr ... primär befehlender und züchtigender Hausvater, sondern wurde – der Idee nach – zum Ratgeber und Freund.« (a.a.O.: 270) Hier also entfaltet sich die Idylle von Häuslichkeit und Gemütlichkeit in der Familie als Gegensatz zum Kampf ums Dasein in der Außenwelt.

Aber je enger die Bindung in der Familie wuchs, desto schwerer und mühsamer mußte sich die Ablösung der Kinder gestalten. Hinzu kam noch, daß die Trennung von der Ursprungsfamilie, vor allem beim Mann – weniger bei der Frau – als Maßstab für innere Reife stark idealisiert wurde. Es ist nicht von ungefähr, daß in der schönen Literatur der Kampf zwischen Vater und Sohn besonders drastisch zur Darstellung kam. Seinem Roman *Die Alten und die Jungen* (1889) schickt Konrad Alberti zwei Mottosprüche voraus: »Rackers, wollt ihr denn ewig leben?« gilt vermutlich den Alten, während der andere, »frei nach Goethe«, wohl die Jungen meint: »Was du ererbt von Deinen Eltern hast, verwirf es, um Dich zu besitzen.« (zit. nach Wais, 1931: 13) Der österreichische Schriftsteller Hermann Bahr wandte sich Ende des 19. Jahrhunderts gegen die Einstellung, wonach die Söhne das Leben ihrer Väter fortsetzen sollten, und schrieb: »Wären die Kinder nichts als eine Wiederholung der Eltern, so könnte des Vaters Erfahrung den Sohn führen, aber dann würde die Menschheit immer nur repetiert, niemals fortgesetzt, nicht entwickelt. Aber der Sohn soll ja mehr werden, als der Vater war, mit jedem neuen Menschen fängt doch eine neue Form der Menschheit an, was soll sie da mit den alten Mitteln.« (zit. nach Bahr, 1913: 42) Im 20. Jahrhundert spitzte sich dieser Konflikt weiter zu. In seinem Drama *Sohn* (1914) sah Walter Hasenclever den Kampf gegen den Vater als Fortsetzung des revolutionären Kampfes gegen die politische Herrschaft: »Bedenke, daß der Kampf gegen den Vater das gleiche ist, was vor hundert Jahren die Rache an den Fürsten war. Heute sind *wir* (die Söhne, M.E.) im Recht! Damals haben gekrönte Häupter ihre Untertanen geschunden und geknechtet... Noch kann jeder Vater ungestraft seinen Sohn hungern und schuften lassen, und ihn hindern, große Werke zu vollenden. ... Wir wollen predigen gegen das fünfte Gebot (also ›Ehre Vater und Mutter‹).« (zit. nach Wais, 1931: 50)

Und Georg Kaiser schrieb 1917 in seinem Drama *Die Koralle:* »Der

Sohn geht andere Wege. Die Enttäuschung ist bitter wie keine. Aber da es sich so tausendfach wiederholt, mutet es fast wie ein Gesetz an. Vater und Sohn streben voneinander weg. Es ist immer ein Kampf auf Leben und Tod. — (Nach einer Pause): Ich habe mich auch gegen meinen Vater aufgelehnt. Und obwohl ich fühlte, wie ich ihm wehe tat, mußte ich ihn verletzen. — (Wieder nach einem Warten) Ich erkenne jetzt noch nicht, was mich trieb. Ich wollte mein Leben selbst versuchen – (...) Der Drang nach Unabhängigkeit wirkt stärker als alles andere.« (a.a.O.: 61) Der Konflikt zwischen Vätern und Söhnen darf meiner Ansicht nicht so interpretiert werden, als ob die Väter ›objektiv‹ böser und gefühlloser geworden wären, sondern eher so, daß einerseits der Kulturwandel den Widerspruch zwischen den Generationen zuspitzte und andererseits im neuen emotionaleren Klima der Familie dieser Konflikt eine neuartige Intensität erreichte.

Die streng hierarchischen Verhältnisse gehören heute zur Vergangenheit. Die Entwicklung in Richtung auf die zeitgenössische Familie bzw. auf ein partnerschaftliches Verhältnis zwischen Eltern und Kindern wird heute wesentlich vom Individualisierungsprozeß strukturiert. Die sich wandelnde Stellung der Frau in der Gesellschaft, die Infragestellung patriarchaler Haltungen, das Ideal der Partnerschaftlichkeit in der Ehe ebenso wie die vielfältigen Versuche, neue Formen familiären Zusammenlebens zu schaffen, zeigen, daß der Wandel der Familie weitergeht. Welche Formen auch gelebt werden, die intensive Auseinandersetzung mit den Kindern schent sich als Kulturideal durchgesetzt zu haben, und das heißt, daß das Problem der Ablösung von der Familie bzw. von den Gestalten, die die Kindheit bestimmt haben, nach wie vor eine zentrale Aufgabe des Adoleszenten ist und insofern auch einen wesentlicher Krisenherd darstellt.

Um den Ablösungsprozeß der Adoleszenten zu verstehen, ist es hilfreich, das Konzept des Antagonismus zwischen Familie und Kultur zu verwenden. Daß es die Familie ist, von der sich die Adoleszenten ablösen müssen, ist klar und in der psychoanalytischen Literatur gut aufgearbeitet. Weniger klar und psychoanalytisch kaum ausgeleuchtet ist jedoch, in welche Richtung sich die Adoleszenten bewegen, die Kultur und ihre Institutionen. Dabei ist es doch leicht einsehbar, daß die Beschaffenheit des »Ziels«, also auch die Art der Kultur tradierenden und produzierenden Institutionen, die Form der Ablösung von der Familie wesentlich mitstrukturieren muß.

3. Der Antagonismus zwischen Familie und Kultur und seine Unbewußtmachung

Es entspricht einer alten Denktradition, über das Wesen der Kultur nach-zudenken, indem man sie der Natur gegenüberstellt, und wir können diesen Kulturbegriff auch bei Freud finden. Kultur ist Domestizierung und Urbarmachung – Trockenlegung der Zuidersee. Trieb und Kultur erscheinen aus dieser Sicht als Gegensätze; Kultur entwickelt sich auf Kosten der Natur und beruht auf Triebverzicht. Die religiös-asketischen Wurzeln dieses Modells sind leicht auszumachen. Aber in seinem Buch *Totem und Tabu* (1912/13) entwarf Freud noch ein anderes Denkmodell, in welchem er die Kultur der Familie gegenüberstellte. Allerdings fand dieses Denkmodell, trotz oder vielleicht wegen seiner Originalität, nicht die Beachtung, die es verdient hätte.

Mir selber fiel die Andersartigkeit dieser »zweiten« Kulturtheorie erst auf, als ich mit der theoretischen Brille der strukturalen Ethnologie Freuds Texte zu interpretieren anfing. Lévi-Strauss entwickelte neue Theorien über das Verhältnis zwischen Familie, Natur und Kultur und stellte den Antagonismus, den unauflösbaren Widerspruch zwischen Familie und Kultur, in den Mittelpunkt seiner Kulturtheorie. Damit konnte er auch die Allgemeingültigkeit des Inzestverbotes erklären. Durch das Inzestverbot sprengt die Kultur die Familie und zwingt sie, Angehörige freizugeben, um durch Ehebündnisse die gesellschaftliche Bewegung in Gang zu halten. Der Einblick in fremde Kulturen ermög-lichte also der Ethnologie, Familie und Kultur als zwei unterschiedliche und unvereinbare Systeme zu erkennen. Die Familie ist der Ort des Auf-wachsens, der Tradition, der Intimität im Guten und im Bösen, der Pietät und der Verfemung. Die Kultur hingegen ist der Ort der Innovation, der Revolution, der Öffentlichkeit und der Vernunft. Die Kultur ist auch der Ort, wo in der Auseinandersetzung mit dem nichtfamiliären Fremden etwas Neues entstehen kann.

Als zentralen Konflikt erlebt das Individuum den Antagonismus zwi-schen Familie und Kultur während der Adoleszenz. Dem Adoleszenten ist es aufgegeben, seine Familie zu verlassen und die alten familiären Liebesobjekte zugunsten von neue fremden aufzugeben. Adoleszent zu sein heißt, von der Ordnung der Familie zur Ordnung der Kultur überzu-gehen. Es geht darum, die Herkunftsfamilie mit ihren Mythen, Werten und Einstellungen zu relativieren, sie als einzig sinngebende Instanz zu überwinden und sich im fremden System der Kultur zu orientieren und neu zu definieren. In der Adoleszenz sollte das Individuum auch lernen, den Antagonismus zwischen Familie und Kultur bewußtseinsfähig und

17

damit lebbar zu machen, den unversöhnlichen Widerspruch zwischen den beiden Instanzen zu akzeptieren und zu ertragen.

Dies fällt dem Individuum in der Regel nicht leicht. Es wird daher anfällig für Surrogate, Idealisierungen und Vermeidungsstrategien und ist geneigt, durch eine Familiarisierung der Kultur oder eine Kulturalisierung der Familie, durch Verschiebung oder Regression dem Konflikt auszuweichen.

Familiarisierung der Kultur

Ein Versuch, den Antagonismus zwischen Familie und Kultur zu vermeiden, besteht in der Strategie, den Bereich der Kultur mit familiären Kategorien zu durchziehen. Richard Sennet sprach in diesem Zusammenhang von der »Tyrannei der Intimität«. Er schrieb: »Die Welt intimer Empfindungen verliert ihre Grenzen; sie wird nicht mehr von einer öffentlichen Welt begrenzt, die eine Art Gegengewicht zur Intimität darstellen würde. Der Zerfall des öffentlichen Lebens deformiert auch die intimen Beziehungen, die nun sämtliche Interessen der Menschen in Beschlag nehmen.« (1977: 19)

Die Welt der Familie verliert also ihre Grenzen. Sie wird nicht mehr von der Kultur umgrenzt, und so kommt es auch zu einer Deformation der familiären Beziehungen. Die Idealisierung der Familie, die nun zur wichtigsten, wenn nicht einzigen Sinngebungsinstanz wird, ist ein Ausdruck dieser Deformation. Von den kulturellen Institutionen wird infolgedessen erwartet, daß sie Leistungen wie Liebe, Intimität und Wärme erbringen, die eigentlich in den Bereich der Familie gehörten. Der Chef soll besorgt sein wie ein Vater und der Kollege verfügbar wie eine Mutter. In diesem Szenario hat das Fremde nichts zu suchen, es erscheint lediglich als bedrohlicher Störfaktor, denn man sucht nur Verwandte und Gleichgesinnte. Die sozialen Beziehungen werden insofern regressiv, als sie auf die erste Phase des Inzestverbotes, in welcher Sexualität in Zärtlichkeit umgewandelt werden soll, fixiert werden. Institutionen, die auf der bewußten oder unbewußten Ebene wie Familien strukturiert sind, geraten in eine destruktive Tendenz gegenüber der Kultur und ihren Bemühungen, immer mehr Menschen libidinös miteinander zu verbinden. Freud illustriert dies am Fall der Kirche, die zwar aufgrund ihrer Familienstruktur und der dadurch erzeugten Regression »rücksichtslose und feindselige Impulse gegen andere Personen« einzudämmen vermag, die aber andererseits »hart und lieblos gegen diejenigen sein (muß), die ihr nicht angehören. Im Grunde genommen ist ja jede Religion eine solche Religion der Liebe für alle, die sie umfaßt, und jeder liegt Grausamkeit

gegen die nicht Zugehörigen nahe.« (1921: 107-108) Aber das gilt natürlich nicht nur für die Kirche. Betrachten wir wissenschaftliche Institutionen, so können wir leicht ähnlich destruktive Tendenzen beobachten.

Die Verschiebung des Antagonismus
auf das Geschlechterverhältnis

Der Antagonismus zwischen Familie und Kultur kann auch verschleiert
werden, indem er auf das Geschlechterverhältnis verschoben wird. Dann
stehen nicht mehr Kultur und Familie, sondern die Geschlechter zueinander in einem antagonistischen Verhältnis, und es kommt zu der bekannten
stereotypen Zuschreibung der Geschlechtsmerkmale. Die Frau wird der
Familie zugeordnet, und der Mann der Kultur. Passivität und Masochis-
mus der Frau stehen der Aktivität und dem Sadismus des Mannes gegenüber. Die Frau widmet sich der Hege und Pflege, und der Mann zieht in
den Krieg. So wie die Mutterschaft als Vollendung des Frauseins gilt,
wird das Militär zu einer Illusionsmaschine, die das Konstrukt der Männlichkeit produziert. Der französische Biologe René Quinton beschrieb
dies aufgrund seiner Erfahrungen im Ersten Weltkrieg folgendermaßen:
»Die Völker, die den Krieg lieben, sind männliche Völker. Man kann die
Männer außerhalb des Krieges und die Frauen außerhalb der Mutterschaft
nicht beurteilen. Der Krieg gibt den Männern die Erhabenheit, welche die
Mutterschaft den Frauen verleiht. (...) Die Mutterschaft ist der natürliche
Zustand des Weibes, der Krieg der natürliche Zustand des Mannes. (...)
Der Pazifismus ist ein Überfall auf die Ehre. Der Mann hat nur eine erha-
bene Größe, die, daß er zu sterben weiß. Der Pazifismus will sie ihm
abstreiten.« (1936: 31, 33, 35)
  Frausein bedeutet also »gebären«, und Mannsein »sterben« bzw.
»töten«. Der Kriegsrausch bringt die Männer in eine Regression hinein,
welche das historische Bewußtsein zum Verschwinden bringt. Der Soldat, der nach Polen oder Frankreich, Japan oder China gebracht wurde,
realisierte den Krieg nicht als historisches Faktum, sondern als Ereignisse, die seine Männlichkeit bestätigten (d.h. Heldentaten) oder sie in
Frage stellten (d.h. Niederlagen). In der Regression des Kriegsrausches,
in der Kitsch und Tod miteinander legiert werden, waren die eigentlichen
Kriegsziele, zum Beispiel Eroberungen, nicht mehr faßbar; und die ideologischen Kriegsziele, wie zum Beispiel »Freiheit« und »Kultur«, sind im
nachhinein kaum mehr zu verstehen.
  Die Frau wird bei dieser Vermeidungsstrategie also der traditions-
gebundenen Familie zugeordnet, und der Mann der regressionsauslösen
den Institution des Militärs. Der Antagonismus zwischen Familie und

Kultur, dessen Wahrnehmung zu einer Emanzipation und Reifung des Individuum führen würde, wird unsichtbar, indemer auf das Geschlechterverhältnis verschoben wird. Diese Verschiebung erhält ihre Plausibilität durch den Schein der Natur: Männlichkeit und Weiblichkeit bzw. die Eigenschaften, welche sie konstituieren, werden nämlich nicht zur kulturellen, sondern zur biologischen Ordnung gerechnet. Indem die Geschlechterrollen in der Natur und nicht in der Geschichte verankert werden, wird die Möglichkeit ihrer Veränderbarkeit unbewußt gemacht. Die Definitionen von Männlichkeit und Weiblichkeit, welche letztlich auch ein Machtverhältnis umschreiben, verlieren ihre Bewußtseinsfähigkeit und ihre Geschichtlichkeit und erscheinen wie der Krieg als anthropologische Konstanten.

4. Freuds Konzept des Antagonismus und seine Kulturtheorie

In Joachim Ritters *Historisches Wörterbuch der Philosophie* lesen wir beim Stichwort»Antagonismus«:»Seit Kant ist der Begriff sozialphilosophisch bedeutsam. Er bezeichnet 1784 als ›Antagonism die ungesellige Gesellichkeit der Menschen‹, seine ›Neigung sich zu vergesellschaften‹ und seinen ›Hang sich zu vereinzeln‹, durch den Natur alle ihre Anlagen zu entwickeln und die Gesellschaft schließlich ›ein moralisches Ganzes‹ zu werden vermag. Für Schiller verlangt (1795) die Entwicklung der Anlagen der Menschen ›sie einander entgegenzusetzen. Dieser Antagonism der Kräfte ist das große Instrument der Kultur‹. (...) 1859 sind bei Karl Marx die ›bürgerlichen Produktionsverhältnisse ... die letzte antagonistische Form des Produktionsprozesses, antagonistisch nicht im Sinne des individuellen Antagonismus, sondern ein aus den gesellschaftlichen Lebensbedingungen der Individuen hervorwachsender Antagonismus‹. (...) Marxistisch-leninistisch ist Antagonismus ›ein Widerspruch, der auf dem unversöhnlichen Gegensatz zwischen den Interessen verschiedener gesellschaftlicher Klassen oder sozialer Gruppen beruht‹ (Bourgeois/Proletarier, imperialistische Mächte usw.), während ›nichtantagonistische Widersprüche‹ Gegensätze von Gruppen, bzw. Klassen sind, die ›auch grundlegende gemeinsame Interessen haben‹.« (Ritter, 1971: 358)

Der Begriff der Kultur, an dem ich mich orientiere, knüpft an Freud an, der Kultur »als ein(en) besondere(n) Prozeß, der über die Menschheit abläuft« bezeichnete und hinzufügte, Kultur »sei ein Prozeß im Dienste des Eros, der vereinzelte Individuen, später Familien, dann Stämme, Völker und Nationen zu einer großen Einheit, der Menschheit, zusammenfassen wolle. Warum das geschehe, wissen wir nicht, das sei eben das Werk des Eros: Die Menschenmengen sollen libidinös aneinander gebunden werden; die Notwendigkeit allein, die Vorteile der Arbeitsgemeinschaft werden sie nicht zusammenhalten. Diesem Programm der Kultur widersetzt sich aber der natürliche Aggressionstrieb des Menschen, die Feindseligkeit einer gegen alle, aller gegen einen.« (1930: 481)

Freud ging davon aus, »daß es eine der Hauptbestrebungen der Kultur ist, die Menschen zu großen Einheiten zusammenzuballen. Die Familie will aber das Individuum nicht freigeben. Je inniger der Zusammenhalt der Familienmitglieder ist, desto mehr sind sie oft geneigt, sich von den anderen abzuschließen, desto schwieriger wird ihnen der Eintritt in den größeren Lebenskreis. Die phylogenetisch ältere, in der Kindheit allein bestehende Weise des Zusammenlebens wehrt sich, von der später erworbenen abgelöst zu werden. Die Ablösung von der Familie wird für jeden Jugendlichen zur Aufgabe, bei deren Lösung ihn die Gesellschaft oft durch Pubertäts- und Aufnahmeriten unterstützt.« (1930: 462)

Nehmen wir die Überlegungen zum Antagonismusbegriff wieder auf, so kann man sagen, daß Familie und Kultur zueinander in einem antagonistischen Verhältnis stehen. Die Familie verkörpert mit ihrer Tendenz, sich inzestuös abzuschließen, den »Hang zur Vereinzelung«, und die Kultur, aufgrund ihrer grenzüberschreitenden, libidinösen Kräfte, repräsentiert die »Neigung, sich zu vergesellschaften«. Freud steht hier in der Tradition der Aufklärung, und es fügt sich gut ins psychoanalytische Denken, diesen Konflikt positiv zu beurteilen, da er die Entwicklung des Menschen vorantreibt.

Interessant ist aber, daß Freud seine Überlegungen fortsetzt, indem er auf das Geschlechterverhältnis zu sprechen kommt, und dort taucht nun wieder der Antagonismus auf, allerdings nicht als Antagonismus zwischen Familie und Kultur, sondern als Antagonismus zwischen Mann und Frau: »Ferner treten bald die Frauen in einen Gegensatz zur Kulturströmung und entfalten ihrer verzögernden und zurückhaltenden Einfluß, dieselben, die anfangs durch die Forderungen ihrer Liebe das Fundament der Kultur gelegt hatten. Die Frauen vertreten die Interessen der Familie und des Sexuallebens; die Kulturarbeit ist immer mehr Sache der Männer geworden, stellt ihnen immer schwierigere Aufgaben, nötigt sie zu Triebsublimierungen, denen die Frauen wenig gewachsen sind. Da der Mensch nicht über unbegrenzte Quantitäten psychischer Energie verfügt, muß er seine Aufgaben durch zweckmäßige Verteilung der Libido erledigen. Was er für kulturelle Zwecke verbraucht, entzieht er großenteils den Frauen und dem Sexualleben: das beständige Zusammensein mit Männern, seine Abhängigkeit von den Beziehungen zu ihnen entfremden ihn sogar seinen Aufgaben als Ehemann und Vater. So sieht sich die Frau durch die Ansprüche der Kultur in den Hintergrund gedrängt und tritt zu ihr in ein feindliches Verhältnis.« (1930: 463)

Weil die Frauen die Interessen der Familie und des Sexuallebens vertreten, geraten sie laut Freud in ein »feindliches Verhältnis« zur Kultur. Die Libido ist für Freud ein knappes Gut, mit dem der Mensch haushalten muß. Die Frau investiert ihre Libido in Familie und Sexualleben, während der Mann sie für kulturelle Zwecke einsetzt und sie somit den Frauen und dem Sexualleben entzieht. Es klingt fast wie in Schillers *Lied von der Glocke:*

> Der Mann muß hinaus
> Ins feindliche Leben
> Muß wirken und streben
> Und pflanzen und schaffen
> Erlisten, erraffen,
> Muß wetten und wagen,
> Das Glück zu erjagen. (...)
> Und drinnen waltet
> Die züchtige Hausfrau,
> Die Mutter der Kinder
> Und herrschet weise
> Im häuslichen Kreise...

Bei Freud taucht das Konstrukt des Antagonismus an dieser Stelle auf zwei Ebenen auf: auf der zwischen Familie und Kultur sowie auf der Geschlechterebene. Wer die Interessen der Familie vertritt, gerät in ein »feindliches Verhältnis« zur Kultur; andererseits ist hier aber auch etwas Konstitutionelles mit im Spiel: die Kulturarbeit »nötigt ... zu Triebsublimierungen, denen die Frauen wenig gewachsen sind«. Hier schimmern Freuds Thesen über die Schwäche des weiblichen Über-Ichs durch, und ich denke, daß es diese Verschiebung des Antagonismus Familie–Kultur auf das Geschlechterverhältnis ist, welche Freud den Blick auf die Frau verstellte und zu seinen massiven Fehleinschätzungen der weiblichen Psyche verführte.

Aber es wird hier auch klar, daß in Freuds Denken die Vorstellung antagonistischer Verhältnisse ein zentrales Konstrukt darstellte. Freud hat als Konflikttheoretiker immer dualistisch und in Gegensätzen gedacht. Auch Eros und Thanatos, Sexualität und Aggression, stellen in seiner Theorie Antagonismen dar. Und der Antagonismus zwischen Familie und Kultur läßt sich in diese Logik durchaus einordnen. Es ist also Freud selbst, der neben seiner Kontinuitätsthese auch ein Denken in Antagonismen pflegte.

Es ist bekannt, daß Freuds Gedankengebäude, das er im Lauf von fünfzig Jahren aufrichtete, kein homogenes ist. Nicht alle Theorieräume stehen auf dem gleichen Niveau, manche Ausgänge führen ins Leere, der Keller ist unüberblickbar und das Dach deckt nicht alles ab. Freuds antagonistische Sicht auf Familie und Kultur kann mit seiner »Keimzellen«-Theorie, welche die Kontinuität zwischen den beiden Bereichen hervorhebt, nicht in Übereinstimmung gebracht werden. Die hier aufbrechenden Widersprüche bilden eine neue Ordnung in der psychoanalytischen Theorie, indem sie zwischen den vielen verschiedenen Theorieblöcken neue Wahlverwandtschaften stiften. Wahlverwandt sind zum Beispiel die »Keimzellen«-Theorie, der Determinismus der frühen Kindheit, die Gleichsetzung von »Vater« und »Gesetz«, das männliche Modell für die weibliche sexuelle Entwicklung usf.; wahlverwandt sind andererseits die Antagonismus-Theorie, die Zweizeitigkeit der sexuellen Entwicklung, die Thesen zum Zusammenhang zwischen der »Verspätung der Pubertät« und der Entwicklung der »höheren Kultur« usf.

Zuweilen wird kritisiert, es sei falsch, die Familie der Kultur entgegenzusetzen, weil die Familie doch selbst ein Teil der Kultur sei, und der Ödipuskomplex, der zur Kernfamilie gehöre, laut Freud der Komplex sei, auf dem die Kultur beruhe. In der Familie werde die Ablösung doch vorbereitet. Solche Interpretationen übersehen, daß sich der Ödipuskomplex nicht aus der familiären Situation heraus bildet, sondern daß er infolge des Inzestverbots entsteht, das der Familie von außen *aufgezwungen* wird. Nur wenn man voraussetzen würde, daß das Inzestverbot »instinktiv«, biologisch vorprogrammiert sei (Bischof, 1985), könnte man behaupten, die ödipale Struktur entstehe aus der Familie heraus. Eine solche Ansicht hätte aber weitreichende Konsequenzen für die Theorie der Triebe und des Unbewußten, die sich mit anderen grundlegenden Annahmen Freuds nicht in Übereinstimmung bringen lassen können. Es ist auffallend, daß die ganze Gewalt, die in der Ödipus-Tragödie von Sophokles zur Darstellung kommt, in der Idyllik der Kontinuitätsthese verschwindet. Auch für die Krise der Adoleszenz ist hier kaum Platz vorhanden bzw. erscheint sie als vermeidbar, wenn die Ablösung des Jugendlichen in der Familie selbst schon vorbereitet werden kann. Unbegriffen bleibt für die Vertreter der Kontinuitätsthese schließlich auch, weshalb so viele Pubertäts- und Aufnahmeriten schmerzhaft und grausam sind. Dieser Aggressions-Thematik war Freud in »Totem und Tabu« sehr viel näher, wenn er auch das ganze Geschehen in eine graue Urzeit versetzte.

Statt den Ödipuskomplex als Beleg für die Kontinuitätsthese zu betrachten, scheint es mir sinnvoll zu sein, den Ödipuskomplex selbst als

Produkt des Antagonismus' anzusehen. Die Urhorde in Freuds *Totem und Tabu* ist das (im Sinne Max Webers idealtypische) Modell einer »Familie«, die ohne den Gegenpol der Kultur existiert und sich nur biologisch oder gewalttätig (zum Beispiel durch Raub) vermehren kann. Erst nach der Tötung des Urvaters kam es laut Freud zur Setzung des Inzestverbotes und infolgedessen zu einer Differenzierung zwischen Familie und Kultur sowie zur Bildung des Ödipuskomplexes. Das Inzestverbot, das Bündnis zwischen den Brüdern mit dem Verzicht auf die Frauen aus dem eigenen Stamm, ist eine kulturelle Leistung und kann nicht aus der Familienstruktur abgeleitet werden. Vielmehr war es so, daß die Urhorde durch den Vatermord gewaltsam zerstört werden mußte, damit die neue Struktur entstehen konnte. Das Modell der Urhorde wurde durch die antagonistische Dualität von Familie und Kultur ersetzt, die ein neues Prinzip des Wandels ermöglichte, nämlich eine von Lernprozessen angeleitete Entwicklung, die viel dynamischer ist als die von Mutation und Selektion gelenkte Evolution. Über die Familie werden dabei die Traditionen entwickelt, während die Kultur, die zur Familie in einem unauflösbaren Widerspruch steht, die innovativen Leistungen fördert, die die Geschichte vorantreiben (vgl. Erdheim, 1982a).

Die Kontinitätsthese macht es weiter schwer, den Kulturwandel zu begreifen, und sie erschwert auch eine Verständigung zwischen Psychoanalyse und Kulturwissenschaften. Wenn die Familie tatsächlich die »Keimzelle« oder, soziologischer ausgedrückt, die »Agentur« der Gesellschaft ist – wie kommt es dann zum Wandel? Aus einem Hühnerei schlüpft immer ein Huhn – aber aus der feudalen Familie schlüpfte eben nicht immer der Feudalismus. Und wenn es umgekehrt wäre: die Gesellschaft als »Keimzelle« der Familie – wie »weiß« die Gesellschaft, welche Art Familie ihr in der nächsten Generation von Nutzen sein wird?

In Freuds Kulturtheorie spielt die Gestalt des Fremden eine wesentliche, wenn auch nur implizite Rolle, das heißt, Freud hat die Bedeutung des Fremden nicht explizit theoretisch behandelt, aber sie nimmt einen wichtigen Platz ein. Das Inzesttabu, so wie es Freud begreift, bleibt ohne den Begriff des Fremden unverständlich. Dieses Tabu führt zu einer Umlenkung der libidinösen Kräfte: das Individuum muß seine Libido von Vater, Mutter und Geschwistern ablösen, um sie den Fremden zuzuwenden. Das Inzesttabu ist eine Voraussetzung, daß sich der Kulturprozeß in den Dienst des Eros stellen kann, um immer mehr Menschen libidinös aneinander zu binden. Die Tendenz der Familie, sich gegen außen abzuschließen und – falls dies gelingt – »der Ungewißheit, der Angst und dem Haß zum Opfer« zu fallen (Lévi-Strauss, 1956: 94), ist gerade aus inzestuösen Familien bekannt. Aber schon Shakespeare thematisierte diesen Konflikt in *Romeo und Julia*, wo die Blutrache zwischen zwei Familienclans die Stadt Verona bedrohte. Auch hier breiteten sich Unwissenheit, Angst und Haß aus. Die beiden Adoleszenten Romeo und Julia verliebten sich ineinander, obwohl die Sozialisation in ihren Familien ganz andere Ziele verfolgte, nämlich Loyalität gegenüber dem eigenen Clan und Haß gegen den rivalisierenden, fremden Clan. Die Liebe von Romeo und Julia überwand das ihnen Tradierte und eröffnete neue Möglichkeiten, die die beiden selbst zwar nicht realisieren konnten, die aber für andere Paare erreichbar werden sollten. Romeo und Julia sind Märtyrer einer neuen Ordnung, in der die Blutrache verboten ist. Die Familien verzichteten auf dieses Recht nicht freiwillig, denn dadurch würde ihre Macht stark eingeschränkt: Es war der Fürst, der das neue Recht durchsetzen mußte. Mit seiner Deklaration einer neuen Ordnung schließt das Stück und illustriert eindrücklich den Antagonismus zwischen Familie und Kultur.

Auch in Freuds letztem veröffentlichtem Werk *Der Mann Moses und die monotheistische Religion* (1939) spielt die Gestalt des Fremden eine zentrale Rolle. Moses ist für Freud der Ägypter, der Fremde, der den Juden den Monotheismus brachte. Freuds These beinhaltet also, daß sich das Judentum in der Auseinandersetzung mit dem, was den Juden ein Fremder brachte, kulturell (ethisch und religiös) entwickelt habe. Diese kulturschaffende Funktion des Fremden taucht verallgemeinert auch in Freuds bereits zitierter Kulturdefinition auf. Wenn Kultur ein Prozeß ist, der immer mehr Menschen libidinös miteinander verbindet, so müssen es notwendigerweise Fremde sein, zu denen man Beziehungen aufnimmt. Sonst bleibt ja alles in der Familie. Das Konzept des Fremden ist also für diesen dynamischen Kulturbegriff unverzichtbar.

Das Bemerkenswerte an dieser Freudschen Definition der Kultur als Prozeß im Dienste des Eros ist weiter, daß sie nicht einen Gegensatz zwischen Kultur und Sexualität postuliert, sondern zwischen Kultur und Aggression. Über den Unterschied zwischen Eros und Sexualität ließe sich trefflich streiten. Mir genügt es hier, Eros als ein Prinzip zu betrachten, dem Thanatos entgegengesetzt, während Sexualität einen Trieb bezeichnet; es handelt sich also um einen ähnlichen Unterschied wie zwischen Thanatos und Aggression. Wenn Freud erklärt, Kultur sei ein Prozeß im Dienste des Eros, durch den immer mehr Menschen libidinös miteinander verbunden werden, so meint er damit einerseits etwas Prinzipielles, Unbedingtes (weshalb er auch sagt, man wisse nicht, warum das so sei), und andererseits hebt er auch die triebhafte Bewegung (die Herstellung libidinöser Bindungen) hervor. In dieser Definition hält Freud also nicht den Triebverzicht, sondern die libidinöse Bewegung für kulturschaffend. Gerade dieser Aspekt schien mir besonderer Aufmerksamkeit wert zu sein, denn er eröffnet neue Perspektiven bzw. Wahlverwandtschaften.

Leider ist es aber üblich, sich auf einen anderen Kulturbegriff von Freud zu beziehen, den ich als den »psychohygienischen« bezeichnet habe (Erdheim, 1988; 1992b), weil hier die Meinung vertreten wird, Kultur baue auf einem letztlich krankmachenden Triebverzicht auf. Die Vorstellung, Kultur beruhe auf dem Verzicht auf Sexualität bzw. auf deren Sublimierung, ist wahlverwandt mit einem autoritären und elitären Kulturbegriff. In »Die Zukunft einer Illusion« (1927) erklärte Freud zum Beispiel, »daß die Kultur etwas ist, was einer widerstrebenden Mehrheit von einer Minderzahl auferlegt wurde, die es verstanden hat, sich in Besitz von Macht- und Zwangsmitteln zu setzen« (a.a.O.: 327). Diese Sicht auf die Kultur war eng mit seiner These verknüpft, daß »jede Kultur auf Zwang und Triebverzicht aufbauen muß« (a.a.O.: 328). Zusammen mit der Annahme, »daß bei allen Menschen destruktive, also antisoziale und antikulturelle Tendenzen vorhanden sind und daß diese bei einer großen Anzahl von Personen stark genug sind, um ihr Verhalten in der menschlichen Gesellschaft zu bestimmen« (ebd.), ergab sich gleichsam als logische Konsequenz: »Ebensowenig wie den Zwang zur Kulturarbeit, kann man die Beherrschung der Masse durch eine Minderzahl entbehren. denn die Massen sind träge und einsichtslos, sie lieben den Triebverzicht nicht, sind durch Argumente nicht von dessen Unvermeidlichkeit zu überzeugen und ihre Individuen bestärken einander im Gewährenlassen ihrer Zügellosigkeit. Nur durch den Einfluß vorbildlicher Individuen, die sie als ihre Führer anerkennen, sind sie zu den Arbeitsleistungen und Entsagungen zu bewegen, auf welche der Bestand der Kultur angewiesen ist.« (ebd.

Diese Ansichten Freuds stehen in Widerspruch zu seinen Thesen in *Totem und Tabu* und *Massenpsychologie und Ich-Analyse*. Weil die Brüder in *Totem und Tabu* untereinander einen Gesellschaftsvertrag abschlossen, der ihnen die Möglichkeit gab, sich durch Ehebündnisse weiter zu entwickeln, wurde der Aufstand der »Masse« der Brüder und die Tötung des Urvaters zur Kultur begründenden Tat. Es ist ein Fehler, den Vertrag der Brüder lediglich unter dem Aspekt des Verzichtes zu betrachten; das Entscheidende ist vielmehr der Gewinn: die Sexualität einbeziehende Allianz mit den Fremden. In *Massenpsychologie und Ich-Analyse* stellte Freud dar, wie das Individuum sich in hierarchisch gegliederten Institutionen unterwerfen muß. Er beschrieb, wie das Individuum dabei regrediert und unmündig wird: wie es an Stelle von Objektbeziehungen nur identifikatorische Beziehungen eingehen kann. Es delegiert seine

Autonomie an die Institution, deren Leitung es an die Stelle seines Über-Ichs setzt. Indem Freud diese Theorie am Beispiel von Heer und Kirche illustrierte, das heißt an zwei Institutionen, die für ihn nichts Vorbildliches hatten, kritisierte er diese Form der Entmündigung.

In beiden Werken kommt also eine sexualfreundlichere, demokratischere und mehr der Aufklärung verpflichtete Einstellung von Freud zum Ausdruck. Wie bereits bei der Antagonismus-Diskussion wird hier wiederum deutlich, daß Freud mit verschiedenen Kulturmodellen arbeitete, ohne daß er deren Widersprüchlichkeit reflektierte. Freud erlag sowohl mit der Theorie der Familie als Keimzelle der Kultur als auch mit der Triebverzichtstheorie bürgerlichen Gemeinplätzen seiner Zeit bzw. eisernen Bestandteilen der bürgerlichen Pädagogik.

Kultur wird im wesentlichen durch Arbeitsprozesse strukturiert, was auf den ersten Blick als Widerspruch zur Annahme erscheint, Kultur stehe im Dienste des Eros. Schließen sich Arbeit und Erotik nicht aus? Und ist Arbeit nicht, wie Freud postulierte, lediglich ein Produkt von Ananke, d.h von Zwang und Notwendigkeit? Ananke ist aber nur der eine Ursprung der Arbeit. In *Das Unbehagen in der Kultur* schrieb Freud: »Die Möglichkeit, ein starkes Ausmaß libidinöser Komponenten, narzißtische, aggressive, und selbst erotische, auf die Berufsarbeit und auf die mit ihr verknüpften menschlichen Beziehungen zu verschieben, leiht ihr einen Wert, der hinter ihrer Unerläßlichkeit zur Behauptung und Rechtfertigung der Existenz in der Gesellschaft nicht zurücksteht.« (1930: 438) Freud beschränkte diese Möglichkeit allerdings auf die frei gewählte Berufstätigkeit und fuhr fort: »Und dennoch wird Arbeit als Weg zum Glück von den Menschen wenig geschätzt. Man drängt sich nicht zu ihr, wie zu anderen Möglichkeiten der Befriedigung. Die große Mehrzahl der Menschen arbeitet nur notgedrungen, und aus dieser natürlichen Arbeitsscheu des Menschen leiten sich die schwierigen sozialen Probleme ab.« (ebd.) Wie so oft, wenn man sich auf die Natur beruft, reflektiert auch hier die Vorstellung von der »natürlichen Arbeitsscheu« lediglich eine historische Erfahrung, die zum Vorurteil geronnen ist. Weiterführend scheint mir hingegen die Vorstellung, daß es möglich sei, Arbeit mit sexueller Energie, also Libido, aufzuladen, und daß dieser Umstand den Wert der Arbeit mitbestimmt. Ob es zu dieser libidinösen Aufladung kommt oder nicht, ist von der gesellschaftlichen Organisation der Arbeit abhängig (»frei gewählte Berufstätigkeit«). Dieser von Freud nur am Rande erwähnte Begriff der Arbeit wird zentral in Verbindung mit seiner »libidinösen« Kulturdefinition, denn er gestattet, einen Zusammenhang zwischen dem von einem Objekt unabhängigen Sexualtrieb und der kulturellen Leistung herzustellen, ohne auf die dubiose Sublimationstheorie zurückgreifen zu müssen. Es geht hier um die vorher erwähnten neuen Perspektiven, die sich ergeben, wenn man Freud nicht ausgehend von seiner Triebverzichtsthese durchdenkt.

5. Ausblick:
Adoleszenz als Herausforderung institutioneller Systeme

Der Ablösungsprozeß von der Familie kann aus verschiedenen Gründen scheitern. Vernachlässigung des Kindes kann ebenso dazu beitragen wie familiäre Überversorgung. Entscheidend ist aber vor allem, ob das Individuum das kulturelle Angebot zu seiner Ablösung von der Familie nutzen kann. Das wichtigste Mittel, das die Kultur dem Individuum in dieser Hinsicht zur Verfügung stellt, ist die Arbeit.

Ein wichtiges psychisches Element, welches das Verhältnis der Jugendlichen zur Arbeit sowie zur Kultur und ihren institutionellen Systemen bestimmt, sind die Größen- und Allmachtsphantasien. Neben der existentiellen Not und der Sexualität sind diese Phantasien eine entscheidende Motivation zur Erbringung von Leistungen. Im Verlaufe des Heranwachsens des Subjekts müssen die Größen- und Allmachtsphantasien adäquat mit der Ich-Entwicklung verknüpft werden. Der Umgang mit Größenphantasien ist aber ebenso schwierig wie der Umgang mit der Sexualität, und die Kultur liefert dem Individuum auch hier gewisse Muster und Vorbilder. In der heutigen Industriegesellschaft treten jedoch ganz spezifische Schwierigkeiten auf, die damit zusammenhängen, daß die institutionellen Systeme, die der rationalistischen Logik folgten, zunehmend die Aufspaltung von Arbeit und Freizeit vorangetrieben haben.

Heute bedeutet Arbeit in erster Linie Geldverdienen und wird zum Job. Beim Job ist nicht der Inhalt der Arbeit wesentlich, sondern die Höhe des Lohnes. Dies bedeutet aber auch, daß die Größenphantasien nicht einbezogen werden. Unsere Kultur tendiert heute dazu, weite Bereiche der Arbeit von Größenphantasien freizuhalten. Das macht das Individuum auch gefügiger, denn es wird sich nicht mit seiner Arbeit identifizieren und seine Selbstverwirklichung in der Freizeit suchen. In der Freizeit gelangt dieses Bedürfnis in Kino, Fernsehen, Sport etc. zu einer Ersatzbefriedigung. Die Größen- und Allmachtsphantasien werden vermarktet. Dabei bleiben sie jedoch archaisch, dem Kindlichen verhaftet, und können sich nicht entwickeln. Die Freizeitindustrie stachelt Größen- und Allmachtsphantasien oft auch eher an als sie zu befriedigen. Die unerträglichen Spannungen, in die das Subjekt dadurch gerät, machen es anfällig für

- Drogen, die es in Ekstasen versetzen oder gegen alles unempfänglich machen können;
- rechtsradikale Bewegungen, die über Rasse oder Nation dem Individuum Größe und Macht versprechen, um es in seiner Gewalttätigkeit zu legitimieren; oder auch
- esoterische und religiöse Bewegungen, welche das Individuum in seinen magischen Allmachtsphantasien bestärken.

Die Beschäftigung mit der Adoleszentenkrise stellt uns also auch vor die Aufgabe, unsere Einstellung zur Arbeit neu zu überdenken und uns mit dem Schicksal der Größen- und Allmachtsphantasien auseinanderzusetzen. In dem Maße, wie in einer Kultur das Verhältnis zur Arbeit korrumpiert und zersetzt wird – dazu gehören die Probleme der Arbeitslosigkeit ebenso wie die Sinnvernichtung durch Kriege –, wird das Individuum auch unfähig, mit seinen Größenphantasien umzugehen. Arbeit, Ausbildung und Studium sind nämlich eine der wenigen Möglichkeiten, die es gibt, die Größenphantasien mit der Realität zu konfrontieren, um beide, sowohl die Phantasien als auch die Realität, zu verändern. Verliert jedoch die Arbeit diese Funktion, so verbleiben die Größen- und Allmachtsphantasien in einem primitiven, nicht an die Ich-Entwicklung gekoppelten Zustand. Das ungeheure narzißtische Energiepotential, das in diesen Phantasien gebunden ist, drängt auf Verwirklichung und kann durch Freizeitangebote nur unzureichend befriedigt werden. Das Ausmaß an Aggressivität, das in der Freizeit heute bewältigt werden sollte, ist ein Indikator, wie archaisch die Größenphantasien sich erhalten haben. Dies ist insbesondere auch deshalb bedenklich, weil diese Phantasien leicht aus der Freizeit auf die Politik überspringen, um rassistische und nationalistische Ziele zu beleben.

Literatur

Ariès, P. (1960): *Geschichte der Kindheit.* München: Hanser 1975

Bahr, H. (1913): *Das Hermann-Bahr-Buch.* Berlin: Fischer

Beck, U. (1986): *Risikogesellschaft. Auf dem Weg in eine andere Moderne.* Frankfurt a.M.: Suhrkamp

Bischof, N. (1985): *Das Rätsel Ödipus. Die biologischen Wurzeln des Urkonfliktes von Intimität und Autonomie.* München: Piper

Erdheim, M. (1988): *Psychoanalyse und Unbewußtheit in der Kultur. Aufsätze zur Ethnopsychoanalyse.* Frankfurt a.M.: Suhrkamp

Ders. (1991): »Zur Entritualisierung der Adoleszenz bei beschleunigtem Kulturwandel.« In: Klosinski, G. (Hg.): *Pubertätsriten, Äquivalente und Defizite in unserer Gesellschaft.* Bern, Stuttgart, Toronto: Huber, 79–88

Ders. (1992a):»Aggression und Wachstum. Von der Chance im Übergang von der Familie zur Kultur.« In: Finger-Trescher, U. und Trescher, H.-G. (Hg.): *Aggression und Wachstum.* Mainz: Matthias-Grünewald-Verlag, 23–37

Ders. (1992b):»Die Zukunft der Ethnopsychoanalyse.« In: Heinemann, E. und Krauss, G. (Hg.): *Beiträge zur Ethnopsychoanalyse. Bd. 7: Der Spiegel des Fremden.* Nürnberg: Institut für soziale und kulturelle Arbeit, 11–25

Fend, H. (1988): *Sozialgeschichte des Aufwachsens.* Frankfurt a.M.: Suhrkamp Wissenschaft

Freud, S. (1921): Massenpsychologie und Ich-Analyse. *GW, XIII,* 71–161

Ders. (1927): Die Zukunft einer Illusion. *GW, XIV,* 323–380

Ders. (1930): Das Unbehagen in der Kultur. *GW, XIV,* 419–506

Ders. (1939): Der Mann Moses und die monotheistische Religion. *GW, XVI,* 100–246

Lévi-Strauss, C. (1956):»Die Familie.« In: Ders.: *Der Blick aus der Ferne.* München: Wilhelm Fink Verlag 1985, 73–105

Quinton, R. (1936): *Die Stimme des Krieges.* Berlin, Zürich

Ritter, J. (Hrsg.): *Historisches Wörterbuch der Philosophie.* Basel, Stuttgart: Schwabe Verlag 1971

Rosenbaum, H. (1982): *Formen der Familie.* Frankfurt a.M.: Suhrkamp Wissenschaft

Sennett, R. (1977): *Verfall und Ende des öffentlichen Lebens. Die Tyrannei der Intimität.* Frankfurt a.M.: Fischer 1983

Wais, K.K.T. (1931): *Das Vater-Sohn-Motiv in der Dichtung 1880–1930.* Berlin und Leipzig: Walter de Gruyter & Co.

Weber-Kellermann, I. (1974): *Die deutsche Familie. Versuch einer Sozialgeschichte.* Frankfurt a.M.: Suhrkamp

MARKUS WEILENMANN
Burundi: Claire Ngerageze ist im Koma
Eine ethnopsychoanalytische Fallgeschichte

Burundi ist ein winzig kleines Binnenland im Herzen Afrikas. Sein Territorium umschliesst nicht viel mehr als zwei Drittel der Fläche der Schweiz, nämlich 27.000qkm. Es liegt am östlichen Rücken des zentralafrikanischen Grabens, in einem hügelreichen und zum Teil auch bergigen Gebiet, am Nordende des Tanganyikasees, eingeklemmt zwischen dem ehemals als Zaïre bezeichneten Gebilde der Demokratischen Republik Kongo und Tanzania. Mit seinen sechs Millionen Einwohnern gilt Burundi nebst Rwanda heute als der dichtestbesiedelte Staat ganz Afrikas. In den Nordprovinzen lässt sich leicht eine Densität von über 350 Einwohnern je Quadratkilometer ausmachen. Diese Zahlen sind sehr beachtlich aber typisch wenn man bedenkt, dass sich Burundi über einen äusserst geringen Urbanitätsgrad auszeichnet: So gibt es nebst einigen grösseren Marktflecken im ganzen Land nur gerade zwei Städte, nämlich Gitega, das etwas mehr als 15.000 Einwohner zählt und die Hauptstadt Bujumbura, wo etwa 230.000 Menschen leben (Zensus, 1990). Dorfähnliche Gebilde waren bis zur Kolonialzeit unbekannt. Noch heute besticht Burundi durch eine markante Streusiedlungsweise, die – wie so vieles – an die starke Präsenz der in den 60er Jahren abgekanzelten Monarchie erinnert.[1] Die beiden Städte, Relikte aus der Kolonialzeit, vereinen knapp 5% der Gesamtbevölkerung auf sich; über 95% leben noch immer auf dem Lande, in vereinzelten Familiengehöften, die zu Tausenden über die Hügel verstreut liegen.

In Europa ist Burundi vor allem wegen seiner Machtkämpfe zwischen den Bahutu und den Batutsi und der unsäglichen Grausamkeit eines Krieges bekannt, der Burundi erfasst und das gesamte Zwischenseengebiet in seinen Strudel gerissen hat. Die Geschichte der Gewalt, überlagert von unzähligen Hassmetaphern, ist mittlerweile dermassen verworren, dass es selbst für Aussenstehende schwierig wird, sich der scheinbaren Logik dieses Krieges zu entziehen (vgl. Reyntjens, 1994).

---

[1] Burundis Streusiedlungsweise kann als räumliches Äquivalent des vorkolonialen Klientelsystems beschrieben werden, das mitunter die Regeln sowohl der traditionellen Erb- als auch Landrechtsordnung festlegte und ein tragendes Herrschaftsinstrument der feudalen Sakralmonarchie war.

31

Als ich vor bald zwanzig Jahren das erste Mal nach Burundi reiste, lernte ich Claire Ngerageze an der Universität kennen. Wiederholt verwickelte sie mich in komplizierte Diskussionen zur politischen Vorvergangenheit der aktuellen Geschichte Burundis und wollte immer ganz genau wissen, ob ich insgeheim nicht doch für oder gegen die Hutus oder die Tutsis Partei ergreife. Als es mir nach einiger Zeit gelang, Teile ihres komplizierten Spiels mit Sprichwörtern zu entziffern, und damit begann, sie nach ihren eigenen Erfahrungen zu befragen, hüllte sie sich in Schweigen oder versuchte, sich mit einer witzigen Pirouette zu entziehen. Die kritischen Fragen – ja, das war nicht nur Spielerei wie mit vielen anderen Barundi, es schien mir vielmehr, sie bezögen sich auf eine tiefe, persönliche Erfahrung, deren Inhalt sie mir vorenthielt. Einige Jahre später reiste ich zusammen mit meiner Frau Maria erneut nach Burundi, um eine ethnologische Untersuchung zur dortigen Rechtssprechung durchzuführen. Dabei ergab sich die Gelegenheit, alte Fäden wieder aufzunehmen und den Dialog mit Claire zu vertiefen. Dieser ist Gegenstand des vorliegenden Beitrages.[2]

Bevor ich auf die Beziehungsgeschichte und den Gesprächsverlauf näher eingehe, möchte ich einige tragende Elemente des sozio-kulturellen Kontextes Burundis vorstellen. Die zu besprechende Fallgeschichte lenkt sodann den Blick auf eine subjektive Innenansicht der neueren politischen Geschichte und sie führt Schritt für Schritt zur Klärung der Frage, weshalb Claire träumt, sie sei im Koma. Gleichzeitig symbolisiert das Koma auch ein Lebensgefühl einer ganzen Generation, deren Eltern während der Zeit der kindlichen Abhängigkeit in besonderem Masse den immer wieder von neuem aufkeimenden Schlächtereien ausgesetzt waren[3] und die deshalb den ideologischen Regressionsbahnen, die von

---

2 In meiner Arbeit zur Rechtssprechung Burundis wird diese Fallstudie ebenfalls besprochen. Dort werden die biographischen Zusammenhänge mit dem Anrufungsverhalten vor Gericht verknüpft (vgl. Weilenmann, 1997a, Teil IV: Das Unbewusste im Rechtsprozess).

3 In Burundi kam es 1966, 1969, 1972-74, 1988, 1991 und seit 1993 zu sogenannten ethnisch motivierten Schlächtereien zwischen den Bahutu und den Batutsi, die de facto an physiologische Kriterien rassistischer Provenienz erinnern. Bisher kamen insgesamt gegen 400.000 Menschen ums Leben. Ich spreche von einem *sogenannten* ethnischen Konflikt, weil ich im Gegensatz zur Tagesberichterstattung die diesem Konflikt zugrunde liegende Differenz als rassistisch – und nicht als ethnisch – motiviert betrachte. Die Ethnizität Burundis ist ein tragendes Element der politischen Ideologie, die Herrschaftsansprüche rechtfertigt. Gleichzeitig dient sie im wesentlichen dazu, den mittlerweile tief verankerten Rassismus zu verschönern/verkleiden. Deshalb bezeichne ich sie als politisch motivierten Euphemismus (vgl. Weilenmann, 1997b).

zahlreichen Kriegstreibern immer wieder neu zementiert werden, nichts oder nur wenig entgegenzusetzen haben oder wagen. Im Bild des Komas ist jedoch nicht nur die Agonie enthalten, sondern auch ein Satzzeichen, das Komma, ein kleiner feiner Strich, der mitunter zwei Sätze ungleichen Grades voneinander trennt. Ungleichheiten sind ein tragendes Element Burundis, weshalb ein Traumbild, das am Kom(m)a anknüpft, nicht nur auf den Todeskampf, sondern auch auf die maximale Reduktion des Subjekts, den Torso eines Strichmännchens, verweist.

Burundi

Burundi befindet sich heute nicht in einem Prozess der Staatsbildung – wie aufgrund der als tribal oder ethnisch bezeichneten Konflikte häufig angenommen wird –, sondern im Prozess einer staatlichen Stiländerung, nämlich im Übergang von einer Sakralmonarchie in ein bürokratisch organisiertes Staatsgebilde westlichen Zuschnitts, das einheimische Kultur »verwaltet«.

Ausgangs des 19. Jahrhunderts waren alle Einwohner Burundis, die Barundi, in ein umfassendes Klientelsystem eingebunden, das als vertikale Beziehungsachse die Bauern mit dem König verband. Im Unterschied zu den heutigen Präsidenten, deren Rolle viel eher derjenigen eines Verwaltungsratspräsidenten entspricht, bewirtschaftete der königliche Hof seine eigenen Ländereien. Zwar war der Monarch als Landesvater theoretischer Besitzer sämtlicher Ländereien, die von bestimmten Verwandtschaftslinien nicht gehalten werden konnten. Doch sah eine der beiden Klientelvarianten, das *ubugerêrwa* vor, dass nicht selbst zu bewirtschaftende Ländereien an die Gefolgsleute abgetreten wurden, welche wiederum jene Landflecken, die sie nicht selbst nutzen konnten, ihren Getreuen überliessen. Im Gegenzug forderten die politischen Autoritäten bestimmte Leistungen wie Steuerabgaben oder militärischen Schutz. Nun führte diese Anlage bei gleichzeitiger Polygamie, die es den Autoritäten erlaubte, ihre Frauen auf freien Hügeln im ganzen Lande zu plazieren, mitunter zu einer prononçierten *Enklavenbildung* und zur Herausbildung *wandernder Höfe*. Somit überzog ein ganzes Netz verschiedenster Abhängigkeitsvarianten das ganze Land, indem etwa ein Bauer gleichzeitig sowohl Klient des Königs als auch Klient eines lokalen Fürsten sein konnte.

Die Schlüsselbegriffe, über die das System der alltäglich kultivierten Differenz fasslich wird, heissen im Kirundi – der Landessprache Burundis – nicht Hutu, Tutsi und Twa, sondern *igihugu*, *uburundi* und *ingabo*. Bezeichnend ist, dass alle drei Begriffe, obwohl sie für ganz unterschiedliche Inhalte stehen, stets einen Bezug zu den Beherrschten schaffen. Der Begriff *igihugu* weist gleichsam in zwei Richtungen. Einerseits bezeichnet er den Herrschaftsraum als Territorium, andrerseits verweist er auf die Beherrschten selbst: So wird die Ausbeutung der Bevölkerung *kurya igihugu* genannt (Rodegem, 1970: 175). Ist unter *uburundi* einerseits die Nation Burundi gemeint, so geht es wiederum andrerseits in erster Linie um die darin lebende Bevölkerung: »*Dieser Ausdruck bezeichnet in erster Linie die Masse der Barundi, die Bevölkerung, das Volk, den Termitenhügel Burundi.*« (1970: 376, übersetzt aus dem Französischen, M. W.) Auch verweist die Wortwurzel ubu*rundi*s, *rund*, auf das Verb *kurunda*: »*anhäufen, aufhäufen; aufschichten, sammeln, speichern. (...) Kurunda ubugwi: moralisch reif sein*« (1970: 375, übersetzt aus dem Französischen, M. W.). Die in den Ausdrücken *igihugu* und *uburundi* enthaltenen Macht- und Moralkonnotationen verweisen auf den zentralen Schlüsselbegriff des vorkolonialen Herrschaftsmodells, »*ingabo: Armee, Truppe. (...) Ya ngwe y'ingabo: der männliche Leopard*« (1970: 96, aus dem Französischen übersetzt, M. W.). Der Ethnologe Thomas Laely führt den eigentlichen Sinn des Wortes auf das Verb kugaba zurück, »*das eine doppelte Bedeutung von ›geben‹ und ›befehlen/anführen (in seiner Abhängigkeit haben, besitzen)‹ hat*« (1995: 57). Eingebunden in hierarchische Bezüge, die ständig nach ›oben‹ und nach ›unten‹ verweisen: geben und in der Abhängigkeit eines Dritten leben; damit ist bereits einiges über den Lebenshorizont der Barundi gesagt.

Mit der Kolonisierung – zuerst durch die Deutschen, später durch die Belgier – kam es zwar zu einer tiefgreifenden Umgestaltung der staatlichen Strukturen, die kulturelle Inbesitznahme der Monarchie gelang den Kolonialmächten jedoch nie. Zwar versuchten sie, mit einer langen Liste von Verboten und Ungültigkeitserklärungen auch im eigentlichen Kernland Fuss zu fassen, doch führten diese Eingriffe bloss zur Herausbildung eines sehr tief gehenden und lang anhaltenden Rechts- und Wertepluralismus (vgl. Meyer, 1916; Ryckmans, 1925; Griffiths, 1986; Morse & Woodman, 1988). Mit Erlangung der Unabhängigkeit gingen die kolonialen Schlüsselstellen – insbesondere die Armee – an eine bis dahin benachteiligte Untergruppe der Batutsi, die im Süden Burundis beheimateten Bahima-Tutsi über, die mit drakonischer Gewalt das Herrschaftsproblem zu lösen suchte.[4] Heute nimmt sich die politische Zentralgewalt

---

4 Seit der Ermordung des letzten Thronfolgers *Charles Ndizeye* im Jahre 1966 ist Burundi formell eine Republik, de facto aber eine Militärdiktatur.

Burundis – vereinfacht gesagt – als sehr heterogenes Erbe zumindest zweier Kultur- und Staatsgeschichten aus, die sich in vielem noch immer fremd gegenüberstehen und die ohne eine Geschichte der Gewalt wohl kaum miteinander verwoben wären. Beide Achsen bilden den Hintergrund der genannten Stiländerung. Wohl geht dieser soziale Wandel vom politischen Zentrum aus, beschränkt sich aber nicht darauf. Die kulturellen Identitäten der Barundi waren schon immer an ihre staatliche Organisation gebunden, weshalb diese Stiländerung zugleich kulturelle Identitäten erschüttert. Das westlich-bürokratische Staatsmodell, importiert durch die Kolonialmächte Deutschland und Belgien, ist in das traditionelle Selbstverständnis der Barundi einzuweben, soll nicht das alte, sprachlich und geschichtlich gewachsene, kulturelle Erbe zerbrechen. Und das monarchistisch-feudalistische Denken, ein Denken, das sich ständig an verwandtschaftlichen und hierarchischen Bezügen orientiert, kann sich im Gegenzug nicht mehr auf ein Staatsmodell stützen, das zu dieser Sichtweise passt.

Die Ethnizität Burundis ist ein sozialer Konflikt, sie ist das Kind einer Machtfrage, einer männlichen überdies, die mit dem Zugang zu staatlichen Ressourcen und damit zu tun hat, welche Männer in welcher Weise über welche Männer befehlen können.[5] Im politischen Kampf um Macht und Ansehen spielen die meisten Frauen eine Nebenrolle. Auch die Frage, ob sich jemand als Hutu oder Tutsi definiert, wird über den Mann, genauer: den Penis, vererbt. »Mut«, »Männlichkeit«, »soziale Achtung« und »Penis« heissen im Kirundi ein und dasselbe: *bugabo*. Frauen dagegen haben weder eine ethnische noch eine tribale Identität. Als Töchter werden sie dem *bugabo* des Vaters zugerechnet, als Frauen demjenigen des Gatten. Wechselt eine Frau über die Heirat[6] die mit *bugabo* vererbte Gruppenzugehörigkeit (i.e. Hutu, Tutsi oder Twa), werden die daraus hervorgehenden Kinder der Gruppe des Gatten zugerechnet. In letzter Zeit allerdings lässt sich eine Umorientierung beobachten, indem auch Frauen, die eine westlich-moderne Ausbildung durchlaufen oder durchlaufen haben (i.e. Gymnasium; Hochschule), so behandelt werden, als ob deren Vulva *(bu)gabo* hätte.[7]

Claire nimmt in diesem machtpolitischen Beziehungsgeflecht eine

---

5 Über Frauen (und Kinder) befiehlt man(n) – besonders auf dem Lande – sowieso.
6 Mit dem Brautpreis wird sodann nicht die Braut »gekauft«, sondern die »Brut«. Das heisst, es wird das Recht erworben, die direkten Nachkommen, namentlich die Söhne, der Abstammungsgruppe des Gatten zurechnen zu können. Entschädigt wird sodann nicht die Braut (und auch nicht deren Mutter), sondern ihr Vater als Erzeuger.
7 Genaueres dazu folgt im sogenannten »Lastwagenbeispiel«; ferner kann unter dem Verb »*kugira* igabo« nicht nur »sich brüsten«, »sich breit machen« und »umherstolzieren« verstanden werden, sondern auch *Emanzipation* (vgl. Rodegem, 1970: 95)!

besondere Rolle ein: Gemäss dem traditionellen Verständnis können sich Frauen unter gewissen Umständen zwar nicht als Mann, doch wenigstens als »garçon«, als Knabe, definieren. Diese Rolle wird ihnen zugesprochen, wenn Frauen in Ermangelung eines Bruders einen Erbanspruch haben. Generell gilt, dass Frauen, die eine »garçon-Rolle« inne haben, mit der Zeit auch ein anderes Selbstbild entwickeln: Während die üblichen Barundi-Frauen sich im Beisein von Männern kaum zu Wort melden, meist schweigen und beispielsweise bei Tisch zu Boden starren, fallen »garçons-Frauen« durch ihr relativ selbstbewusstes Auftreten und dadurch auf, dass sie eher bereit sind, politische Ämter einzunehmen und in Gerichtsprozessen über die notwendige Eloquenz und das entsprechende Durchstehvermögen verfügen. Sie wagen es eher, männliche Dominanzansprüche in Zweifel zu ziehen; Gerichtsprozesse mit »garçons-Frauen« sind nicht lustig, meistens gewinnen sie. In vorliegender Fallgeschichte kommt ein möglicher Lebensweg einer solchen »garçon-Frau« zur Sprache, der Lebensweg von Claire Ngerageze. Als Hochschulabgängerin ist Claire zugleich auch eine städtisch-gebildete Frau. Somit kreuzen sich in ihrer Lebensgeschichte die beiden neueren Stränge der nationalen Geschichte Burundis, die mit der kolonialen Bemächtigung einhergehende Orientierung an westlich-urbanen Werten und die vorkolonialen Rollenbilder.

Claire Ngerageze

Als ich Claire an der Universität Burundi kennenlernte, hatte sie gerade ihr Studium in *éducation physique* aufgenommen und war voller Tatendrang. Dennoch war die Bekanntschaft während langer Zeit von einem grossen inneren Zwiespalt begleitet. Einerseits bat sie mich innigst, mich nur nicht für die politische Geschichte Burundis zu interessieren – ich könnte ausgewiesen werden und ich würde sie selbst in grosse Gefahr bringen – und andererseits liess sie keine Gelegenheit aus, um mir mit ihren kritischen Fragen zu verstehen zu geben, dass da noch eine andere Erfahrung hinter oder neben dem liege, was ich gerade sehe.

Einmal kam sie mir in Bujumbura-ville auf der grossen Chaussee entgegen, ziemlich verstört, ihre Hände zitterten. Besorgt fragte ich, wie's ihr denn gehe: »Il y a des conflits entre les étudiants là-bas, entre les Hutus et les Tutsis. Mais je ne veux pas parler de ça et – ce n'est pas permis non plus.«

Dieses ständige Hin und Her zwischen angespanntem Interesse und Entzug hinterliess in mir ein Gefühl von ohnmächtiger Leere und machte mich in Diskussionen manchmal auch wütend. Einerseits tanzte sie mir gewissermassen vor der Nase herum, versuchte mir ständig zu erzählen, dass das, was ich gerade sehe und womit ich mich auseinandersetze, nicht das Wesentliche sei und sich mir, auf das Wesentliche angesprochen, entzog. Schliesslich wandte ich mich von ihr ab und es schien mir, sie könne zu den beiden Frauen unserer Studentengruppe einen tieferen Kontakt herstellen.

Zur gleichen Zeit lernte ich François[8] kennen. Mit ihm verbanden mich Bierfeten im damals sehr heruntergekommenen Hotel *Tanganyika,* einst Burundis Nobelrestaurant, dessen Niedergang mit der Ermordung des ersten demokratisch gewählten Präsidenten, Prince Louis Rwagasore, seinen Anfang nahm.[9] Einer seiner entfernten Verwandten tat an der Verschwörung gegen diesen Nationalhelden mit, der Burundi in die Unabhängigkeit führte. François führte schon damals ein sehr exzessives Leben, in der Liebe, im Alkohol, pumpte alle und jeden an, und er machte auch mit mir auf »Kumpel-Kumpel«. Faszinierend, wie er es immer wieder fertig brachte, in scheinbar ausweglosen Situationen das Blatt noch zu wenden. Und zu seinen Lösungen gehörte immer auch der Spott über das bürgerliche Leben, den geordneten Alltag und über den Glauben des Kleinbürgers an die Aura, die die Mächtigen in Burundi als Halbgötter umgibt. Später, er galt schon als Sozialfall, erfuhr ich, dass er seine Studien an der Universität Burundi derart brillant abschloss, dass ihm trotz seiner Identität als Muhutu eines der heiss begehrten Auslands-stipendien gewiss war. In Fribourg traf er Claire, und die beiden heirate-ten, eine Verbindung, die ich nie verstand. Vor fast 15 Jahren durch-reisten die beiden die Schweiz und wohnten ein paar Tage bei einer der Frauen unserer ersten Studentengruppe in Burundi. Es war bereits von Scheidung die Rede. Mir wurde berichtet, Claire habe über François Schlimmes erzählt, aber – das dürfe man eigentlich gar nicht wissen – das sei ein Geheimnis. Es wurde dann klar, dass die beiden offensichtlich eine rastlose Beziehung führten, und François verstand es, Claire immer wieder in Panik zu versetzen. Neben endlosen Frauengeschichten, Schlägereien und Alkoholexzessen stürzte er sich in riesige Schulden, doch da war ein Element, das die beiden zusammenhielt: Der politische Kampf gegen die Oligarchie Burundis, bis 1987 vertreten durch eine selbstherrliche Militärdiktatur, die ihre kritischen Bürger mit drako-

---

8 Name geändert.
9 In Burundi kam es bisher zweimal zu demokratischen Wahlen. Das erste Mal, 1961, wurde der damalige Präsident und spätere Volksheld Prince Louis Rwagasore nur zwei Wochen nach Amtsübernahme erschossen, das zweite Mal, 1993, ereilte Melchior Ndadaye nach vier Monaten Amtszeit das selbe Schicksal.

nischen Strafen, Folter, Deportation und Ermordung in Schach zu halten suchte. Beide legten sich mit den Sicherheitskräften an und wurden in der II. Republik (1976–1987) von ihr beschattet, doch François verstand es immer wieder, diese staatlichen Henker an der Nase herum zu führen. Dennoch – die Beziehung musste scheitern, und der Kampf, den sich die beiden vor Gericht lieferten, galt letztendlich dem Versorgungsrecht der Kinder.

Als ich einige Jahre später mit Maria nach Burundi reiste, trafen wir die beiden wieder. Sie lebten mittlerweile getrennt und hinter ihnen lag ein Scheidungsprozess, den beide vor Gericht gleichermassen erbittert ausfochten. Die lockere und belustigte Art, wie die beiden über »ihren Prozess« berichteten, bestärkte mich in der Annahme, dass sie das Gericht als Vertretung der politischen Zentralgewalt längst für ihre eigenen Zwecke instrumentalisiert hatten. Es schien, als ob das Gericht die gegenseitigen Aggressionen wie aufgesogen hatte. Sie verkehrten weiterhin miteinander, und eines abends waren wir mit François zusammen bei Claire eingeladen.

Es begann wieder wie früher. Claire stellte mir ihre kritischen Fragen und wollte sich dann in Andeutungen ergehen. Stattdessen begann jedoch François konkrete Begebenheiten zu erzählen, was Claire in grosse Angst versetzte: Die Nachbarn könnten mithören, in der Nachbarschaft wohne ein Sicherheitspolizist etc. Maria ergriff für Claire und ich für François Partei. Ich sagte Claire, dass ich den ethnischen Konflikt gar nicht für das wesentliche Problem halte, viel eher ginge es um ihr Hierarchiever-ständnis und darum, aus der Geschichte stets ein Geheimnis zu machen. Diese Geheimniskrämerei mache alle krank, weil es einem die Orientie-rung im Alltag nehme und einem Wahnsystem wie ihrer ethnischen Ideologie Vorschub leiste. Claire spielte zuerst die Empörte – dass ich sowas denke! –, wurde dann aber nachdenklich und sagte: »C'est vrai. Nous ne nous occupons que de ces histoires tandis que les autres pays se developpent.«

Ich glaube, das war die entscheidende Wendung, denn ein Jahr später begann uns Claire ihre Geschichte zu erzählen. Sie sagte mir, sie wolle mir jetzt beweisen, dass Burundi nicht so aussehe, wie ich meine. Die Barundi sind misstrauische Leute, nicht nur Fremden gegenüber. Es ist zum Beispiel üblich, dass die Leute nachts – und zwar bei Neumond – umziehen, damit sich der Nachbar nur ja kein Bild vom eigenen Besitz-stand machen könne. Wegen dieser kulturellen Eigenart im allgemeinen und der spezifischen Vorgeschichte unserer Beziehung im besonderen glaube ich nicht, dass die Gespräche mit Claire ohne vorherige Bekanntschaft überhaupt in Gang gekommen wären. Es erwies sich auch im Umgang mit den anderen Barundi als vorteilhaft, dass sich durch mein stetes »Zurückkommen« die gegenseitige Fremdheit etwas lockerte.

Maria begann im Januar mit dem Gespräch. Wir gaben an, wir möchten lernen, wie sich Claire als Frau, als *Murundi-kazi,* in Burundi zurecht findet. Wir erzählten Claire vom laufenden Forschungsprojekt, von unserer eigenen Psychoanalyse in der Schweiz und davon, dass diese Gespräche in uns vieles in Bewegung brachten. Die Psychoanalyse setze aber voraus, dass man sich nicht vorher, sondern erst im Verlauf der Gespräche kennenlerne. Diese Situation war nicht gegeben – und dennoch war fast alles, was sie uns im Verlauf dieser Gespräche mitteilte, bis dahin unbekanntes Land. Als Maria Burundi im April verliess, war Claire einverstanden, mit mir das Gespräch weiter zu führen. Das vorliegende Protokoll ist ein Ausschnitt meiner eigenen Gesprächsphase.

Fünf Sitzungen

Die vorliegenden Gespräche lehnen sich an die psychoanalytische Gesprächsführung an. Allerdings musste das dieser Methode eigene Setting an mehreren Stellen modifiziert werden. Den Gesprächen wurde folgender Rahmen gegeben:

Claire war einverstanden, 4x wöchentlich eine Stunde zu uns zu kommen, um über ihr Leben und ihren Alltag zu erzählen. Ich musste mich später mit drei Wochenstunden begnügen. Wir wollten Claire für ihren Aufwand finanziell entschädigen und nannten einen Preis von 350 FBu pro Stunde. Unserer Ansicht nach war das weder zu viel (= Gefahr der finanziellen Abhängigkeit von diesen Gesprächen), noch zu wenig, denn bei vier Wochenstunden ergab das monatlich die halbe Wohnungsmiete.

Die Gespräche fanden in unserem Haus statt, welches die grösste Sicherheit dafür bot, dass kein Dritter mithört. Die Gespräche wurden sitzend durchgeführt.

Die Gespräche und die daran anknüpfenden Assoziationen werden so dargestellt, wie sie damals verliefen, mitsamt ihren Möglichkeiten und Mängeln.

1. Stunde

Claire fängt an, mir ihre Lebensgeschichte zu erzählen, weil ich sie danach gefragt habe. Sie beginnt in chronologischer Reihenfolge:

»Ich heisse Claire Ngerageze. Ngerageze heisst *ich gebe nicht auf,* und dieser Name wurde mir gegeben, weil ich das einzige Kind meiner Eltern bin. Meine Eltern warteten elf Jahre, bis ich zur Welt kam. Ich war ihr erstes und ihr letztes Kind. Als einziges Kind habe ich in der Mythologie Burundis eine ganz besondere Bedeutung: Dem einzigen Kind wird einerseits viel Magie zugeschrieben, nämlich dass es überhaupt möglich ist, erstes und letztes Kind zu sein, keine Geschwister zu haben, und andererseits wird ein Einzelkind auch sehr entwertet und verachtet, ein Kind – das ist so viel wie kein Kind. Meine Grossmutter väterlicherseits hat meinem Vater geraten, meine Mutter zu schlagen, damit sie endlich schwanger werde. (Die Vorstellung, dass der Mann steril sein könnte, fehlt im Bewusstsein der Barundi weitgehend, M. W.) Nachdem ich auf die Welt kam, war meine Mutter überzeugt, dass sie noch ein Kind gebären würde, und als sie dann 1976 in die Menopause kam, sagte sie zu mir, siehst Du, jetzt bin ich wieder schwanger. Ich musste lachen und ihr erklären, dass sie nicht schwanger sei, das könne doch gar nicht sein, sie sei jetzt einfach im Alter, wo es fertig ist, jetzt kommen keine Kinder mehr. So sehr hing sie an ihrem Kinderwunsch. Ich selbst wurde 1956 geboren.«

Dann erzählt sie von ihrer Kindheit auf dem Hof:

»Meine Mutter sagte zu mir, ich müsse nicht glauben, weil ich ein Einzelkind sei, würde sie mich besonders schonen; nein, im Gegenteil, ich müsse arbeiten. Und ich musste hart arbeiten, schon als ganz kleines Kind. Als die Eltern jeweils den Hof verliessen, um auf dem Markt den Ertrag zu verkaufen, durfte niemand wissen, dass ich alleine auf dem Hof war. Darum lernte ich sehr früh kochen, damit man ein Feuer sieht, und ich lernte die Nahrung zuzubereiten. Ich war damals noch so klein, dass ich nicht einmal das Holz vom Holzstoss herunternehmen konnte. Heute kommt mir der Stoss bis zur Hüfte. Damals musste ich jemanden rufen, damit ich Holz fürs Feuer hatte. Für meine Mutter war es damals auch sehr wichtig, dass ich schon als ganz kleines Kind sauber war: So lernte ich, als ich z.B. auf dem Boden sass, stets ein Bananenblatt auf den Boden zu legen, um mich darauf zu setzen, damit ich nicht schmutzig werde. So wuchs ich als Einzelkind im Hof auf. Mit den anderen Kindern der benachbarten Höfe war es nicht immer leicht, denn diese hatten stets noch Geschwister, Brüder und Schwestern, und als es dann zu einem Streit kam, halfen die sich gegenseitig, und ich war immer alleine und musste mich ganz alleine wehren.

Als ich ins schulreife Alter kam, wollte meine Mutter nicht, dass ich zur Schule gehe. Sie fand, ich sei jetzt ihr einziges Kind und was ich denn als Tochter/Frau in der Schule wollte? Mein Vater sagte »non, toi, tu es mon garçon«, weil ich auch *sein* einziges Kind sei, »tu dois aller à l'école!« Es kam zu Streitereien zwischen meinen Eltern, und schliesslich setzte sich mein Vater durch. Er brachte mich im Geheimen zur Schule. Er trug mich auf seinem starken Rücken zur Schule.

Als ich mit dem ersten Zeugnis nach Hause kam, war ich an 11. Stelle, und meine Mutter sagte zu meinem Vater: »Siehst Du, das bringt doch nichts, was soll man mit meiner Tochter in der Schule.« Das spornte mich sehr an, und ich wurde besser. Danach war ich immer unter den ersten, und meine Mutter fand keinen Anlass mehr, sich gegen die Schule zu wehren. In der Primarschule war ich immer ganz zurückgezogen, still, sagte wenig und versuchte, mich so gut als möglich aus den Konflikten zwischen den Schülern herauszuhalten. Dann kam ich ins Alter, wo es um die Frage ging, ob ich ins *Enseignement Secondaire* gehen kann oder nicht. Bei uns gab es damals noch eine Übergangsphase. Nach der 6. Primarklasse konnten wir eine Aufnahmeprüfung machen für ein Jahr Diozöse bei den Schwestern und so den *Concours National* um ein Jahr verschieben. Meine Mutter war wieder gegen diese Art Weiterbildung, doch mein Vater setzte sich erneut durch, er stiess mich vorwärts, und ich bestand die Prüfung.

Bei den Schwestern war es nicht einfach. Wir waren im Internat, und es waren sehr schlechte Bedingungen. Auch mussten wir selber kochen. Ich gehörte zur Kochmannschaft, musste täglich Wasser an einer entfernten Wasserstelle holen und so blieb wenig Zeit zum Lernen übrig. Nach einem Jahr kam der *Concours National.* Von 36 Anwärtern kamen drei ins *Enseignement Secondaire,* und ich war dabei!

Ich kam auf die staatliche Internatsschule. Damals machte ich mir noch überhaupt keine Gedanken, zu welcher Ethnie ich gehöre. Dann kam 1972. Ich war 16, und 1972 zeichnete mich sehr stark: Am 1. Mai war jeweils ein Fest. Wir bereiteten damals wie immer das Fest vor, übten Lieder und, ja, ja, wir hörten schon, dass es Unruhen im Land gab, doch wir dachten, dass das doch nicht unsere Schule betrifft, da passiert doch nichts, bis mir eines Abends eine Freundin sagte, ich müsste mich heute nacht in acht nehmen, denn es würden alle Bahutu zusammengeschlagen. Offenbar dachten die Kollegen, ich sei eine Mututsi, keine Muhutu, weil ich so gescheit war und weil ich selber nicht wusste, zu welcher Teilgruppe ich gehörte. So kam es zu einer ethnischen Hatz an unserer Schule, welche von meinen Freunden und Kollegen an der Schule ausging. In dieser Nacht bekam ich dann plötzlich sehr Angst, legte meine Kleider ins Bett, so dass es aussah, als ob ich drin sei, aber ich verkroch mich unter dem Bett, weil ich befürchtete, ich würde jetzt auch zusammengeschlagen. Nachts um eins oder zwei hörte ich ein Riesengeschrei in der Schule, danach die Stimmen der Direktorin und der Professoren, alles beruhigte sich etwas, aber man sah dann, wie die armen Bahutu bestraft wurden, weil die Batutsi behaupteten, die Bahutu hätten sie zusammenschlagen wollen. Das machte mich sehr misstrauisch,[10] und ich bemerkte auch, dass einzelne Professoren, die zur Schule kamen, plötzlich fehlten. Später erfuhr ich, dass sie ermordet wurden.

Dann kam der 31. Mai, der Tag des Schulschlusses, und wir wurden nach Hause gefahren. Wir fuhren auf den alten Volvo-Lastwagen, welche Pakistani chauffierten. Damals gab es im Landesinnern noch keine Asphaltstrassen, es waren furchtbare Holperpisten und man rechnete für die 100 km Weg zehn Autostunden. Währenddem sich der Wagen so durch die Felder quälte, ging auf der Ladebrücke ein Massaker los: Die Batutsi begannen die Bahutu zu verprügeln, sie waren in der Minderheit, und sie wurden aus dem fahrenden Lastwagen auf die Strasse geworfen. Meine Kollegen und Freunde starben oder blieben schwer verletzt am Strassenrand liegen. Alle wurden kontrolliert, und bei mir sagten die einen, ich sei eine Mututsi, aber einer der Rädelsführer las meine Hand und behauptete, ich sei eine Muhutu bzw. eine Mischform. Er zwang mich, ihm meine Vulva zu zeigen und wie er sah, dass ich einfach lange Schamhaare hatte, sagte er, ich sei eine Mututsi. So überlebte ich das Gemetzel. Ich hörte dann, dass in Muramvya sehr viel Polizei ist, und entsprang dem Lastwagen bei einer guten Gelegenheit und ging zu Fuss nach Hause, den langen Weg auf unseren Hügel, wo mich die Eltern anstarrten und es als ein ganz grosses Wunder erlebten, dass ich lebend nach Hause komme, denn es ging das Gerücht um, die Polizei sei in die Schule eingedrungen und habe alle Schüler ermordet.

Ich fragte dann meine Mutter als erstes, was ich denn *sei*. Meine Mutter begann zu weinen und sagte, sie hätte sich gewünscht, dass sie das ihrer Tochter nie sagen müsste. Ja, ich sei eine Hutu, aber das mache überhaupt keinen Sinn. Ich solle doch sagen, ich sei nichts, denn als Frau sei ich eigentlich gar nichts, ich werde erst ethnisch durch den Mann, den ich heirate. Die ethnische Identität wird über den Mann vererbt.

Schon einmal in meinem Leben habe ich nicht aufgegeben, nämlich als ganz kleines Kind: Damals hatte ich eine schwere Krankheit, man glaubte, ich sei tot. Ich war im Spital, meine Eltern wurden nach Hause

---

10 Diese Darstellung irritierte mich damals. In meinem Tagebuch notierte ich: *»Denke, es ist eher umgekehrt: Sie (die Mitschüler, M. W.) dachten, Claire sei vielleicht eine Muhutu. Darum wurde sie auch gewarnt. Es ist auch eher so, dass Batutsi wissen, zu welcher Teilgruppe sie gehören. Wer nicht weiss, was er ist, ist etwas, das nichts wert ist: Muhutu oder Mutwa. Ihre Angst weist auch eher darauf hin, dass Claire befürchtete, sie sei ein Opfer (= Muhutu). Warum stellt sie mir das umgekehrt dar? So wie sie misstrauisch wird gegenüber den Tutsi, werde ich misstrauisch ihr gegenüber.«*

geschickt, denn es lohnte sich nicht mehr, mich zu ernähren, man packte mich ins Totentuch und wollte mich zum Friedhof fahren. Doch da bemerkte jemand, dass ich mich noch bewegte, und ich wurde ins Spital zurückgebracht. Man benachrichtigte meine Eltern, ich sei noch am Leben, sie sollen mich weiter ernähren. Meine Mutter weigerte sich, ins Spital zurückzukehren – und dann kam mein Vater.

1972 hat mich total verändert. Die Erfahrung, Muhutu zu sein, Unterdrückte zu sein, kategorisch Benachteiligte zu sein, trieb mich aus meiner Zurückgezogenheit hinaus. Ich wollte einstehen für die Rechte der Benachteiligten, wurde Klassensprecherin und nahm den Kampf gegenüber den Behördevertretern und der Verwaltung an der Schule auf. Ich begann, an mich zu glauben, und begann, mich durchzusetzen.«

2. Stunde

Claire setzte ihren Lebenslauf fort: »1973 kam es zu einer harten Auseinandersetzung zwischen mir und der damaligen Schuldirektorin. Denn als Klassensprecherin machte ich, motiviert durch die grossen politischen Ungerechtigkeiten von 1972, auf Misstände an der Schule aufmerksam. Im Frühjahr 1973 zitierte mich die Direktorin zu sich aufs Büro und warf mir vor, ich hätte eine Liste von Schülern erstellt, die man ermorden solle, und sie versicherte mir, dass ich jetzt entsprechend leiden werde, dass man mich also foltern und ermorden werde. Ich bestritt natürlich diesen infamen Vorwurf und erwiderte der Direktorin, es sei völlig gemein, dass man mir die ethnische Identität zum Vorwurf mache, dass sie mir vorwerfe, weil ich eine Muhutu sei, wolle ich alle Batutsi eliminieren. Ich bin eine Muhutu, weil ich da hineingeboren wurde, nicht, weil ich das gewählt habe. Sie habe ihre ethnische Identität auch nicht gewählt, das sei ihre Abstammung, nichts Gekauftes. Ja, wenn man das kaufen könnte, wäre das was ganz anderes. Die Direktorin drohte dann, mich zum Kommandanten der Polizeigarnison zu schleppen, um herauszufinden zu lassen, ob ich jetzt diese Liste erstellt habe oder nicht, und ich warf ihr vor, sie wolle mich einfach von der Schule haben, weil ich zu einer anderen ethnischen Gruppe gehöre als sie, aber ich könne ja gar nichts dafür, dass es in diesem Land zwei ethnische Gruppen gäbe, die einander jetzt bekämpften.

Daraufhin liess sie mich springen, und ich ging so schnell wie möglich zur Bernadette. Die Bernadette, ja, das ist eine Schweizerin, die damals an der Schule unterrichtete. Bernadette war damals meine Sportlehrerin, und weil ich mich mit ihr so gut verstand, gab ich mir auch im Sport grosse Mühe, und ich entdeckte dort meine physischen Möglichkeiten (Leichtathletik, M. W.), mich zur Wehr setzen zu können.

Kürzlich traf ich meine ehemalige Schuldirektorin wieder auf der Strasse von Bujumbura-ville, und da sagte die zu mir – »Ja, salut, wie gehts denn Dir, Du Schuldirektorin?!« –, worauf ich ihr erwiderte, dass das doch sie sei, nicht ich. Daraufhin entgegnete sie mir, nicht sie, sondern ich hätte damals die Schule geleitet...

Damals kam ich nervlich immer mehr unter Druck, wie ich merkte, dass man mich an der Schule los werden wollte. An Weihnachten 73/74 hatte ich einen Nervenzusammenbruch, wurde schwer krank und lag allein im Bett und niemand kümmerte sich um mich, ich hatte nichts zu essen und zu trinken, bis sich meine Klassenkolleginnen für mich einsetzten und ich schlussendlich doch noch ins Spital kam. Wenn es nach dem Willen der Direktorin gegangen wäre, dann wäre ich im Zimmer einfach gestorben, im Bett von diesem Internat. Bernadette lud mich nach diesem Spitalaufenthalt zu sich nach Hause ein, wo ich wohnen konnte und mich so allmählich erholte. Bis zum Frühjahr machte ich sozusagen nichts mehr für die Schule. Im Frühling sagte die Direktorin, ich solle jetzt die Prüfung für die 3. Klasse machen, ich sei ja gar nicht richtig krank gewesen, ich hätte nur »la maladie des blancs«, d.h. ich sei in die Weissen verliebt, weshalb ich mich auch bei einer Weissen »erholen« müsse. Danach ging unter den Professoren eine grosse Diskussion darüber los, ob ich jetzt diese Prüfung machen müsse oder nicht, wobei sich zwei Lager bildeten. Die politisch extreme Gruppe der Batutsi versammelte sich um die Schuldirektorin. Ihr standen weisse und ein paar gemässigte schwarze Professoren gegenüber. An der Lehrerkonferenz setzte sich schliesslich die Meinung durch, man solle mich nur in die nächst höhere Klasse befördern, damit ich so schnell wie möglich von der Schule sei, denn wenn ich wiederholen müsse, sei ich nur ein Jahr länger an der Schule und stifte Unruhe und Unfrieden. Schliesslich machte ich dann doch eine Prüfung, die *ich aber* bestand! Das wunderte mich dann sehr. Die Direktorin missgönnte mir diesen Erfolg sehr, und in Bujumbura-ville warf sie mir nach mehr als 10 Jahren vor, ich sei damals die Schuldirektorin gewesen. Seit dieser Zeit ist für mich die Bindung zur Bernadette sehr wichtig.

Nach der Matura schrieb ich mich an der Universität Burundi für ein Studium ein. Wir können hier in Burundi unser Studium nicht frei wählen, sondern müssen dem Staat drei Wünsche angeben, worauf dieser selbst entscheidet. Ich entschied mich für folgende Rangliste: 1. Mathematik, 2. Ökonomie, 3. Sport (éducation physique). Ich erhielt dann den Auftrag, *éducation physique* zu studieren. Das machte mich unzufrieden, denn ich hörte, dass *éductaion physique* gar kein richtiges Studium sei, das sei was für die Dummen. Ich sagte mir aber, wenn die das unbedingt wissen wollen, turnen kann ich wirklich auch. Gleichzeitig stellte ich ein Gesuch, ein »richtiges« Studium machen zu können. Das Gesuch verschwand irgendwo in einer Amtsstube und der Termin des Studienbeginnes nahte. So musste ich widerwillig mit dem Studium beginnen. Ich merkte bald, dass *éducation physique* sehr wohl ein richtiges Studium ist, dass die Leute nur dumm daher schwatzten, ja dass es sogar sehr strenge Prüfungen gab; bald war ich die einzige Frau, die da mithalten konnte. Ja, ich gab nicht auf und kam in jenen Klassenzug, der normalerweise das Studium erfolgreich abschliesst. Leider brach ich mir dann im 4. Semester die Schulter. Jetzt hatte ich einen medizinischen Grund, das Studium nicht fortsetzen zu müssen. Ich liess mir eine *attestation médicale* ausstellen, mit welcher ich wieder ans Erziehungsministerium gelangte, man möge mich doch bitte umteilen. Auch dieses Gesuch verschwand irgendwo in den Akten. So musste ich irgend etwas unternehmen. Ich liess mich von der *jeunesse catholique* anstellen und wurde als Direktorin der Frauenabteilung der JC engagiert. Das war die Zeit, als ich am meisten verdiente. Ich verdiente damals FBu 12.000.-, was zu jener Zeit sehr viel war. Dort engagierte ich meine Freundin als meine Sekretärin und so managten wir die katholische Frauenjugend in ganz Burundi.

Wir organisierten zum Beispiel den Brunnenbau, wir versuchten, den Bauern neue Anbaumethoden näher zu bringen, die ihren Ertrag – und damit ihren Einfluss und ihre Macht steigern, wir organisierten viele Festivitäten für die Frauen, damit der Zusammenhalt der Frauen grösser werde. Zu jener Zeit wohnte ich bei den Patres im Kloster. Diese fanden, ich sei sehr gescheit und wenn ich mich so für die *jeunesse catholique* einsetze, müsse ich unbedingt *les sciences réligieuses* studieren. Ich dachte mir, dann mach' ich das, warum auch nicht? Zufälligerweise kam zu jener Zeit gerade eine Freundin von Bernadette nach Burundi, welche mich fragte, ob ich denn »überzeugt« sei? Das war ich natürlich nicht, aber ich dachte mir – *faute de mieux* –, dann mach' ich das. Sie riet mir, noch einmal darüber nachzudenken, vielleicht würden wir da eine andere, überzeugendere Lösung finden. Sie fragte mich, was ich denn studieren möchte, wenn ich wählen könnte. Ich sagte *agriculture*. Zurück in der Schweiz fand sie heraus, dass man *agriculture* nur in Zürich an der ETH studieren könne. Dafür hätte ich zuerst Deutsch lernen müssen. Das war mir zu kompliziert, das wollte ich nicht. Wir suchten nach Alternativen, und schliesslich schrieb man mich an der Université de Fribourg für die *sciences de la terre* ein, das heisst für Geologie. Bernadette suchte für mich in der Schweiz Bekannte, welche meine Studien finanzieren könnten, indem sie monatlich einen freigewählten Betrag einzahlten. Ich konnte dann bei ihrer Freundin gratis wohnen, erhielt zwischen 400.- und 500.- Frs durch Spenden, und in den Semesterferien jobbte ich als Serviertochter im Wallis. So brachte ich mich ganz gut über die Runden. Mit dem Tag, als ich in Fribourg ankam, begann die Geschichte mit François. Alle Barundi waren am Bahnhof, und ich fragte mich, wie ich die nur wieder los werden könnte, denn es waren nur Männer da, keine einzige Frau, keine *Murundi-kazi*. Alle bestürmten mich, wollten mit mir unbedingt eine Beziehung haben, und da dachte ich mir, das beste ist wohl, ich verbünde mich mit einem dieser Männer, dann geben die anderen Ruhe. So überlegte ich mir, wer für mich in Frage komme. Da gab es die Gruppe der politischen Flüchtlinge, den Bahutu, mit denen wollte ich nichts zu tun haben, ich wollte mich ja nicht im voraus in meinem Land diskreditieren. Da gab es die »normalen« Unistudenten, alles Batutsi, die kamen sowieso nicht in Frage, doch unter ihnen befand sich François als einziger Muhutu, der als »normaler« Murundi in Fribourg studierte. Da dachte ich, das beste wird wohl sein, ich verbünde mich mit dem da, mit François dem Muhutu, dann habe ich endlich meine Ruhe. Ich wusste natürlich, dass François dem Alkohol sehr zusprach und überhaupt ein exzessives Leben führte. Aber das kratzte mich anfänglich nicht. Ich dachte mir, wenn wir uns lieben, wird der Alkohol von selbst verschwinden, den werde ich schon noch heilen. Anfangs schien sich das zu bestätigen, doch nach einiger Zeit kamen die Frauengeschichten wieder, später der Alkohol. Am meisten Schwierigkeiten hatte ich mit der Vorstellung, François hänge mir noch irgendeine Krankheit an, Syphillis etwa, von AIDS wusste ich damals zum Glück noch nichts.«

An dieser Stelle musste ich Claire unterbrechen, denn es war schon 14 Uhr 10, worauf sie erwiderte: »Was, machen wir nur 50 Minuten?« Ich antwortete: »Wir können schon weitermachen, aber besser morgen.« Claire schaute auf die Uhr, sagte: »Aber es ist doch erst 13 Uhr 30?« Ich zeige *mir*[11] meine Uhrzeit, und erst jetzt bemerkt sie, dass ihre Uhr, ein Abschiedsgeschenk von Maria, nicht mehr geht, wahrscheinlich weil die Batterie leer war.

3. Stunde

Claire eröffnet die Stunde mit einem Traum:

»Ich bekomme einen Lohnausweis, worauf steht, ich bekomme 14.130 FBu (quatorze mille cent trente Francs/mir fällt auf, dass cent *wie* sans

---

11 Es kommt hier zu einem Durcheinander, welches sich bis in die Niederschrift dieses Textes fortsetzte. Das »mir« müsste natürlich »ihr« heissen. Doch das Durcheinander macht in der nächstfolgenden Stunde Sinn.

gesprochen wird, M. W.). Ich wundere mich, sage, das könne doch nicht sein, doch ich sehe die Zahl genau vor mir, und da sagt der Sekretär, das sei der gleiche Lohn wie für meinen Cousin, und mein Cousin habe einen Kredit verlangt. Ich überlege mir, was ich mit diesen quatorze mille cent trente francs *anfangen soll: also zuerst einmal FBu 5.000. für die Hausmiete und dann habe ich FBu 5.000.- einer Freundin versprochen, der eine Brille kaputt ging, und dann bleiben mir noch FBu 4.130.-, und ich bin ratlos. Ich weiss nicht, was ich mit dem Rest noch anfangen soll, für die Nahrung der Kinder ist es zu wenig, für Kleider reicht es zwar aus, aber dann hat man nichts zu essen und den Bus muss ich auch noch bezahlen und so weiss ich nicht mehr ein und aus.«*

Ich: »Was fällt Dir dazu ein?«

Claire: »Mein Cousin hat tatsächlich einen Kredit verlangt, und er arbeitet am gleichen Ort wie ich. Ich habe auch eine Kollegin, Brillenträgerin, der die Brille wirklich kaputt ging, doch der Arbeitgeber will die Brille nicht bezahlen, obwohl das am Arbeitsplatz passierte, weshalb sich meine Freundin verschulden musste.«

Mich irritiert die Zahlennennung, diese sorgsame Aufteilung und was es damit wohl auf sich haben könnte.

Ich: »Träume bedeuten oft etwas ganz Besonderes. In diesem Traum ist die Dreiteilung des Budgets auffallend, die eine Irritation auslöst, Du weisst nicht mehr ein und aus. Irgend etwas treibt Dich dazu, das Budget ungleichmässig zu verteilen, 2 x 5.000.- und dann geht es nicht mehr auf. Im Traum stehen die 5.000.- FBu für die Hausmiete und die Brille, aber die 5.000.- FBu, das ist doch exakt der monatliche Betrag, den ich Dir für unsere Stunden zahle, und Du weisst auch, dass es jetzt noch 2 Monate geht (2 x 5.000.- FBu) und dann hören unsere Stunden irgendwann mal auf. Im Traum gibst Du 5.000.- FBu für eine zerbrochene Brille aus. Die Brille ist dazu da, dass man besser sieht. Das ist es ja gerade, was wir hier machen, Du kommst zu mir, weil auch Du Deine Geschichte besser sehen möchtest. Kommt dazu, dass ich eine Brille trage! Und das, was Du hier machst, das ist auch Arbeit, Du verdienst Geld.«

Mir gehen diese 4.130 FBu durch den Kopf, was könnte es damit wohl auf sich haben, sie stören mich irgendwie und was hat zu bedeuten, dass wenn wir Phantasien zu diesem Traum produzieren, dann beziehen sie nur die 2 x 5.000.- ein, die unbewusst auch dafür stehen, dass ich als Brillenträger Claire miete (= Hausmiete), aber mit den 4.130.- können wir nichts anfangen. [Erst als ich in der Schweiz zurück bin, fällt mir auf, dass darin auch die beiden Uhrzeiten der vorigen Stunde enthalten sind, 13 Uhr 30 und 14 Uhr 10, die Differenz, die zum Vorschein brachte, dass das Abschiedsgeschenk von Maria den Dienst versagt hat. Der damit einhergehende Wechsel von Maria zu mir produzierte auch in mir ein Durcheinander.]

Weil die 4.130.- FBu mich in den Assoziationen stören, sage *ich*: »Mir fällt zu diesen 4.130.- FBu einfach nichts Schlaues ein, was ist da los, dass sich zwischen uns diese Irritation wiederholt, die schon den Traum durcheinander brachte?«

Claire beginnt, von ihrem Ex-Mann, François, zu erzählen, den sie in Fribourg traf, und ich fragte sie, wie alt sie war, als sie sich von ihm trennte, und da sagt sie mir:»Dreissig Jahre alt.«

Ich: »Gehen wir einmal davon aus, diese 14.130.- nähmen auch auf Dein Scheidungsurteil bezug. Machen wir die Umkehrung, dann heisst es *trente cent quatorze.* Das macht keinen Sinn. Wie Du mir den Traum erzählt hast, ist mir eingefallen, dass das *cent* auch *sans* heissen könnte. Das könnte doch heissen, dass für Dich so vieles anders wäre, wenn diese quatorze nicht wären, das Alter Deiner Kinder, die mit je 7 Jahren ins väterliche Haus ziehen werden. Gestern hörten wir doch mit Deiner Lebensgeschichte gerade an jenem Punkt auf, wo Du in Fribourg ankamst und die Geschichte mit François begann.«

Claire nickt: »Ja, dann wäre so vieles anders; aber jetzt geht es mir auch darum, dass die beiden Kinder nicht zu François müssen, wenn sie 7 werden. François ist ja dem Alkohol total verfallen und ist so nie in der Lage, die Kinder aufzuziehen. Ich werde darum einen zweiten Prozess gegen François führen müssen, in welchem ich beweisen werde, dass er für sein Versorgungsrecht gar nicht aufkommt, dass er rein nichts für die Kinder tut. Er hat ja jetzt keine Arbeit mehr, sie haben ihn entlassen, und Alimente erhielt ich schon lange keine mehr. François' Eltern wollen diese beiden Kinder unbedingt, natürlich weil es zwei Söhne sind, und darum wollen sie, selbst nach der Scheidung, meiner Herkunftsfamilie noch den Brautpreis nachzahlen.«

Ich: »Deine Schwiegereltern wollen mit der Brautpreiszahlung nachträglich Deinen gewohnheitsrechtlich legitimen Anspruch auf Deine Kinder nichtig machen?«

Claire: »Das denke ich auch. Die wollen den Brautpreis nicht aus reiner Menschenliebe bezahlen. Ich weiss aber nicht recht, was ich tun soll. Denn der Brautpreis ist ja auch eine Ehre für mich, und François' Eltern wollen auch, dass ich die Kinder behalte, bis sie erwachsen sind.«

Ich: »Das sind halt Schlaumeier. Die wollen gut erzogene Söhne, die dann eine gute Arbeit haben – und *dann für sie arbeiten!* Dieser Traum hat also auch mit der Verwandtschaft zu tun und mit der Frage, wie man es mit ihr halten soll. Darum taucht ja auch der Cousin plötzlich auf. Es gibt da den Vertrag zwischen Deiner Verwandtschaftsgruppe und derjenigen von François, und es tauchen da ja noch andere Verwandte auf (...). Es ist so, wie wenn das, was Dir zusteht, Dein Lohn, d.h. Deine Arbeit, sich teilt in Ansprüche, die sich aus Deinem Engagement für die staatliche Einheitspartei und die politischen Rechte Deiner »ethnischen« Verwandtschaftsgruppe ergeben und in Ansprüche, die mit der Beziehung zu François und mit mir zusammenhängen. Irgendwie scheint das für Dich nicht aufzugehen, der Traum endet damit, dass Du nicht mehr ein und aus weisst.«

Claire nickt staunend: »Ja, ja, das verwirrt mich, das Engagement für die Partei (welche ja nur die politischen Interessen einer Minderheit, nämlich der Bururi-Matana-Gruppe wahrnimmt, M. W.) und – was soll ich da drin als *Muhutu-kazi*? Daneben gibt es ja noch ganz andere Interessen, das geht überhaupt nicht auf.« Pause. »Was ihr Bazungus (Weisse, M. W.) alles aus einem Traum herausholen könnt, das ist ja sehr interessant, ich werde Dir weitere Träume erzählen.«

4. Stunde

Claire beginnt von ihrer Arbeit zu erzählen: »Jetzt, nach einem halben Jahr III. Republik ist man eigentlich enttäuscht. Jetzt kommt dann der 1. Mai, der erste grosse Feiertag der dritten Republik, und man müsste den Präsidenten und das *Comité du Salut National* hart kritisieren und zwar genauso, wie der Präsident und sein Comité seinerzeit Bagaza kritisiert haben. Im Herbst machten sie so viele Versprechen, und nichts, aber auch gar nichts lösten sie davon ein. Wir fühlen uns weiterhin verfolgt, vernachlässigt, und wir werden nach wie vor ausgebeutet. Die Elite ist nach wie vor korrupt, die alten Schergen von 1972 kehren sogar nach Burundi zurück und die alten Hasen unter Bagaza werden wieder in die besten Verwaltungsposten befördert usw. Es ist jedoch nicht möglich, den Präsidenten zu kritisieren, weil ich sonst im Gefängnis gefoltert und sterben würde, genau wie einst unter Bagaza. Und gleichzeitig sollten wir von der Partei für den 1. Mai ein Feld vorbereiten, damit die Arbeiter gegenüber dieser neuen Regierung ihre Bedürfnisse formulieren können und damit sie auch Mut fassen, diese zu kritisieren.«

Ich: »Worin besteht Deine Aufgabe, ›das Feld vorzubereiten‹?«

Claire: »Ich habe die Aufgabe, einen Zeitungsartikel in unserer Partei-zeitung, dem Ndarangavye, zu schreiben. Wir haben beschlossen, darin noch einmal die II. Republik zu kritisieren in der Hoffnung, dass die Leute dann schon merken, dass wir die III. Republik meinen.«

Ich: »Glaubst Du, dass die Leute das merken? Wäre es vielleicht nicht schlauer, den Artikel historisch breiter anzulegen, z.B. indem Ihr Eure Kritik an der I. Republik formuliert, was sich davon in der II. Republik nicht verändert hat, ja vielleicht sogar Daten aufarbeiten, die sich noch auf das alte Königreich beziehen, kurz, Grundsätzliches aufgreifen und dann fragen, ob man in Zukunft in der Lage sei, das zu ändern. So bietet ihr einen ganzen Fächer von Stoff an und den Lesern wird vielleicht eher klar, dass es sich hier um Grundsätzliches handelt, das nicht nur auf Bagaza zugeschneidert ist.«

Claire findet das eine gute Idee. »Ich bin jetzt Präsidentin in einem Komitee, das die Interessen der Arbeiter und der mittleren Kader wahrnehmen sollte. Die III. Republik hat ja versprochen, die Saläre der einfachen Arbeiter und Angestellten zu erhöhen, und sie hat stattdessen die Saläre der hohen Angestellten erhöht. Und die Armen werden immer ärmer und bleiben dort sitzen, wenn sie sich nicht wehren. Im Februar gab es eine Versammlung. Dabei kam genau dieser Punkt zur Sprache, und der Vertreter der Lohnabteilung sagte, er wolle dieses Gesuch prüfen. Dann gab es im März nochmals eine Versammlung, und da redete sich der Vertreter damit heraus, dass er noch keine Zeit hatte, und jetzt ist heute nachmittag die dritte Versammlung, und ich bin gespannt, was er uns erzählen wird. Zudem bin ich jetzt noch in einem Komitee unseres Bezirks, und dort wurde ich dazu ernannt, die Klagen gegenüber der Regierung entgegenzunehmen und auch das widerspricht der ursprünglichen Absicht der III. Republik, nämlich dass ich von oben eingesetzt wurde, anstatt dass mich die Basis wählte. In der ersten Versammlung war ich dann sehr froh, dass sich ein Bauer darüber aufregte, dass ihnen ständig Staatsangestellte vor die Nase gesetzt werden, die die Beschwerden entgegennehmen. Er sagte, er würde sich gerne einmal bei jemandem beschweren, der etwas von der Sache verstehe, nämlich bei einem *cultivateur*. Wieso das eigentlich nicht so sei? Ich leitete die Frage an einen Parteimann weiter, welcher ihm sagte, dass die gewählten Leute einen viel breiteren Blick hätten als ein *cultivateur,* denn diese Personen seien eben *formé,* also gebildet, und diese könnten eben die verschiedenen Interessen umfassen und zusammenfassen. Wenn man dafür einen Bauer anstellen würde, wäre das nicht zu machen. Der Bauer schwieg dann; was wollte er denn noch sagen?« *Claire* freute sich sehr über diese Beschwerde, »denn es ist so furchtbar schwierig bei uns, die eigenen Bedürfnisse zu formulieren, ohne ständig Angst haben zu müssen, man werde von der Sicherheitspolizei überwacht, ins Gefängnis geworfen, gefoltert.«

Am Schluss denke ich, es geht hier noch einmal um die Frage nach dem Platz, den Claire einnimmt: Einerseits ist sie Angestellte im Staatsapparat, sie wird von der Regierung als Instrument ihrer Interessen eingesetzt, etwa zur Präsidentin ernannt, in diverse Komitees bestellt etc.

Doch sie erlebt sich da passiv, und dann gibt es den Widerspruch zwischen den gouvernementalen Interessen und ihren eigenen Interessen als Individuum, und drittens kommen ihre Interessen als identifizierte Muhutu dazu, aus welcher Perspektive heraus sie doch genau sieht, wie die Regierung für die eigenen Interessen arbeitet

5. Stunde

Claire erzählt mir einen Traum:

»Ich werde verfolgt, ich renne einen Berg hinauf – und zwar verfolgen mich Leute von der Sicherheitspolizei, ganz viele Leute, vor allem Tutsi, weil ich den Präsidenten ermordet habe. Ich komme oben an, ich renne auf der anderen Seite wieder den Berg hinunter, ich habe keine Arme mehr, ich habe keine Beine mehr, ich bin nur noch Körper, ich sehe vor mir einen schwarzen Mercedes und ich merke, dass dort drin der tote Präsident zum Begräbnis gefahren wird. Ich sehe einen Fluss, ich sehe die vielen Leute hinter mir, die mir nachhetzen, und ich denke ja, dann gehe ich halt in diesen Fluss... – und dann bricht der Traum ab.«

Mich hat der Traum sehr berührt. Ich denke sofort an die Todesqualen, die sich die Ashanti ausdachten für jene, die es mit einer der Frauen aus dem königlichen Harem trieben. Rattray (1959) beschreibt diese (rituellen) Todesqualen ganz genau: Wie dem Opfer zuerst die Ohren, dann die Beine, der Penis und schliesslich die Arme abgehackt wurden und wie der noch lebendige Leib mit seinen Stumpen auf einem von Dynamitpulver übersäten Feld tanzen muss, welches ständig zur Explosion gebracht wird. Der Elende geht tanzend zu Grunde vor versammeltem Hof, den Frauen, dem König und seinen Beamten.

Ich erzähle Claire diese Assoziation und sage dann: »Es hat sich in Deinem Traum auch etwas verändert, im Gegensatz zum letzten: Jetzt wird plötzlich sichtbar, dass Du etwas getan hast, wofür Du bestraft wirst.«

Darauf *Claire:* »Ich hatte im Büro eine harte Auseinandersetzung mit einem untergebenen Mann, der mir befahl, ihm irgend ein Dossier zu bringen, und ich sagte mir, na' so was, ich bin ihm ja überstellt. Zu ihm sagte ich, dass ich ihm nicht mit irgendwelchen Dossiers zudiene, er könne ja einen *planton* dafür anstellen. Das tat er dann, und dieser brachte ihm auch das Dossier. Später beschwerte sich der Betreffende beim *secrétaire général* und denunzierte mich, indem er erzählte, ich würde ihn schikanieren und wenn er ein Dossier verlange, dann würde ich es nicht einmal herausgeben. Daraufhin wurde ich vor den *secrétaire général* zitiert, welcher mich einvernahm, mich nach meinen Beziehungen befragte, fragte, ob ich das betreffende Dossier kenne, wieso ich das nicht herausgebe usw. Ich wurde sehr wütend, und am Schluss musste ich sogar weinen. Ich wehrte mich dafür, dass ich nicht die Bedienstete des Herrn X sei und überhaupt, der macht das mit allen Frauen im Büro so; ich sagte dem *secrétaire général* dieser Mann sei ein Macho, dem würde ich nicht zudienen und dass ich genau das Richtige tat, indem ich ihn an einen *planton* wies, der ihm das Dossier auch brachte; ich habe doch anderes zu tun, den ganzen Tag. Der Sekretär wollte dann wissen, was ich denn die ganze Zeit mache, worauf ich ihm gegenüber meine Arbeit rechtfertigen musste, also dass ich diese und jene Dossiers zu bearbeiten habe, dass ich den Artikel für den 1. Mai schreibe usw. *Tu vois, ça va comme ça chez nous: Tu es femme, tu es muhutu, tu t'engages, mais tu n'aimes pas qu'on tape sur ta tête et puis on t'attaque, on t'énerve, on t'attaque!«*

Ich: »Du hast es ja gut gemacht, Du hast Dich ja gewehrt und ihm Deine Meinung gesagt.«

Claire: »Dann sagte er mir – weisst Du was? – so gemein –, er werde jetzt eine öffentliche – aahh – eine öffentliche Veranstaltung organisieren und dann würde ich ja wohl nicht den Mut haben, öffentlich das Gleiche zu wiederholen, was ich ihm jetzt privat gesagt habe, und dies vor allem dann nicht, wenn der von mir kritisierte Mann dabei sei. Ich widersprach ihm, sagte doch, doch, dazu hätte ich dann schon noch den Mut und überhaupt, seit dieser Mann in unserer Abteilung arbeitet, ist das Arbeitsklima auf unserer Beratungsstelle völlig mies. Das macht der nämlich auch mit den anderen Frauen so. Ich war völlig verzweifelt und sagte ihm dann sogar, dass dieser Mann sich jedoch gegenüber der Sekretärin nicht getrauen würde, sich so zu verhalten wie gegenüber mir, weil diese ja zum gleichen Clan gehöre wie er. Es sei ja darum auch ganz klar, wen er da als seinen Dienstboten engagiere. Und jetzt habe ich grosse Angst, ich komme ins Gefängnis für das, was ich gesagt habe, man werde mich quälen, foltern, töten. – Der Sekretär ist dann sehr stumm geworden, begann alles fein säuberlich aufzuschreiben und wiederholte, er werde jetzt dann eine öffentliche Veranstaltung machen, und dann werde ich öffentlich sagen müssen, was ich ihm da privat so alles gesagt habe.«

Ich unterstütze Claire noch einmal, sage, dass sie sich ja sehr gut gewehrt habe und komme nochmals auf ihren Traum zu sprechen: »In Deinem Traum wird auch Angst sichtbar für das, was Du machst. Du wehrst Dich ja gegen die Macht, gegen die Hierarchie. Du bringst die Zentralfigur, die die Macht und die die Hierarchie symbolisiert, nämlich den Präsidenten um und vielleicht hast Du auch Lust, ihn umzubringen.«

Claire: »Mais sûrement, sûrement. Ich warte schon lange, dass es da etwas anderes gibt und immer ist der gleiche Clan an der Macht und

immer sind wieder die gleichen Präsidenten an der Macht und seit der da
an der Macht ist, ist es wieder genau gleich wie in der II. Republik, es hat
sich überhaupt nichts geändert, die Leute werden weiterhin überwacht,
ich kenne bereits wieder Leute, die ins Gefängnis geworfen wurden, weil
sie etwas sagten, öffentlich oder privat, das sie nicht hatten sagen dürfen.
Und weisst Du, in der II. Republik, da gab es Leute, die kamen ins
Gefängnis – einer, der ist jetzt unter Buyoya befreit worden während der
grossen Amnestie –, weisst Du warum? Der wollte einfach eine Hühnerfarm aufziehen, aber weil er zu einer anderen Teilgruppe gehört, reichten
die üblichen Eifersüchteleien aus, um ihn ins Gefängnis zu werfen. Mit
dieser Hühnerfarm hätte er ja zu Geld kommen können, er hätte reich
werden können, er wäre unter Umständen ja jemand geworden, in unserer
Welt. Und genau das wollten die mit allen Mitteln verhindern. Auch in
der Schule findet ständig diese ethnische Ausdifferenzierung statt. Wir
verfügen über eine Liste, auf der neben dem persönlichen Namen noch
die ethnische Zugehörigkeit festgehalten ist. Das ist so schlimm, dass
jemand, der der falschen Teilgruppe zugehört, trotz seiner Intelligenz
ganz geringe Chancen hat. An der Universität hat es nur 1% Bahutu, der
ganze Rest sind Batutsi!«

Die Stunde endete damit, dass ich ihr zu zeigen versuchte, dass sie
aufpassen müsse, wenn sie gegen die politische Zentralgewalt so an-
kämpfe, weil sie Angst habe.

Darauf erwiderte *Claire:* »Ja, ich kann mir das doch nicht leisten. Was
meinst denn Du eigentlich, wir müssen doch, wir wollen doch ganz
einfach auch ein würdiges Leben führen, wir wollen doch auch Jemand
sein, wir wollen doch endlich mal leben können und das geht doch nicht,
dass jeder sich verzieht, aufs Maul sitzt und schweigt und nichts macht
und alles in sich hineinfrisst!«

Ich: »Ja, ich meine es ja gar nicht auf dieser Ebene. Du selbst hast
Angst.«

Noch einmal wiederholt sie mir, wie nötig ihr politisches Engagement
sei und dass man keine Angst haben dürfe, wenn man politische
Veränderungen erzeugen wolle: »Bleib ruhig. Ich weiss, es ist wichtig,
dass Du Dich politisch engagierst, und ich finde ja auch, dass man gegen
diese Hierarchisierung ankämpfen soll. Aber Du musst aufpassen. Du
hast eine Tendenz in Dir, die nicht möchte, dass Du das tust. Das wird im
Traum sichtbar. Du phantasierst Dir nicht nur, dass Du den Präsidenten
ermordest, sondern Du phantasierst Dir auch die Strafe. Das ist eine
grässliche Strafe, und Du kannst gegen das innere Gefühl – Du kannst
dieses Gefühl nicht einfach ignorieren. Wenn Du gleichzeitig gegen das
innere Gefühl ankämpfen musst, wenn Du nach aussen kämpfst, dann

wird es gefährlich für Dich, weil Du so leicht einen Fehler machst. Ich will Dir ein Beispiel aus meiner eigenen Vergangenheit erzählen: Ich war im Lehrerseminar. Wir beschlossen zu viert, nicht die langweilige Geschichtslektion zu besuchen, sondern im naheliegenden Restaurant einen Jass zu klopfen. Wir schwänzten also die Stunde. Als wir danach zur Rede gestellt wurden, brachte jeder eine faule Ausrede. Der eine hatte Kopfweh, der andere heftigen Stuhlgang und der dritte grässliche Verdauungsbeschwerden. Ich wollte da nicht mitmachen. Ich war der Einzige, der die Wahrheit sagte, weil ich das innerlich einfach musste. Diese Ehrlichkeit hat sich nicht ausgezahlt. Ich erhielt eine unentschuldigte Absenz und im Wiederholungsfalle wäre ich von der Schule geflogen. Die anderen blieben vor solchen Sanktionen verschont. Und genau so ist es, wenn Du Dich allein wehrst, wenn Du zur Fürsprecherin der anderen Leute wirst. Da musst Du unbedingt darauf achten, dass die anderen Leute auch Verantwortung übernehmen, nicht nur Du, damit eine Basis da ist und wenn keine Basis da ist, ist es wohl besser, Du schweigst.«

Das verstand Claire, sie sagte, sie habe das Gefühl, es sei wahr.

Soweit der Gesprächsausschnitt. Nach der folgenden Stunde kam es zu zwei längeren arbeits- und krankheitsbedingten Unterbrechungen. Insgesamt führte ich mit Claire zwölf Gespräche, bevor ich Burundi am Tag vor Ausbruch erneuter Massaker nichts ahnend verliess.

Deutung

Nun verbirgt sich hinter dem Gesprächsverlauf eine zweite, latente Geschichte, die sich uns über die Analyse des Übertragungsgeschehens erschliesst. Zwei Gesichtspunkte stehen im Vordergrund:

Erstens die Frage nach dem Umgang mit dem von Claire präsentierten Material, die Frage nämlich, wer in unserem Gespräch welche Rolle einnimmt. Diese Frage gibt in gewisser Hinsicht Schwierigkeiten wieder, die sich Claire aus der vorliegenden Settingkonstruktion anerbieten. Denn im Unterschied zu psychoanalytischen Gesprächen bezahlte ich als Analytiker Claire.

Zweitens führt uns die latente Geschichte dieses Gesprächs zu einer unbewussten Wut von Claire, einer Wut, die verschiedenen Unterbrechungen ihres Lebenslaufs zum Gegenstand hat.

Greifen wir nochmals den auf die zweite Stunde folgenden Traum auf. Dieser knüpft am Abbruch der zweiten Stunde und am Übergang von Maria zu mir an. Claire träumt, »sie erhalte einen Lohnausweis, worauf

steht, sie bekomme 14.130 FBu«. Sie wundert sich, sagt, »das könne
doch nicht sein«, und überlegt sich, »was sie mit diesen quatorze mille
cent trente francs anfangen soll«: Sie versucht eine sorgsame Aufteilung,
wird dann aber »ratlos«. Der Traum endet mit einer Verwirrung, sie
»weiss nicht mehr ein und aus«. Im Gespräch transponiere ich die
Thematik auf ihre Familiengeschichte. Manifest gesehen, führt diese
Bewegung etwas weg von einer schwierigen Thematik, den Unterbrechungen. Dadurch wird es Claire möglich, weiteres, verschlüsseltes
Material in die Analyse einzubringen. Es folgen Träume zur Politik Burundis, und Claire thematisiert Schwierigkeiten, die sie im Zusammenhang mit dem Artikel hat, den sie schreibt. Dabei fragt sie mich, wie man
den aktuellen Präsidenten kritisieren könnte, ohne dass dieser etwas
bemerkt.

Übersetzen wir das Wort »Präsident«, so heisst es »der Vorsitzende«.
Unbewusst stellt sich für Claire nun die Frage, wer in unserem Gespräch
denn eigentlich der Vorsitzende sei: ich als Analytiker oder sie als Informantin? Manifest erzählt sie von einem untergebenen Mann, dem sie
nicht mit irgendwelchen Dossiers zudienen wolle. Nun arbeitete auch ich
am Gericht mit Dossiers, den Gerichtsakten. Nimmt sie mich als ihren
Untergebenen wahr, fürchtet sie, ich würde zum *Secrétaire Général*
laufen, den mich tragenden Instanzen wie die Universität oder das
Justizministerium, um mich zu beschweren. Sieht sie mich als ihren
Vorgesetzten, fragt sie sich, was ich mit dem von ihr präsentierten
Material anfangen werde. Der *Secrétaire Général* der manifesten Geschichte droht Claire, er werde eine öffentliche Veranstaltung organisieren, und behauptet, sie werde ja nicht den Mut haben, öffentlich zu
bestätigen, was sie ihm da so alles privat erzählt habe. In dieser Geschichte widerspricht sie ihm. Sie sagt, sie hätte den Mut dazu. Weise ich
mir die Rolle des *Secrétaire Général* zu, verhält es sich sehr ähnlich: Ich
veröffentliche, was sie mir privat so alles erzählt hat, und sie gibt die
Einwilligung dazu. Auch bin ich wie der *Secrétaire Général* im Gespräch
ganz stumm und schreibe alles fein säuberlich auf.

Auch erinnert der Gesprächs- und vor allem der Beziehungsverlauf an
die neuere politische Geschichte Burundis. Nachdem der letzte König,
Mwami Mwambutsa, gestürzt wurde, folgten innerhalb zweier Dekaden
drei Republiken. Jede Republik steht nicht nur für einen bestimmten
Zeitabschnitt, während welchem bestimmte Regeln gelten, sondern ihr
Ende ist ein Staatsstreich, wobei der Päsident, der »Vorsitzende« verschwindet. Zu diesem Muster weist der Beziehungsverlauf eine Parallele
auf:

Damals, als ich erstmals in Burundi war, war die »I. Republik«, es kam eine Art Staatsstreich, jedenfalls verschwand ich. Später kam ich mit Maria wieder: die Gespräche mit Maria, das war die »II. Republik«. Wieder kam es zu einem »Staatsstreich«, Maria verschwand – und es begann die »III. Republik«. An der III. Republik kritisiert Claire, dass alles beim Alten bleibe..., das heisst auch, ich werde wieder verschwinden. Die damit einhergehenden Unterbrechungen werden im Gespräch nicht thematisiert, sie sind gleichwohl ständig da, beispielsweise über den Wechsel von meiner Frau Maria zu mir oder über die Unterbrechung nach der fünften Stunde.

Ihre Gefühle gegenüber solchen Unterbrechungen werden indessen in Träumen inszeniert, zum Beispiel über den »Präsidentenmord«: Claire bringt den Präsidenten, den Vorsitzenden, um, der die Staatsstreiche mithin auch inszeniert, sie bleibt jedoch als Torso zurück. Ihre Beine und Hände kann sie nicht mehr gebrauchen. Beziehe ich die im Traum sichtbare Wut auf den Präsidenten auf mich als »Vorsitzenden«, so heisst das: Wenn Claire mir alles erzählt hat, kann sie sich nicht mehr gebrauchen, dann werde ich abhauen und sie benützen, denn die Daten sind für Ethnologen »Geld«, mit welchem sie sich ihre Position in Europa erkaufen.[12] Dort werde ich ein Vielfaches dessen verdienen, was ich ihr bezahlt habe. Während den Gesprächen indessen sieht es aus, als ob sie verdiene und ich nichts habe. Unsere Setting-Konstruktion löste in ihr also auch Schuldgefühle aus, welche auf Drittes verweisen, nämlich dass ich den Tutsis sehr ähnlich sei: Ihnen hält sie vor, sie täten auch immer so, als wären *sie* die Armen, und dabei fühlt sich Claire von ihnen täglich betrogen.

Am Ende der 5. Stunde erzähle ich Claire meine Erfahrung im Lehrerseminar. Dadurch beruhige ich sie. Ich erzähle ihr, dass ich langweilige Geschichtslektionen lieber schwänze, dass mir das zwar eine unentschuldigte Absenz eintrug, weil ich die Wahrheit liebe, aber ich brauche dann nicht irgendeine faule Geschichte zu erzählen. *Will heissen:* Wenn jetzt eine Unterbrechung folgen wird, so deshalb, weil ich langweilige Geschichtslektionen (die sie mir gibt) lieber schwänze. Ich bin wieder da,

---

12 Als ich 1978 zum ersten Mal in Burundi war und auf tabuisierte Daten stiess, *träumte ich, »ich würde in Thalwil ins Gefängnis geworfen. Ich trug 1.200.- FBu bei mir. Dieses Geld, so der Schalterbeamte, sei gestohlen, das wären 5.600.- Schweizerfranken, also 120 Tage Gefängnis.«* Damals war ich genau 120 Tage in Burundi. Ich hatte ein schlechtes Gewissen, denn diese für die Barundi so schwierigen Daten waren für mich als Student »Geld«, um am Ethnologischen Seminar »ein Lizentiat zu kaufen«. In den 5.600 Schweizerfranken war auch der Wunsch versteckt, »ich bekäme in der Schweiz dafür eine gute Note«. Mit dem Schalterbeamten verknüpfte ich die Befürchtung, »sie (die Soldaten) könnten mir am Zoll Schwierigkeiten machen, indem sie mir mein Gepäck durchsuchten und mir dabei die Daten entrissen«.

wenn es interessant wird. Ich weiss, eigentlich ist das unentschuldbar, aber ich brauche nicht irgendeine Geschichte zu erzählen, sondern ziehe es vor, die eigene Verantwortung dafür zu tragen.

Claire beruhigt, dass ich verstehe, worum es geht, indem ich ihr eine Geschichte von mir erzähle. Der unbewusste Inhalt indessen ist brandheiss: Ihre Wut auf diese Brüche und Unterbrechungen in ihrer eigenen Geschichte, die wir »Präsidenten« (ihr Vater, die Massaker, ihre Schweizer Freundinnen, ihr Mann François, Maria und ich) erzeugen, und ihr dadurch den Zugang zu einer eigenen, kohärenten Geschichte entziehen, mithin ihr Selbstbild stören. *Denn immer, wenn sich etwas Wichtiges entwickeln könnte, kommt ein Bruch:* Ihr Vater sieht Claire nicht nur als Tochter, sondern als sein Junge. Claire wird »femme-garçon« und geht zur Schule; die Massaker von 1972, die Claire total veränderten, entrissen sie ihrer Kindheit. Die Erfahrung, Hutu zu sein, Unterdrückte zu sein, kategorisch Benachteiligte zu sein, trieb sie aus ihrer Zurückgezogenheit hinaus. Seither ist sie nicht mehr die, die sie zuvor war; die Auseinandersetzung mit der Schulleitung und die Erfahrung im Umgang mit ihrem Nervenzusammenbruch verschärften in ihrem Erleben nicht nur die Gegensätze zwischen den verschiedenen Teilgruppen Burundis, sondern auch zwischen »weiss« und »schwarz«, zwischen den Schweizern und der Schulleitung. Statt dass sie ihre Beziehung zu Bernadette ungestört vertiefen könnte, gerät sie in einen Rechtfertigungsdruck, ihr wird vorgehalten, sie hätte *la maladie des blancs;* nach der Matura möchte sie Mathematik studieren, doch der Staat verpflichtet sie zu einem Sportstudium. Hat sie sich mit ihrem Schicksal abgefunden, bricht sie sich die Schulter und muss das Studium abbrechen, da die Verwaltung einen Wechsel verhindert; es folgt ihr Engagement für die *Jeunesse Catholique,* ihr Leben im Kloster bei den Patres und die Idee *les sciences réligieuses* zu studieren. Doch da taucht eine Freundin der Bernadette auf und einige Monate später ist sie in Fribourg, um *les sciences de la terre* zu studieren...; in Fribourg aber taucht François auf, Claire wird schwanger, die beiden heiraten und kehren zurück nach Burundi. Damit steuert die Dramatik ihrer steten Abbrüche einem Höhepunkt zu: François ist dem Alkohol total verfallen und nach unzähligen Schlägereien fasst sie den Entschluss, wegzuziehen. Während drei Jahren zieht sie fünfzehn mal um, doch stets stöbert sie François wieder auf, bringt fremde Frauen mit, schlägt sie zusammen. Für Claire ist dies eine Zeit voller Demütigungen, und sie verspürt plötzlich Lust, François umzubringen; schliesslich wendet sie sich ans Gericht und reicht die Scheidung ein; nach der Scheidung wollen François' Eltern den Brautpreis nachzahlen, um ihre Grosskinder an sich zu binden. An dieser Stelle zeigt sich auch die

Ambivalenz Claires: Für sie als städtisch-gebildete Frau hat der Brautpreis seine Kraft behalten. Die Entrichtung des Brautpreises ist für sie eine Ehre. Demzufolge kann sie sich den darin enthaltenen Widersprüchen kaum entziehen. Wieder wird sie Opfer; und die Gespräche schliesslich, die ihr nicht nur dazu dienen, ihr Leben abzubilden, sondern die in ihr so viel in Gang bringen, sind zeitlich begrenzt. Sie konnten übrigens auch nicht zu Ende geführt werden: Wie ich im Juli erfuhr, dass sie für die Partei eine Auslandmission zu erfüllen habe, war sie schon weg. Und bevor sie zurückkehrte, verliess ich Burundi, genau ein Tag vor Ausbruch erneuter Massaker...

Ich denke, Claires Wut über all diese Brüche, die ihr den Zugang zu einer eigenen, kohärenten Geschichte nehmen, bildet auch eine schwierige Seite ihrer eigenen Identität ab, denn auch sie ist voller Brüche: als einziges Kind ist sie soviel »wie kein Kind«; die Magie, die ihr zugesprochen wird, gilt als ebenso faszinierend wie gefährlich; als Kind einer Mischehe ist sie weder (arbeitende) *Muhutu-kazi,* noch (profitierende) *Mututsi-kazi,* weder »platt« noch »nobel« usw. Sie ist beides und »nichts« zugleich. So jedenfalls sieht es ihre Mutter in Bezug zur Teilgruppenidentität; und als gebildete »femme-garçon« ist sie »wedernoch«, weder (dienende) Frau, noch (herrschender) Mann und gleichzeitig beides zugleich. Die sich daraus ergebenden Unklarheiten zeigen sich in der Übertragungssituation, in der Frage beispielsweise, wie sie sich in hierarchischen Beziehungsmustern bewegen soll, die Burundis Alltag so sehr prägen. Sieht sie sich als »Vorsitzende«, fürchtet sie die Denunziation und nimmt an, sie hätte etwas »falsch« gemacht: In der manifesten Geschichte gerät sie in die Defensive und versucht sich mit dem Verweis zu retten, der Betreffende sei ein »Macho«. Sieht sie sich als »Untergebene«, hat sie Lust, den »Vorsitzenden«, mich, umzubringen, fürchtet aber, sie bleibe als Torso zurück, sie könne sich nicht mehr gebrauchen. Und auf ihr politisches Engagement bezogen: Will sie sich für eine der beiden Positionen entscheiden, sich für die politischen Rechte der unterdrückten Bahutu einsetzen, droht ihr ein Beweisnotstand: Gegenüber den »richtigen Bahutu« fragt sich, ob sie »wirklich« »dazu« gehöre, gegenüber den Batutsi, ob sie sich gegen die Abstammungsgruppe ihrer Mutter zur Wehr setzen kann. Setzt sie sich für die Rechte der Bahutu ein, droht die Gefahr, sich in einem Mass einzusetzen, welches die Bereitschaft der »richtigen Bahutu« übersteigt. Denn mit der Abwehr der eigenen Mischform droht der (Selbst)»Verrat«, der Ausschluss. Gleichzeitig arbeitet sie als Funktionärin in Burundis Einheitspartei, die Domäne der Batutsi schlechthin, wo sie sich aber verstecken muss, denn auch dort droht Verrat. Dieser innere Widerspruch bildet sie in vielen Träumen ab: Im Initialtraum ist Claire »ratlos«, sie »weiss weder ein noch aus«, im Traum der achten Stunde erzählt sie, »sie wolle nicht weiter«, in der zehnten findet sie sich auf einer Zick-zack–Strasse wieder, sie »will ausweichen, es kommt ein Bus, aber auch der Bus fährt nicht weiter«, und schliesslich träumt sie, sie sei »im Koma«.

Transponieren wir die Linie der narzisstischen Wut, die aus der Geschichte der zahlreichen makrosozietären Eingriffe hervorgeht, auf eine generellere Ebene, so denke ich nicht, dass sich diese Wut primär gegen die den Staat vertretende Interessengruppe an sich richtet. Im Mittelpunkt steht vielmehr *der subjektive Effekt ihrer Handlungen,* indem über all die Massaker, die Staatsstreiche, die besonders in den späten 70er Jahren so präsente Geschichtsverleugnungstendenz[13] und anderem mehr dem Einzelnen der Zugang zur persönlichen Geschichte, zur eigenen Biographie verstellt wird (vgl. Weilenmann, 1984). Denn greift die politische Geschichte derart stark in den eigenen Lebensraum ein, erfährt die eigene Biographie mit jedem Staatsstreich, mit jedem Eingriff in das eigene Denken und Fühlen einen Bruch. Übrig bleibt ein zersplittertes Subjekt, das nicht mehr in der Lage ist, sich selbst zu finden und seine eigene Geschichte in ein kohärentes Ganzes einzufügen. Bleibt die daraus hervorgehende Wut unbewusst, bietet sich die Identifikation mit der staatstragenden Ideologie, die Errichtung des »Clangewissens« als möglicher Ausgang an (Parin, 1978: 92-95; Weilenmann, 1997a). Wird sie bewusst, droht der Bürgerkrieg. Das Bild des Komas, des Komma als Torso eines Strichmännchens, das keine Arme und keine Beine mehr hat und sich nicht mehr gebrauchen kann, bringt dieses Problem in seiner ganzen Tragik auf den Punkt.

Literatur

Erdheim, M. (1982): *Die gesellschaftliche Produktion von Unbewusstheit. Eine Einführung in den ethnopsychoanalytischen Prozess.* Suhrkamp, Frankfurt a. M.

Griffiths, J. (1986): What is Legal Pluralism? in: *Journal of Legal Pluralism and Unofficial Law,* Nr. 24, S. 1-56

Laely, Th. (1995): *Autorität und Staat in Burundi.* Dietrich Reimer Verlag, Berlin.

Meyer, H. (1916): *Die Barundi. Eine völkerkundliche Studie aus Deutsch-Ostafrika.* Leipzig

---

13 Im Nachgang zu den schrecklichen Massakern von 1972 wurde der politische Konflikt zwischen den Bahutu und den Batutsi wortwörtlich tabuisiert, um ihn schliesslich ganz zu leugnen. Es hiess, in Burundi gäbe es keine Ethnien, keine Hutu oder Tutsi, nur Barundi, folglich gäbe es auch keinen Konflikt.

Ministère de l'Intérieur, Bureau Central de Recensement (1990): *Recensement General de la Population et de L'Habitation.* Resultats Provisoires, Gitega, Burundi

Morse B.W. et Woodman, G. R. (1988): *Indigenous Law and the State.* Foris Publications, Dordrecht-Holland/Providence RI-USA

Mworoha, E. et al. (1987): *Histoire du Burundi. Des origines à la fin du XIXe siècle.* Hatier, Paris

Parin, Paul (1978): *Der Widerspruch im Subjekt. Ethnopsychoanalytische Studien.* Syndikat, Frankfurt a. M.

Rattray, R. S. (1959): *Religion and Art in Ashanti,* Oxford

Reyntjens, F. (1994): *L'Afrique des Grands Lacs en Crise, Rwanda, Burundi: 1988-1994.* Editions KARTHALA, Paris

Rodegem, F.M. (1970): *Dictionnaire Rundi-Français,* Tervuren (Belgique)

Ryckmans, P. (1925): Les sultanats indigènes, in: *Rapport sur l'Administration Belge du Ruanda-Urundi,* présanté aux chambres par M. le Premier Ministre, Ministre des Colonies. Etablissement Emile Bruylant, S. 31-88, Bruxelles

Spittler, G. (1983): Passivität statt sozialer Bewegung. Familiäre Subsistenzwirtschaft als Basis für defensive Strategien der Bauern und Passivität der Verwaltung. In: Rolf Hanisch (Hrsg.), (1983): *Soziale Bewegungen in Entwicklungsländern,* München

Trouwborst, Albert A. (1962a): Burundi. In: D'Hertefelt, M., Trouwborst, A. A., Scherer, J. (eds.), (1962): *Les Anciens Royaumes de la Zone interlacustre méridionale (Rwanda, Brurundi, Buha).* International African Institute, London

ders. (1962b): L'organisation politique et l'accord de clientèle au Burundi. In: *Anthropologica,* IV-I, S. 9-43

ders. (1965): Kinship and geographical mobility in Burundi (East Central Africa), In: Piddington, R. (ed.), *Kinship and geographical mobility,* S. 162-188, Leiden

Weilenmann, M. (1984): *Zur Bedeutung der eigenen Traumwelt im ethnologischen Erkenntnisprozess. Eine ethnopsychoanalytische Studie zum Problem subjektiver Wahrnehmungsprozesse in Burundi.* Lizentiatsarbeit, Ethnologisches Seminar der Universität Zürich

ders. (1995): L'inconscient dans le procès juridique. Une étude ethnopsychanalytique du Burundi. In: Claude Bontems, A.F.A.D., (Hrsg.) (1996): *Le juge: une figure d'autorité,* S. 325-334. Harmattan, Paris

ders. (1997a): *Burundi: Konflikt und Rechtskonflikt. Eine rechtsethnologische Studie zur Konfliktregelung der Gerichte.* Verlag Brandes & Apsel, Frankfurt a. M.

ders. (1997b): In Burundi gibt es keine Ethnien – aber »ethnische« Massaker. In: Modena, E. (Hrsg.) (1997): *Das Faschismus-Syndrom. Zur Psychoanalyse der Neuen Rechten in Europa.* Verlag Psychosozial, Giessen

CHRISTIAN MAIER
Adoleszentenkrise und die Angst vor der Fremde
Zur Ablösungsproblematik in modernen Mittelschichtfamilien

Ebenso wie die Kindheit kann die Adoleszenz, die mit der Pubertät beginnt und mit der Lockerung der familiären Bindungen des Adoleszenten – gerne und übertreibend auch als Ablösung von der Familie bezeichnet – und der Einfindung in die weitere Welt der Erwachsenen ihr Ziel und ihren Abschluß findet, unter den je nach Entwicklungsphasen und deren Funktionen verschiedenen Gesichtspunkten beschrieben werden. Der Titel dieser Arbeit mit dem Verweis auf die Angst vor der Fremde gibt das eng umschriebene Programm des Aufsatzes vor. Ich werde die Entwicklungen und Auswirkungen der Konflikte in der Adoleszenz nur insoweit berücksichtigen, als sie die Ängste von Adoleszenten vor dem außerfamiliären Raum schüren. Indem ich aus diesem Blickwinkel die Adoleszenz betrachte, kommen andere wesentliche Aspekte notwendigerweise zu kurz oder bleiben völlig unberücksichtigt.

Unschwer zu erkennen spielt der Titel auf den von Freud beschriebenen Konflikt zwischen Familie und Kultur an, denn dort ist zu lesen: »Die Familie will aber das Individuum nicht freigeben. Je inniger der Zusammenhalt der Familienmitglieder ist, desto mehr sind sie oft geneigt, sich von den anderen abzuschließen, desto schwieriger wird ihnen der Eintritt in den größeren Lebenskreis.« (Freud, 1930, S. 462) Dieser Antagonismus zwischen Familie und Kultur kann sich für den Adoleszenten derart verschärfen, daß er die außerfamiliäre Welt – bewußt oder unbewußt – als fremd und bedrohlich erfährt. Es ist meine Absicht, dieses Thema von Adoleszentenkrisen, deren Entstehungsgeschichte und Beziehung zu gesellschaftlichen Gegebenheiten, in erster Linie zum sozialen Ort der Familie, aus der die jungen Frauen und Männer stammen, darzustellen. Meine Untersuchung basiert einerseits auf psychoanalytischen Behandlungen adoleszenter Männer und Frauen und wird andererseits zusätzlich ethnopsychoanalytisch vergleichend auf die traditionsgeleitete Sozialisation von Angehörigen eines melanesischen Volkes eingehen, dessen gesellschaftlicher Überbau die »Angst vor der Fremde« systematisch fördert. Das Beispiel dieses melanesischen Volkes, die wir seit Malinowskis Beschreibungen als die Trobriander kennen, bietet den Vorteil, daß erkennbar wird, wie Traditionsübermittlung und Angst vor der Fremde ineinandergreifen. Die Familie befindet sich schließlich nicht nur in einem antagonistischen Verhältnis zur Kultur, sondern gerade ihr kommt auch die Übermittlung der traditionellen Werte der Kultur zu. Das Wertesystem und die Wertegefühle des einzelnen richten sich nach denen seiner Eltern, oder anders ausgedrückt: »Das Über-Ich des Kindes (wird) eigentlich nicht nach dem Vorbild der Eltern, sondern des elterlichen Über-Ichs aufgebaut.« (Freud, 1933, S. 73) In den psychoanalytischen Behandlungen, auf die ich mich hier beziehe, zeigte sich ein um das andere Mal, wie eine starre Übermittlung kultureller Werte die Angst vor der »fremden« außerfamiliären Welt fördern und schwer zu überwindende Barrieren für familiäre wie kulturelle Veränderungen errichten kann.

Wenn ich von Fremdenangst spreche, so bedeutet das nicht, daß sich die jungen Frauen und Männer einer Scheu vor der Fremde bewußt gewesen wären oder daß sie danach gehandelt hätten. Sie reisten gerne, keineswegs bestand eine Abneigung gegen das Fremde oder gar ein Fremdenhaß. Vielmehr beinhalteten eigenes wie auch familiäres Ideal eine Hochschätzung des Fremden, ja forderten geradezu, in die Fremde zu gehen und sich dort zu bewähren. Eine Besonderheit dieser Familien gilt es zu erwähnen: Sie bestand darin, daß die Familienmitglieder die Meinung teilten, ihre Familie wäre etwas ganz Besonderes, würde sich irgendwie, nicht zuletzt wegen des Zusammenhalts und des Familiengefühls, von anderen Familien unterscheiden. Andererseits galt: Weder hielt die Familie bewußt den Adoleszenten fest, noch wollte der dort verbleiben. Deshalb wurde die Unfähigkeit dieser jungen Menschen, sich von der Familie abzulösen und außerhalb von ihr einen Platz zu erstreiten, als Versagen und Makel erlebt. Es waren die neurotischen Symptome, welche die Angst vor der Fremde verbargen, bisweilen derart unzulänglich, daß sie mit besonderer Deutlichkeit darauf hinwiesen. So konnte es sein, daß es einem jungen Mann nicht möglich war, auswärts (nicht einmal bei einer befreundeten Familie) zu übernachten; oder: mehr als zwei bis drei Stunden vermochte er abends nicht auszugehen, bis ihn dann ein unerträgliches Hungergefühl zurück in die Familie trieb, »weil« er sich, wie seine Rationalisierung lautete, das häufige Essen auswärts finanziell nicht leisten konnte. Oder ein anderes Beispiel: Eine junge Frau entwickelte am auswärtigen Studienort Panikattacken, die sie zu einer »ungewollten« Rückkehr ins Elternhaus zwangen. Meist aber standen die Zeichen der Neurose, die schließlich Anlaß für die analytische Therapie gaben – so litten alle jungen Frauen, auf deren psychoanalytische Behandlungen sich meine Ausführungen stützen, an Eßstörungen –, und die intendierten oder tatsächlichen Bewegungen in den außerfamiliären Raum in einem weniger deutlichen Zusammenhang. Das traf insbesondere dann zu, wenn die Gesellschaft den Adoleszenten in institutionelle Strukturen hineinzwang, die, wie beispielhaft das Militär, seine regressiven Neigungen förderten oder befriedigten. Indem das Militär an familiäre Strukturen erinnert und diesen nachempfunden ist, blieb in diesem halbwegs stabilen Gleichgewicht der Regression die Fremdenangst dumpf. Bei einem Patienten begannen während der Bundeswehrzeit von nun an ständig wiederkehrende Träume mit einer charakteristischen manifesten Traumsituation: Der Patient sah sich im Traum in seine Gymnasialzeit zurückversetzt und sollte das Abitur nochmals ablegen, war aber dazu nicht ausreichend vorbereitet. Voller Angst, in der Prüfung zu versagen, wachte er auf. Die vorrangige Bedeutung dieser Träume, so wie sie sich in der Analyse erschloß, war folgende: Der Traum zeigte die regressiven Neigungen des Adoleszenten, seinen Wunsch, in eine Zeit zurückzukehren, in der alles noch »stimmte«, die Rollen des Sohnes und Schülers noch Sicherheit versprachen und neue Rollenerwartungen noch nicht an seinem Selbstverständnis rüttelten; die Angst verwies auf die Stärke der regressiven Tendenzen, die in der abschließenden Traumsequenz zurückgewiesen wurden, und ließ auch die Angst vor der außerfamiliären Fremde erahnen.

Es sind zahlreiche verschiedene Modelle von Entwicklungen in Kindheit und Jugend denkbar, die eine Angst vor der außerfamiliären Fremde begünstigen. Erschwerend kommt hinzu, daß es nicht hilfreich ist, von einem einheitlichen Modell der Adoleszenz für beide Geschlechter auszugehen. Allzu lange wurde die Adoleszenzphase von den Psychoanalytikern vernachlässigt. Beschäftigte man sich doch mit ihr, ging man wie selbstverständlich davon aus, daß der Verlauf der Adoleszenz und ihre Aufgaben für beide Geschlechter die gleichen wären. Arbeiten aus jüngerer Zeit, die den kulturellen Einfluß auf die Entwicklung der Geschlechtsidentität konsequenter untersuchen, betonen die Notwendigkeit, die Phase der Adoleszenz auch geschlechtsspezifisch zu betrachten und beschreiben vor allem die Besonderheiten der weiblichen Entwicklung (Flaake und King, 1992). Auch das Phänomen der Angst vor der außerfamiliären Fremde, das aus den Trennungsängsten und daraus sich komplex aufbauenden Ablösungsängsten hervorgeht, beruht auf einer für beide Geschlechter unterschiedlichen Entwicklung. Da es mir vor allem um die Beziehungen der Ablösungsängste zum sozialen Ort der Herkunftsfamilie geht, werde ich vor allem auf die Gemeinsamkeiten der Sozialisation von Frauen und Männern eingehen.[1]

---

1 Dem Sprachgebrauch folgend werde ich der Einfachheit halber von Adoleszenten anstatt von Adoleszentinnen und Adoleszenten sprechen, wenn Frauen und Männer gemeinsam gemeint sind.

Meine Erfahrungen habe ich in psychoanalytischen Behandlungen mit adoleszenten Analysanden, jeweils vier Männern und Frauen, gewonnen. Ich werde ein Sozialisationsmodell beschreiben, das ich für Adoleszente einer bestimmten sozialen Schicht im westlichen Deutschland der neunziger Jahre als sehr häufig vorkommend annehme. Ich komme zu dieser Annahme, weil ich in meiner Praxis keine Adoleszenten dieser sozialen Schicht gesehen habe, die nicht eine Betonung der Angst vor der außerfamiliären Fremde aufgewiesen hätten. Sehr wahrscheinlich handelt es sich dabei um ein spezifisches Phänomen. Mit spezifisch meine ich, daß die Adoleszenten eine Sozialisation durchlaufen haben, die für Familien dieser sozialen Schicht gegenwärtig typisch ist, d.h., sich durch die sozialen Gegebenheiten der Herkunftsfamilien wesentlich erklären lassen. Alle Adoleszenten waren entweder Gymnasiasten kurz vor dem Abitur oder hatten bereits mit dem Studium begonnen. Sie entstammten der wohlhabenden bürgerlichen Mittelschicht, die man nach den Wandlungen des Bürgertums in den modernen Massendemokratien als moderne (bürgerliche) Mittelschicht bezeichnen kann. Von ihren Eltern hatte zumindest jeweils einer eine akademische Ausbildung durchlaufen. Die gemeinsame Schichtzugehörigkeit der Eltern und des Therapeuten zeigte sich auch darin, daß die Eltern, nachdem die Notwendigkeit einer Therapie nicht länger verleugnet werden konnte, einzig und allein eine Psychoanalyse als geeignet angesehen hatten. Über diese Vorgabe des Elternhauses gelangten die Adoleszenten schließlich zu mir. Ich erwähne die gemeinsame Schichtzugehörigkeit von Patientenfamilien und Therapeut, weil sie meines Erachtens miterklären hilft, warum innerhalb der Psychoanalyse der soziale Ort einer neurotischen Störung selten thematisiert wird. Obwohl zu ansehnlichem Wohlstand gekommen, war keine der Familien finanziell unabhängig. Die Väter zeichneten sich dadurch aus, daß sie, was die Berufskarriere anbelangte, für die heutigen bürgerlichen Verhältnisse der Mittelschicht erfolgreich waren. Das traf noch deutlicher für die Väter der jungen Männer zu, die eine hervorragende, zumindest regional bedeutende soziale Position innehatten und damit schon der oberen Mittelschicht zuzurechnen waren. Trotzdem – diese Formulierung drängt sich zunächst bei Berücksichtigung des sozialen Erfolgs der Väter dieser Familien auf – bestand eine besonders starke Angst vor der außerfamiliären Fremde, ja war gerade hier die Angst der Adoleszenten verwurzelt. Einer meiner Patienten formulierte für sich die Antwort auf die Frage nach dem Ursprung seiner Angst mit folgender Feststellung: »Ich glaube, meine Angst rührt daher, daß mein Vater so ungeheuer perfektionistisch ist.«

Mit diesen Worten spielte der Analysand auf die Genese und die Resultate der Verinnerlichungsprozesse an, die seit geraumer Zeit Gegenstand der Analyse waren, nachdem sich innerhalb der Übertragungsbeziehung die ehemals verinnerlichten Regeln, Verbote und Ideale zu entfalten begonnen hatten. Das Über-Ich, die seelische Instanz, welche die genannten Abkömmlinge der Sozialisation enthält, ließ sich für diesen Adoleszenten wie für die anderen jungen Frauen und Männer als rigid und perfektionistisch charakterisieren. Das Scheitern des Ichs, zwischen der Anpassung an die Außenwelt einerseits und den inneren und verinnerlichten Ansprüchen andererseits zu vermitteln, war letztlich immer Auslöser für die Adoleszentenkrise und Anlaß für das Aufsuchen der psychoanalytischen Therapie. Wenn ich von einem perfektionistischen Über-Ich spreche, so meine ich damit nicht nur verinnerlichte Leistungsansprüche – diese sind in unserer Kultur, zumal in der modernen bürgerlichen Mittelschicht, als selbstverständlich vorauszusetzen –, sondern auch die seelische Gegebenheit, daß die verinnerlichten Ideale ihre Ansprüche in zwingender Weise einzufordern versuchten. Das Über-Ich forderte nicht nur einen hohen Lebensstandard, sondern drängte sofort, unmittelbar mit dem Beginn eines Unternehmens, die Vorstellung von einem perfekt zu erreichenden Endresultat auf, von dem als streng vorgegebenem Ziel nicht abzuweichen erlaubt war. Ein auf ein gewünschtes Ziel ausgerichtetes Vorgehen in kleinen Schritten, ein Ausprobieren, ein Probedenken und Probehandeln waren von der Vernunft zwar erlaubt und als durchaus selbstverständlich und notwendig zugestanden, doch waren sie unter dem Einfluß der ungeduldig Perfektion einfordernden, keine Abweichung zulassenden Über-Ich-Ansprüche nicht durchzuhalten. Die Größenvorstellungen, die auf komplexe Weise mit den Über-Ich-Ansprüchen verbunden waren, erzwangen stets auf Neue das Erleben von Ohnmacht und Hilflosigkeit, wenn sie mit der Realität in Berührung kamen, meist schon kurz nachdem und sogar bevor ein Handeln stattfand, das auf eine Realisierung der verinnerlichten oder der inneren (gemeint sind damit die aus dem Es stammenden) Ansprüche ausgerichtet war. Dadurch wurden die Omnipotenzvorstellungen nun auch defensiv weiter aufgeladen, was einen ungünstigen Zyklus von Omnipotenz- und Ohnmachtsgefühlen nach sich zog. Das bewußte Erleben war dann sehr widersprüchlich. Einerseits wurde verächtlich auf diejenigen herabgeschaut, die sich in Schule oder Studium abmühen mußten und so ohne überragende Intelligenz ausgestattet zu sein schienen, andererseits konnten sich die Adoleszenten nicht vorstellen, daß sie sich einen auf lange Sicht auch nur halbwegs befriedigenden sozialen Ort (außerhalb der Familie) würden erstreiten können. Das galt sowohl für die Arbeit wie für die Liebe. Im Vordergrund standen aber der schulisch-berufliche oder weitere soziale Bereiche, in denen die Entscheidungsschwäche oder das Versagen, das mehr als andere Symptome die Eltern alarmiert hatte, offenkundig waren. Bestanden Partnerschaften, wurde versucht, diese nach dem Muster eines als symbiotisch erlebten Horts zu gestalten, der Schutz gegen eine unwirtliche Außenwelt gewähren sollte. Das Scheitern dieser Partnerschaften, welche die Nachfolge der Schutz gebenden Familie angetreten hatten, war vorgezeichnet und steigerte weiter das Erleben von Omnipotenz und Hilflosigkeit. Um den Zyklus des Erlebens von Omnipotenz und Ohnmacht zu erhellen, werde ich näher auf die Genese der verinnerlichten Ansprüche eingehen und damit die zitierte Feststellung meines Analysanden erneut aufgreifen. Die inhaltliche Ausgestaltung des Über-Ich mit seiner Forderung nach unmittelbarer, präzis sich wiederholender Perfektion vermag nämlich den Zyklus von Ohnmacht und Omnipotenzgefühlen nur unzureichend zu erklären. Dieser spielte schon in der Entstehung der verinnerlichten Ansprüche eine maßgebliche Rolle, weshalb ich zur Darstellung ihrer Genese, welche mit der Angst vor der außerfamiliären Fremde in enger Verbindung steht, zurückkehre.

Wenn für die Erklärung der Angst vor der Fremde der »perfektionistische Vater« genannt wurde, wird der Anschein erweckt, die weibliche Welt, die der Mütter, Großmütter, der älteren Schwestern und anderen weiblichen Beziehungspersonen, hätte keinen maßgeblichen Einfluß auf die Entstehung des perfektionistischen Über-Ich gehabt. Das hatte sie selbstverständlich, sei es auch nur darüber, daß sie keinen modifizierenden Schwerpunkt auf die Rollenvorstellungen des männlichen Adoleszenten zu setzen vermochte.

Auf den ersten Blick stellte sich das Familienmilieu, aus dem die Adoleszenten stammten, alles andere als autoritär dar. Es entsprach dem familiären Ideal, die bewußten Regeln und Verbote argumentativ zu vermitteln. Alle Adoleszenten besaßen, was das sprachliche Ausdrucksvermögen und die Fähigkeit zur differenzierten Argumentation anbelangte, besonders gute Fähigkeiten. Das argumentative Vorgehen wurde von den Eltern, insbesondere von den Vätern, aber nicht nur eingesetzt, um dem Sohn die Welt mit ihren Zusammenhängen und die Position der Eltern dazu darzulegen bzw. zu erklären, sondern insbesondere auch, um den eigenen Willen durchzusetzen. Die Argumentationsebenen gerieten dann aus dem Gleichgewicht, weil versucht wurde, subjektives Erleben der Eltern über die Diskussion in eine vermeintlich »objektive« soziale Logik zu überführen. Das folgende Beispiel zeigt sowohl den in den Familien üblichen Argumentationsstil wie auch die Ängste der Erziehenden. Es verdeutlicht, wie die Ängste, die von der Gesellschaft auf die Erziehenden einwirken, die Sozialisationsinteraktionen beeinflussen.

Die Lampe am Fahrrad des Sohnes war seit einigen Tagen defekt, was dem Vater ein Dorn im Auge war. Wie konnte man auch etwas Wichtiges einige Tage liegen lassen? Als der Sohn, selbst schon sehr vorsichtig, abends mit dem Rad auf Feldwegen in den nahegelegenen Wald fahren wollte, machte ihn der Vater darauf aufmerksam, daß dies unverantwortlich und äußerst gefährlich wäre: Er könnte im Dunkeln einen Fußgänger anfahren und verletzen, der dann eine Entschädigungssumme einzufordern berechtigt wäre, denkbar wären sogar Millionen, die den Sohn als Schadensverursacher für den Rest seines Lebens in Form nie abzahlbarer Schulden belasten würden. Deshalb könnte er ihm nur dringlichst von diesem Unternehmen abraten. Dieses Ereignis, das sich noch während der analytischen Behandlung zutrug, erzählte mir der Analysand, um mir den Argumentationsstil des Vaters, dessen Versuche, das Verhalten des Sohnes seinem Willen anzupassen, zu verdeutlichen. Früher, so der Analysand, habe er sich meist gefügt, aber auch jetzt noch habe er, als er durch den Wald fuhr, ein unangenehmes Gefühl gehabt, habe die Fahrt nicht genießen können, sei darin von Befürchtungen gestört worden, obwohl er die Argumentation des Vaters als absurd ansah. Dieser Argumentationsstil ist charakteristisch für das vermeintlich anti-autoritäre Familienmilieu, denen die Analysanden angehörten. Die vordergründige Ebene der väterlichen Argumentation gab der elterlichen Sorge Ausdruck, ja spiegelte die Befürchtungen des Vaters wider. Wollte man der Argumentation folgen, so fällt auf, daß Sorgen um die Gesundheit von Fußgänger und auch Sohn keine wesentliche Rolle spielten. Die Befürchtungen waren ausdrücklich auf die Wahrung des finanziellen Besitzstandes ausgerichtet. Auf diese Diskussionsebene mußte der Sohn eingehen, wollte er nicht riskieren, als ignorant und undifferenziert angesehen zu werden. Letztlich wurde es ihm unmöglich gemacht, sich der Diskussion zu entziehen: Der Sachverhalt, den der Vater so zu fürchten schien, war zwar äußerst unwahrscheinlich, immerhin aber prinzipiell möglich, hatte sich eventuell schon singulär in dieser oder ähnlicher Form ereignet, erst kürzlich in der Stadt X im Land Y, wie es vor Wochen in der Zeitung gestanden habe, worauf der Vater hinzuweisen nicht säumig blieb. Das Argument des Vaters, der seinen beträchtlichen beruflichen Erfolg schließlich seiner überlegenen Besonnenheit und luziden Weitsicht zu verdanken gehabt hätte, konnte nicht vom Tisch gefegt werden: Wollte der Sohn jedes diesbezügliche Risiko vermeiden, hätte die Lampe sofort, jedenfalls vor Antritt der abendlichen Fahrradtour, repariert werden müssen. Wollte sich der Sohn jedoch der zwingenden Argumentation des Vaters nicht beugen, so mußte er seine Neigung zur Auflehnung im bewußten Erleben, neben dem quälenden Gefühl, den Anforderungen nicht zu genügen, mit einer verstärkten Angst davor, was draußen alles Schlimmes passieren könnte, bezahlen. Auf sehr ähnliche Weise reagierte der Analysand auch, wenn er verinnerlichten Ansprüchen nicht genügte oder mit diesen in Konflikt geriet. Stets wurden Gewissensängste und unbewußte Schuldgefühle von verstärkter Angst vor der außerfamiliären Fremde begleitet oder durch diese ersetzt.

Die autoritäre Ebene, die in der unausgesprochenen Forderung des Vaters, der Sohn solle so sein, wie sich der Vater das vorstellte, und dürfe keinesfalls davon abweichen, dieser motivationale Hintergrund der väterlichen Argumentation wurde niemals Thema des Diskurses, ja durfte vom Sohn bis in die psychoanalytische Behandlung hinein kaum jemals wahrgenommen werden. So erging es dem Adoleszenten nicht unähnlich wie in seiner Kindheit (nur war es ihm als Kind noch nicht möglich gewesen, bewußt unter Benutzung der Vernunft zwischen Wahrscheinlichem und Unwahrscheinlichem mit hinreichender Sicherheit unterscheiden zu können, auch stand ihm damals das sprachliche Vermögen nicht zur Verfügung): Irgend etwas in ihm sträubte sich vehement gegen die Annahme der schlüssig erscheinenden Argumente, allein diese behielten ihre überzeugende Macht, während er sich nur noch ohnmächtig fühlen konnte, bedachte er die Eventualitäten, die berücksichtigt werden könnten und denen er angesichts der überwältigenden Erfahrung des Vaters wohl nie würde gerecht werden können. Diese Interaktionen waren das Modell, dem über den Modus der Verinnerlichung der intrapsychische Zyklus von Omnipotenz- und Ohnmachtsgefühlen nachgebildet war. Spontane Aktionen waren dem Analysanden in der Adoleszentenkrise kaum noch möglich, und das weitete sich auf das innere Erleben, auf alle Regungen und Impulse aus. Was die aggressiven Regungen, die dieser Unterwerfung fordernde Erziehungsstil nach sich zieht, anbelangte, so konnten diese nicht gegen das Versagung fordernde Objekt gerichtet werden, sondern sie wurden verleugnet und projektiv abgewehrt, mit anderen Worten: dorthin gelenkt, wo auch die elterlichen Beziehungspersonen das Bedrohliche zu orten schienen.[2] Eine Tendenz zum Aufruhr, die für die Adoleszenzzeit sonst typisch und für eine Neuorientierung so wichtig ist, war bei keinem dieser Adoleszenten in nennenswerter Weise ausgeprägt. Auf diese Weise förderten und stützten die erzieherischen Anstrengungen die Angst des Adoleszenten vor der außerfamiliären Fremde. Sicherlich gründete diese Angst schon in der frühen Autonomieentwicklung der Kindheit. Aber erst der Triebschub der Pubertät und das rigide, perfek-

---

2 Eine aggressive Konfrontation war dem Analysanden, dem das Fahrrad mit der defekten Lampe gehörte, erstmals nach zwei Jahren psychoanalytischer Therapie möglich.

Brandes & Apsel Verlag

Zeilweg 20

D-60439 Frankfurt

Absender: (bitte deutlich schreiben)

Name

Straße und Hausnummer oder Postfach

PLZ   Ort

Bitte den Verlagsprospekt auch an:

Name

Straße und Hausnummer oder Postfach

PLZ   Ort

Liebe Leserin, lieber Leser!

Sie haben – vielleicht zum ersten Mal – ein Buch unseres Verlages in den Händen. Wir möchten gerne wissen, wie es Ihnen gefällt. Als kleiner Verlag können wir nicht mit vielen Anzeigen werben, sondern sind darauf angewiesen, daß die Buchhandlungen unser Programm vorrätig haben und sich dafür einsetzen.

Wir möchten Sie aber auch gern direkt über unser Programm informieren und Ihnen von Zeit zu Zeit unser Gesamtverzeichnis oder Sonderprospekte zusenden.

Es interessiert uns deshalb, welche Teile unseres Verlagsprogramms Ihre Aufmerksamkeit finden. Bitte kreuzen Sie die Sie besonders interessierenden Gebiete an und schicken Sie uns diese Karte, frankiert und mit Ihrer genauen Anschrift versehen, zurück.

☐ Verlagsprogramm insgesamt
☐ Literarisches Programm
☐ Wissenschaft / Sachbuch allgemein
☐ »Dritte Welt« / Entwicklungspolitik
☐ Afrika

☐ Ethnopsychoanalyse
☐ Psychoanalyse / Kinderanalyse
☐ Frauenbücher
☐ Tanz / Tanztherapie / Theater
☐ Pädagogik / Sozialarbeit

Ich habe diese Karte folgendem Buch entnommen:

tionistische Über-Ich, das enge soziale Rollenvorstellungen vorschrieb, schufen das Dilemma des Adoleszenten.

In den psychoanalytischen Behandlungen erinnerte mich die Problematik, welche die Adoleszenz der Analysanden konflikthaft beeinflußte, wiederholt an eine Untersuchung, die ich bei einem melanesischen Volk durchgeführt hatte (Maier, 1996). Daß in eine Lebenskrise geratene Adoleszente eines Industrielandes Ähnlichkeiten mit Adoleszenten eines traditionsgeleiteten Volkes aufweisen könnten, ist zunächst überraschend. Die Unterscheidung von Lévi-Strauss (1962), der unter dem Gesichtspunkt des Kulturwandels eine Unterscheidung in »kalte Gesellschaften« und »warme Gesellschaften« vorschlug, ist einleuchtend genug: »Wir haben an anderer Stelle vorgeschlagen, daß die unglückliche Unterscheidung zwischen den ›geschichtslosen Völkern‹ und den anderen vorteilhaft ersetzt werden könnte durch eine Unterscheidung zwischen dem, was wir die ›kalten‹ Gesellschaften und die ›warmen‹ Gesellschaften genannt haben: die einen versuchen dank den Institutionen, die sie sich geben, auf gleichsam automatische Weise die Wirkung zu annulieren, die die historischen Faktoren auf ihr Gleichgewicht und ihre Kontinuität haben könnten; und die anderen interiorisieren entschlossen das historische Werden, um es zum Motor ihrer Entwicklung zu machen.« (Lévi-Strauss, 1968, S. 270) Erdheim beschreibt, daß die »heißen Kulturen« dazu neigen, den kulturellen Wandel voranzutreiben, indem sie die Initiationsriten abbauen, »um das in der Adoleszenz liegende Veränderungspotential freizusetzen« (Erdheim, 1988, S. 202). Denn »die Adoleszenz (ist) eine der Voraussetzungen dafür, daß der Mensch Geschichte macht und die überkommenen Institutionen nicht nur überliefert, sondern auch ändert« (S. 197). Im Unterschied dazu zähmen die »kalten Gesellschaften« die Adoleszenten über die Initiationsriten. Das trifft nicht auf die Trobriander zu, die keine Initiationsriten kennen. Dort wird ein anderes Instrument eingesetzt, um den Kulturwandel einzufrieren: Während der Sozialisation wird die Angst vor der Fremde (außerhalb des Clans, des Dorfes, der Insel) angeheizt. Diesem Vorgehen war ein bemerkenswerter Erfolg beschieden, denn die trobriandische Gesellschaft gilt als eine der stabilsten Kulturen in Papua Neuguinea und konnte sich bislang erstaunlich gut gegen den fremden Einfluß der Kolonialherren und deren kommerziellen Nachfolgern behaupten.

In der Erziehung des trobriandischen Kindes wird die Fremdenangst mit Drohungen vor dem unberechenbaren Fremden vehement geschürt, wenn sich ein Kind in einer Entwicklungsphase befindet, in der es sein Getrenntsein von der Mutter zunehmend wahrnimmt und in der es ständig mit dem widersprüchlichen Erleben von Eigenständigkeitsstreben und

Trennungsangst zu kämpfen hat. Gedroht wird ihm mit unberechenbaren fremden Gestalten, den schwarzen Zauberern und den verfolgenden Hexen, die es auf das Kind abgesehen hätten, fügte es sich nicht den Regeln der Gemeinschaft. Die aggressiven Regungen werden verschoben und projektiv abgewehrt und laden auf diesem Wege die Trennungsangst weiter auf. Innerhalb der Gruppe sind aggressive Regungen, insbesondere individuelle Rivalitätsaggression verpönt, es sei denn, diese Regungen laufen in den sozial dafür besonders vorgesehenen Bahnen. Gleiches trifft für das Streben nach indiviudellem Besitz und für Besitz bewahrendes Verhalten zu. Wird gegen Regeln und Ideale der Gemeinschaft bewußt verstoßen, dann wird das schlechte Gewissen stets von der Angst begleitet, von den fremden magischen Mächten heimgesucht zu werden. Die Hexenangst und die Angst vor schwarzem Zauber nimmt als Ergebnis der trobriandischen Sozialisation auch dann drastisch zu, wenn verpönte libidinöse oder aggressive Regungen andrängen und vom Ich abgewehrt werden müssen. So bewirken gerade von der Gemeinschaft verurteilte oder, weiter gefaßt, generell gegen Regeln verstoßende Regungen und Gefühle, daß der einzelne sich wieder mehr in die Gruppe einfügt, weil die Angst vor dem Fremden außerhalb der Gruppe unerträglich wird. Alles, was aus der Fremde kommt, wird äußerst kritisch beäugt. Natürlich sind auch die Trobriander auf den Kontakt mit Fremden angewiesen, um dringend benötigte Rohstoffe und Waren zu erwerben. In ihrer Kultur gibt es für diejenigen, die im Interesse der Gemeinschaft in die Fremde gehen müssen, hochgeschätzte, wirksame Gegenmittel. Es handelt sich dabei um magische Praktiken, für deren Besitz und Beherrschung die Trobriander in ihrem Selbstverständnis als außergewöhnlich ausgestattet und befähigt anzusehen sind. Daß unter diesen sozialen Gegebenheiten ein signifikanter Kulturwandel niedergehalten wird, ist verständlich. Man fragt sich, wie es die trobriandische Gesellschaft trotz der erhöhten Angst vor der Fremde erreicht, daß der einzelne sich in der Adoleszenzphase vom Elternhaus ablöst, um seinen Platz in der weiteren sozialen Gemeinschaft einzunehmen. Während in den meisten traditionsgeleiteten Völkern die Initiationsriten sowohl einem Kulturwandel entgegenwirken wie auch die Ablösung fördern, ist in der matrilinearen trobriandischen Kultur, die eine offene »väterliche« Machtdemonstration scheut, ein weiterer gesellschaftlicher Kunstgriff nötig, der die leidenschaftlichen Wünsche der adoleszenten Mädchen und Jungen in den außerfamiliären Raum lenkt. Dieser Kunstgriff besteht im strengen Bruder-Schwester-Tabu, das bei den Trobriandern das schärfste, d.h. bewußt die größte Angst mobilisierende Inzesttabu darstellt und den jungen Mann zwingt, frühzeitig das Elternhaus zu verlassen. Ist dieser Schritt erfolgt, so wird die Übernahme von Arbeit immer wichtiger, wobei die Rollenvorgaben den Bahnen der Tradition folgen. Eine kreative Gestaltung von beruflichen Vorstellungen und Tätigkeiten gelingt selten, ist aber gelegentlich doch möglich, insbesondere wenn es um vertraute Rollen, wie die eines Lehrers, geht. Das Vorhaben, auf fremdem Terrain eine Ausbildung zu machen, setzt dann massive Ängste frei, so daß es enormer Anstrengungen bedarf, die heimische Insel zu verlassen.

Auch bei den Adoleszenten, die sich bei mir in psychoanalytischer Behandlung befanden, bewirkte die Abwehr der (gegen die verbietenden Eltern gerichteten oder den verinnerlichten Ansprüchen zuwiderlaufenden) aggressiven Regungen, daß der Adoleszente sich wieder regressiv der Familie annäherte, weil die außerfamiliäre Fremde via Projektion aggressiv aufgeladen und damit bedrohlicher wurde. Gerade das Fehlen eines offen aus subjektiven Beweggründen handelnden Verbietenden, mit dem sich die Adoleszenten hätten auseinandersetzen können, in Verbindung mit einem mehr oder weniger deutlicher ausgesprochenen Bündnisangebot der Verbietenden gegenüber einer anscheinend unberechenbaren feindlichen Welt führte zu dem Erleben von Ohnmacht und Hilflosigkeit, das nur dann gebannt zu werden versprach, wenn sich die Adoleszenten im Einklang mit den elterlichen Regeln wußten. Der perfektionistische Anspruch war zwar vereinzelt erfüllbar, jedoch als Richtschnur im Alltagsleben nicht durchzuhalten. Die in der exemplarischen Fahrradlampenepisode enthaltenen übergeordneten Forderungen lauten ausformuliert: Man soll nicht unüberlegt (bedeutet auch: keinesfalls »spontan«) handeln und alle sich von außen aufdrängenden Ansprüche sofort erledigen. Daraus ergibt sich als Konsequenz: Allen Regeln (ob nun von außen kommend oder aus verinnerlichten Ansprüchen stammend) ist der Vorrang gegenüber spontanen inneren Ansprüchen einzuräumen. Diesem Muster streng folgend, mußten bei den Adoleszenten Liebeswünsche und aggressive Regungen zurückgehalten oder unterdrückt werden. Selbst die Abfuhr über das Phantasieren, z.B. in Tagträumereien, war eingeschränkt. Drängten die verpönten Wünsche an, stieg das Unbehagen außerhalb des heimischen Raums. (So gab es beispielsweise Stunden oder Tage, an denen die Adoleszentinnen mit Eßstörungen die Öffentlichkeit – Stadt oder Universität – mieden, weil sie sich außergewöhnlich, und das unangenehm, beachtet und taxiert fühlten.)

Omnipotenzphantasien sind während der Adoleszenzzeit intensiver als in anderen Lebensphasen und für die Entwicklung der Adoleszenten von eminenter Bedeutung. Sie schaffen für die Adoleszenten die notwendigen Voraussetzungen, »um sich auf die Welt einzulassen« (Erdheim, 1988, S. 199). Die Omnipotenzgefühle stehen in enger Verbindung mit den körperlichen Veränderungen in der Adoleszenz. So verändert, wie Erdheim (1988, S. 199) beschreibt, das »Auftreten der Menstruation bei Mädchen sowie die Unbeherrschbarkeit des Phallus beim Knaben ... das Selbstbild des Körpers und damit auch den Bezug zur Umwelt«. Und weiter: »Die Verselbständigung innerer und äußerer Objekte ist eine befremdende Erfahrung, und der in der Pubertät neu aufblühende Narzißmus bekommt die kompensierende Funktion, die auseinanderfallende Welt zusammenzuhalten.« Die Omnipotenzgefühle sind jedoch nicht allein defensiven Ursprungs, sondern entstammen der Lust und der Freude an der eigenen Entwicklung und den neugewonnenen körperlich-sexuellen und sozialen Möglichkeiten. Diese neuen Potenzen vor allem begründen das charakteristische Hochgefühl des Adoleszenten und speisen seine Phantasiewelt, deren Zentrum körperlich-sexuelle Phantasien bilden. Schließlich resultieren daraus die Tagträumereien des Adoleszenten. Diese, »die Tagträume der Jugend«, werden zum Vorbild der »Wahndichtungen der Paranoiker, welche die Größe und die Leiden des eigenen Ichs zum Inhalt haben« (Freud, 1908, S. 191). Unter günstigen Bedingungen entwickelt sich eine leidenschaftliche Hinwendung des Adoleszenten zur Welt. Ob und inwieweit eine Liebesbeziehung mit der Welt, die dann nur außerfamiliär gelegen sein kann, zustande kommt, hängt auch davon ab, wie die Eltern auf die Omnipotenzphantasien der Adoleszenten reagieren, diese fördern, zu beeinflussen oder zu beschneiden versuchen. Für ein Transformieren von Größenphantasien in Kreativität waren die Bedingungen, die Picasso für seine Jugend geschildert hat, besonders günstig. Ich spiele dabei auf die bekannte Episode an, derzufolge Picassos Mutter zu ihrem jugendlichen Sohn gesagt habe: »Wenn du Soldat wirst, dann wirst du General; wenn Priester, dann auch Papst.« Picassos Kommentar dazu aus späteren Jahren: »Ich wählte die Malerei und wurde Picasso!«

Bei meinen Analysanden drosselte das perfektionistische Über-Ich, das einen Gutteil der narzißtischen Besetzungen aufsog, das Hochgefühl, erschwerte eine »realistische«, kreative Umwandlung der Omnipotenzphantasien, die als aufgeblähte Größenvorstellungen, die regressiv auch der Familie als Ganzer gesehen einen besonderen Glanz verliehen, weiterexistierten, und verhinderte nennenswerte, aktiv gestaltete Bemühungen, die Realität zu verändern (so z.B. vorgegebene, gewohnte Bahnen zu verlassen). Das für kreative Prozesse nötige Zusammenspiel der Übernahme von aktiven und passiven Rollen wurde blockiert. Aktives Handeln war den Adoleszenten dann möglich, wenn sie sich im Einklang mit äußeren Ansprüchen und dem Über-Ich wußten. Auch die Übernahme des passiven, rezipierenden Parts war erschwert, weil – infolge des familiären Stils und dem damit verbundenen Zyklus von

Omnipotenz und Ohnmacht – Passivität mit Erfahrungen, zur Ohnmacht und Hilflosigkeit gezwungen zu werden, assoziiert wurde. Deshalb wurde die Erfüllung passiver Wünsche als bedrohlich erfahren, diese Regungen entwertet, ebenso wie generell das Erleben intensiver Gefühle, die unter dem Einfluß der familiären Sozialisation lediglich einem (ebenfalls abwertenden) Vorstellungskonzept von Weiblichkeit zugestanden wurden. Das Pendeln zwischen Aktivität und Passivität, seelische Vorgänge, die subtil vonstatten gehen, wurde später im neurotischen Symptom angehalten und in der Einschränkung fixiert (z.B. wenn es nicht mehr möglich war, in der Vorlesung Gehörtes oder Gelesenes aufzunehmen). Schließlich resultierte ein Sich-draußen-Fühlen, eine Unfähigkeit, irgend etwas anzustreben, sich vorstellen zu können, daß aktiv ein Platz außerhalb der Familie errungen werden könnte, oder bewußt etwas empfangen und genießen zu können. Was dem sich in der Adoleszentenkrise Befindenden noch blieb, war das Scheitern, das – als ein letztes – grandios gestaltet werden konnte und in dem wenigstens die Macht des Ohnmächtigen, der auch alle anderen hilflos zu machen vermochte, auf seiner Seite war. Meine Beschreibung der Übernahme des aktiven oder passiven Parts lehnt sich nicht von ungefähr an die Rollenverteilung der Urszene an. King (1995) hat auf die zentrale Bedeutung der Verarbeitung von Urszenenphantasien in der Adoleszenz hingewiesen. Sie hebt hervor, daß »die schöpferischen Aneignungsprozesse des Adoleszenz ... sich unmittelbar sexuell oder sublimierend in der Auseinandersetzung mit den bewußten und unbewußten Urszenen- und Ursprungsphantasien verdichten.« (S. 336) In der Anfangsphase seiner Therapie träumte ein Analysand einen Traum, der seine Problematik treffend zusammenfaßte: *Er sieht sich mit einem Gipsbein in einem Krankenzimmer liegen. Er kann sich nicht bewegen und hat einen Samenerguß.* Hinsichtlich der Genese der Adoleszentenkrise konnte ich aus dem Kontext der Stunde, in der dieser Traum berichtet wurde, ableiten, wie sehr der Patient noch an die Urszene gebunden war: Trennung und Kastration waren weiterhin so nahe verwandt, daß eine schöpferische Umsetzung (im Alleinesein) von Onaniephantasien noch nicht gelang. Sicherlich hat dieser Traum eine Übertragungsbedeutung (das Krankenbett ist die Couch), verweist auf das Einfließen der konflikthaften Adoleszentenproblematik in die Übertragungsbeziehung – nur deshalb konnte er geträumt werden – und kündigt damit bereits ihre Umwandlung an.

Der Gewinn des ethnopsychoanalytischen Ansatzes liegt in der Rückwendung dieser Methode und ihrer Forschungsergebnisse auf die Gesellschaften der Industriestaaten. Andernfalls bliebe nur der Hinweis auf

Ähnlichkeiten der Sozialisation von deutschen Adoleszenten mit Angehörigen eines Südseevolkes. Ich will nochmals auf die trobriandische Gesellschaft eingehen, um zwei interdependente Ergebnisse ihrer Sozialisation hervorzuheben und auf die Familien der Analysanden zu übertragen. Ein Ziel und auch erfolgreiches Ergebnis der trobriandischen Sozialisation ist es, die eigene Kultur möglichst zu konservieren und einen signifikanten Wandel zu verhindern. Das vorrangige Mittel hierzu, und das zweite Ergebnis der Sozialisation, ist die Angst vor der außergesellschaftlichen Fremde, die ein wirksames Mittel zur »gesellschaftlichen Produktion von Unbewußtheit« (Erdheim) darstellt, denn: »Unbewußt muß all das werden, was die Stabilität der Kultur bedroht.« (Erdheim, 1982, S. 221) Das sind unerwünschte libidinöse und aggressive Regungen, die »draußen« gehalten werden müssen. Alexander Mitscherlich hat darauf hingewiesen, daß Traditionsvermittlung die Übernahme spezifischer Selbsttäuschungen beinhalte (Mitscherlich, 1957). Selbsttäuschungen heißt auf die Trobriander bezogen, daß die Erziehenden die Angst, die sie an ihre Kinder weitergeben, teilen. Im Unterschied zu den Gegebenheiten bei den deutschen Adoleszenten führen die mit der trobriandischen Sozialisation verbundenen Versagungen nicht zu einer neurotischen Entwicklung ihrer Mitglieder, weil einerseits die Versagungen, die durch die Gebräuche und Institutionen erzwungen werden, im kulturellen Kontext einen kohärenten Sinn enthalten (und damit auch die Ich-Identität fördern) und weil andererseits die Omnipotenzgefühle der Adoleszenten in vorgeformte Bahnen geleitet werden können. »Letzten Endes werden Kinder nicht durch Versagungen neurotisch, sondern durch den Mangel oder Verlust der sozietären Bedeutung dieser Versagungen.« (Mitscherlich, 1957, S. 82) Bei den deutschen Adoleszenten erhielten die Versagungen eine familiäre Bedeutung, welche die Familienmitglieder im Widerspruch mit der Sozietät sah.

Übertrage ich die bei den Trobriandern gewonnenen Erkenntnisse auf die Familien der Adoleszenten, dann ergeben sich zwei Schlußfolgerungen: Die Angst vor der Fremde ist – erstens – eine familiäre Selbsttäuschung, die – zweitens – als ein Mittel zur familiären Produktion von Unbewußtheit dazu dient, den familiären und dann auch kulturellen Wandel zu verhindern. Der geschilderte Erziehungsstil ist lediglich ein beschreibbares Phänomen einer umfassenderen Tendenz innerhalb der Familie. Ich nehme an, daß die Angst vor der außerfamiliären Fremde während der Adoleszenz der Eltern, zumindest bei den Vätern nicht eine derart zentrale Bedeutung einnahm, also damals weitaus geringer war, als bei den Adoleszenten, die zu mir in Analyse kamen.[3] Diese Angst muß folglich während des Erwachsenenlebens, wenn zwar nicht entstanden, doch jedenfalls signifikant zugenommen haben, was, wenn man den gesellschaftlichen Erfolg als Gradmesser nimmt, auf den ersten Blick unverständlich erscheint. Nach meinem Verständnis ist jedoch gerade der Umstand, daß die Eltern der Adoleszenten gesellschaftlich »etwas erreicht« haben und der Mittelschicht angehören, von Bedeutung. An den Omnipotenzphantasien gemessen, stellt nahezu jeglicher Erfolg nur einen mäßig erträglichen Kompromiß mit der Realität dar. Darüber hinaus nähren in den Gesellschaften der westlichen Industrienationen die gesellschaftlichen Bestätigungen, die in Form von narzißtischen Gratifikationen erfolgen, bereits vorliegende, vor sich hin schlummernde Größenphantasien und schaffen neue Wünsche und Bedürfnisse, nicht zuletzt solche nach Garantie von Erfolg und Besitz. Diese Bedürfnisse wecken infantile Verlustängste und mobilisieren verstärkt aggressive Regungen: Trennungs- und Rivalitätsaggressionen fließen zusammen und führen auf dem Weg der Projektion – falls sie sich nicht gegen einen wirklichen oder einen imaginären Gegner richten können – zu einer bedrohlichen Einfärbung der außerfamiliären Wirklichkeit. Wählt man diese Perspektive, dann teilen schließlich die Mitglieder der Familie (bewußt und/oder unbewußt) die gleiche Ideologie. Zieht man in Betracht, daß ein Mittel, das zur gesellschaftlichen Produktion von Unbewußtheit beiträgt, immer dazu dient, die Macht der Herrschenden zu stützen oder zu mehren, so öffnet sich eine weitere Interpretationslinie: Auch – und vor allem – die Machtverhältnisse innerhalb der Familie blieben die gleichen. Das die Angst vor der außerfamiliären Fremde fördernde Verhalten der Eltern transportierte massive Realitätsängste und -aggression, die es den Adoleszenten erschwerten, eine Neuorientierung auf einen eigenständigeren sozialen Ort vorzunehmen. Das Potential der Adoleszenz für einen Kulturwandel wurde und wird auf diese Weise aus der Angst der Erziehenden vor gesellschaftlichen Veränderungen bereits innerhalb der eigenen Familie vermindert. Als Psychoanalytiker sind wir es gewohnt, hinsichtlich der die Generationsgrenzen überschreitenden Rivalitätsaggressionen in erster Linie auf die des Kindes im ödipalen Dreieck zu achten. Daß die Rivalitätsaggression auch in umgekehrter Richtung verläuft, ist der Psychoanalyse zwar auch schon seit langem bekannt, findet aber weniger Beachtung. Freuds *Totem und Tabu* (1923/1913) – mit dem eifersüchtig seinen Besitz hütenden Vater der Urhorde – läßt sich auch als eine Parabel auf

---

3 Die in meiner Praxis seltenen psychoanalytischen Therapien von Erwachsenen dieser bürgerlichen Schicht, deren Kinder sich in einer Adoleszentenkrise befinden, stützen diese Annahme.

das Unbewußte in der bürgerlichen Familie während der Adoleszenz lesen. Wie die Rivalitätsaggressionen und -ängste auf den Verlauf und die Entwicklung in der Adoleszenz einwirken, hat Alexander Mitscherlich beschrieben:

»... die soziale Reife (hängt) von den Forderungen der Erwachsenen ab, die nur allzu oft nicht geneigt sind, ... ihm die Anerkennung der sozialen Reife zuzubilligen. Hierin drückt sich der Generationskonflikt (›Laioskomplex‹) und in unserer Konkurrenzgesellschaft die Angst vor den jugendlichen Aspiranten auf den eigenen Posten aus, die dadurch verstärkt wird, daß die Masse der Erwachsenen außer diesem Posten keine soziale Sicherheit besitzt. Die Rivalitätsängste übergreifen so die Generationen; es wird Angst auf beiden Seiten erweckt. Natürlich handelt es sich dabei wieder um ein gesellschaftsimmanentes Problem, das unter den gegenwärtigen Bedingungen der industriellen Massengesellschaft nur seine besondere Ausdrucksform findet.« (Mitscherlich, 1957, S. 77)

Der Laioskomplex ist – untergründig und äußerst wirksam – in allen Kulturen und sozialen Schichten am Werk. In seiner vollen Aggressivität zeigt er sich, wenn die älteren Vätergenerationen die jungen Männer gegen Ende der Adoleszenz zum Kriegsdienst zwingen (s.a. Parin, 1974). Unter den Besitzenden der modernen Mittelschicht ist – so die Schlußfolgerung meiner Untersuchung – die Laios-Rivalitätsaggression besonders stark ausgeprägt: Wer etwas besitzt, hat auch etwas zu verlieren und verständlicherweise stärkere Konkurrenzängste. Die verstärkte Angst vor der außerfamiliären Fremde, an der die jungen Männer und Frauen dieser Schicht während ihrer Adoleszenz leiden, stammt zu einem Großteil aus diesen Quellen. Ich glaube, daß hier eine Erklärung zu finden ist, warum Eßstörungen überwiegend, ja nahezu ausschließlich, bei jungen Mädchen und Frauen der gebildeten Mittel- und Oberschicht auftreten. Darauf anspielend spricht Bruch (1980) vom »goldenen Käfig« der anorektischen Mädchen und weist darauf hin, daß die Magersucht nur in den Industriestaaten bekannt ist. Gleiches gilt für Mädchen und junge Frauen, die an Bulimie leiden (Schulte und Böhme-Bloem, 1991).

Mit meinem Verweis auf den Laioskomplex habe ich auch eine unzulässige Verallgemeinerung vorgenommen, die ich kurz relativieren will. Um die Verhältnisse bei der weiblichen Adoleszenz zu beschreiben, welche die Angst vor der Fremde schüren, ist er unzureichend und irreführend. Zwar können die Laios-Regungen, die vom Vater auf die Generation der jungen Männer gerichtete Rivalitätsaggression, die Entwicklung des Mädchens während der Adoleszenz noch in einer zusätzlichen Weise beeinflussen, wenn der Vater die ödipale Ablösung nicht zulassen will und sich eine Sexualisierung der Beziehung vor diesem Hintergrund

vollzieht. Bei den Analysandinnen komplizierten sowohl die Rivalitäts-
gefühle der Mutter, die auf die sich entwickelnde Weiblichkeit der Tochter mit Neidgefühlen und Rivalitätsängsten reagierte, wie auch (alternativ
oder miteinander verknüpft) das Ausmaß der inzestuösen Bindung des
Vaters an die adoleszente Tochter die Umwandlung und Einbindung der
Omnipotenzphantasien in eine gefestigte Geschlechtsrollenidentität. Die
zu engen und widersprüchlichen väterlichen und mütterlichen Rollenvorgaben, welche für das Anwachsen der Angst vor der Fremde während der
weiblichen Adoleszenz verantwortlich waren, wurden aus mehr Quellen
gespeist, als dies bei der männlichen Adoleszenz der Fall war. Die aus
dem außerfamiliären Bereich importierten Rivalitätsängste der Eltern
stellten für die jungen Frauen auf dem Weg zu einer geglückten Adoles-
zenzentwicklung eine nahezu unmögliche Mission dar: Sie sollten einerseits den Besitzstand der Familie bewahren helfen und andererseits eine
rigide, kaum individuellen Spielraum gewährende Frauenrollenvorgabe
erfüllen. Deshalb war die Adoleszenz der Analysandinnen komplikations-
reicher, die neurotische Symptomatik auch hartnäckiger als bei den jungen Männern. Eines jedoch war für diese jungen Frauen und Männer aus
der wohlhabenden Mittelschicht gleich: Die einschnürenden Rollenvorgaben, die der Angst vor der Fremde zugrunde lagen, wiesen auf den
Lebensneid und die Lebensängste der älteren Generationen ihrer Familien
zurück, die aus dem Bestreben entstanden, die soziale Position der Familie und die damit verbundenen ökonomischen Vorteile zu konservieren.

Literatur

Bruch, H. (1980): *Der goldene Käfig. Das Rätsel der Magersucht.* Frankfurt a.M.: S.
Fischer

Erdheim, M. (1982): *Die gesellschaftliche Produktion von Unbewußtheit.* Frankfurt
a.M.: Suhrkamp

Erdheim, M. (1988): *Die Psychoanalyse und das Unbewußte in der Kultur.* Frankfurt
a.M.: Suhrkamp Taschenbuch Wissenschaft

Flaake, K. und King, V. (1992): *Weibliche Adoleszenz. Zur Sozialisation junger
Frauen.* Frankfurt a.M.: Campus

Freud, S. (1908): Hysterische Phantasien und ihre Beziehung zur Bisexualität. *GW,
VII*

Freud, S. (1912/1913): Totem und Tabu. *GW, IX*

Freud, S. (1930): Das Unbehagen in der Kultur. *GW, XIV*

Freud, S. (1933): Neue Folge der Vorlesungen zur Einführung in die Psychoanalyse.
GW, XV

King, V. (1995): *Die Urszene der Psychoanalyse. Adoleszenz und Geschlechter-*

spannung im Fall Dora. Stuttgart: Verlag Internationale Psychoanalyse

Lévi-Strauss, C. (1968): *Das wilde Denken«* Frankfurt a.m.: Suhrkamp

Maier, C. (1996): *Das Leuchten der Papaya. Ein ethnopsychoanalytischer Bericht von den Trobriandern in Melanesien.* Hamburg: Europäische Verlagsanstalt

Mitscherlich, A. (1957): Pubertät und Tradition. In: *Verhandlungen des 13. Deutschen Soziologentages in Bad Meinberg.* Köln, Opladen: Westdeutscher Verlag, S. 65–86

Parin, P. (1994): Zeitgemäßes über Gewalttaten und Grausamkeiten in Europa. In: Endres, M. (Hrsg.): *Krisen im Jugendalter.* München: Ernst Reinhardt Verlag.

Schulte, M. J. / Böhme-Bloem, C. (1991): *Bulimie. Entwicklungsgeschichte und Therapie aus psychoanalytischer Sicht.* Stuttgart: Thieme

ELLEN REINKE

Jugend angesichts von Postadoleszenz, Zweiter Karriere und Aktivem Altern

> *Diese Jugend ist von direkter, aktiver*
> *kultureller Bedeutung, einerlei ob man sie*
> *gegebenenfalls für fördernd oder für*
> *schädlich erklärt.* S. Bernfeld, 1923

Vorbemerkung

Die folgenden Überlegungen beruhen auf einer Reihe von Untersuchungen im Bereich der Jugendkultur, die ich zusammen mit Studierenden der Psychologie in den Jahren 1991-1996 gemacht habe.[1] In diesen Projekten sind wir Fragen nach dem Schicksal von Jugendlichen in einer sich verändernden ökonomischen, demographischen und kulturellen Umwelt nachgegangen. Insbesondere haben uns Fragen nach der Veränderung des intergenerationellen Verhältnisses und der Adoleszenz interessiert (Reinke, 1992, 1993). Unsere Rahmentheorien waren – neben dem Blick auf soziologische Literatur – im weitesten Sinne an der Psychoanalyse orientiert. Schwerpunkte setzten wir im Zusammenhang dessen, was Mario Erdheim (1984) die Produktion eines gesellschaftlichen Unbewußten nannte. Seine Ausführungen zur Adoleszenz haben wir kritisch reziepiert. Methodologisch haben wir uns an Alfred Lorenzer (1970b, 1986) und seiner Bestimmung der psychoanalytischen Erkenntnisform als »szenisches Verstehen« orientiert.

Unsere Überlegungen und Ergebnisse im letzten Projekt wurden weiter durch eine Reihe von Konzepten präzisiert, die in der französischen Diskussion eine Rolle spielen. Es handelt sich um Thesen bezüglich eines »Generationenkriegs«, der durch tiefgreifende Veränderungen im Verhältnis der Generationen zueinander gegenwärtig stattfindet und noch weitgehend von der bewußten gesellschaftlichen Reflexion ferngehalten wird. In diesem Umbruchprozeß hat sich der bisherige Generationenvertrag aufgelöst, und es zeigen sich die Umrisse einer neuen Differenzierung, die über die bisherige »goldene Trias« – Jugend, Erwachsenen-

---

1 Aus der Feldforschung mit Studierenden der Psychologie in den klinischen Semestern seit 1991 liegt ein umfangreiches Quellenmaterial in Protokollen, Praxisberichten, Projektberichten und Diplomarbeiten vor. So z. B. Projektbericht »Krankheit als Konflikt«, Diplomarbeiten Holger Ahlf und Angelika Werner, alle Universität Bremen.

leben, Alter – hinausgeht. Als neue Differenzierungen werden genannt: Postadoleszenz, Zweite Karriere und Aktives (bzw. Neues) Altern. Die Zeitschrift *le débat* (1996) hat diese Diskussion aktuell zusammengefaßt. In der Umschreibung von »le débat« (a.a.O., 13) ist unter dem Begriff *Postadoleszenz* das erste der »neuen Lebensalter« zu verstehen, die sich unter den gegenwärtigen kulturellen Bedingungen herauskristallisieren. Er markiert eine spezifische Periode zwischen Jugend und Erwachsenheit, die jedoch in der neuen Diskussion über die Lebensalter ebenfalls eine neue Definition erfahren.

Überlegungen zur Postadoleszenz bilden hier das Zentrum unseres Interesses, sie können jedoch nicht isoliert angestellt werden. Deshalb werden wir auch die Vorstellungen zu den beiden anderen »neuen« Lebensaltern skizzieren, die die gegenwärtige transgenerationelle Kultur prägen.

I.

Im traditionellen Generationenvertrag ging man von den uns geläufigen drei Lebensaltern Kindheit/Jugend – Erwachsenheit – Alter aus:

Kindheit und Jugend dienten der Einsozialisierung in die Erwachsenenwelt, in die mit der Aufnahme der Erwerbstätigkeit eingetreten wurde. Das war (bis auf ca. 5% eines Jahrgangs, der zum Abitur und zum Studium ging) für die 15-20jährigen der Fall; mit dem Abschluß der Bildung/Ausbildung wuchs man aus diesen Verhältnissen heraus durch die Übernahme von Verantwortung im Arbeits- bzw. Erwerbsleben.

Die Erwachsenheit war gekennzeichnet einerseits vom Erwerbs-, andererseits vom Familienleben. Aus beidem wuchs man durch die Transformationsprozesse des Erwachsenenlebens langsam heraus: Aus Eltern wurden Großeltern, aus Erwerbstätigen wurden Rentner.

Das Großeltern- und Rentenalter fand die Subjekte »ruhebedürftig«, seßhaft und mit der Bereitschaft zur Aufgabe von Konsummöglichkeiten, die vom »Ruhegehalt« nicht mehr zu realisieren waren. Ein Rücktransfer von Gütern zu den Jungen war üblich, und zwar sowohl im sachlich/materiellen wie im emotional/immateriellen Bereich.

Einen neuen Generationenvertrag gibt es noch nicht, auch noch keine neue »goldene Regel«, obwohl es keinen Zweifel daran geben kann, daß das oben skizzierte Modell nicht mehr in der Lage ist, die gesellschaftliche Realität abzubilden, die wir bei unseren Jugendstudien näher kennenlernten. Das neue Modell, daß sich herauskristallisiert, ist nicht nur durch zusätzliche »Lebensalter« gekennzeichnet, sondern auch durch die Aufkündigung des bisherigen Solidarverhältnisses zwischen den Generationen: aus einer Solidargemeinschaft scheint eine oft antagonistische »Gemeinschaft« von unterschiedlich mächtigen »Risikogruppen« zu werden.

Als erstes neues Lebensalter ist das der Postadoleszenz zu betrachten, in seinen Abhängigkeiten zu den übrigen. Gleichzeitig muß festgehalten werden, daß es unter der Perspektive »Risikogruppen« als höchste Risikogruppe wahrgenommen zu werden scheint. Ein solches neues Alter steht mit Entwicklungen im Bereich der Erwachsenheit in Verbindung, die auf Familie wie Erwerbstätigkeit ausstrahlen. Wie wir belegen konnten, liegt der Schwerpunkt der Anforderungen in den Familien zunehmend im Erwerbsbereich, auf Kosten des Familienbereichs. Hinzu kommen zunehmend »späte« Heirat und »späte« Erstgeburten. In der Regel läuft dies auf eine volle Erwerbstätigkeit beider Elternteile im Alter von ca. 30 bis 50 Jahren hinaus. Für den Familienbereich hat dies das Phänomen des »leeren Hauses« zur Folge. »Bei uns ist ja doch keiner zu Hause«, ist ein Fazit, das wir (nicht nur) von Jugendlichen oft zu hören bekamen. Familienaufgaben werden in der Regel an Dienstleister delegiert und nicht in der Freizeit übernommen, da die Freizeit ähnlich wie die Erwerbstätigkeit organisiert ist: »Freizeit total.«

Vom »wirklichen Leben« zum »Abenteuerspielplatz« für die Jugend?

Zurück bleiben die Kinder und Jugendlichen, die »stören«, sich »nicht genügend für Ausbildung interessieren« und die schließlich als mögliche Konkurrenten auf dem Erwerbsmarkt eine Deklassierung erfahren: Ihr Zugang zu Berufsausbildung und »guten Stellen« ist versperrt, sie werden als »unreif und unfähig zur Übernahme von Verantwortung« deklassiert, *womit gleichzeitig die gesellschaftlichen Strategien unsichtbar gemacht werden*, mittels derer sie aktiv an der Entwicklung von Verantwortungsbewußtsein gehindert bzw. in dieser Fähigkeit geschädigt werden. Als Ersatz bietet man ihnen das, was Schüler »die Spielwiesen des Als-Ob« nannten: schulisch oder behördlich (z.B. Jugendhaus) organisierte Tagespläne außerhalb des »wirklichen Lebens«.

Als Beispiel sei hier eine Gruppe Jugendlicher genannt, die in ihrem Stadtteil einen Platz besetzt hielten, um sich dort mit ihren Mopeds zu treffen. Der relativ »reiche« Stadtteil kanalisierte diesen Wildwuchs durch die Verpflichtung eines Sozialarbeiters, der auf einem etwas abgelegeneren aufgelassenen Fabrikgelände mit alten Autoreifen etc. einen »Abenteuerparcours« herstellte und die Jugendlichen dorthin locken sollte. Gleichzeitig reagierte die Polizei »etwas öfter« auf Nachbarbeschwerden und vertrieb die Jugendlichen von dem von ihnen gewählten Platz. Sie kamen jedoch zum Leidwesen des Sozialarbeiters nicht zu seinem »Abenteuerparcours«. Wie man hören konnte, sammelten sie sich nun in der Nähe einer Disco des angrenzenden, sozial schlechter gestellten Stadtteils und gingen in der dortigen rechtsgerichteten Moped- und Rockerszene auf.

Wir können hier eine erste Definition des Begriffs Postadoleszenz versuchen: Es ist das auf die am obigen Beispiel erhellte Weise – d. h. durch die Unterbindung von störender Eigeninitiative oder Eigensinn und evtl. noch zusätzlich durch deren Kanalisieren in »Abenteuerspielplätzen« – geschaffene Alter auf den Begriff gebracht, das die Jugendlichen als weiterhin »unreife« und »zur Übernahme von Verantwortung unwillige« Subjekte in ihrer *Intentionalität* behindert und in der Regel von der Teilnahme an der Arbeitswelt fernhält. Dabei ist ein Zuschreibungsprozeß am Werk, der die Jugendlichen als »Verursacher« nennt.

Hiermit wird ihnen einerseits ein wesentliches Moment subjektiver Identität als Gesellschaftsmitglieder vorenthalten, welches sich in der Arbeit ausbilden kann. Andererseits werden sie widerwillig und immer sparsamer weiterhin alimentiert und in familialer oder staatlicher Abhängigkeit gehalten. Das Syndrom des »leeren Nests«, welches die Eltern der '68 beklagten, gehört damit der Vergangenheit an. War damals ein tatsächlich »leeres Nest« gemeint, insofern die Jugendlichen aus dem Familienraum auszogen, so reden wir von einem »leeren Nest« im übertragenen Sinne: Wir finden eine Situation emotionaler Leere vor, die in auffälliger Diskrepanz steht zu den gleichzeitig gemachten »Hilfsangeboten« von der Art des Abenteuerparcours. Mit – auf der Oberfläche zumindest – geradezu unendlicher Langmut, Geduld und Nachsicht werden die Postadoleszenten versorgt, wohnen in der Regel sogar weiterhin zu Hause. Sie gelten oft als rüpelhaft, insofern sie ihre tatsächlich weiter bestehenden Abhängigkeitsgefühle von den Eltern durch bisweilen aggressive Forderungshaltungen kaschieren.

Das Gegensatzpaar Selbständigkeitswünsche versus Abhängigkeitswünsche

Dem Verhältnis des Gegensatzpaares Autonomie- bzw. Selbständigkeitswünsche versus Abhängigkeits- bzw. Versorgungswünsche kommt besondere Bedeutung zu. Unsere Studenten haben in bezug auf die Entwicklung des Gegensatzpaares Autonomiewünsche – Abhängigkeitswünsche einen typischen Prozeß der Umkehrung für die Adoleszenz beobachtet, den ich im folgenden zusammenfassen will.

1) *Kleinkindzeit.* Unsere Untersuchungen zeigen, daß Eltern heute in der Kleinkindzeit vor allem die Autonomie- und Selbständigkeitswünsche ihrer Kinder zur Kenntnis nehmen und fördern. Gewünscht wird das früh

selbständige Kind, das sich problemlos in den Stundenplan der Eltern einfügt. Das Eltern-Kind-Verhältnis scheint weitgehend durch diese Stundenpläne, die auch schon für die ganz Kleinen aufgestellt werden, geregelt. »Nicht-Einhalten« des Stundenplans durch das Kleinkind stört das Funktionsganze, ob nun Krankheiten, altersgemäßes Trotzverhalten, oder individuelle Eigenarten hierfür verantwortlich sind. Dagegen werden die Abhängigkeitswünsche der Kleinkinder und kleinen Kinder eher frustriert. Wir konnten beobachten, daß dies inbesondere für die von Mahler und Mitarbeitern konzipierte Subphase des Trennungs- und Individuationsprozesses und die Wiederannäherungsphase (vgl. Mahler et al., 1975) Bedeutung ist. Nähe- und Distanzwünsche werden in dieser Phase von den Kindern konflikthaft erlebt, weshalb Mahler und Mitarbeiter auch von einer »Wiederannäherungskrise« sprechen. Es kommt zu einer Zurückweisung der Nähewünsche bei den kleinen Kindern. Diese lernen es, sich auf die von den Eltern gewünschten Bindungs- und Distanzwünsche einzustellen. Soweit dies nicht ihrem Eigensinn entspricht, werden sie früher »selbständig«, als sie es bei weniger gezielter Steuerung getan hätten.

2) *Adoleszenz.* Wir haben beobachtet, daß man bei der Kleinkindentwicklung von Selbständigkeit aus Not und von Selbständigkeit aus Eigensinn sprechen kann. Selbständigkeit aus Not nennen wir Entwicklungen, die aufgrund dressurhafter Anpassung von Kleinkindern an hochorganisierte familiale Stundenpläne zustandekommen. Selbständigkeit aus Eigensinn dagegen entwickelt sich, wenn die verläßliche emotionale Präsenz der Eltern – jeweils altersangemessen – gewährleistet ist. Aus der neueren psychoanalytischen und empirisch-experimentellen Kleinkindforschung wissen wir, daß dies der wesentliche Entwicklungsfaktor ist (Emde, 1988). Die früh entwickelte Selbständigkeit aus Not hält dagegen nicht Schritt mit der Selbstentwicklung (Reinke, 1986). Dies zeigt sich gerade in der Adoleszenz, in der eine oft aggressiv-anklammernde Forderungshaltung vorherrschend wird. Hier stimmen unsere Beobachtungen mit dem überein, was in der Jugendliteratur und in den Medien meist in beklagendem Ton vorgebracht wird. Wir haben allerdings wenig Verständnis für die schuldzuschreibenden Schlußfolgerungen aufbringen können, die aus diesen Beobachtungen von anderen Forschern gezogen wurden. Es zeigt sich in der Tat eine spezifische Eltern-Kind-Interaktion, die u. a. als das »kostenlose Hotel-Syndrom« bekannt geworden ist. Selbst dann, wenn die Kinder nicht mehr zu Hause wohnen, ist die Elterngeneration noch bereit – ja scheint sich danach zu drängen –, den Kindern »den Dreck wegzumachen«, d. h. zu waschen, zu putzen, zu zahlen, wenn die Postadoleszenten und längst Volljährigen

»etwas verbockt« haben. In der Adoleszenz sind dann vielfältige infantile Abhängigkeitsverhältnisse zu beobachten, die völlig altersunangemessen erscheinen. In der Regel wirkt der Zuschreibungsprozeß sowohl auf der Ebene der Subjekte wie im sozialen Kontext so, daß die »Unreife« und »fehlende Bereitschaft zur Übernahme von Verantwortung« auf Seiten der Jugendlichen gesehen und als Rechtfertigung für weitere Infantilisierung herangezogen wird.

Gesellschaftliche Produktion der »Null-Bock-Generation«

Der gängige gesellschaftliche Zuschreibungsprozeß in bezug auf die Adoleszenten möchte die Jugendlichen selbst für diese Entwicklung verantwortlich machen. In wohlfeilen Schlagwörtern wie denen von einer »Null-Bock-Generation« oder eine »Jugend ohne Perspektive« drückt sich diese Zuschreibungsmacht der Medien und der Wissenschaft aus. Auch die Klagen der Eltern, somit das Alltagsverständnis, stimmen mit dieser Zuschreibung überein. Dementgegen haben wir auf dem Hintergrund unserer Untersuchungen im Rahmen des neueren Projekts zu Fragen der »Elternlosen Gesellschaft« die These einer gesellschaftlichen Produktion von intergenerationellen Krisen untermauern können, die sich bei den Jugendlichen u. a. durch Zerstörung von Zukunftsperspektiven auswirken.

Wir sehen die Jugendlichen als die Verlierer im Kampf um die Möglichkeit zur Übernahme von Verantwortung, um die Anerkennung als intentionale Subjekte und um die Möglichkeiten zum altersangemessenen Eintritt in das Berufsleben. Sie sind zwar »volljährig«, jedoch weiterhin nach allgemeinem Urteil »nicht ganz für voll zu nehmen« und werden im neuen Lebensalter der Postadoleszenz außerhalb der Möglichkeit zur Übernahme von gesellschaftlicher Verantwortung festgehalten.

Schauen wir uns typische Berichte von Jugendlichen an, wie sie die Welt ihrer Eltern sehen. Sie sehen die Eltern nur in einer Erwachsenen-Welt rennen, in der sie nicht vorkommen, nie vorkamen. Ein Jugendlicher, den wir hier Sven nennen wollen, formuliert das so: »Ich war für meine Eltern schon immer ein Organisationsproblem. Nie konnten sie sich auf mich verlassen, daß auch die Stundenpläne eingehalten werden konnten. Obwohl sie sich die ›Kinderarbeit‹ mit mir geteilt haben, hatte ich bei beiden das Gefühl, daß sie mir unzumutbare Opfer bringen.«

Was Sven damit meint, ist, daß er in den Diskussionen der Eltern um eine gerechte Verteilung der Familienanforderungen – beide Eltern sind berufstätig, sie haben einen umfangreichen Freundeskreis und interessante Hobbys – wie folgt vorkam: »Wer macht heute die Kinderarbeit?« Er verstand, daß die Eltern neben Berufsarbeit, Hausarbeit, Gartenarbeit

84

o. ä. durch ihn auch noch »Kinderarbeit« zu bewältigen haben. Daneben haben die Eltern Selbstverwirklichungsbedürfnisse, die sie vor allem in der Freizeit unterzubringen wünschen. In der »Prioritätenliste« beider Eltern fühlte er sich selbst als an letzter Stelle rangierend, während die etwas jüngere Schwester »wenigstens der Liebling von Mama war«. Svens kleine Schwester durfte »schon immer mit zu den Hobby-Kursen, die meine Mama fast jedes Wochenende gibt. Da hilft sie anderen Frauen ihre Freizeit zu organisieren und z. B. schöne Handarbeiten zu machen.« Hieraus gewinnt die Mutter dieses Jugendlichen ein zweites Einkommen (neben ihrem Gehalt als Verwaltungsbeamtin), durch das sie ihre umfangreiche, ebenfalls sehr zeitraubende Sammlung um neue Stücke ergänzen kann.

Svens Vater ist »sportlich engagiert«, er spielt Fußball im Verein. Da seine Mannschaft erfolgreich ist, spielt er in einer hohen Klasse. Die Punktspiele führen ihn ebenfalls fast das gesamte Jahr an den Wochenenden von zu Hause weg. Wenn er da ist, bemüht es sich immerhin etwas darum, für sich und den Sohn ein »Zuhause« zu schaffen, und zeigt mütterliche Züge. Dies ist selten, und so hat sich Sven in der Regel »allein zu Hause« gefunden. Er kam mal bei Klassenkameraden, mal bei den Großeltern unter. Die Großeltern sind jedoch vor einigen Jahren in Rente gegangen und auch nicht mehr oft zu Hause anzutreffen. Unser Jugendlicher ist allerdings schon lange vorher »von selbst nicht mehr hingegangen«, nachdem er Zeuge des im folgenden zusammengefaßten Gesprächs wurde:

»Wenn wir jetzt in Rente gehen, können wir endlich machen, was wir wollen! Da werden wir das Leben mal so richtig genießen und haben unseren Kindern gleich gesagt: Ihr braucht Euch gar nicht einzubilden, daß wir unsere Zeit als Babysitter verplempern! Das müßt ihr schon selber auf die Reihe kriegen! Wir haben unser Leben lang hart gearbeitet und nun ein Recht darauf, uns zu amüsieren! Wir haben einen Nachholbedarf, denn man hat uns unsere Jugend gestohlen, statt dessen haben wir Trümmern weggeräumt und Deutschland aufgebaut. Die Kinder haben vielleicht blöd geguckt! Haben sich doch tatsächlich eingebildet, daß wir jetzt bei ihnen antreten, weil wir angeblich Zeit haben. Ja! Zeit haben wir, aber doch nicht für Kinderarbeit, damit mein Herr Sohn oder meine Frau Schwiegertochter es einfacher haben. Schließlich hat uns auch keiner geholfen, wir mußten alles alleine schaffen.«

Die »Zweite Karriere«

Intergenerationelle Solidarität ist nach unseren Beobachtungen für die gegenwärtig ca. 30- bis 55jährigen in der Regel nicht zu erwarten. Das wirkt sich nicht nur auf die Möglichkeiten der Gestaltung in der unmittelbaren Familienphase aus, sondern hat Folgen für die weitere Lebensplanung. Eine Frau z. B. ab 50 Jahren steht heute nicht mehr wie früher bereits »jenseits von Gut und Böse«, d. h. sie entspricht den früheren Erwartungen auf Zurückstellung eigener Interessen zugunsten von »Familiensinn« und Konsumverzicht nicht mehr. Sie steht im Kreuzungspunkt sich verändernder familialer Netze: Kinder gehen aus dem Haus, heiraten, werden wieder geschieden. Vor allem folgt aus ihrer veränderten Einstellung, daß die unmittelbare Familienphase abgeschlossen ist, die heute nur noch einen Abschnitt im Leben der Frau ausmacht (Nave-Herz, 1994, 15ff.). Wenn die »Kinder aus dem Haus sind«, hat sie noch etwa die Hälfte ihres Erwachsenenlebens vor sich (Nave-Herz, a.a.O.). Auch für das (Ehe-)Paar bedeutet dies, daß seine Lebensgemeinschaft keine Familiengemeinschaft mehr ist. Sie werden Teil der inzwischen auf 2/3 aller Haushalte angewachsenen Form der »Nicht-Familienhaushalte«. Hinzu kommen die tiefgreifenden Entwicklungen der Meno- und Andropause. Beides zusammen führt inzwischen nicht nur bei Männern, sondern auch zunehmend bei Frauen zu einer beruflichen Neuorientierung, was in der französischen Diskussion durch die Begriffswahl »Zweite Karriere« betont wird (le débat, 13). Diese bisweilen in der Literatur auch so genannte Zeit der »midlife-crisis« wird damit zu einer von Krisen und neuen Chancen geprägten Zeit, welche die Psychologen inzwischen als ebenso gesellschaftlich relevant betrachten, wie die Lebenszeit der Adoleszenz und der Postadoleszenz. Unsere Untersuchungen haben gezeigt, daß jeder Ansatz, der die Jugend isoliert von solchen Entwicklungen in bezug auf die anderen Lebensalter betrachtet, zu kurz greift. Vielmehr ist es nötig, die intergenerationellen Abhängigkeiten zu betrachten. Dies gilt besonders für die beiden neuen Lebensalter der Postadoleszenz und der Zweiten Karriere.

Als Beispiel möchten wir anmerken, daß als einer der Zusammenhänge zwischen unserem Thema der Postadoleszenz und dem der Zweiten Karriere arbeitsmarktliche Fragen zu erörtern wären. Die berufserfahrenen und meist mit formalen Berufsabschlüssen oder Diplomen aus – oft staatlich finanzierten – »Umschulungen« ausgerüsteten Angehörigen der Generation der Zweiten Karriere treten auf dem Arbeitsmarkt unmittelbar in Konkurrenz zu der Generation der Postadoleszenten. Dies gilt – so war unser Eindruck – insbesondere für »attraktive«, angenehme und sinnerfüllte Tätigkeiten. Zumindest haben wir beobachtet, daß Jüngere nicht in attraktive Tätigkeiten »hereingebeten« werden, sondern daß man eher der Auffassung begegnet, diese sollten sich erst mal durch die Übernahme weniger attraktiver Tätigkeiten »bewähren« oder »Rechte erwerben«.

Neudefinition des Alters

Kehren wir zurück zu den Großeltern von Sven. Sie sind in unserem Zusammenhang als Repräsentanten einer weiteren Variante des »neuen Lebensalters« anzusehen (le débat, 13), das mit »Aktivem Altern« oder »Neuem Altern« umschrieben wird. Sie verfügen über maximale finanzielle Mittel aus Renten und nicht selten auch aus Hausbesitz. Sie gelten als die Profiteure des noch funktionierenden Sozialstaats, da die oben im Zitat als »Herr Sohn und Frau Schwiegertochter« titulierten »Kinder« als Erwerbstätige für dessen Verpflichtungen voll aufkommen. *Le débat* stellt in diesem Zusammenhang die rhetorische Frage: Werden sie die einzige Generation bleiben, die von ihren Kindern so gut versorgt wird?[2]

Hinzu kommt, daß diese Generation auch durch die Fortschritte der Medizin und das gegenwärtige Gesundheitssystem optimal versorgt wird, was zu einer Veränderung der Qualität und Quantität von Lebenszeit beiträgt. Wenn ein berufstätiger Mann um 1900 (le débat: La redéfinition de la vieillesse, 14) mit 65 Jahren sein Rentenalter erreicht hatte, lag vor ihm eine Lebensspanne von durchschnittlich noch 10 Jahren eben »das Alter«. Das bedeutete, daß er bereits alt war, als er diesen Lebensabschnitt begann, und sich nun Ruhe – auch ein »Ruhegeld« – verdient hatte.

Heutzutage ist ein Mann durchschnittlich 72 Jahre alt, wenn er noch eine Lebensspanne von 10 Jahren vor sich hat. Das heißt auch, daß er zu einem Zeitpunkt aus dem Arbeitsleben ausgeschieden ist, als er »noch nicht alt war«. Zumindest in den Lebensjahren von 65 bis 72 kann er durch »Aktives Altern« diesem Prozeß noch begegnen. Da er in der Regel über finanzielle Mittel verfügt, stellt er eine der wichtigsten Zielgruppen für die Gesundheits- und die Freizeitindustrie sowie für die Konsumwerbung dar. Im politischen Kalkül um Wählergruppen hat er einiges auf die Waagschale zu bringen.

In den folgenden Lebensjahren von 72 bis 82 intensiviert sich der Kostenfaktor, der im Gesundheitsbereich aufzubringen ist, beträchtlich. In dieser Lebensspanne werden ganze Familienvermögen weggeschmolzen, meist durch »optimale« Versorgung in Seniorenresidenzen. Diese

---

2 »La providence pour une seule génération?«, a.a.O., S. 16; s. a. die Diskussion auf der von dem Psychologen Klaus Hurrelmann ausgerichteten Fachtagung zur Kinder- und Jugendpolitik im Juni 1997 in Bielefeld. Von den anwesenden Wissenschaftlern wurde eine Neuverhandlung des Generationenvertrags gefordert, wie es im Weserkurier vom 7. Juni 97 berichtet wurde. Unter der Überschrift *Harte Konflikte befürchtet:* »Alte leben auf Kosten der Jungen« wird u. a. betont, daß ca. 10% der Jungen, jedoch nur ca. 3% der Alten gezwungen sind, für ihren Lebensunterhalt auf die Sozialhilfe zurückzugreifen.

Vermögenswerte stammen außer aus Renten auch aus dem Verkauf von Einfamilienhäusern, die damit nicht mehr zur Vererbung zur Verfügung stehen. D. h. auch, daß weder Kinder oder Enkel in sie einziehen können, noch daß beispielsweise ein Jugendlicher wie Sven auf einen Ausbildungs- und Studienzuschuß durch die Großeltern hoffen darf. Die junge Generation erlebt die Großeltern i. d. R. nicht mehr als »großzügig Gebende«. Was an Ausbildungskosten für die junge Generation gesellschaftlich aufgebracht wird, lastet damit – wo nicht die Eltern zahlungsfähig und vor allem -willig sind – vollständig auf den Schultern des Sozialstaates. Hieraus ergibt sich eine Konkurrenz in Bezug auf die Verteilung von staatlichem Mitteln entweder in »aufsteigender« Richtung: Renten, Gesundheitssystem, oder in »absteigender« Richtung: Ausbildung (le débat, 15).

Ein neues Versicherungs- und Risikobewußtsein im Generationenverhältnis

Wenn man die aktuell zugänglichen Informationen und Erkenntnisse zusammennimmt, kann die gegenwärtig erwerbstätige Erwachsenengeneration der ca. 30- bis 55jährigen nicht auf eine ähnliche Alimentierung hoffen. Und da heißt es, für sich selber sorgen. Die einen sind ganz vorsichtig und bekommen lieber keine Kinder, um im Erwerbsleben sowie in dem, was oft »das eigene Leben« genannt wurde, voll mithalten zu können. Der Begriff, der hier besonders von Frauen an zentraler Stelle genannt wird, lautet »Selbstverwirklichung«. Der Trend zur Ein-, maximal Zweikindfamilie ist ebenfalls deutlich (Nave-Herz, a.a.O., 20ff.). Die außerfamiliale Fremdversorgung selbst kleinster Kinder wird dabei je nach kulturellem Hintergrund – er ist z. B. in Deutschland und Frankreich sehr unterschiedlich – von den Eltern begrüßt, gesucht oder mit schlechtem Gewissen ertragen. Andere Eltern sind kreativ im Neudefinieren von »Familie«: Wenn Oma nicht will – da ist doch die noch rüstige Nachbarin – eine richtige »Großtante«. Zwar schon 70, aber anders als früher durch die Erfolge des Medizinsystems noch voll fit und wirbelt wie eine Junge in der »Altenpflege«. Für die Eltern von Phillip und Ella realisierte sich ein solcher »Glücksfall«. Die »Großtante« konnte als Babysitter gewonnen werden, obgleich sie die schönen Abwechslungen bei den »Altenfahrten« vermißte. Sie hat sogar ein Zweifamilienhaus, in das die jungen Erwerbstätigen einziehen können. Das ist zu diesem Zeitpunkt besonders wichtig, da sie gerade Eltern eines zweiten Säuglings – die zwei Jahre jüngere Schwester von Phillip, Ella, wurde gerade geboren – geworden sind. Die Eltern fühlen sich unendlich dankbar und entlastet. Besonders die Mutter weiß: »Mit dem zweiten Kind dann noch dazu hätten wir das alles nicht mehr auf die Reihe bekommen.« Also doch noch Solidarität zwischen den Generationen, sogar außerhalb der engeren Familie? Ja, und zwar in beide Richtungen: als die »Großtante« Jahre später doch noch von den Beschwernissen des Alterns eingeholt wird, kommen die inzwischen kindergartenfähigen »Urenkelchen« ganztägig aus dem Haus. Die jungen Berufstätigen »wirbeln« zwischen Arbeitsstelle, Kindergarten, »Großtante« zu den Ärzten fahren, Haushalt... Als die »Großtante« stirbt, erben sie das Zweifamilienhäuschen. Die Großeltern von Phillip und Ella, die ihr Haus gerade verkauft haben, um sich in einer schicken Seniorenresidenz eine Zweizimmerwohnung zu »leasen«, sind etwas neidisch und kommentieren das so: »*Uns* hat keiner was geschenkt.«

Wir haben in dem obigen Beispiel von einem geglückten Experiment berichtet, das nach unseren Erfahrungen nicht die Regel darstellt. In der Regel haben wir gefunden, daß die jeweils generationstypisch ausgebildeten Egoismen schon Kompromisse in der Familie unmöglich machen. Als gesellschaftliches Modell ist unser Beispiel daher nicht tauglich. Wir halten es jedoch für wichtig, weil es die Bedeutung von nicht nur über Staat und Versicherungen abgedeckten intergenerationellen Beziehungen zeigt.

Zurück noch einmal zu den Bestimmungen der »Zweiten Karriere«, wie sie sich in der Familie von Sven darstellen: Auch in seiner Familie sollte ja ein zweiter Berufsstart den Eltern helfen, ihre »zweite Lebenshälfte« zu gestalten und abzusichern. Sie wollen insbesondere das von ihnen erkannte Risiko »zu niedriger Rente« etwas ausgleichen. Besonders die Mutter aber sucht auch »berufliche Erfüllung«. Nach ihren Worten hat sie »seit über dreißig Jahren in der Behörde Sklavenarbeit geleistet« und fühlt sich nunmehr »berechtigt, endlich auch beruflich Erfüllung zu finden«. Sie macht aus ihrem früheren Hobby einen Beruf und findet eine Anstellung im kunstgewerblich-pädagogischen Bereich. Inwieweit diese neuen Lebensalter der Älteren sich auf den Bereich der Postadoleszenz auswirken, konnten wir hier nur andeuten.

II.

Die obigen Beobachtungen von Solidarität und/oder Versicherung im Generationenverhältnis sind typische Geschichten, wie sie heute das Leben schreibt. Es sind Geschichten, wie wir sie im Laufe unserer Untersuchungen immer wieder gehört haben. Erste Interpretationen von tiefgreifenden Wandlungen im Generationenverhältnis haben wir daraus abgeleitet und sie in der Terminologie neuer »Lebensalter« dargestellt. Diese Geschichten kennzeichnen vielleicht sogar einen »Kampf zwischen den Generationen« (le débat, 13).

Dreh- und Angelpunkt scheint auf den ersten Blick die jeweilige Stellung in bezug auf die (Erwerbs-)*Arbeit* zu sein: Die Generationen definieren sich in bezug darauf, ob sie noch nicht oder nie in diese Phase eintreten wollen, ob sie darin stehen und »wie im Hamsterrädchen laufen«, ob sie ihr gerade entronnen sind und »jetzt endlich das Leben genießen wollen« oder ob sie durch die unerwartete Verlängerung ihrer gesunden Alterstage der erwerbstätigen Generation noch etwas abzugeben bereit sind.

Handelt es sich also um Geschichten, in denen die ökonomischen Bedingungen bestimmend sind, in denen intergenerationelle Solidarität zerstört erscheint durch »Verteilungskämpfe«? Ist die Moral der Geschichte, daß jeder für sich selbst (vor-)sorgen muß, indem er Versicherungen abschließt: Ausbildungsversicherungen, zusätzliche Krankenkosten-, Renten-, Pflegeversicherungen? Zwingt uns der Rückgang wirtschaftlichen Wachstums gegenwärtig die Aufkündigung von Solidarität auf, führt er quasi naturwüchsig in Folge zu »härteren Verteilungskämpfen«?

Wer den Medien und den Argumenten der politischen Klasse folgt, mag mit diesen ökonomisch bis klassenkämpferischen Ursachenzuschreibungen auskommen. Wir gehen aufgrund unserer Untersuchungen davon aus, daß es sich bei den jeweiligen Formen der intergenerationellen Solidarität um kulturelle Formen handelt, die nur in ihren Randbereichen von ökonomischen Bedingungen bestimmt werden. Wie mit solchen Bedingungen umgegangen wird, sehen wir nicht in einem Ursachen zuschreibenden Zusammenhang, sondern in einem Begründungszusammenhang. Die Frage, ob individuelles und soziales Handeln durch kausale Gesetzmäßigkeiten erklärt (und damit vorhergesagt) werden könne oder ob sie durch die Analyse intentionaler Begründungen sich erhellt, bewegt die gegenwärtigen Forschungsstrategien der Soziologie (bereits Ritsert, 1975), wie auch der Psychoanalyse.[3] Das Generationenverhältnis sehen

---

3 Alfred Lorenzer hat in »Sprachzerstörung und Rekonstruktion« diese Frage für die Psychoanalyse grundsätzlich aufgeworfen und in seiner Sozialisationstheorie (1972) die Bedeutung der zwischenmenschlichen Interaktionsformen dargelegt. Heute ist allgemein akzeptiert, daß diese Interaktionsformen in psychischen Repräsentanzen niedergelegt sind und referentielle Systeme darstellen, mittels derer wir unsere interaktionelle Umwelt gestalten. So u. a. Emde, 1988, der die grundsätzliche Bedeutung der emotionalen Anwesenheit früher Bezugspersonen hervorhebt, so wie das heute in der Bindungsforschung wie in der psychoanalytischen Entwicklungstheorie gesehen wird.

wir folglich als begründet in den Interaktionsformen an, die sich als persönliche – d. h. nicht »sachliche« – Beziehungen zwischen den Subjekten im jeweils geltenden kulturellen Kontext entwickeln können.[4]

Es handelt sich nach unserer Analyse um »emotionale Verteilungskämpfe«, insbesondere um das skizzierte Ungleichgewicht zwischen den Selbständigkeits- und den Abhängigkeitswünschen der Subjekte. Der Eindruck, es handle sich hier um ökonomische »Verteilungskämpfe«, trügt, und wir meinen außerdem, daß er trügen soll. Der Ursachenzusammenhang »ökonomische Verteilungskämpfe« basiert auf der Wahl ökonomischer Theorien als Rahmentheorien für die Analyse. Dabei ist zu überlegen, ob nicht die Wahl selbst bereits Ausdruck gesellschaftlicher Kräfte und Werthierarchien ist, die Arbeit von Interaktion trennen. Durch die Wahl einer ökonomischen Rahmentheorie reproduzieren wir unter dieser Perspektive lediglich die gesellschaftliche Produktion von Unbewußtheit für die entscheidende Dimension der zwischenmenschlichen Interaktionformen: die emotionale Dimension.

Auch »le débat« argumentiert, daß hier Herrschaftsinteressen am Werk sind, d. h. daß die politische Klasse den »Wahlbürger« über diese Tatsachen im Unklaren lasse oder auch bewußt anlüge, weil ihre Anerkennung eine unkalkulierbare politische Unruhe mit sich bringen würde. Nach ihrer Argumentation hat z. B. ein wirtschaftlicher Rückgang lediglich auslösende Funktion, während die Begründungszusammenhänge in Basisüberzeugungen des Sozialstaatsgedankens selbst zu finden sind. Diesen wichtigen Zusammenhang können wir hier aus Platzgründen nicht ausführen.

III. Achim

Abschließend soll anhand der Erfahrungen mit einem von uns Achim genannten ehemaligen Schüler aus einer unserer Untersuchungen illustriert werden, wie sich ein Teil der angesprochenen Konflikte zwischen den Generationen in der Feldforschung und auf dem Hintergrund einer als typisch eingeschätzten Biografie darstellte. Als wir ihn kennenlernten, war Achim ein 18jähriger Schüler einer gymnasialen Einrichtung, an der eine Gruppe von Studierenden der Psychologie[5] – jeweils in Zweierteams

---

4 Diese Auffassung steht in Einklang mit dem, was in der Präventionsforschung unter den Begriffen »social information processing« psychologisch bzw. »emotional information processing« (Ducci) psychoanalytisch diskutiert wird.
5 Auch die Studierenden, durchweg Abschlußsemester aus dem Schwerpunkt »Gesundheitswissenschaften«, werden im folgenden als Psychologen bezeichnet.

– Gespräche zu Themen wie »Austoben – Probleme und Chancen« anboten. Abwechselnd führte dabei einer der Studierenden das Gespräch, der andere beobachtete und protokollierte. Nach dem Gespräch stellt auch der Gesprächsführende ein Gedächtnisprotokoll her. Beide Protokolle sollten einen narrativen und einen assoziativen Teil haben. Die Studierenden arbeiten in der Supervision die Protokolle durch, die sie im Feld führen. Es gibt daneben die Möglichkeit, die Supervisoren, bei denen es sich um Psychoanalytiker handelt, für eventuelle Gespräche mit Lehrern und Eltern anzufordern.

Als Achim die Diskussionsangebote der Studierenden aufgreift, sind sie überrascht. Er gehört nicht zu denen, die erwartet wurden. Achim ist »unauffällig«, lärmt nicht, stört nicht, ein durchschnittlicher bis guter Schüler. Der und Probleme?!

Was Achim dann erzählt, ist heute ebenfalls durchschnittlich. Er ist Sohn gebildeter Eltern, die Familie kennt keine materielle Not. Die Eltern sind erfolgreich tätig im künstlerisch-pädagogischen Bereich. Achim hat eine um zwei Jahre jüngere Schwester. Die Familie bewohnt ein schönes Einfamilienhaus in der Vorstadt, mit Garten rundum. Achim »läuft gut«, er gibt auch zu Hause keinen Anlaß zu Klagen, etwa der Art, daß er den »hochorganisierten Alltag« der Familie stören könnte. Achim gehört damit zu den Kindern, die es früh gelernt haben, sich an den Distanzwünschen der Eltern zu orientieren. Er zeigt kein »externalisiertes Fehlverhalten«, wie die Psychologen das heute nennen: er ist nicht aggressiv, stört nicht, zeigt kein widersetzliches Trotzverhalten. Das einzige, was an Achim bislang unliebsam aufgefallen ist: er kommt in letzter Zeit nur noch unregelmäßig zur Schule. Seine »Entschuldigungen« haben die Lehrer jedoch bislang noch nicht alarmiert. Daß Achim schon lange nicht mehr regelmäßig, wenn überhaupt, ißt – das hat ebenfalls noch niemand gemerkt. Es fällt auch durch das familiäre Wahrnehmungsraster, wie sich nach einem Gespräch mit den Eltern herausstellte: »Es gibt bei uns nie Mangel. Die Kühltruhe ist immer voll, jeder kann sich nehmen, was er will.« Achim hat auch »genug Geld, um außer Haus sich gegebenenfalls etwas zu Essen zu kaufen«. Wenn also das Essen in der Kühltruhe nicht weniger wird, so nehmen die Eltern als selbstverständlich an, daß sich Achim etwas zu essen kauft. Achim kauft Kaffee, Alkohol, Zigaretten.

Die Auswertung und Diskussion der Gespräche legen folgendes Bild nahe: Achim ist, um es in der Terminologie der Bindungstheorie[6] zu

---

6 vgl. John Bowlby, dessen Bindungstheorie sich mit den Auswirkungen frühkindlicher Beziehungserfahrungen auf die Persönlichkeitsentwicklung befaßt. Ein neuerer Sammelband hierzu ist: *Die Bindungstheorie. Grundlagen, Forschung, Anwendung.* Hg. von G. Spangler u. P. Zimmermann. Stuttgart: Klett-Cotta, 1995

formulieren, »sicher-vermeidend« an seine Eltern gebunden. D. h. daß er bereits als Kleinkind gelernt hat, welches Ausmaß an kindlicher Ansprüchlichkeit, Eigensinn und Nähe die Eltern, insbesondere die Mutter, zu tolerieren bereit sind. Dieses Maß, und das ist entscheidend, ist nicht an Achims Bedürfnissen orientiert: Es orientiert sich an dem, was die Eltern neben Eigeninteressen, Selbstverwirklichungs- und Partnerwünschen für das Kind zur Verfügung stellen. D. h. wie viel Engagement, insbesondere emotionale Verfügbarkeit, sie in die »Kinderarbeit« zu investieren bereit sind. Grob gesagt, sein Bindungstyp ist begründet in frühen Erlebnissen bezüglich der emotionale Nahrung, die verfügbar war, und Achim hat sich darauf eingestellt. In der Sprache der Eltern hieß das: »Achim war immer ein sehr selbständiges Kind.«

Nunmehr mit den Triebschüben der Pubertät, der Zunahme des Narzißmus und auf der Suche nach der eigenen Identität zusätzlich belastet, ist Achim allerdings dabei, langsam emotional zu verhungern. Entsprechend der Weisheit, daß der Konflikt am eigenen Körper ausgetragen wird, wo die psychischen Räume nicht zur Verfügung stehen, verhungert Achim nun auch »tatsächlich«. Völlig überraschend für Eltern und Lehrer mußte er mit ca. 16½ zum ersten Mal als »Notfall« stationär aufgenommen und künstlich ernährt werden. Das hätte zu einer »zweiten Chance« führen können, wenn die Eltern ihr Bindungsverhalten, ihre emotionale Verfügbarkeit hätten altersentsprechend korrigieren können. Für Jugendliche heißt dies, daß die Eltern »zur Verfügung stehen, um nicht gebraucht zu werden«.

Achims Eltern haben ein Gespräch mit den Psychologen, die ihnen die Zusammenhänge skizzieren und anbieten, daß der Supervisor ebenfalls zu Gesprächen bereit steht. Die Eltern erklären, keinen Gesprächsbedarf zu haben; sie setzen ihren eigenen Sachverstand dagegen und meinen, sich von Achim »nicht erpressen zu lassen, auch nicht mit solcher Agiererei«. Achim müsse seinen eigenen Weg finden, es sei mit ihrer liberalen Pädagogik nicht zu vereinbaren, daß sie ihm nun Vorschriften machen, Grenzen setzen oder anders Zwang ausüben wollten. Es fehle im übrigen bei ihnen zu Hause an nichts. Sie stünden Achim auch immer zu einem Gespräch unter Gleichberechtigten zur Verfügung. Altersunangemessenes, kleinkindhaftes Verhalten wollten sie nicht unterstützen. Achim werde zweifellos zur Vernunft kommen.

Das Gespräch mit den Eltern läßt die Psychologen mit gemischten Gefühlen zurück. Einerseits erlebten sie diese als zugänglich, gut argumentierend, freundlich. Andererseits – vielleicht haben sie ein klein wenig zu viel »Belehrendes« an sich. Diese kleine Kritik kann jedoch sicher nicht ausreichen als Erklärung für die Heftigkeit der Gefühle, die sie bei den Psychologen ausgelöst haben. Sie entdecken bei sich in der Supervision einen bösen Haß auf diese »netten, vernünftigen Eltern«, gemischt mit Gefühlen von ohnmächtiger Wut. Einerseits hätten die Eltern ja mit ihnen geredet; andererseits sie nicht ernst genommen. Sie waren verärgert über die erlebte »glatte Abfuhr«, die zwar nicht ihnen, jedoch dem Gesprächsangebot des Supervisors entgegengebracht wurde. Getrieben von innerer Unruhe fuhren die angehenden Psychologen nach dem Gespräch »zum Italiener, um sich erst mal den Bauch mit Pasta vollzuhauen. Dann waren wir wieder ruhiger.«

Achim kommt nicht, wie die Eltern hofften, zur Vernunft – d. h. er wendet sich nicht dem Essen zu. Heute, nach vier Jahren und längst volljährig, pendelt Achim weiter zwischen lebensbedrohlichen Zuständen von Magersucht, Kaffeesucht, der Sucht, sich mit dem, was neudeutsch »events« heißt, vollzudröhnen, der Sucht sich mit Nikotin zu benebeln. Die »Reifeprüfung«, wie das Abitur ja wohl auch heißt, hat er nicht gemacht. »Kein Bock mehr auf Schule.« Längst nicht mehr schulpflichtig, ging er mal zur Schule, mal nicht. Lust auf einen Beruf hat er auch nicht. Wozu auch? Zuhause stört ihn keiner, macht ihm keiner Druck bis auf ein gelegentliches »lästiges Gespräch«. Neuerdings hat er nach den Psychologen gesucht, die er damals in der Schule kennengelernt hat und mit ihnen Gespräche vereinbart. Achim möchte einen »Anlauf machen, um vielleicht doch für sich selbst was zu tun«.

Abschließende Zusammenfassung

Was Achims Geschichte so durchschnittlich macht, sind die kulturell wie in seiner Familie verbreiteten Bedingungen des Generationentransfers, die wir im ersten Teil in den Begriffen Postadoleszenz, Zweite Karriere, und Aktives Altern dargestellt haben. Demnach befinden wir uns auf dem Hintergrund des sich verlangsamenden Wirtschaftswachstums in den europäischen Industriestaten einschließlich Deutschlands mitten in einem kulturellen Umbruch, der die gesellschaftliche Produktion von »neuen Ausgeschlossenen« befördert.

Wie wir im zweiten Teil zeigen wollten, kann der Rückgang wirtschaftlicher Prosperität nur als ein Faktor angesehen werden, der in den größeren Zusammenhang der kulturellen Veränderungen im Generationenverhältnis zu stellen ist. Das Ausgeschlossensein der Postadoleszenten begründet sich wesentlich durch die emotionalen Verhältnisse, die im günstigsten Fall als sicher-vermeidende Bindung zu verstehen sind. Dieses Ausgeschlossensein betrifft nicht nur die jungen Menschen, diese jedoch in erster Linie. Es kann sich beziehen auf den Zugang zur Berufstätigkeit für die Jungen, auf die Teilhabe am gesellschaftlich erarbeiteten Reichtum – wiederum für die Jungen, jedoch auch für »alte« Klassen von Ausgeschlossenen, auf die Teilhabe an einem gesellschaftlichen Status – nochmals für die Jungen, jedoch auch für andere; auf den Zugang zum öffentlichen und sozialen Leben – auch hier gehören die Jungen zu den »Neuen Ausgeschlossenen«.

Im dritten Teil schließlich haben wir die entwickelten Gedanken anhand eines Fallbeispiels aus der Feldforschung mit den Studierenden illustriert und narrativ erläutert.

Wir haben einen einzigen Bereich gefunden, in dem die Postadoleszenten nicht zu den neuen Ausgeschlossenen gehören. Das ist der Bereich der frei verfügbaren Zeit. Nicht immer fanden wir die postulierte »Null Bock«-Haltung, hervorgegangen allerdings nicht aus adoleszenter Verantwortungsscheu, sondern aus dem oben geschilderten Begründungszusammenhang, der gesellschaftlichen Produktion von neuen Ausgeschlossenen. Der Aspekt, daß die frei verfügbare Zeit eher als leere und verlorene Zeit erlebt wird, ist zwar auch vorhanden. Zeit wird dann nicht als »kreative Zeit« erlebt, in der die Postadoleszenten auf die Zukunft bauen. Das hat seine Sprengkraft. Wir müssen hoffen, daß sie im Sinne Bernfelds wirkt, insofern sie auch die kulturellen Potentiale unserer Postadoleszenten und von uns selbst weckt.

Eine Folgerung haben wir als Lehrende und Lernende an der Universität aus diesen Untersuchungen noch gezogen: Das universitäre Studium stellt einen Teilbereich innerhalb der krisenhaften intergenerationellen Beziehungen dar. Die Projekte boten reichlich Material zur Reflexion des eigenen Engagements in diesem intergenerationellen Kontext. Ein zukünftiges Projekt wird vielleicht die spezielle Problemlage des generationellen Wechsels thematisieren, der durch das Ausscheiden eines großen Prozentsatzes der gegenwärtigen Hochschullehrergeneration in etwa zehn Jahren seinen Höhepunkt erreichen wird.

Literatur

Ahlf, Holger (1995): *Niederschwellige Beratung mit Jugendlichen – Wissenschaftliche Auswertung eines Beratungsangebots für Jugendliche.* Diplomarbeit, Studiengang Psychologie, Universität Bremen

Bernfeld, Siefried (1923): Über eine typische Form der männlichen Pubertät. Wiederabgedruckt in: ders., *Antiautoritäre Erziehung und Psychoanalyse 3,* Darmstadt: März Verlag, 1970, 750-767

Freud, Sigmund (1930a): *Das Unbehagen in der Kultur.* Frankfurt a. M.: S. Fischer,

GW XIV, 419-506

ders. (1913i): *Die Disposition zur Zwangsneurose. Ein Beitrag zum Problem der Neurosenwahl.* GW VIII, 441-452

Emde, Robert N. (1988): Die endliche und die unendliche Entwicklung. I. Angeborene und motivationale Faktoren aus der Kindheit; II. Neuere psychoanalytische Theorie und therapeutischen Faktoren. In: *Psyche 45,* 1991, Teil I: 745-799; Teil II: 890-913

Erdheim, Mario (1984): *Die gesellschaftliche Produktion von Unbewußtheit.* Frankfurt a. M.: Suhrkamp

Lorenzer, Alfred, (1970a): *Sprachzerstörung und Rekonstruktion.* Frankfurt a. M.: Suhrkamp

ders. (1986): Tiefenhermeneutische Kulturanalyse. In: ders. (Hrsg.): *KulturAnalysen.* Frankfurt a. M.: S. Fischer

le débat:»Arguments pour une réforme«. In: *le débat, 89,* 1996:»L'État-providence dans la tourmente«. Paris: Gallimard, S. 3-19; s. a. die Weiterführung der Debatte durch mehrere Autoren auf S. 19-70

Mahler, Pine, Bergman (1975): *Die psychische Geburt des Menschen.* Frankfurt a. M.: Fischer, 1980

Mitscherlich, Alexander (1947): Aktuelles zum Problem der Verwahrlosung. *Psyche* 1, 1947, 103-118

Nave-Herz, R. (1994): *Familie heute. Wandel der Familienstrukturen und Folgen für die Erziehung.* Darmstadt: Wiss. Buchges.

Reinke, Ellen (1986): Das Eine ohne das Andere – Kann die Identitätsbildung und Autonomieentwicklung der Töchter sich Supermüttern verdanken? In: *WEIBLICH-KEIT UND MODERNE. Aufsätze feministischer Vernunftkritik.* Hrsg.: Judith Conrad und Ursula Connertz. Edition diskord, Tübingen, S. 96-116

dies. (1992): Zweite Generation – zweite Chance? Transgenerationelle Übermittlung von unbearbeiteten Traumen im Zusammenhang mit dem Nationalsozialismus, in: *Aufsätze zur weiblichen Adoleszenz,* Hg. von Karin Flaake und Vera King, Frankfurt a. M.: Campus, 1992.

dies. (1993): Kollektive Verbrechen und die zweite Generation, in: *Vom Guten, das noch stets das Böse schafft – Kriminalwissenschaftliche Essays zu Ehren von Herbert Jäger,* Hg. von Lorenz Böllinger und Rüdiger Lautmann, Frankfurt a. M.: Suhrkamp, 1993.

dies. (1996): Wiederanknüpfung an die Hornsche Position einer »Kritischen Theorie des Subjekts« als Erkenntnisfrage im interdisziplinären Raum zwischen Gesellschaftstheorie und Psychoanalyse. In: Bruns, G., Hg.: *Psychoanalyse im Kontext.* Opladen: Westdeutscher Verlag, S. 126-152

Ritsert, Jürgen (Hg.): *Gründe und Ursachen gesellschaftlichen Handelns.* Frankfurt a. M.: Campus, 1975

Werner, Angelika (1996): *Niederschwellige Beratung Jugendlicher an einem Schulzentrum – das Beispiel eines Methodentransfers in der angewandten Psychoanalyse.* Diplomarbeit, Studiengang Psychologie, Universität Bremen

CORNELIA WEGELER
Ver-rückte Wahrnehmungen
Nachträgliche Überlegungen zur sozialpädagogischen Arbeit
mit einer türkisch-marokkanischen Mädchengruppe*

Erste Begegnung mit einer Jugendlichen aus dem Maghreb

Dschamihlas Vater lebte und arbeitete seit Jahren in Deutschland. Seine
Familie hatte er zu Hause in Marokko gelassen, wo Dschamihla eine
weiterführende Schule – wie dort üblich – nach dem Vorbild des französischen Schulsystems mit Französisch als Unterrichtssprache besuchen
durfte. Anschließend wollte sie ursprünglich Medizin studieren. Als sie
16 Jahre alt wurde, stellte sich das Vorhaben als unrealisierbar heraus,
weil der Vater die Familie nach Frankfurt holte, in ein sozial gemischtes
Neubauviertel am Rande der Stadt, wo auch ca. 200 andere marokkanische Familien, zumeist in Hochhäusern, wohnten.** Ihre Mutter, An-
alphabetin, kränklich und mit den kleineren Geschwistern überlastet,
nahm Dschamihla sehr für den Haushalt und die Organisation des Lebens
in der Fremdein Anspruch. Die gute Kooperation zwischen beiden war
schon in den Jahren ohne Vater gewachsen. Dieser fühlte sich dadurch
leicht ausgeschlossen, was er unter anderem mit Schlägen zu durchbrechen versuchte. Der Vater, der die schon fast selbständige Tochter
Jahre nicht gesehen hatte, war ihr ein fremder Mann geworden, der
plötzlich über sie bestimmte und ihr vorschrieb, was sie zu tun oder zu
lassen habe: Insbesondere ärgerte ihn ihr dauerndes Radiohören, durch
das sie schneller Deutsch zu lernen hoffte. Er fand, sie solle den Haushalt
führen und die Geschwister versorgen anstatt Deutsch zu lernen.

---

* In mündlicher Form habe ich diesen Text am 24. Mai 1997 anläßlich der Tagung
»Interkulturelle Konflikte« des Frankfurter Arbeitskreises für Psychoanalytische
Pädagogik u.a. in einer Arbeitsgruppe, die ich zusammen mit Frau Dr. Eva Maria
Blum leitete, vorgetragen. Für die Diskussion und Anregungen möchte ich Eva Maria
Blum an dieser Stelle herzlich danken. Die Namen sind geändert, die Umstände leicht
variiert. Die Arbeit mit ausländischen Kindern und Jugendlichen begann ich 1988,
und sie endete für mich im Sommer 1994.
** Dieser Stadtteil hatte 1988 18 20% Ausländer als Bewohner. Von 3.000 Schülern
des Stadtteils kamen ca. 800 aus ausländischen Familien, fast ein Viertel. Insgesamt
lebten 1991 ca. 3.000 marokkanische Mädchen und Jungen unter 16 Jahren, zumeist
aus Nordmarokko (Nador) kommend, in Frankfurt. Diese Gruppe Marokkaner stellt
in Marokko selbst eine Minderheit dar, die sogenannten Berber.

Zwei Jahre später kam sie als Schülerin einer Gesamtschule kurz vor dem Realschulabschluß zu mir, um mit mir deutsche Konversation zu führen, weil sie einen guten Schulabschluß auch in jenen Fächern erreichen wollte, für die gute Sprachkenntnisse wichtig waren (Deutsch, Geschichte, Sozialkunde etc.). In Französisch, Mathematik, Biologie, Chemie und Physik war sie ausgezeichnet. Ich hatte gerade ein sozialpädagogisches Praktikum an einer Erziehungsberatungsstelle der Caritas in diesem Viertel absolviert und eben mit der Betreuung einer Grundschulkindergruppe begonnen, die sich nachmittags zum Spielen und zur Hausaufgabenhilfe traf. Diese Form der »Sozialen Gruppenarbeit«, wie sie sich nannte, war von der Caritas eingerichtet, speziell für Kinder, die Probleme in der Schule oder zu Hause hatten. Einer von Dschamihlas jüngeren Brüdern ging dorthin, allerdings in eine andere Gruppe. Auf diesem Weg hörte sie von der Möglichkeit, Einzelbetreuung zu erhalten, und wurde mir geschickt. Das einzige, was ich von ihrer Familie wußte, bevor ich Dschamihla kennenlernte, war das auffallende Benehmen eines ihrer kleinen Brüder, der durch Ungebärdigkeit und Anpassungsschwierigkeiten Konflikte mit den Gruppenleitern hatte.

Zu mir kam eine sehr blasse, schüchtern-zurückhaltende und erst auf den zweiten Blick stolze junge Frau, die zu Anfang kein Wort herausbrachte vor Aufregung. Ihre Begierde, etwas zu lernen, gut zu sein, Anerkennung zu finden, ihr Verlangen nach Kontakt und Gesprächen brachen das Eis der Fremdheit, insbesondere als ich sie im Zusammenhang von sozialkundlichen Themen über ihr Land befragte. Ein Dreivierteljahr lang sahen wir uns einmal wöchentlich für zwei bis drei Stunden. So hatten wir genügend Zeit, einige Probleme bei den Schularbeiten zu lösen, Tee zu trinken und uns zu unterhalten: über die Schule, die Lehrer, die Mitschülerinnen, das Leben hier in Frankfurt, von dem sie außerhalb der Schule nur sehr Spärliches mitbekam, denn sie war die meiste Zeit zu Hause. Kontakt bekam sie zuallererst zu Institutionen wie Arztpraxen, Sozialamt, Kindergarten und zu anderen Behörden, zu denen sie die Mutter, für sie dolmetschend, begleitete. Sie besuchte die Moschee, um unter anderem Unterricht in der Muttersprache zu nehmen, ging mit Freundinnen aus anderen marokkanischen Familien aus, die sie in der Schule, bei Festen und Hochzeiten kennengelernt hatte. Wieviel Dschamihla jeden Tag arbeitete und leistete, kam heraus, als sie eines Nachmittags ziemlich müde ankam, den Tee mit Plätzchen ablehnte und nach einem Glas Leitungswasser verlangte, weil sie so durstig sei. Sie habe heute eine Arbeit geschrieben in Mathematik, sich aber nicht konzentrieren können, weil sie die ganze Nacht nur zwei Stunden geschlafen habe. Nach der Arbeit habe sie den Lehrer gebeten, entweder die Arbeit wiederholen zu dürfen oder bei der Notengebung zu berücksichtigen, daß sie schon seit Tagen kaum Schlaf habe. Dies habe er kopfschüttelnd von sich gewiesen. Der Ramadan, der moslemische Fastenmonat, als Grund, eine Arbeit zu wiederholen, schien ihm inakzeptabel. Sie erzählte mir dann: Zu Ramadan koche sie abends und morgens, noch vor Sonnenaufgang, für die Familie, käme erst nach Mitternacht ins Bett, habe so nur wenige Stunden Schlaf, weil die Familie nachts zweimal warm esse, um den Fastentag durchzuhalten. Dann ginge sie zur Schule, kümmere sich um die Geschwister und die Mutter. (Kinder, Schwangere, Kranke und Frauen während der Menstruation sollten nicht fasten.) Zum Lernen müsse sie sich die Zeit durch Streit erkämpfen. Da die Zeit oft nicht reiche, drehe sie wenigstens das Radio auf. Der Vater mache sich dann über sie und ihren Wunsch, die Sprache der Fremden zu erlernen, lustig. Sein Unverständnis kränkte sie, zumal damit auch ihr eigener Konflikt berührt wurde: Wieviel Anpassung konnte sie sich in ihrem Stolz erlauben? All die Mißgeschicke in der außerhäuslichen Welt waren schon narzißtische Kränkung genug. Nun fiel mit den ironischen väterlichen Bemerkungen auch die von zu Hause erhoffte Ermutigung und Trost als Rückenstärkung aus. Immerhin hatte er ja schon einige Berührungen mit dieser fremden Welt. Sie würde doch ohnehin bald verheiratet, dafür brauche sie weder Deutschkenntnisse noch einen guten Schulabschluß. Sie sollte also den traditionellen Weg ihrer Mutter gehen, anstatt sich mit Lernen für eine Art von Berufsleben vorzubereiten, das sie vielleicht der Familie zu sehr entfremden könnte.

Wir lasen oft Artikel in der Zeitung, die wir anfangs gemeinsam kauften und die sie später selbst mitbrachte. Eines Tages bat sie mich, eine Geschichte mit ihr zusammen zu lesen: am liebsten ein Märchen. Ich überlegte. Die Grimmschen Märchen fand ich für sie doch zu fremd. Tausendundeine Nacht kannte sie nicht und wollte sie in deutscher Sprache nicht lesen. Da ich gerade eine sehr hübsche Ausgabe von »Pinocchio« bekommen hatte, brachte ich diese das nächste Mal mit, allerdings zögernd und unsicher angesichts der Tatsache, eine Kindergeschichte mit einer 18jährigen zu lesen, die von einem hölzernen Jungen handelt, der sich erst nach vielen Abenteuern, in die seine Neugierde ihn stürzt, zu einem lebendigen Jungen entwickelt, der auf seinen Vater hört. Sie sah sich die Bilder an und hatte Lust zu lesen. Sie las vor, und bei jedem Wort, das sie nicht verstand, blieben wir stehen, so daß wir nicht über die ersten zehn Kapitel hinauskamen. Zu meiner Überraschung stellte sich die Geschichte von der hölzernen Puppe, die die Welt der Menschen entdecken will und lernen will, wie diese zu leben, mit all seinen Unfällen, Mißgeschicken, Fehleinschätzungen, Irrtümern, Unsicherheiten, Übermütigkeiten und überraschenden Begegnungen, getrieben von verspielter Neugier, als ziemlich treffende Wiedergabe von Dschamihlas Gefühlen und Wahrnehmungen in der Fremde heraus. Insbesondere die Hölzernheit und Puppenhaftigkeit wurden mir beim Zuhören sowie durch Dschamihlas Fragen und Einfälle zur Metapher für ihr Gefühl von Fremdheit. Hölzernheit als Selbstgefühl für den eigenen Körper, der sich in der neuen Kultur nicht zu bewegen weiß, aneckt, sich die Füße verbrennt, sich bedroht fühlt und die fließende Selbstverständlichkeit der Bewegung, die Vertrautheit im Umgang und in der Kommunikation im eigenen Kulturkreis verloren hat. Sie belustigte sich über die ungehorsame Neugier von Pinocchio, konnte sie nur zu gut nachfühlen und nahm dies zum Anlaß, mir zum ersten Mal über ihre Konflikte mit dem Vater zu berichten.

Ich selbst hörte den mir aus Kindertagen vertrauten, schon halbvergessenen Text, der mich zwar damals in große Spannung versetzt, mir aber nicht unbedingt gefallen hatte, weil er mir so unheimlich und hart erschienen war, wie neu und nie gelesen. Er erhielt einen anderen Sinn, indem er mit Dschahmilas Einfällen und Reaktionen, von ihr vorgelesen, neue Ebenen der Bedeutung entfaltete. Das Vertraute und Selbstverständliche wurde mir in der Begegnung mit der anderen Kultur und Geschichte Dschamihlas, ihren Fragen, ihrem Befremden vieldeutig. Auch mir wurde der Text zuerst fremd und dann spannend, wider meine Bedenken, die ich vorher hatte. Die gemeinsame Lektüre stellte meine Einschätzung und meine Erinnerung der Erzählung völlig in Frage. Dies ist es, was ich im Titel mit »ver-rückte Wahrnehmungen« andeuten wollte: Die Begegnung mit dem Fremden ver-rückt erstmal die eigenen Wahrnehmungen und rückt selbstverständliche Gewohnheiten, das alltäglich Vertraute, schon gar nicht mehr Wahrgenommene unversehens wieder in den Blick, was erst einmal Unsicherheiten und unangenehme Gefühle bei einem selbst auslöst. Überdies stellt sie viele, nicht mehr bewußte Einstellungen zum eigenen Leben in Frage. Dies sollte ich in der nachfolgenden Arbeit mit den Jugendlichen aus der Türkei, Marokko, Tunesien, Algerien, Eritrea, Jugoslawien und Kindern einer Roma-Familie immer wieder erfahren, in unterschiedlicher Färbung und Form.

Dschahmila schaffte einen guten Realschulabschluß, organisierte sich eine Lehrstelle als Chemielaborantin bei einer großen Firma, deren Stellenanzeige wir in der Zeitung gemeinsam gelesen hatten. Sie war die einzige Marokkanerin, die aufgenommen wurde. All dies schaffte sie gegen den Willen des Vaters. Sie konnte trotz der Auseinandersetzungen, der Kränkungen und ihrer Ablehnung des für sie fremden, autoritären Mannes allmählich mehr Verständnis für seine komplizierte Lage hier in der Fremde entwickeln. Als Vater einer weiblichen Jugendlichen ist er eigentlich nicht zuständig für sie. Ab der Pubertät wird in der Regel die Geschlechtertrennung streng beachtet. Die Mutter wiederum kann ihr hier bei all dem Neuen, der Schule, ihrem Arbeitsvorhaben nicht helfen. Auch die erweiterte Familie, wie Großmütter und Tanten, fällt aus, weil sie zu weit weg, eben zu Hause in Marokko leben. Höchstens das Beispiel anderer Mädchen ihres Alters käme in Frage. In diesem Fall aber war sie selbst, neben einem anderen befreundeten Mädchen (Marina), die Vorreiterin für die jüngeren Mädchen aus den marokkanischen Familien ihres Frankfurter Viertels. Der Vater, der hier schon Jahre lebt, arbeitet und ein bestimmtes Bild der hiesigen Kultur gewonnen hat, »sich auskennt«, kommt auf diese Weise – gegen die Gewohnheit der Geschlechtertrennung ab der Pubertät – in die Lage zu bestimmen, was seine Tochter darf und was nicht, wie ihr Lebensweg hier aussehen soll, welche Anpassungsschritte noch erlaubt sind und was schon zu weit weg von der Tradition führen würde. Die Mütter, die die deutsche Sprache in der Regel nicht erlernen, kaum das Haus verlassen, fallen als schützende und eingreifende sowie als wegweisende Personen aus. Das Leben in der Fremde bewirkt zudem eine Steigerung von Rigidität und Strenge seitens der Eltern, ihrer Anforderungen an die Einhaltung traditioneller Regeln, um ihre Herkunftsidentität nicht zu verlieren. Oft hörten wir später überraschte Berichte der Töchter, wenn sie nach den Sommerferien aus Marokko zurückkehrten, wie freizügig die Gleichaltrigen dort mittlerweile leben dürften, im Unterschied zu ihnen hier in Frankfurt.

In diesem Punkt wird der Unterschied zwischen »heißer Kultur« (Claude Lévi-Strauss, Margret Mead) und einer »kalten Kultur« berührt, die sich allerdings schon auf den Weg der Anpassung an die westliche Lebensweise begeben hat, aber zum Teil noch in starken Ungleichzeitigkeiten verharrt. Die Mutter Dschamihlas ist wohl noch mit der Vorstellung aufgewachsen, so zu leben wie ihre Großmutter. Spätestens für ihre Tochter gilt dies nicht mehr, sollte ja schon zu Hause nicht mehr gelten (Dschamihlas Studienpläne z. B.).

Der offene Lebensentwurf erfährt aber in der Fremde einen Rückschlag, der unter anderem von den Eltern ausgeht. Diese meinen, ihre Identität und auch Loyalität besser wahren zu können, wenn sie ihre Kinder so erziehen, wie sie selbst als Kind in Marokko (zumeist vor 20 bis 30 Jahren) erzogen worden sind, ein Versuch zur zyklischen Zeitvorstellung in kalten Kulturen zurückzukehren, als die Enkel noch dasselbe Leben führten wie die Großeltern. Der Identitätskonflikt der jungen Mädchen wird verschärft durch die rigide Haltung der Eltern, insbesondere ihren Töchtern gegenüber, in Konfrontation mit einer, zumindest dem

Anschein nach, sehr freizügigen, weniger von Gruppenzwängen bestimmten »heißen Kultur« hier, die für marokkanische Eltern gerade an
der Emanzipation der Frauen sichtbar und fühlbar wird. Der beschleu-
nigte Wandel und eine lineare Zeitvorstellung (das ist mit »heißer Kultur«
gemeint) verkehren in gewisser Weise aus der Sicht marokkanischer
Eltern das Verhältnis der Generationen: Die deutschen Eltern orientieren
sich eher an ihren jugendlichen Kindern (z.b. in der Mode, den Sport-
arten etc.) und stehen ihnen in der Regel näher als ihrem Selbst in der
eigenen Jugendzeit vor etwa 20 Jahren, um mit der Entwicklung Schritt
halten zu können. Das ist sicher eine der Hintergrundmelodien für den
interkulturellen Konflikt, in den insbesondere Jugendliche, und da wiederum die Mädchen, hier kommen: Sie fallen aus einer »kalten Kultur«,
die die Adoleszenzzeit beschränkt und durch frühe Verheiratung einzu-
grenzen sucht, in eine Umgebung, die eine lang andauernde offene
Entwicklung und eine Individualisierung mit der Wahl zwischen verschiedenen Lebensformen anbietet.

Dieser Konflikt kann nur jeweils mit den Eltern, insbesondere den
Vätern, durch ihnen von den Töchtern selbst abgerungene Kompromisse
bearbeitet werden. Oft können die Väter aber nicht mit ihren Töchtern
sprechen, weil sie nicht wissen wie. Oft wagen es wiederum die Töchter
nicht, mit ihren Vätern zu sprechen, weil sie die fremdgewordenen
Männer, die unvermittelt die Vaterstelle einnehmen, aufgrund der von
Ängsten und Projektionen aufgeladenen Sprachlosigkeit zwischen ihnen
in der Phantasie zu überdimensioniert strengen und kontrollierenden
Feinden machen. Sie geraten aus der Sicht der Töchter in die Position
eines archaischen Überichs, das vernichtend bestraft. Genau diese Konstellation zwischen Vater und Tochter im Konfliktfall begegnete uns
signifikant häufig. Anfangs neigten wir dazu, die Phantasien der Töchter
über ihre Väter zu teilen. Es war ein Stück Arbeit für uns, zu entdecken,
daß es auch um ein Kommunikationsproblem zwischen den Vätern und
ihren – zumeist erstgeborenen – Töchtern geht. Wie gestaltbar die Kommunikation Vater-Tochter war, ob die Mütter, aber auch wir, eine vermit-
telnde oder eher aufheizende Rolle spielten, davon hing der Ausgang von
Konflikten über die Entwicklungsmöglichkeiten der Töchter entscheidend ab.

Dschamihlas Schlüssel zum Kompromiß war, daß sie geschickt die
Verheiratungsversucheversuche der Eltern hinausschob, indem sie mit
den vorgeschlagenen Männern nicht einverstanden war und zugleich zu
verstehen gab, daß sie sich verheiraten lasse, wenn die Eltern nur den
richtigen aussuchten. Mit der Zeit, die sie gewann, konnte sie arbeiten.
Der Vater war nach großen Widerständen schließlich stolz auf die Stelle

der Tochter und vielleicht auch froh über das zusätzliche Geld. Ganz hat sie es ihm wohl nicht gegeben. Denn ca. zwei Jahre nach dem Ende unserer Arbeit hupte neben mir mitten im Frankfurter Verkehr ein Auto solange, bis ich mich umblickte: Darin saß lachend Dschamihla am Steuer, neben ihr eine junge Frau und auf dem Rücksitz ein junger Mann. So fuhren sie hupend und winkend an mir vorbei. Für eine schüchterne junge Marokkanerin aus einer Berberfamilie, die sich anfangs nicht zutraute, allein eine Zeitung zu kaufen und die sich nur schwer orientieren konnte, ein Erfolg. Von anderen Mädchen erfuhr ich, daß sie zu ihrer Hochzeit eingeladen waren, die die Eltern stolz, groß und traditionell in Frankfurt feierten. Sie habe einen marokkanischen Mann gefunden, den sie heiraten wollte...

Allerdings muß man bei diesem »Erfolgsbericht« in Betracht ziehen, daß Dschamihla erst im Alter von 16 Jahren nach Deutschland gekommen war, also in ihrer Identität und in ihren Lebensvorstellungen relativ gefestigt war. Zudem hatte sie über die französische Schule bereits eine Erfahrung und Auseinandersetzung mit einer ihr fremden Kultur hinter sich, die sie wahrscheinlich auch schon ohne Begleitung der Mutter gemacht hatte. Die lange Abwesenheit des Vaters und ihre Rolle als Erstgeborene mögen sie zusätzlich gestärkt haben, so daß sie gut einen Kompromiß schließen konnte. Dieser bestand darin, daß sie 1. Zeit für sich gewann, um ihre Entwicklung voranzutreiben, und 2. darin, eine Art von Liebeswahl durchzusetzen. Andererseits fügte sie sich den Heiratsplänen der Eltern, indem sie nicht allzu lange wartete und indem sie einen Marokkaner heiratete. Die Kompromißbereitschaft ermöglichte ihr außerdem, neue Identitätsanteile in ihr bereits gefestigtes Ich zu integrieren. Auch ist es noch nicht ausgemacht, wie sich die Ehe einer Frau entwickelt, die Arbeit hat, während der zumeist aus Marokko eingeflogene Mann ohne Sprachkenntnisse etc. erst einmal finanziell und anderweitig auf sie angewiesen ist. Solche Abhängigkeit, die die traditionellen Verhältnisse umkehrt, führt meist zu heftigen Aggressionen bei den hierher nachgeholten Ehemännern. Wie das in Dschamihlas Fall ist, entzieht sich meiner Kenntnis.

Dschamihlas Bruder, der als schulpflichtiger Junge hierherkam, ging es anders: Mit Schuleintritt wurde er mit einer ihm völlig fremden Sprache und Kultur konfrontiert, in die er sich zwar schnell hineinfand. Um so schärfer erlebte er wohl den Unterschied zu seinem zu Hause und geriet in Konflikte, die ihn bald überforderten. Vielleicht drückt er auch den delegierten Wunsch der Eltern aus, sich nicht anzupassen, und ihre Sorge, den Sohn in der Fremde zu verlieren und anderes mehr, über das ich in seinem Fall nur spekulieren kann.

Die Entwicklungsziele männlicher Jugendlicher sind andere als die der Mädchen, bei denen es in erster Linie um die baldige Verheiratung geht, die in der Regel eine Art Initiation in das Erwachsenenleben bedeutet. Die jungen Männer haben es insofern schwerer, als sie ihre Größenphantasien zumeist nicht am Gesetz des Vaters abarbeiten und modifizieren. Zum Vater halten sie oft nur jene Verbindung, die die Herkunftskultur bewahren helfen soll: Sie werden zu den Bewachern ihrer Schwestern und zu kleinen Machos erzogen, die dem Vater ein Stück Kontrolle abnehmen sollen, zumal die Söhne sich zumeist an denselben Orten bewegen wie ihre Schwestern, von denen die Eltern nahezu ausgeschlossen sind, etwa Schule, Straße, Jugendclubs etc. Sobald sie ihre auffallend charmante, weiche, fließende und lebendige Kindlichkeit im Lauf der Pubertät in aggressive Großspurigkeit umzuwandeln beginnen, ecken sie hier an. Sie erhalten vom Vater zwar die Erlaubnis, in mancher Hinsicht seine Stelle bei den Frauen der Familie einzunehmen. Ihr Leben außerhalb der Familie regelt er aber nicht bzw. nicht den Erfordernissen der hiesigen Kultur gemäß, so daß sie ihr Größenselbst nicht an dem Vater bzw. anderen männlichen Vorbildern der eigenen Kultur modifizieren können. Einige von ihnen verschieben den Konflikt mit dem Vater, indem sie gegen die Regeln und Gesetze hierzulande verstoßen und ihre Konflikte, anstatt sie mit den Eltern auszutragen, mit deutschen Behörden und Autoritätspersonen agieren. Jedenfalls scheint dies für diejenigen zu gelten, die an die hier ausgesprochenen und unausgesprochenen Grenzen gehen bzw. sie mit kriminellen Handlungen übertreten. Auch die sich ausbreitende Einnahme von Drogen, wie Crack, schützt die männlichen Jugendlichen nur kurzfristig vor den zumeist als narzißtische Kränkung erlebten Anforderungen des hiesigen Arbeits- und Lernlebens. Die dafür erforderlichen Mühen und Plagen werden mittels eines Größenselbst, das erfolgsleer bleibt, umgangen. Der nicht regeln und eingrenzen könnende Vater wiederum verfällt im Blick der Söhne der Entwertung der Herkunftskultur. Die scheinbar freiere Aufnahmekultur wird mißverstanden als Erlaubnis sich auszutoben, oder noch anders, diese zu entwerten und zu bekämpfen. Daß es oft unbewußte Hilferufe sind, die auf das zugrundeliegende Problem der Mißverständnisse, des Identitätskonflikts und von Vernachlässigung aufmerksam machen sollen, wird dabei leider zumeist übersehen. Besonders treibend wirkt die geschilderte Motivationslage für männliche Jugendliche, die zu Hause mit Schlägen und Entwertung seitens der Eltern konfrontiert sind, die nicht verstehen, was ihre Söhne bewegt und die ihnen dabei nicht helfen können. So wird es vielleicht einsichtig, warum Mädchen oft erfolgreicher sind. Diesen, an die Entwertung schon allein aufgrund ihres Geschlechts gewöhnt, zudem an die Mühen und Plagen in einer Großfamilie mit vielen Geschwistern, eröffnet sich mit der Schule und den Ausbildungsmöglichkeiten ein unverhoffter Entwicklungsraum, den einige gut nützen können.

Zur Arbeit mit der Mädchengruppe

1. Zur Vorgeschichte: Die Kindergruppe

Die Idee zur Einrichtung eines Mädchentags in einem Jugendclub – zunächst nur für ausländische Mädchen – entwickelte sich auf dem Hintergrund mehrschichtiger Motive. Ich hatte, zusammen mit einer Freundin und Kollegin, über eineinhalb Jahre eine Gruppe von Jungen und Mädchen, die zu Beginn die zweite bzw. dritte Klasse der Grundschule besuchten, wöchentlich einen Nachmittag lang im Rahmen der »Sozialen Gruppenarbeit« der Caritas in dem oben beschriebenen Viertel betreut. Schon in jener Zeit hatten einzelne Kinder zusätzlich individuelle Betreuung nötig, zumeist aufgrund einer Mischung von schulischen und familiären Problemen, die durch die Gruppenarbeit allein nicht hinreichend bearbeitet werden konnten. Einige Beispiele möchte ich nur kurz andeuten: Ein marokkanisches Mädchen, Abla, die erstgeborene Tochter einer Berberfamilie, die im Alter von acht Jahren hierherkam und erstmals eingeschult wurde, d.h. älter als ihre Mitschüler und völlig überfordert mit einem Schul- und Gruppenalltag war, fiel in der Gruppe durch nervende Destruktivität und störende Aggressivität auf. Verstärkt wurde dies Verhalten durch die höhere Anpassungsfähigkeit ihrer knapp zwei Jahre jüngeren, aber in die gleiche Klasse eingeschulten Schwester, mit der sie konkurrierte. Eine Kurdin wiederum hatte den Wechsel aus der Türkei zu den ihr fremdgewordenen Eltern und den Tod der sie bis dahin versorgenden Großmutter, den sie miterlebt hatte, zu verarbeiten, zusätzlich zu dem Sprung in das neue Leben in der Fremde, das für sie als Nachzüglerin doppelt fremd war. Ein türkischer Junge, dessen Vater die Familie verlassen hatte und dessen Mutter als Alleinverdienende meistens abwesend war, fiel rapide in seinen schulischen Leistungen ab. In der Gruppe zeigte er kaum zu haltende Aggressivität und Neidverhalten, die sich auf verborgene Trauer und mangelndes Selbstwertgefühl zurückführen ließen. Zwei türkische Mädchen erforderten besondere Zuwendung: Die eine aß sich unmäßig dick und verweigerte zeitweise jede Kommunikation, weil sie zu Hause von ihren Eltern vernachlässigt wurde, insbesondere dem Vater, an dem sie sehr hing. Ein anderes, intelligentes und leistungsorientiertes türkisches Mädchen wurde immer dünner und fiel unvermittelt in den schulischen Leistungen ab, was sie mit Größenideen vor uns zu verbergen suchte, als ihre Cousine verheiratet wurde. Auch sie wurde von den Eltern, die beide sehr viel arbeiteten, um ein Haus in der Türkei zu bauen, die meiste Zeit allein gelassen.

Nach eineinhalb Jahren Gruppen- und Einzelarbeit waren wir gerade so weit gekommen, daß uns gemeinsame Aktivitäten auch mehr oder weniger gelangen: Ausflüge ins Museum, Kochen, Rollenspiele, Fotografieren und die Bilder selbst entwickeln, Geburtstagsfeste und regelmäßige Schularbeiten, Geschichten erzählen, gemeinsam über Probleme einzelner sprechen etc. An dieser Stelle sollte unsere Beziehung enden, weil die »Soziale Gruppenarbeit« der Caritas Kinder nur bis zum Eintritt in die weiterführenden Schulen förderte. Genau in diese Zeit fiel ein Ereignis, das die marokkanischen Mädchen sehr beschäftigte und ihren Wunsch zu Tage förderte, die Arbeit mit uns fortzusetzen. Marina, ein älteres Mädchen, entfernt verwandt mit einem Mädchen aus der Gruppe, war plötzlich verschwunden. Sie war wegen ihrer Intelligenz, Angepaßtheit, ihren Berufsplänen, ihrer Kommunikationsfähigkeit und ihrer Schönheit den meisten bekannt, ja sie galt als Vorbild. Ihre Eltern hatten sie gegen ihren Willen verlobt, während eines Urlaubs in Marokko. Hier angekommen, zerstörte sie das Verlobungsgeschenk und weigerte sich, den von den Eltern ausgesuchten Mann zu heiraten. Dies teilte sie zwar den Freundinnen, so weit ich weiß aber nicht ihren Eltern mit, die ihre Weigerung in Marokko übergangen hatten. Plötzlich war sie verschwunden und tauchte nicht mehr auf. Die Mädchen gerieten in Aufruhr über diese plötzliche Konfrontation mit einem möglichen Ausgang ihrer Zukunft. Die Eltern von Marina konnten sich längere Zeit in der Öffentlichkeit nicht mehr blicken lassen, weil sie mit der widerspenstigen Tochter, die das Haus auf Nimmerwiedersehen verlassen hatte, ihre Ehre verloren hatten und weil ihre Fähigkeit, über die Töchter zu wachen, stark in Frage gestellt war. Marinas Mutter hoffte lange Zeit auf ein Lebenszeichen von ihr und verfiel in Trauer. Marina hatte alle Brücken zu ihrem Zuhause abgebrochen. Die anderen marokkanischen Mütter hielten ihren Töchtern dieses Beispiel vor und befürchteten, sie könnten ebenso handeln. Es war *das* Gesprächsthema in den marokkanischen Familien und vertiefte ihr Mißtrauen in die deutschen Institutionen, die, aus ihrer Sicht, die Töchter zu solchen Schritten verführten, indem sie ihnen Unterstützung gewährten. Das war die Angst, die auch uns entgegengebracht wurde, als wir den Plan faßten, für die Mädchen einen Mädchen-Nachmittag in dem benachbarten Jugendclub einzurichten. Einige der Mädchen wünschten, angesichts solcher Aussichten, von uns

Unterstützung beim Übergang in die weiterführende Schule, die sie von zu Hause nicht erwarten konnten. Die ebenfalls für die Caritas in diesem Viertel arbeitende ägyptische Psychologin unterstützte unsere Idee sehr. Schließlich richtete sie die Gruppe mit uns ein, und wir leiteten sie zu dritt. Sie hatte allerhand zu tun, um die Familien davon zu überzeugen, daß wir ihnen mit dieser Einrichtung im Rahmen eines Jugendclubs durchaus nicht die Töchter entfremden und sie zum Weglaufen ermutigen wollten.

Mit dem Übergang in die Pubertät und dem Wechsel in eine weiterführende Schule stellten sich den Heranwachsenden neue Probleme. In der letzten Zeit der Kindergruppe beschäftigten sie sich im freien Rollenspiel mit der Heirat und dem eigenen Körper. Dabei wurde deutlich, wie sehr gerade die Mädchen einen geschützten Raum vermißten, in dem sie ohne ihre Brüder bzw. Jungen und ohne deutsche Kinder sein konnten, deren Probleme von anderer Art waren. Ihre Fragen, aber auch das Bedürfnis nach geschützter Intimität brachen hervor, als wir in gut meinender Naivität einen Besuch bei Pro Familia machten. Für die Mädchen wurde dieser Besuch zu einem Übergriff unsererseits. Sie fühlten sich von uns vorgeführt und beschämt, als sie dort ein Stück Aufklärungsunterricht erhielten. Insbesondere die Aufforderung der Pro-Familia-Mitarbeiterin, ein Kondom in die Hand zu nehmen und es aufzublasen, erzeugte Scham und Gelächter, dann Zoten und Ablehnung. Die Mädchen reagierten so, als seien sie aufgefordert worden, das männliche Genital zu berühren. An dem folgenden Nachmittag war die Gruppe chaotisch, aggressiv und kaum zugänglich. Erst als wir diesen Besuch thematisierten, konnten die Wut auf uns und das Gefühl des Übergriffs formuliert werden. Sie gaben uns zu verstehen, daß sie ihren Weg zu fragen und ihre eigenen Themen respektiert wünschten. Über manches wußten sie längst Bescheid und Aufklärung über Ungefragtes fanden sie unangemessen. Sie hätten zwar eigene Fragen, die sie aber nicht ohne weiteres formulieren mochten. Sie berichteten aufgebracht vom Aufklärungsunterricht in der Schule im Beisein der Jungen.

2. Die Mädchengruppe

Auf diesem also mehrfach determinierten Hintergrund beantragten wir die Förderung einer türkisch-marokkanischen Mädchengruppe bei der Stadt, was uns auch mit Hilfe des Amtes für Multikulturelle Angelegenheiten gelang, so daß wir etwas mehr als vier Jahre lang diese Mädchengruppe begleiten konnten: eine deutsche angehende analytische Kinder- und Jugendlichen-Psychotherapeutin, eine Psychologin aus Ägypten und ich, aus Österreich stammend, mit einer bulgarischen Mutter und einem österreichischen Vater selbst bikulturell aufgewachsen. Die multikulturelle Zusammensetzung des Teams, mit wenigstens einem Mitglied aus der islamischen Ausgangskultur der Mädchen, eröffnete gänzlich neue Wege der Verständigung mit den Mädchen. Dies war für uns besonders auffallend und stark erlebbar, weil wir ja zu den meisten schon vorher Kontakt gehabt hatten, also sehen konnten, was das Hinzukommen der ägyptischen Kollegin auslöste und bewirken konnte. Das Verhalten der Mädchen uns gegenüber veränderte sich. Sie zeigten uns viel mehr von bisher verborgen gebliebenen Seiten, was mich im nachhinein daran denken läßt, wir hätten bis dahin vor allem ihre an die hiesige Kultur angepaßte Seite gezeigt bekommen, all das, was auch die Lehrer in der Schule, ihre deutschen MitschülerInnen etc. zu sehen bekamen. Mit der ägyptischen Kollegin konnten sich die Mädchen in Arabisch verständigen. Sie war den marokkanischen Familien zumindest vom Hören-Sagen bekannt, weil sie für diese im Rahmen der Erziehungsberatungsstelle Beratung anbot. Sie hatte für marokkanische Frauen einen Alphabetisierungs-Kurs organisiert und nahm an dem Nachmittagstreffen der Mütter teil, die ihre Kinder in der sozialen Gruppenarbeit hatten und von denen Schwestern nun in die »Mädchengruppe« des benachbarten Jugendclubs gingen. Sie hatte dadurch regelmäßig Kontakt zu einigen der marokkanischen Müttern. Unsere anfängliche Befürchtung, daß sich die Arbeit mit Müttern und Töchtern in der Adoleszenz ungünstig überschneiden könnte, stellte sich bald als gegenstandslos heraus. Im Gegenteil, die Überschneidung verhalf uns zu einem Vertrauensminimum der Eltern, die ihre Töchter, später die jüngeren Schwestern und andere Mädchen zu uns schickten. Manche Mütter kamen schließlich selbst auf Besuch in den Club. Der Kontakt zu den Eltern ermöglichte und erleichterte manches. Hinzu kam die günstige Lage der Clubräume in einer Fußgängerzone. Sie waren zum Teil von außen einsehbar, weil sie so riesige Fenster hatten. Die Mütter konnten beim Einkaufen aus gewisser Entfernung ihre Töchter sehen und vor allem, daß keine Jungen dabei waren. Andererseits waren die Räume durch die Lage im ersten Stock und durch den schmalen Zugang über ein kleines Brückchen doch relativ abgegrenzt. Man konnte auch Vorhänge zuziehen, was manchmal von den Mädchen gewünscht wurde, wenn sie z.B. vor einem großen Wandspiegel tanzten. Die hinteren Räume mit Küche, Sofaecke u.a. hingegen war nicht einsehbar. So ergaben sich unterschiedliche Möglichkeiten des Zusammenseins und der Halböffentlichkeit und Intimität. Aus den rückwärtigen Räumen wiederum konnten die Mädchen in den Hof der Gemeinde sehen, wie etwa die Mütter mit den Kleinkindern zum Nachmittags-Kaffee kamen oder gingen.

Die Gruppengröße hielt sich über all die Jahre zwischen zehn und ca. achtzehn Jugendlichen in wechselnder Besetzung. Die Kerngruppe bildeten die Mädchen, die wir schon aus ihrer Grundschulzeit kannten. Einige wenige, die es auch nicht so nötig hatten, kamen nicht in die neu entstehende Gruppe. Einige besuchten auch an anderen Tagen den Jugendclub, soweit es ihre Brüder zuließen. Für die Brüder wiederum war es anfangs eine arge Zumutung, daß der Club an einem Nachmittag nicht mehr für sie geöffnet war. Das führte zu einer Reihe von Auseinandersetzungen zwischen den Jugendlichen und auch mit uns, die während all der Jahre immer wieder in unterschiedlicher Tönung aufflammten. Es gab Zeiten, in denen die Mädchen den Mädchentag ohne Jungen langweilig fanden und es liebten, mit den fallweise vor den Fenstern des Clubs auftauchenden Jungen zu flirten, hinauszulaufen oder einen Jungen unter Vorwänden hinter unserem Rücken hereinzuschmuggeln. Irgendwann, als wir nicht mehr ohne Eigenaktivität der Mädchen den Mädchentag verteidigen wollten, übernahmen sie dies zu unserer Überraschung von sich aus. Insgesamt gesehen war die Bedingung »Mädchentag« die einzige Möglichkeit, marokkanische Mädchen mit Erlaubnis der Eltern in einen Jugendclub zu integrieren. Auch wirkte sich der den Mädchen zugesicherte Raum auf ihr Verhältnis zu den Brüdern und zu Jungen überhaupt aus, die gar nicht daran gewöhnt waren, daß ihre Schwestern ein »Zimmer für sich allein« beanspruchen konnten. Für die Mädchen selbst war es ungewohnt und ihr Selbstbewußtsein fördernd, die Brüder vor die Tür weisen zu können. Es dauerte drei Jahre, bis die Gruppe soweit war sich zu öffnen und auch deutsche Jugendliche aufzunehmen. Die Möglichkeit, in einem Raum ohne deutsche Mitschülerinnen über die Erfahrungen in der Schule und außerhalb miteinander und mit uns sprechen zu können, war zentral.

Es kostete einige Mühe, die Mischung aus Vergnügen und Lernen, die wir im Sinn hatten, zu realisieren. Es gab regelmäßige Zeiten für Hausaufgabenhilfe, die zeitweise überhand nahm, auch Lehrergespräche, Lehrstellenvermittlung etc. beinhaltete. Das gemeinsame Essen spielte eine große Rolle. Zu Beginn versorgten wir die Mädchen, was sie sehr genossen. Später liebten sie es, selbst einkaufen zu gehen und gemeinsam zu kochen. Die frei verfügbare Zeit wurde sehr variabel genützt. Anfangs »machten« wir oft Programm. Es war eine deutliche Entwicklung und brauchte Zeit, bis die Gruppe selbst bestimmte, was sie mochte und Einigungsprozesse in Gang kamen. Unterbrochen wurde dieser Rhythmus durch Aktivitäten außerhalb des Clubs. Wir eroberten allmählich gemeinsam die Stadt: Schwimmen, Eislaufen, Museumsbesuche, Kino, Weihnachtsmarkt, Ausflüge in den Palmengarten etc. Ein Tanzkurs wurde nicht angenommen, weil er den Mädchen zu fremd war. Sie fanden die Musik und die Art der Bewegungen, wie sich eine ausdrückte, erschreckend und »tot«. Das war unerwartet für uns. Im Anschluß daran begannen sie, im Club zu arabischer Musik zu tanzen, später auch zu derjenigen, die gerade unter Jugendlichen aktuell war. Die Bewegung auf dem Eis machte ihnen hingegen großes Vergnügen. Mir scheint, die Balance mit dem Körper halten zu können, auf dem Eis nicht auszurutschen und dahingleiten zu können, entsprach auch ihrer Lebenssituation zwischen den Kulturen und vermittelte ihnen, für uns deutlich erlebbar, beim Gelingen ein Hochgefühl, zumal die meisten zum ersten Mal auf das Eis gingen. Die Geburtstage, die zu Hause nicht gefeiert wurden, waren etwas Neues, Interessantes: Sie suchten Geschenke füreinander aus, konnten jemand einladen und erhielten eine offenbar ungewohnte Zuwendung. Auch die Kinobesuche überraschten uns: Wir stellten sehr bald fest, daß eigentlich nur amerikanische Filme akzeptiert wurden. Es waren jedenfalls die einzigen Filmangebote der uns zugänglichen Kinos, bei deren Besuch die Mädchen sich aufgehoben fühlten und Identifizierungsmöglichkeiten fanden. Mir fiel bei diesen Gelegenheiten – zusammen mit der Gruppe im Kino sitzend und ihre Reaktionen des Befremdens, des Nichtverstehens bzw. des Mitgehens erlebend – zum ersten Mal auf, wie sehr amerikanische Filme auf ganz selbstverständliche Weise multikulturell sind, in all den Kleinigkeiten und dem Ambiente der Inszenierung, also deren Untergrund.

Interkulturelle Differenzen zeigten sich deutlich vom Beginn der Mädchengruppenarbeit an. Das, was auch schon vorher in der Kindergruppe, zwar leiser und andeutungsweise an Kleinigkeiten zu ahnen war, trat nun, aufgrund des neu und multikulturell zusammengesetzten Teams deutlicher hervor. Für die Mädchen bewirkte das Zusammentreffen mit der ägyptischen Kollegin einen Wandel der Umgangsformen. Sie waren neugierig auf sie, ungewohnt höflich und gut gelaunt, wenn sie in den Club kamen. Sie führten ein neues Begrüßungsritual ein, das dann auch auf die anderen beiden, ihnen schon vertrauten Leiterinnen übertragen wurde: Anstatt wie bisher bloß »Hallo« oder gar nichts zu sagen, wurde nun jede, auch untereinander, mit Küßchen rechts und Küßchen links auf die Wange begrüßt. Spontan und sofort nützten die aus Nordafrika kommenden Mädchen die Gelegenheit, arabisch sprechen zu können. Sie scharten sich anfangs um die ägyptische Kollegin. Die anderen Mädchen und die beiden Co-Leiterinnen, die wir nichts verstanden, wurden dann allmählich durch Übersetzungsarbeit einbezogen. Übersetzen, nicht-verstehen, erklären, mißverstehen, nachfragen, einen Verständigungsweg finden, befremdete, neugierige, ablehnende Reaktionen, die Diskussion all dessen wurde zu einem ersten lang anhaltenden Thema in der Gruppe, das sich von der zuerst rein sprachlichen Ebene auf die kulturelle und die der Beziehungen ausweitete. Die Frage, wer kann sich mit wem auf welche Weise verständigen und wie gehen diejenigen, die ausgeschlossen sind, damit um, spiegelte in dieser, durch das Arabisch-Sprechen ausgelösten Gruppendynamik auch die Situation der Mädchen außerhalb der Gruppenarbeit wider und konnte so zu einem Lern- und Erprobungsfeld neuer Wege der Auseinandersetzung und Kommunikation werden. In der Kindergruppe wurde nur deutsch gesprochen, und wenn damals einige der Kinder Worte ihrer Sprache verwendeten, war dies meist mit einem Schamgefühl uns gegenüber verbunden. Wie sie überhaupt in der Kindergruppe, zusammen mit den deutschen Kindern, darum bemüht gewesen waren, sich so darzustellen, als gäbe es wenig Unterschiede. Damals bekamen wir vor allem ihre angepaßte Seite zu Gesicht. Dieses Verhalten von Kindern aus Kulturen, die hier entwertet oder als zu fremd angesehen sind, verführt wohl manchen Pädagogen zu der Ansicht, kulturelle Unterschiede spielten eine geringe Rolle, die Kinder seien in erster Linie Kinder. Daß dem nicht so ist, erlebten wir sehr eindringlich in der nachfolgenden Arbeit mit der Mädchengruppe.

So ergaben sich von Anbeginn der Mädchengruppen Gesprächsrunden, in denen die ägyptische Co-Leiterin gemeinsam mit den Mädchen viel aus der arabischen und der islamischen Welt erzählte, wobei auch Differenzen zwischen ihr und den Mädchen deutlich wurden. Später, durch den Golfkrieg ausgelöst, entwickelten sich politische Diskussionen, in denen auch Differenzen innerhalb des Teams hervortraten. Die Mädchen interessierten sich stark für das Leben einer traditionell erzogenen Ägypterin aus der Kairoer Oberschicht, die im Ausland studiert hatte, mit einem Mitteleuropäer verheiratet Kinder aufzog und ihrem Beruf nachging. Als einzige Mutter von uns drei und bestimmten Wertvorstellungen des Islam verbunden, die sie auch spontan in mütterlicher Weise den Mädchen gegenüber vertrat, zog sie umgehend Mutter-Übertragungen auf sich, nicht nur von den Mädchen, sondern auch von uns Kolleginnen. Es gab Zeiten, in denen die beiden anderen Leiterinnen von den Mädchen ausgesprochen für ihr »einsames Leben, ohne Mann, ohne Kinder und nur mit Arbeit« bedauert wurden. Mit zunehmender eigener Entwicklung zur jungen Frau, an ihr zukünftiges Leben denkend, gaben einige der Mädchen uns zu verstehen, daß sie uns als unfruchtbare Frauen wahrnahmen, denen etwas Entscheidendes fehlte, auch wenn wir die Vorteile eines individualisierten und selbstgewählten Lebensstils genossen, ohne der Familienkontrolle zu unterliegen bzw. die Familien-Ehre wahren zu müssen. Dieses Übertragungsgeschehen, das erstmal zumindest auf mich irritierend und mich in Frage stellend wirkte, bezeichnet die Linien der interkulturellen Auseinandersetzung in der Gruppe zwischen dem Frauenleben ihrer Mütter, die zumeist in langen traditionellen Gewändern und Kopftuch erschienen, und der von unserer Generation nicht ohne Mühe und Plage erworbenen Identität bzw. Lebensstil. In diesem Punkt treffen sich interkulturelle mit gesellschaftspolitischen Aspekten, die den Mädchen zwar nicht bewußt waren, uns aber bei unserer Arbeit durchaus mitbestimmten und dafür sorgten, daß wir in eine Reihe von Zwiespälten gerieten, was eigentlich die Aufgabe unserer Arbeit war: Wie weit konnten wir emanzipative Gedanken mit den Wünschen der Mädchen unter ihren Lebensbedingungen vereinbaren und ihnen auf eine Weise vermitteln, die für sie zuträglich und lebbar war? Denn ihre Spielräume und Möglichkeiten waren entschieden anders und festgelegter als unsere. Dies zu verstehen und deren Grenzen richtig einzuschätzen, erforderte einen Lernprozeß von uns. Ein Hauptfeld der Vermittlung, das uns neutral genug erschien, war die intensive Unterstützung beim Lernen und das Engagement, für eine gute Ausbildung der Mädchen zu sorgen, fallweise auch in Auseinandersetzung mit ihren Eltern und ihren Lehrern an den Schulen und Lehrstellen. In der Tat gab es eine Entwicklung in der Gruppe, in welcher es trotz des oft überhand nehmenden Chaos möglich war, das Vergnügen am Lernen und an intensiver Beschäftigung mit außerfamiliären Gegenständen für die Mädchen erleb- und erfahrbar zu machen, so daß einige dann von sich aus und erst in der Folgezeit ein Stück dieses Weges gingen. (Zum Beispiel entschlossen sich später zwei Mädchen, ein externes Abitur anzugehen.)

Die uns entgegengebrachte Ambivalenz schwankte zwischen Entwertung unserer Arbeit, etwa im oben genannten Sinn – wir haben wohl nichts Besseres zu tun –, und Idealisierung. Die Idealisierung zeigte sich später unter anderem an der bloßen Phantasie einiger Mädchen, auch zu studieren und denselben Beruf zu ergreifen. Im Lauf der Zeit differenzierten sich die Beziehungen der Mädchen zu uns in einer Weise, daß jede von uns für etwas anderes zuständig gehalten und auch in Anspruch genommen wurde. Damit Hand in Hand gehend konturierten sich die unterschiedlichen Fähigkeiten der Leiterinnen und der Gruppenmitglieder, so daß ein kreativ spiegelnder Prozeß ablief, der zu einem Raum des Probehandelns und Ausprobierens werden konnte. Unsere Fähigkeiten bzw. Grenzen bei der Verarbeitung von Konflikten in der Gruppe und im Team gab diejenigen in der Gruppe vor. Die ägyptische Kollegin geriet im Lauf der Zeit in die Rolle einer Art Übergangsmutter, mit der einige Mädchen Konflikte, die sie mit ihren Eltern auszutragen sich scheuten, ausprobierten. Ich erinnere mich z.B. an eine Szene, als eines der Mädchen sie bat, einen Lippenstift mit ihr einzukaufen, und dann selbst ein kräftig leuchtendes Rot wählte. Daraus entwickelte sich zwischen den beiden eine Diskussion über das angemessene, nämlich zurückhaltende und nicht provokante Aussehen eines islamischen Mädchens, das die Familien-Ehre wahrt, die die Gruppe mit gespannter Anteilnahme verfolgte. Solche Diskussionen führten später die Mädchen untereinander. Anlaß dazu bot eine neu hinzugekommene Marokkanerin, die als zu »nuttig« gekleidet anfangs sehr hart von der Gruppe ausgegrenzt wurde. In diesen Kontext gehört auch das Auftreten von drei marokkanischen Schwestern, deren älteste eine wohlausgeglichene Schönheit war, die nur kurzfristig unsere Hilfe für schulische Probleme in Anspruch nahm. Die mittlere und die kleinste Schwester aber besuchten den Club häufig, zumeist als Duo auf einen Sprung, um sich über die Verhältnisse hierzulande, an der Schule und im Club zu beschweren. Insbesondere die mittlere Schwester benützte den Club und die Mitarbeiterinnen, um ihren Zorn loszuwerden. Die anderen Mädchen benützten uns zwar auch, aber nicht nur dafür. Diese kam herein, schimpfte los, über Mitschüler, Lehrer, fand uns unzureichend und verschwand dann wieder, auch wenn sie ursprünglich etwas anderes wollte. Erst als es mir einmal gelang, ihren Zorn, ihre Eifersucht und den Druck, unter dem sie steht, als solche anzusprechen, entwickelte sich ein Gespräch, das dem Muster entgehen konnte. Ihre Neugier, die Lust, zu uns zu kommen, der Neid auf die große Schwester und die anderen Mädchen sowie ihre Angst vor dem Fremden im Club und auch sonst waren hinter dem Zorn verborgen. Nun konnte sie wenigstens ansatzweise, über das kontinuierliche Wiederkommen hinausgehend, mehr davon zeigen, sich wirklich ein Stück entlasten und manchmal auch länger bleiben. Bevor ich das verstanden und dann im Gespräch ausprobiert hatte, dachte ich nur, daß diese drei Schwestern aus einer besonders strengen islamischen Familie kommen. Dies wiederum war eines meiner Mißverständnisse, das etwas bloß kulturell abbildet, was auch andere Hintergründe hat. Dieses Thema, die Mehrdimensionalität des Verhaltens der Mädchen, zum einen aufgrund ihres islamischen Hintergrunds und zum anderen aufgrund der Familien- und Psychodynamik, beschäftigte unser Team immer wieder. Oft war es schwer zu differenzieren, was womit zu erklären ist und ob der Eindruck von kultureller Differenz eine ausreichende Erklärung oder eine Verwechslung ist oder ob etwas, was als interkulturelle Differenz dargestellt wird, noch andere Hintergründe hat und vice versa.

Am Ende des ersten Jahres feierte die Caritas im benachbarten Gemeindehaus ein Jubiläum ihrer sozialen Gruppenarbeit als internationales Frauenfest, zu dem die Mädchengruppe eingeladen wurde beizutragen.

Der Vorschlag war, sie sollten aus ihrem Erleben heraus etwas zum Thema Ausländerfeindlichkeit und interkulturelle Konflikte darstellen. Die Mädchen entschlossen sich, nach längerer Diskussion über kleine Sketche zu interkulturellen Konflikten, die sie selbst erfanden und die aus ihrem Alltag gegriffene Szenen darstellten, plötzlich anders: Alle einigten sich, auch zu unserer Überraschung, schnell darauf, eine marokkanische Hochzeit nachzuspielen. Das fanden sie viel lustvoller, als die eigene Entwertung darzustellen, wie es etwa beim Thema »Ausländerfeind-lichkeit« der Fall gewesen wäre. Auch die Mädchen anderer Herkunft (aus Tunesien, Eritrea, Türkei, Jugoslawien etc.) hatten große Lust, dabei mitzuwirken. Die marokkanische Hochzeit wurde schließlich von einem Paar dargestellt, bei dem die Rolle der Ehefrau eine Tunesierin und die Rolle des Ehemannes eine Türkin übernahm. Die marokkanischen Mädchen organisierten die Kleider, das Essen und stellten das ganze Ambiente mit den Ritualen, der Musik, der Verwandtschaft etc. dar. Um die Hochzeit dem Ritus entsprechend darstellen zu können, wurden die Mütter um Mithilfe gebeten. So endete das erste Jahr Gruppenarbeit mit der Vorstellung einer marokkanischen Hochzeit durch die Mädchen für ihre Mütter, die eine angemessene Heirat für ihre Töchter erhofften. Auch die Mutter von Marina, die ihr eben dies ein Jahr zuvor verweigert hatte, war bei der Vorstellung anwesend, und damit war auch der Konflikt der Töchter im Raum. Die marokkanischen Mütter beteiligten sich während der Vorstellung als geladene Gäste der Hochzeit, sangen die entsprechen-den Lieder und sorgten dafür, daß die einzelnen Schritte des Rituals nicht ausgelassen wurden. So spielten die Mütter in gewisser Weise mit und stellten diesen Teil ihres Lebens öffentlich dar. Das Team der Caritas, das das gesamte Fest organisierte, verstand diese durch die vielen Mit-wirkenden etwas chaotische und improvisierte Aufführung nicht ganz, und auch die Leidenschaft, die Mütter und Töchter dabei entwickelten, befremdete sie. Ich denke, daß hier eine Art Aussöhnungs- und Be-ruhigungsversuch der Töchter mit ihren Müttern öffentlich inszeniert wurde, indem sie ihnen zumindest im Spiel zeigen konnten, daß sie schon wissen, was zu ihren Aufgaben und zu ihrer Identität gehört, ja dies sogar wagen öffentlich darzustellen. Zum anderen wurde hier an uns die Botschaft vermittelt, daß hier eines der Hauptthemen der Mädchen dargestellt wird, wie sich aus unserer späteren Arbeit zeigen sollte.

Anfangs gab es Rivalitäten zwischen den türkischen und den marok-kanischen Mädchen. Erstere lebten angepaßter und scheinbar nicht so stark konfrontiert mit einer baldigen Verheiratung. Dies stellte sich aber bald als Illusion heraus. Denn eines der Mädchen, die von zu Hause da-vonlief und über eine Freundin vermittelt zu uns kam, war Türkin. Sie

befürchtete, beim nächsten Urlaub in der Türkei so wie ihre Schwester im
Vorjahr gegen ihren Willen an einen Cousin verheiratet zu werden. Sie
war fast 17 Jahre alt. Ihr folgte die marokkanische Freundin nach, die im
Streit mit der Mutter, aus Ärger über diese davonlief. So wie die eben
erwähnte Türkin, die erst sehr kurz in der Gruppe war, kam ein marokkanisches Mädchen mit dem Hilferuf bei uns an, daß ihr Vater sie mit
Vergewaltigung bedroht habe, was er vor Jahren schon der älteren
Schwester angetan hatte. Diese vermittelten wir in das eben neugegrün-
dete Frankfurter Mädchenhaus, eine Zuflucht für Mädchen. Dort hielt sie
es aber nicht länger als einige Wochen aus: Die Isolation von ihrer familiären Umgebung, den Freundinnen, die ungewohnte Kost, die ihr fremden, deutschen Umgangsformen in einem quasifamiliären Rahmen erzeugten ein so großes Gefühl von Isolation, dann Heimweh, daß sie lieber
in die eigene Familie zurückkehrte, als länger die fremde Umgebung, so
hautnah erlebt, zu ertragen. Sie gestaltete ihre Rückkehr in Form einer
Fehlleistung: Bei einem Besuch zu Hause ließ sie ihr Tagebuch liegen, in
dem der Ort ihrer Unterbringung festgehalten war, so daß die Mutter sie
finden und abholen konnte. Diese Gestaltung ihrer Rückkehr als
»Schicksal« verärgerte ihre Betreuerinnen im Mädchenhaus, die sich um
sie bemüht hatten und denen die Marokkanerin sich verpflichtet fühlte,
vielleicht nicht in dem Ausmaß, wie sie bei Offenlegung ihrer wahren
Motive befürchtete. Mit all den Problemen, die mit dem Von-zu-Hause-
Weglaufen verknüpft sind, waren wir mitten ins Zentrum der interkulturellen Konfliktzone geraten. Diesen sehr dramatisch auftretenden
Konflikten zwischen den jugendlichen Mädchen und ihren Eltern und den
deutschen Institutionen sowie allen Personen, die als Vermittler daran
beteiligt sind, möchte ich in einem anderen Aufsatz nachgehen. Insbesondere in diesen Fällen wurde die Frage bedeutsam, warum wir mit
den Mädchen arbeiteten und mit welchen Zielen. Es war ein langwieriger
Prozeß für uns dahinzukommen, uns auf eine Vermittlerrolle zwischen
den Töchtern und den Eltern zu beschränken, die Kompromißbildung
zwischen beiden Seiten als unser Ziel anzusehen und unsere emanzipato-
rischen Ideen zurückzustellen zugunsten der Mädchen, die ihre eigenen
Zugänge dazu in guter Weise, d.h., ohne ganz aus ihrer Familie herauszu-
fallen, nur über Kompromißbildung finden können.

Ein Beispiel für die Art der Kompromißbildung, die möglich ist, sei
hier kurz gegeben, das auch uns überraschte: Die bei der Kindergruppe
schon erwähnte Abla stellte sich im Lauf der Jahre als »unbeschulbar«
heraus. Sie mußte die weiterführende Schule verlassen und wurde in eine
Sonderschule abgeschoben. Von dort kam sie mit unserer Hilfe an eine
Hauptschule, in der sie so lange blieb, bis sie das schulpflichtige Alter

hinter sich gelassen hatte. In dem Moment entließ auch diese Schule sie. Kurz darauf ließ sich Abla begeistert verloben und besuchte uns stolz mit dieser Nachricht. Wir staunten, wie sehr mit einem Mal aus dem aggressiven Kind eine wohlgerundete hübsche und sich – quasi über Nacht – völlig anders bewegende und benehmende Abla hereinkam, selbstbewußt, strahlend, zugewandt, zuhören könnend. Aus der Raupe war ein Schmetterling geworden, denn sie war vorher laut, ungeschickt, eher dick und nicht so hübsch. Sie war für uns ein Beispiel des traditionellen Weges: keine Schule, nichts lernen, früh heiraten wie die Mutter. Wir sahen sie schon bald schwanger mit dem ersten Kind vor uns, ebenso überfordert wie damals wohl ihre sehr junge und selbst noch bedürftige Mutter mit ihr. Es sollte anders kommen. Abla hatte einen Mann gefunden, den sie mochte und der abwesend blieb, jedenfalls über den Zeitraum, den ich miterlebte. Er kam nicht nach Deutschland. Sie verständigten sich telefonisch und brieflich. Als Verlobte war sie zur Frau geworden – worauf sie sehr stolz war und was sie dem Gefühl der Entwertung offensichtlich enthob –, die sich frei bewegen durfte. Damit gewann sie soviel Selbstbewußtsein, daß sie, vielleicht auch um der häuslichen Arbeit zu entgehen – sie wohnte noch zu Hause –, in einem Geschäft als Aushilfe zu arbeiten begann. Dort entwickelte und entfaltete sie allmählich ihre Fähigkeiten. Zuerst jammerte sie oft über die dummen Arbeiten, die sie hinten im Lager tun mußte. Sie wollte lieber vorne im Laden stehen. Sie erreichte schließlich, eine Fortbildung vom Geschäftsleiter finanziert zu bekommen und arbeitete sich langsam zur Filialleiterin hoch, zog aus der elterlichen Wohnung aus und machte den Führerschein. Sie war vorher durch ihre Desorientiertheit, ihr auch körperliches Ungeschick usw. aufgefallen. Nun war all dies wie weggeblasen: Sie konnte lernen und kontinuierlich arbeiten. Eines der letzten Ereignisse im Club, das ich noch miterlebte, war die gemeinsame Nachfeier ihrer Hochzeit, zu der auch die Mütter der Mädchen kommen durften und bei der sich eine sehr entspannte Atmosphäre zwischen Müttern, Töchtern und dem Team entwickelte, wie sie sonst kaum anzutreffen war, insbesondere bei dieser Konstellation.

Ich hoffe, daß es mir gelungen ist, durch diesen Bericht zumindest drei Gedanken nachvollziehbar gemacht zu haben, die mir im Kontext interkultureller Begegnung und Arbeit wichtig erscheinen: Erst wenn sich eine Beziehung entwickelt, kann interkulturelle Differenz überhaupt gezeigt werden. Das gilt meines Erachtens besonders für die Begegnung mit dem Fremden aus einer Kultur, die entwertet wird. In jener zeigt sich vor allem die der herrschenden Kultur angepaßte Seite. So erklärt sich auch, warum dann die Differenz unsichtbar bleibt bzw. verdrängt wird. Andererseits beginnt die Beziehung zumeist dort, wo ein Konflikt entsteht, wenn beide Seiten es wagen, ihn nicht durch Machtverhalten zu erledigen, sondern sich ein Stück darauf einlassen. Speziell für die sozialpädagogische Arbeit mit jugendlichen Mädchen erscheint mir das Ziel der Kompromißbildung in dem hier dargestellten Sinn die zentrale Aufgabe der Betreuer und Pädagogen zu sein, und zwar auch in der Beziehungsaufnahme mit deren Eltern und Familien.

SIGRID AWART

Schweineschmaus oder Discorausch

Generationenkonflikte in Papua Neuguinea
in Zeiten des rapiden kulturellen Wandels

> *Die Alten schimpfen beständig über die Faulheit der*
> *Jungen... Faulpelze bestraft man mit Prügeln oder*
> *man versucht sie durch Hunger mürbe zu machen,*
> *erreicht damit aber nur, daß die Lausbuben Kokos-*
> *nüsse stehlen oder sich bei nächster Gelegenheit als*
> *Arbeiter anwerben lassen.*
> Karl Neuhaus

Sowohl Generationskonflikte als auch Kulturwandel[1] sind in Lihir, einer
Inselgruppe im Südpazifik, kein neues Phänomen, wie das Zitat aus den
zwanziger Jahren von Karl Neuhaus, eines deutschen Paters der Herz-
Jesu Mission, zeigt. Laut Malinowski (1945) ist Kulturwandel ein perma-
nenter Faktor der menschlichen Zivilisation; er ereignet sich überall und
zu allen Zeiten. Ich möchte hier aber nicht näher auf vorkoloniale bzw.
von Europäern unabhängige Entwicklungen sowie auf den endogenen
Kulturwandel eingehen, weil sich meine forschungsleitende Fragestellung
nur auf Veränderungen, die durch westliche Einflüsse hervorgerufen
werden, bezieht. Die BewohnerInnen Lihirs erleben zur Zeit einen massiven und rapiden Kulturwandel, wie wahrscheinlich noch nie zuvor in
ihrer Geschichte: Auf einer ihrer kleinen Inseln wird eine Goldmine gebaut. In diesem Beitrag geht es um Konflikte zwischen Alten und Jungen
im Zusammenhang mit diesen Einwirkungen am Beispiel eines Streitfalls
in einem Dorf.

Geschichte der Kulturkontakte in Lihir

Vorerst möchte ich kurz darstellen, welche Kulturkontakte mit der westlichen Welt die BewohnerInnen dieser Inselgruppe in ihrer Geschichte
erlebten, weil dies im Zusammenhang damit steht, wie sie heutzutage den
Kulturwandel bewältigen. Die Lihir Inselgruppe liegt in der Provinz
Neuirland im Nordosten Papua Neuguineas. Etwa 8000 Leute leben in
einem Gebiet von 106 km^2 auf den vier Inseln Niolam, Mali, Masahet
und Mahur. Erste Kontakte der Bevölkerung mit Europäern – Walfisch-
fängern, Sandelholzhändlern oder Anwerbern für Plantagenarbeit in Australien – waren nicht immer friedlich, weil die Weißen auch Gewalt an-

wendeten, um ihre Pläne durchzusetzen. Teil des deutschen Kolonial-
reichs zu sein (von 1884 bis 1918), bedeutete für die BewohnerInnen
Lihirs, daß Kolonialbeamte dort manchmal patrouillierten, um Forschungen durchzuführen oder um zu überprüfen, ob die deutschen Gesetze
eingehalten wurden. In Berichten von Kolonialbeamten und Kolonial-
forschern werden oft schaurige »Kannibalismusgeschichten« von den
»Wilden« erzählt, und gleichzeitig wird die Kolonialverwaltung gerühmt,
daß sie Anthropophagie stark eingeschränkt hat (z.B. Parkinson, 1907).
Weiters mußten einige InselbewohnerInnen beim Straßenbau und auf
Plantagen auf der Insel Neuirland und in Samoa arbeiten. Zu dieser Zeit
wurden auch erstmals Güter wie Stoffe, Äxte und Zündhölzer eingeführt.
Die Missionierung Lihirs begann 1918 durch die deutsche Herz-Jesu-
kirche, in den dreissiger Jahren wurden eine Missionsstation und eine
Schule errichtet. Die Einheimischen gingen auf kreative und kulturspezifische Weise mit diesen Einflüssen um:

*»Wenn meine Leute zur Mission oder in die Kirche gingen, trugen sie
Grasröcke und Oberbekleidung. Sie zogen sich aber wieder aus, als die
Weißen weggingen«,* erzählte beispielsweise Abel, ein alter Mann aus
Lihir (Awart, 1993, S.160).

Im Zweiten Weltkrieg wurde die Provinz von Japanern besetzt, auf
Lihir selbst waren keine Truppen stationiert. 1945 ergaben sich die Japa-
ner, nachdem die australischen Streitkräfte von den alliierten Truppen
unterstützt wurden. Seit dieser Zeit gelten die Amerikaner als Befreier
und Unterstützer. Die Australier jedoch, die Papua Neuguinea von 1918
bis 1975 verwalteten, sowie die darauffolgende Nationalregierung sind in
Lihir nicht sehr beliebt, weil sie sich wenig um diese eher entlegenen
Inseln gekümmert haben (Filer und Jackson, 1989).

Ende der sechziger Jahre entstand in Lihir eine Kultbewegung, die sogenannte TKA-Vereinigung,[2] der ungefähr die Hälfte der Bevölkerung
Lihirs angehörten. Diese Bewegung war charakterisiert durch Widerstand
gegen Kolonialismus und den Staat, den Glauben an die Gemeinschaft
Lihirs und daß es durch gemeinsames Arbeiten, Beten und der
Unterstützung Amerikas zu einem »Kulturwandel« kommen würde. 1969
prophezeite Arau, der Führer dieser Bewegung, daß bald »etwas Großes«
im Hafen von Ladolam auf der Insel Niolam passieren würde:

*»Deutschland, Japan und Australien haben uns regiert, aber entgegen
ihren Versprechungen und Reden hat sich die Situation für uns »kanaka«
(abwertender Begriff für PapuaneuguinesInnen)[3] nicht verbessert. Wir
leben noch immer in primitiven Häusern ohne Besitz und Geld... Wir
wissen, daß wir betrogen wurden, jetzt aber haben wir ein Ende von
alldem in Aussicht. ... Jetzt geht es nicht mehr darum, daß die Einheimi*

schen ausgebeutet werden, sondern sie werden miteinbezogen, es wird auf sie geschaut und sie haben eine Chance am Profit und am Wissen teilzuhaben. Für die meisten unserer Mitglieder besteht kein Zweifel, daß die Amerikaner und das Cargo bald nach Lihir kommen werden...« (Ramstad, n.d.1: 2f)

Interessant dabei ist, daß sich dreizehn Jahre später auf Lihir etwas ereignete, das von den Mitgliedern dieser Bewegung als Realisation dieser Vorhersage Araos betrachtet wird. 1982 wurde in der Nähe von Ladolam von einer amerikanischen Minengesellschaft Gold gefunden. In den darauffolgenden Gesprächen mit den Landbesitzern wurden von den Amerikanern immer wieder die Zusammenarbeit und die Vorteile, die dieses Projekt für Lihir haben würde, betont. Die Tatsache, daß sich 1996, beim Beginn der Errichtung der Goldmine, diese Erwartungen für den Großteil der Mitglieder nicht erfüllt hatten, sondern nur einige Gebildete oder clevere Geschäftsmänner reich geworden waren, erklärte sich eine alte Frau folgendermaßen:

»Die Mitglieder unserer Vereinigung haben die Mine herbeigeführt, aber die Gebildeten, die uns früher als Cargo-Kult bezeichnet haben, sind uns zuvorgekommen. Aber wir warten ab. Unsere Zeit wird kommen. Wir haben die Telefonnummer von unseren verstorbenen Ahnen, und wenn die Goldproduktion beginnt, werden wir sie anrufen, und dann werden sie uns all das schicken, was uns zusteht und was wir uns von ihnen wünschen.«

1990, als sich das Projekt der Goldmine gerade im Explorationsstadium befand, führte ich meine erste Feldforschung in Lihir durch. Die InselbewohnerInnen waren zu dieser Zeit noch nicht großen sozioökonomischen Veränderungen ausgesetzt: Die Minengesellschaft hatte ein kleines Camp errichtet mit ungefähr 120 Beschäftigten aus Lihir und 60 aus anderen Teilen Papua Neuguineas, Amerikas und Australiens, Drillbohrungen wurden durchgeführt, Verhandlungen fanden statt und kleinere Sozialprojekte wie Stipendienvergabe oder Renovierung einer Kirche wurden geleistet. DerGroßteil der Bevölkerung Lihirs lebte zu dieser Zeit noch von der Subsistenzwirtschaft. Sie bezogen das meiste, das sie zum Leben benötigten, aus ihrer natürlichen Umgebung, es wurden nur wenige Güter eingeführt. Die Häuser wurden aus Bambus und Sago gebaut, Taschen und Matten aus Kokosnußblättern hergestellt. Gegessen wurden hauptsächlich Yams, Süßkartoffeln und Kokosnüsse sowie Scheinefleisch bei festlichen Anlässen. Betelnüsse[4] und lokaler Tabaks waren die meist verbreiteten Genußmittel. Die meisten Leute brauchten aber auch etwas Geld für Schulgebühren, Kleidung, Seife oder Werkzeuge. Die finanzielle Unterstützung von Verwandten, die in die Stadt

SIGRID AWART

gezogen waren, war weit verbreitet. Ein wenig Geld konnte durch den Verkauf von Muschelgeld oder Arbeit für die Missionsstation verdient werden (Awart, 1993).

Vor der Errichtung der Goldmine war die Christianisierung der einzige westliche Einfluß, der zu maßgeblichen Änderungen der Gesellschaft beigetragen hatte. Die meisten DorfbewohnerInnen, besonders die Frauen, waren sehr religiös. Der sonntägliche Kirchgang war von großer Bedeutung, Dorfaltare wurden liebevoll geschmückt und viele Leute beteten jeden Tag. Das Christentum hatte unterschiedlichste Funktionen übernommen: Es gab Denk- und Verhaltensrichtlinien in schwierigen Situationen vor, bot Interpretationsmöglichkeiten für Unerklärliches, die Gleichstellung der Geschlechter wurde dadurch gerechtfertigt und Lebensphasen wurden damit ritualisiert. Die BewohnerInnen zeigten dabei aber ihre Fähigkeit, unterschiedlichste kulturelle Systeme zu verbinden. So wurde etwa ein Sonnenzauberer aufgefordert, Sonne zu machen, als eine Messe im Freien gehalten wurde oder die Einheimischen führten bei der Christmette ihre eigenen traditionellen Tänze auf.

Rapider Kulturwandel nach 1995

1995, nach dreizehn Jahren Planungen, Testungen, Verhandlungen zwischen der britisch/amerikanischen Minengesellschaft,[5] der Regierung und den Landbesitzern begann der Bau der Minenanlage und der dazugehörigen Infrastruktur. Die Konstruktion, die noch bis Ende 1997 dauert, wird von einer australischen Gesellschaft geleitet. In diesem Jahr beginnt auch die Goldproduktion, die für 36 Jahre geplant ist. Die Goldfunde auf Lihir gehören zu den größten der Welt und werden auf 90 Millionen Tonnen Golderz mit einem Goldgehalt von 4,8 Gramm/Tonne geschätzt (Bosshard, 1995). Das Gold wird mit der heute üblichen Methode der Cyanidlaugung im Tagbau gewonnen. Der Abraum wird in der Ladolam Bucht gelagert und die Rückstände der Verarbeitung der Erze werden unterirdisch ins Meer geleitet. Ein Achtel der Lihir Insel Niolam ist physisch von der Mine betroffen. Neben der Minenanlage wurde auch der Flughafen erweitert, ein neuer Schiffshafen angelegt und eine Ringstraße gebaut. Eine kleine Stadt mit Post, Bank, Supermarkt, Läden und Regierungsbüros wurde errichtet.

»Wenn Niolam ein Boot wäre, wäre es schon gekentert.« So beschrieb Mary, eine junge Frau aus Lihir die Veränderungen in ihrer Heimat. Ungefähr 1000 GastarbeiterInnen aus anderen Provinzen Papua Neuguineas und 500 aus dem Ausland waren 1996 bei der Mine oder der dazu-

121

gehörigen Infrastruktur beschäftigt. Sie sind in einem Arbeitercamp untergebracht und dürfen sich außer zu Arbeitszwecken nicht in den Dörfern der Einheimischen aufhalten. 1000 BewohnerInnen Lihirs fanden durch die Mine eine Beschäftigung. Der Frauenanteil der Erwerbstätigen betrug bei Gastarbeitern und Einheimischen circa 10% (Nuigini mining limited, 1996). Geld kann jetzt aber auch durch den Verkauf von Feld-früchten in der Stadt oder an die Minengesellschaft, durch Eröffnung eines eigenen Ladens und Anbieten von Dienstleistungen wie etwa Transport verdient werden. Weitere Einnahmequellen sind Entschädi-gungszahlungen und Gewinnanteile an dem Minenprojekt. Der Anteil der LandbesitzerInnen an dem Projekt beträgt 8,5%.

In den achtziger Jahren führten Minenprojekte in Papua Neuguinea zu sehr ernsten Problemen, z.b. entstand ein Bürgerkrieg zwischen Land-besitzern und nationalen Truppen im Zusammenhang mit der Bougain-ville Kupfer Mine oder von der Ok-Tedi Kupfermine wurden Umwelt-skandale bekannt. Die Minengesellschaft in Lihir ist daher um ein gutes Verhältnis zur einheimischen Bevölkerung bemüht. So wird eine eigene Zeitschrift – die »Lihir Gold Times« – herausgegeben, ein Krankenhaus und eine Schule sind im Bau, Sozialprojekte der Gemeinden werden unterstützt und die Frauenorganisation »Petztorme« wurde gegründet. Auch versichert die Minengesellschaft, daß ihre Abbaumethoden die der-zeit umweltverträglichsten sind. Ausländische Entwicklungszusammen-arbeitsorganisationen wie etwa die Erklärung von Bern sind hier anderer Meinung und üben heftige Kritik an dem Umweltkonzept dieses Kon-zerns (Bosshard 1995).

Mandie Filer (1989) stellte fest, daß bei den Versammlungen der ein-heimischen Bevölkerung sowie bei ihren Verhandlungen mit der Minen-gesellschaft und der Regierung kaum junge Leute anwesend waren. Diese Erziehungswissenschaftlerin empfiehlt, daß die Verantwortlichen dieses Projekts die Einstellungen der Jugendlichen mehr in ihre Planungen mit-einbeziehen sollten. Die jungen Leute werden die Führungspersönlich-keiten von morgen sein und diejenigen, die die meiste Zeit ihres Lebens von den Auswirkungen der Goldmine betroffen sein werden. Sie weist auch darauf hin, daß es auf Bougainville zu Widerständen gegen die Kup-fermine kam, weil bestimmte Bevölkerungsgruppen in der Beginnphase des Projekts zu wenig berücksichtigt wurden. Filer und Jackson (1989) zeigen die Gefahr auf, daß, wenn die Bedeutung von »kastom« (Tradi-tion) zurückgeht, junge Männer, die keinen Zugang zur Erwerbsarbeit haben, eine kriminelle Karriere als Zugang zu Prestige einschlagen könnten. Die Jugendkriminalität in vielen Städten Papua Neuguineas ist ja sehr hoch. Eine Möglichkeit, diesem Problem vozubeugen, wäre diesen

Autoren zufolge, daß die alten »big men« die jungen Leute stärker an ihrer traditionellen Macht teilhaben lassen, damit sie dann später diese Rolle übernehmen können. 1996 gab es kaum Initiativen von der Regierung, den Dorfvorstehern, der Minengesellschaft oder der Kirche, die sich mit der Situation der Jugendlichen in Lihir auseinandersetzten. Die Stelle für »Jugend und Sport« bei der Regierung wurde von den Einheimischen als »untätig« bezeichnet, und auch ich bemerkte kaum Aktivitäten dieser Abteilung. Die Frauenorganisation »*Petztorme*« plante 1996 eine junge, unverheiratete Frau als Vertreterin für weibliche Jugendliche in ihren Vorstand aufzunehmen.

Die Einheimischen von Lihir sind unterschiedlich stark von all diesen Veränderungen betroffen. Auf die BewohnerInnen der Dörfer in Niolam, die nahe der Minenanlage oder der neuen Stadt liegen, wirken die Einflüsse schneller und massiver ein als auf die Bevölkerung der Inseln Mali, Masahet und Mahur. Insgesamt waren 1996 die bedeutendsten Veränderungen für die InselbewohnerInnen die folgenden: Fast jeder von den jungen Leute hat die Möglichkeit, einer Erwerbsarbeit nachzugehen, vor allem im Baugewerbe und im Bergbau, aber auch auch in der Administration, im Verkehr, im Sozial- und Gesundheitswesen sowie im Handel. Der Zugang zur Bildung wurde erleichtert, die Minengesellschaft vergibt Stipendien. Es gibt viel mehr Geld als früher, und somit sind importierte Güter wie Wellblechdächer, Petrolumöfen, Radios, Fahrräder, Jeans, Plastiktaschen, Dosenfleisch, Trockenmilch, Radios und vor allem Alkohol stärker vorhanden. Die Umwelt veränderte sich – Gewässer wurden verschmutzt, Regenwald wurde gerodet, es kommt zu Staub und Lärmbelästigungen. Die Infrastuktur wurde verbessert: z.B. durch regelmäßigen Bootsverkehr zu den Inseln oder durch ein öffentliches Telefon in der Stadt. Durch Kontakte zu Personen aus anderen Kulturen vom In- und Ausland werden neue Verhaltensweisen wie Trinken von Alkohol oder das Kennenlernen von neuen Rollenbilder für die Frauen eingeführt. Die sozialen Strukturen und Kontrollen in den Dörfern sind in Veränderung, wodurch sich Konflikte verstärken, wie etwa Streit wegen Kompensationszahlungen oder Neid auf erfolgreiche Geschäftsleute.

Sozialisation und Jugendkultur

Im folgenden möchte ich einen Überblick über die Sozialstruktur in Lihir mit besonderer Berücksichtigung der Situation der Jugendlichen geben, da mir dies zum Verständnis der darauffolgenden Fallgeschichte notwendig erscheint.

Die Lihir-Gesellschaft ist in zwei Hälften, sogenannte Moieties geteilt. Die Gruppen werden als Bikpisin (Großer Vogel) und als Smolpisin (Kleiner Vogel) bezeichnet und mit einem See- und Fischadler identifiziert. Jeder Moiety gehören zwei oder drei Hauptklans an, die wiederum in Subklans getrennt sind. Bei Aussagen über die Namen der Klans und ihrer Beziehungen zueinander bestehen individuelle sowie lokale Unterschiede.[6] Jeder Klan beansprucht für sich einen Umweltgeist (*masalai*), der bestimmte heilige Plätze, wie etwa Bäume oder Felsen, bewohnt und sich auch oft in der Nähe der Männerhäuser aufhält.

In Lihir ist jeder mit jedem verwandt. Wenn sich zwei Personen in Lihir kennenlernen, stellen sie sich sehr bald die Frage, zu welchem Klan sie gehören, denn welche Art von Beziehung zwei Personen eingehen können, hängt von ihrem Verwandtschaftsbeziehungen ab. Die bedeutensten Verwandtschaftsregeln sind, daß der mütterliche Onkel (*kandere*) die wichtigste Autoritäts-und Vertrauensperson ist, daß es Scherzbeziehungen zu Tanten (*jamun*) und zwischen Kreuzcousins bzw. Kreuzcousinen (*palik*) gibt und daß sich Verschwägerte (*tambu*) und andersgeschlechtliche Geschwister (*kasing*) meiden müssen. Wichtig ist auch der Respekt und die Unterstützung für die Alten.

Die Dörfer sind in Weiler unterteilt, in denen sich auch jeweils ein Männerhaus (*haus boi*) eines Subklans befindet. Es ist die Wohnstätte für unverheiratete junge Männer und auch männliche Gäste werden dort untergebracht. Im Männerhaus finden wichtige Versammlungen und zeremonielle Feierlichkeiten statt. Nur diejenigen Frauen, die demjenigen Klan angehören, dem das Männerhaus zugeordnet wird, dürfen es betreten – und das auch nur zu bestimmten Zeiten. Die Organisation von traditionellen Feiern wird von den alten »big-men« durchgeführt, die auch zusammen mit Kirchenführern und gebildeten Geschäftsmännern (einige von jenen kehrten wegen der Goldmine aus den Städten zurück) die Dorfpolitik betreiben.

Die Lihir-Gesellschaft ist matrilinear, d.h. die Vererbung des Klans erfolgt über die weibliche Linie. Matrilinearität bedeutet aber nicht automatisch, daß Frauen einen hohen Status haben, denn dabei spielen auch andere Faktoren eine Rolle. 1990 sagten alle Dorfbewohnerinnen, die befragt wurden, daß sie sich von den Männern benachteiligt fühlen (Awart, 1993). Sie trugen die größere Arbeitslast, wurden in ihrer Entscheidungsfreiheit bezüglich Bildungsweg oder Erwerbsarbeit eingegrenzt, spielten in der Dorfpolitik kaum eine Rolle und ihnen stand kein den Männern gleichwertiger geschlechtspezifischer Raum zur Verfügung, wo sie sich als Frauen entfalten oder organisieren konnten.

Früher waren die Moieties exogam. Heute verhält es sich so daß auch

SIGRID AWART

Personen von derselben Moiety heiraten, doch es wäre wünschenswerter wenn eine Ehefrau einer anderen Moiety angehört als ihr Ehemann. Klan-exogamie sollte auf jeden Fall eingehalten werden, es gibt nur sehr weni-ge Personen, die sich nicht daran halten. Früher war es üblich, daß Ver-mählungen von den Verwandten arrangiert wurden. Einige alte Leute erzählten noch in den neunziger Jahren, daß ihre HeiratspartnerInnen von den *big men* ihres Klans ausgesucht wurden. Heute wählen die Dorfbe-wohnerInnen fast immer ihre PartnerInnen selbst, doch es ist noch immer sehr wichtig, daß die Verwandten damit einverstanden sind. Es kann traditionell, kirchlich oder standesamtlich geheiratet werden, am häufig-sten ist eine Kombination der beiden ersteren Heiratsformen. Die Braut-gabe besteht aus Muschelgeld, Schweinen und Geld, auch eine Gegen-gabe der Familie der Frau an die ihres Bräutigams sind üblich. Die post-maritale Residenz ist meistens virilokal, d.h. die Frauen übersiedeln in den Weiler ihrer Partner.

Die DorfbewohnerInnen berichteten, daß früher Heirat, Schwanger-schaft, Geburt, erste Menstruation, Initiation junger Männer in eine Ge-heimgesellschaft ausgiebig gefeiert wurden, doch in den neunziger Jahren waren nur mehr die Feste von größerer Bedeutung, bei denen es um einen Todesfall oder die Ehrung eines *big man* ging.

Geburten finden entweder im Dorf oder in Missionsspital statt, wobei im letzten Jahrzehnt die Entbindungen im Krankenhaus stark zunahmen, sodaß sie heutzutage die üblichere Variante sind (Awart, 1993). Die Be-treuung von Entbindungen sind aber immer noch Frauensache. Ein Kran-kenpfleger, der im Missionsspital vor einigen Jahren tätig war, wurde von den einheimischen Frauen nicht akzeptiert. Babies sind fast immer in Körperkontakt mit der Mutter oder anderen nahen Verwandten und wer-den gestillt, wann immer sie es wollen. Die Entwöhnung erfolgt meistens im zweiten Lebensjahr und dadurch, daß die Kinder dann bei ihren Großeltern übernachten. Es kommt aber auch vor, daß die Mütter ihre Kinder abstillen, indem sie scharfe Substanzen wie Wick-Creme oder Ingwer auf ihre Brustwarzen geben. Manche Frauen erzählten aber eben-so, daß sie ihre Kinder so lange stillen, wie diese es wollen.

Die Lebenswelt von Kleinkindern scheint unbeschwert, sie sind überall dabei und werden kaum jemals zurechtgewiesen. Es wird nicht eine be-sondere Welt für Kinder geschaffen, sie selbst suchen sich Spielplätze am Strand und am Dorf. Sie haben Spaß daran, die Größeren zu imitieren und lernen dadurch auch sehr viel. Wenn sie etwas größer sind, d.h. etwa fünf Jahre wird das Verhalten der Kinder stärker gemaßregelt. Wenn sie ungehorsam sind, sich gefährlichen Situationen aussetzen oder ihr Essen nicht aufteilen, werden sie beschimpft, geschlagen oder es wird ihnen angedroht, z.B. daß sie von einem weißen Mann verprügelt werden. Auch sollen sie dann Verantwortung für ihre jüngeren Geschwister übernehmen können und kleinere Arbeiten wie Botendienste ausführen (Awart, 1993).

In der Schule werden die Kinder mit westlichen Sozialisationsformen wie Zeitregelungen, Leistungsanforderungen und Konkurrenzdenken konfrontiert. Die meisten Schulen in Papua Neuguinea sind sehr christlich, streng und autoritär organisiert. Nur etwas mehr als die Hälfte der sieben bis fünfzehnjährigen besuchte in den achtziger Jahren eine Primärschule (Filer und Jackson, 1989). Die Mädchen und Burschen, die nach der Grundschule wieder in der Subsistenzwirtschaft im Dorf tätig sind, vergessen sehr bald wieder das Schulwissen, so wie etwa die Landessprache Englisch. Es wird angenommen, daß die Schulbesuchsrate durch die Entwicklung des Goldminenprojekts steigen wird. In Niolam etwa wurde jetzt ein Schulbus eingeführt, sodaß die Schulkinder nicht mehr so einen langen Fußmarsch zurücklegen müssen, und es gibt jetzt auch gute Aussichten auf Erwerbsarbeit. 1996, im Stadium des Baus der Minenanlage, wo auch viele unausgebildete Arbeitskräfte benötigt wurden, klagten jedoch einige Lehrer, daß einige Jugendliche die Grundschule abbrachen, sich bei den Arbeitgebern älter stellten und eine Lohnarbeit annahmen.

Etwa ein Viertel von jenen Jugendlichen, die eine Primärschule abschlossen hatten besuchten eine Sekundärschule auf der Nachbarinsel Neuirland (Filer und Jackson, 1989). Bei ihnen zeigt die schulische Sozialisation stärkere Auswirkungen wie etwa einen größeren Wunsch nach Erwerbsarbeit (Awart, 1993). Es gibt auch eine dreijährige Berufsschule in der Missionsstation in Palie, die zur »wirtschaftlichen Entwicklung« in den Dörfern beitragen soll. Dabei werden westliche Geschlechterrollen weitergegeben: die Mädchen werden in Hauswirtschaft, Nähen und Hygiene unterrichtet und die Jungen in Tierfarmmanagement, Bauwesen und in dem Dorf angepaßten Technologien. Bei einer Befragung über die Berufswünsche von 13-14 jährigen GrundschülerInnen im Jahr 1990 gaben 42% der Mädchen aber nur 17% der Jungen an, einer unbezahlten Beschäftigung im Dorf nachgehen zu wollen. Ansonsten wurden von den Mädchen nur relativ häufig die Berufe Lehrerin oder Krankenschwester genannt. Die Jungen gaben insgesamt viel mehr unterschiedliche Berufe an wie zum Beispiel Minenarbeiter, Pilot, Lehrer, Mechaniker, Zimmermann oder Polizist.

Mandie Filer, die 1989 in Lihir eine Studie über die Situation der Frauen durchführte, kam zu dem Schluß, daß Frauen generell über keinen hohen Status verfügen, junge Frauen und Mädchen jedoch den niedrigsten überhaupt haben. Geschlechtspezifische Unterschiede zeigten sich z.B. bezüglich der Arbeit. So sind die Tätigkeiten der Männer im Dorf-Hausbau, Fischfang, Anlegen der Gärten, Schweine einfangen – weniger zeitraubend und regelmäßig, d.h. sie genossen mehr »Freizeit« wie die Frauen. Die Dorfbewohnerinnen sind neben der Gartenarbeit auch für den Haushalt und Kinder- und Altenpflege zuständig. Heutzutage gehen viele junge Männer einer Lohnarbeit nach, was ihnen Prestige im Dorf einbringt, hingegen ist man über die Erwerbsarbeit der jungen Frauen nicht so glücklich, denn es wird befürchtet, sie könnten sich mit Fremden einlassen und schwanger werden.

Außerdem wird über die Mädchen im Dorf schlecht geredet, wenn sie sich längere Zeit der Muße hingeben oder alleine herumspazieren, was für die Jungen nicht zutrifft. Den Burschen wird mehr Unabhängigkeit zum Beispiel auch dadurch ermöglicht, daß sie sich oft ein eigenes Haus bauen, ein sogenanntes »*haus singel*«, in dem mehrere unverheiratete junge Männer zusammenwohnen. Mädchen leben immer bei ihren Eltern oder Großeltern und sind so stärker unter deren Aufsicht. Weitere Unterschiede zwischen adoleszenten Männern und Frauen zeigen sich auch bei der Kleidung. Den jungen Männern ist dabei alles erlaubt: auffällige Bemalungen, duftende Gräser (die liebesbezaubernd wirken) im Haar und auch jede Form der neuen westlichen Bekleidung: Stiefel mit offenen Schnürbändern, weite Shorts, zerissene Hemden oder Sonnenbrillen. Die Mädchen tragen wie früher hauptsächlich Hüfttücher oder weite, lange Röcke und die sogenannte »*meri blaus*«, die in der Kolonialzeit eingeführt wurde: eine lange, oben enge und unten weite Bluse, meistens mit dezenten Rüschen, wodurch ihre Figur verdeckt wird. Es wäre für sie unvorstellbar, sich außergewöhnlich zu schminken oder sich mit Hosen bzw. kürzeren Röcken zu kleiden. Das ganze Dorf würde sie verspotten und es würde heißen, sie wollen ja nur den Männern gefallen (interessanterweise stellt sich bei den Jungen niemand diese Frage).

Mit dem Beginn der Pubertät wird im Dorf sehr darauf geachtet, daß die Jugendlichen die Verhaltensvorschriften gegenüber der Verwandschaft und der Dorfgemeinschaft einhalten. Aufgrund des Tabus der Nähe zwischen Schwestern und Brüdern müssen die Burschen mit dem Eintritt in die Pubertät im Männerhaus (*haus boi*) schlafen.

»*Ein junger Mann könnte ja die Geschlechtsteile seiner Schwester sehen, wenn ihr im Schlaf ihr Hüftuch verrutscht*«, meinte Johannes, ein alter Mann aus Lihir.

Kiapseni (1976) berichtet, daß die jungen Männer in den Nächten im Männerhaus, wenn kein Fremder anwesend ist, von den alten Big men in die »Geheimnisse des Lebens« eingeweiht werden. In keinem der Forschungsberichte über Lihir wird über Zeremonien im Zusammenhang mit dem Eintritt der Geschlechtsreife von Jungen berichtet und als ich danach fragte, meinten die DorfbewohnerInnen, so etwas hätte es bei ihnen nie gegeben. Es könnte sein, daß sie mir darüber nichts erzählten, weil ich eine Frau bin. Ich finde es auch generell problematisch, das Geheimwissen anderer Kulturen zu erforschen.

Bühler (1948) berichtet von Reife- oder Initiationszeremonien für Knaben auf Tabar, einer Nachbarinsel von Lihir. Der norwegische Anthropologe Ramstad (n.d.2) schrieb Anfang der siebziger Jahre über Männergeheimbünde in Lihir, die für die männliche Identität von großer Bedeutung sind. In diesen aus Neuirland oder Ostneubritannien eingeführten Bünden geht es meistens darum eine Beziehung zu sehr gefährlichen und starken Geistern einzugehen und von ihnen Tanzmagie, Hexerei oder Wahrsagerei zu lernen, die laut diesem Autor den Kriegszauber aus früheren Zeiten ersetzten. Der wichtigste Männergeheimbund ist *pindik*, was Geheimnis in einer neubritannischen Sprache bedeutet. Den Ursprungsmythen zufolge gehörte *pindik* sowie andere Männergesellschaften früher den Frauen und wurde erst später von den Männern übernommen (Ramstad, n.d.2). Ich lernte 1990 im Dorf Ton *pindik* im Zusammenhang mit einer Tanzaufführung der Männer für die Weihe des Bischofs, der aus ihrem Dorf stammt kennen. In der Zeit, als die Tanzproben stattfanden, spazierte ich mit einigen jungen Frauen durch den Wald. Plötzlich erklärten sie mir in heiterer Aufregung, wir müßten uns verstecken, die *pindik*-Tänzer seien in der Nähe, und wir dürften sie auf keinen Fall antreffen.

Die *pindik*-Tänze wurden mit Speeren und Schlitztrommeln aufgeführt und wirkten angriffslustig. Sie drücken Einheit, Disziplin und Kraft, die aus dem Kontakt mit den Übernatürlichen resultieren, aus (Ramstad, n.d.2.). Laut diesem ist jedes Tanzensemble der Männer eine Art kurzzeitige Geheimgesellschaft. Tänze stellen Opfer für die Verstorbenen dar, sie sind ein Mittel, um andere zu beeindrucken oder mit ihnen zu konkurrieren oder um Liebesmagie auszuführen. Die Mitglieder einer Tanzgruppe werden von ihren Leitern mit Kokosnußöl, weißen Kalk oder roten Ocker eingeschmiert. Auch magische Hilfsmittel, die den Verlauf der Tänze beeinflussen, werden an den Kostümen der Tänzer angebracht, z.B. Gräser mit scharfen Spitzen zerschneiden feindliche Geister (die von einem konkurrierenden Tanzensemble aktiviert werden) oder wohlriechende Pflanzen ziehen die Zuschauer an. Die BewohnerInnen von Lihir haben großes Interesse an neuen Tänzen aus anderen Gebieten. Auch Frauen führen mit großem Engagement und Geschick traditionelle Tänze auf, jedoch sind ihre Aufführungen nicht so stark mit Geheimnissen und magischen Praktiken verbunden wie jene der Männer. In Lihir ist es eine Selbstverständlichkeit, daß bei traditionellen Festen Männer und Frauen nicht miteinander tanzen.

Als ich die Dorfbewohnerinnen in den neunziger Jahren nach Menstruationsriten befragte, wußten zwar die meisten, daß es so etwas gegeben hatte, jedoch nur einzelne, sehr alte Frauen kannten deren Ablauf und deren Lieder. Diese Menstruationsriten wurden *tolup* genannt und vor ungefähr fünfzig Jahren abgeschafft. Für Mädchen, die ihre erste Periode bekamen, wurde ein großes Haus gebaut, das Mädchen, die noch nicht menstruiert hatten sowie Männer nicht betreten durften. Die Menstruation wurde als sehr gefährlich betrachtet, falls die Männer diese Tabus nicht einhielten, wuchs ihnen nach Ansicht der Einheimischen kein Bart. Die Mädchen verbrachten dort unter Betreuung älterer Frauen einige Monate und durften nur Speisen zu sich nehmen, die im *haus tolup* gekocht wurden. Einige Nahrungsmittel wie Fleisch oder Fisch waren für die Mädchen tabuisiert, bestimmte Blätter wurden zur Stärkung gegessen. Die jungen Frauen konnten sich auch nur nachts waschen gehen und durften dabei den sandigen Boden im Dorf nicht berühren, sondern mußten sich nur auf Steinen fortbewegen. Die meisten Tätigkeiten wurden durch Lieder begleitet, die die alten Frauen den Jüngeren lehrten. Der Abschluß dieses Brauches wurde mit einem großen Fest gefeiert, bei dem sich die Mädchen mit roter Erdfarbe, Ingwer und Grasröcken, schmückten, Tänze aufführten und mit Körben voller Essen beschenkt wurden (Awart, 1993).

Folgende Geschichte meiner Informantin über die Beendigung der Menstruationsriten weist darauf hin, daß diese wahrscheinlich durch die katholische Kirche abgeschafft wurden: Ein Katechet von Namatanai, der in Lihir tätig war, ging einmal in das *haus tolup* und sah dort nackte Frauen. Er war darüber entsetzt, und die Frauen wurden in der Folge seiner Tabuüberschreitung krank. Darüber sorgten sich die DorfbewohnerInnen so sehr, daß sie diesen Brauch abschafften.

In den neunziger Jahren erzählten die meisten Frauen, daß die erste Menstruation für sie ein eher unangenehmes Erlebnis war, weil sie nicht gut darüber Bescheid wußten und beschämt waren. Außerdem wird die Regelblutung heutzutage eher negativ bewertet, es ist schwierig Monatsschutz aufzutreiben, und die Frauen müssen das Blut gut vor bestimmten Verwandten verstecken.

Auch Liebesangelegenheiten der Jugendlichen müssen vor der Dorfgemeinschaft geheim gehalten werden, nur die vertrautesten Personen wie der mütterliche Onkel oder die besten Freunde wissen davon. Der öffentliche Austausch von Zärtlichkeiten zwischen Verliebten ist tabuisiert. Wenn ein junger Mann und eine junge Frau, die ein mögliches Paar werden könnten, miteinander alleine sprechen oder miteinander spazieren, wird über sie gelacht und gescherzt, daß sie ein Verhältnis miteinander hätten. So gibt es mehrere Möglichkeiten der unauffälligen Kontaktaufnahme, besonders häufig ist das Senden von Boten, die der oder dem Geliebten Geschenke sowie die Information, wo und wann ein geheimes Rendez-vous am Strand oder in einem leerstehenden Haus stattfinden kann, übermittelt.

Ein junger Mann erzählte folgendes: *»Ihr Weißen trefft Euch einige Male und unterhält Euch und dann erst schläft Ihr miteinander. Das habe ich im Video gesehen. Bei uns ist das anders. Wenn ein Mann und eine Frau Gefallen aneinander finden, dann reden sie nicht viel und schlafen gleich miteinander.«*

Die verschiedensten Techniken von Liebeszauber (pupulu) sind weit verbreitet. Sehr häufig ist die Praktik, bei der dem oder der Begehrten eine Betelnuß oder eine Zigarette angeboten wird, worin ein Zaubermittel (poisin) beigegeben wurde, z.B. Kokosnußöl, angeboten wird. Fast alle Frauen, mit denen ich 1990 Interviews durchführte, gaben an, daß die Männer diejenigen waren, die eine Beziehung anstrebten und in die Wege leiteten.

Jugendliche haben intensive Beziehungen zu Personen aller Alterklassen, aber natürlich sind Freundschaften zu Gleichaltrigen von besonderer Wichtigkeit. Es wird gemeinsam gearbeitet, gebadet, herumspaziert oder Verwandten ein Besuch abgestattet. Persönliche Angelegenheiten werden besprochen, Geschichten erzählt oder Scherze gemacht. Typische Freizeitaktivitäten von Jungen sind Gitarre- und Fußballspielen und für Mädchen Teilnahme an kirchlichen Aktivitäten und Volleyballspielen.

Persönlicher Umgang mit dem Kulturschock

»Wenn Du jetzt kommst, wirst Du Dich gar nicht mehr auskennen«, schrieb mir meine Freundin Mary aus Lihir: Andererseits bezeichnete sie ihre Insel stolz als *»golden island«.* Ein Bekannter aus Neuseeland, der schon seit Jahren bei dem Projekt arbeitet, meinte: *»Du wirst einen Schock haben, wenn Du nach Lihir kommst.«* Der Brite Colin Filer, der in der Hauptstadt von Papua Neuguinea lebt, und meine Dissertation supervidiert, sagte, ihm kommen Minenprojekte vor wie *»Dinosaurier«,* weil sie so massiv auf ihre Umgebung einwirken. Nach Devereux (1984, S.110) gehören *»stellvertretende Vorerfahrungen«* in bezug auf angstregende Ereignisse zu den professionellen Abwehrstrategien. Durch die Vorinformationen wurde wahrscheinlich meine Abwehr schon so aufgebaut, daß ich dann die Veränderungen in Lihir gar nicht so schlimm fand.

Ich dachte: Es gibt ja noch immer noch sehr viel Regenwald auf den Inseln, jeder hat dort jetzt mehr Handlungsmöglichkeiten und die Minengesellschaft muß sich um ein gutes Verhältnis zu den Einheimischen bemühen, weil sie auf jeden Fall verhindern wollen, daß es zu Problemen wie bei den anderen Bergbauprojekten in Papua Neuguinea kommt. Andererseits war ich natürlich schon traurig und frustriert, daß der Fluß, indem wir früher badeten, verschmutzt wurde und nicht mehr benutzbar war, daß die höchsten Positionen bei der Minengesellschaft nur von Weißen eingenommen wurden und daß eine Proletarisierung von Teilen der Bevölkerung Lihirs zu befürchten ist.

Die erste Nacht verbrachte ich im Camp der GastarbeiterInnen auf der Insel Niolam, das ich in meinen Forschungstagebuch als eine Mischung von Gefängnis und Jugendherberge beschrieb: Kleine, spärlich eingerichtet Einzelzimmer, strenge Regeln und unter den vielen Fremden erkannte ich kaum Gesichter von früher. Ich wollte eine Antropologin, die in Lihir für eine Versicherungsgesellschaft eine Studie durchgeführt hatte, treffen, wir beide suchten uns gleichzeitig im Camp und fanden uns erst nach zwei Stunden. Auch sie verunsicherte mich mit Schauergeschichten darüber, wie schlimm jetzt die Situation für die Frauen wäre, weil die Männer das Geld nicht mit ihnen teilen und durch den Alkohol gewalttätig werden. Sie erzählte auch wie sie von einem einheimischen Minenarbeiter im Camp belästigt wurde. Am nächsten Tag besuchte ich meine Freundinnen aus Lihir, die bei der Minengesellschaft oder der Regierung tätig sind. Meine Geschenke – Röcke, Uhren und Schirmkappen – kamen gut an, wir tratschten und scherzten und es kam mir vor als wäre ich gar nicht so lange weggewesen. Ich nahm an einen Treffen von »Petztorme«, der Frauenorganisation in Lihir teil. Die Präsidentin dieser Organisation meinte, daß sie froh wäre, wenn ich sie durch meine Forschung bei ihrer Arbeit unterstützen würde. Vor allem Alkohol wäre ein Problem, die Männer gäben viel Geld dafür aus, würden das Dorfleben stören und Familienprobleme schaffen. Ich sagte, daß es in meiner Arbeit darum geht, Hintergründe für Handlungsweisen herauszufinden, fühlte mich mit den Frauen verbunden und dachte, daß sie viel »erwachsener« mit dem Kulturwandel umgehen können als die Männer.

Interessant war, daß es mir in diesen ersten Tagen eine gewisse Freude bereitete, die Regeln im Camp zu durchbrechen. So war es verboten, im Camp Betelnüsse zu kauen und Essen aus der Kantine mitzunehmen. Ich schmuggelte Betelnüsse ins Camp, die ich dann zusammen mit den Frauen, die ich dort kennengelernt hatte, kaute. Aus der Kantine nahm ich Mehlspeisen mit um sie dann bei meinen Ausflügen ins Dorf mit den Leuten zu teilen. Ich erfuhr dann, daß dieses Verhalten eigentlich bei sehr vielen Leuten in Lihir so üblich ist, selbst die »Security« (Wachbeamten) kaut angeblich Betelnüsse. Ich versuchte, mich dadurch von den weißen Autoritäten abzugrenzen, und diese Aktionen erinnerten mich an meine Jugendzeit, wo wir in der Mittelschule auf der Toilette heimlich rauchten.

Ich war dann froh, mich auf der idyllischen Insel Masahet niederzulassen, die eine dreiviertel Stunde mit dem Boot von der Insel Niolam entfernt, wo sich die Mine, das Camp und die Stadt befinden, liegt. In dem Dorf Ton verbrachte ich 1990 die meiste Zeit, und auf den ersten Blick schien dort alles beim Alten: Das Dorf sah aus wie früher, das Meerwasser war noch herrlich zum Baden, es gab dort keine Fremden, keine Autos, keinen Supermarkt, kein Telefon und keinen Staub und Lärm. Verändert hatte sich im Dorf, daß von der Regierung ein neuer Gehweg angelegt wurde, daß die Minengesellschaft einen Regenwassertank gebaut hatte, daß die Läden mehr Auswahl an Produkten führten und daß einige Häuser renoviert waren. Ich wohnte im selben Haus wie früher, doch es hatte sich von einer Bambushütte zu einem Krämerladen mit Wellblechdach verwandelt. Ich teilte mir das Hinterzimmer mit Roslyn, einem zwölfjährigen Mädchen. Im Spaß nannten sie die DorfbewohnerInnen und ich die »Security« (Wache). Junge Frauen in Lihir würden nie alleine in einem Haus schlafen, die Gefahr, daß sie dann von Männern nachts aufgesucht werden, wäre zu groß. Ihr Vater war wegen dem Laden und wegen seiner Tätigkeit bei der lokalen Regierung viel unterwegs, ihre Mutter wartete im Missionsspital auf die Geburt ihres Kindes. Sie genoß es, durch die Abwesenheit ihrer Eltern mehr Freiheit zu haben, und verbrachte viel Zeit mit ihren Freundinnen. Es war traurig, mit anzusehen, daß die Verwandschaftsgruppe, in die ich 1990 aufgenommen wurde und mit der ich damals zusammenlebte, in diesem Sinn nicht mehr vorhanden war. Mein Nachbar war verstorben, die Mädchen, mit denen ich damals zusammenwohnte, hatten geheiratet und waren zu ihren Männern gezogen. Tagsüber waren kaum Leute zu Hause: Viele Männer pendelten zur Arbeit nach Niolam, und dadurch haben die Frauen mehr Arbeit in den Gärten. Die Transportmöglichkeiten sind jetzt verbessert, so sind viele, vor allem alte Männer, »*raun*« (unterwegs) – sie fahren in die Minenstadt oder in andere Dörfer um Besorgungen zu erledigen oder einfach zum Schauen oder Leute treffen. Der Weiler, in dem ich wohnte, machte einen »zerstreuten« Eindruck.

Im Gegensatz zu den engagierten Frauen der »*Petztorme*«-Frauenorganisation und den stärker »modernisierten« Angestellten der Minengesellschaft fiel es mir anfangs schwer, Beziehungen mit den Frauen im Dorf aufzunehmen. Ich hatte den Eindruck, daß sie sich nicht sehr mit der aktuellen Situation auseinandersetzten, sondern den kirchlichen Aktivitäten noch mehr zugewandt waren als früher. Ich erlebte sie als sehr fromm, zurückhaltend und konservativ. Dies stand auch im Zusammenhang mit der »legio maria«, bei der 1995 viele Frauen und Mädchen, aber auch einige Männer aus Masahet Mitglied wurden. Es war auch gerade der Bischof von Neuirland, der aus diesem Dorf stammt, zu Besuch. Ich betrachtete es als sinnlos und nicht zielführend, daß sie soviel Zeit und Energie für Beten und Arbeit für die Kirche aufwendeten, und es kostete mich einige Überwindung, die für mich langweiligen und unbequemen Kirchgänge und Betstunden mitzumachen. Die Kontaktaufnahme zu den Männern fiel mir leichter, denn sie selbst setzten oft die Initiative, und ich fand die »intellektuellen« Diskussionen mit ihnen sehr interessant. Ich konnte mehr Verständnis für das Verhalten der Männer aufbringen, die in der schwierigen Situation des Kulturwandels zu Alkohol griffen, als für die Frauen, die darauf mit verstärkter Religiösität reagierten. Diese Tendenz erinnerte mich wieder an meine Jugendzeit, wo ich auch gegen Kirchenbesuche eine Abneigung empfand, während es für mich und meine Freundinnen interessant war, unerlaubt Alkohol auszuprobieren. Die Gespräche mit den Alten und ihre Fragen an mich fand ich faszinierend, aber auch besorgniserregend. So idealisierten sie die Weißen, z.B. wenn sie meinten, bei uns gäbe es keine Probleme mit Alkohol, weil wir viel vernünftiger und kontrollierter damit umgehen als die Schwarzen. Es dauerte noch einige Zeit, bis ich mich von meinen eigenen Kulturschock erholte und mich in den Verwirrungen zurechtfand. Eine hilfreiche Unterstützung war dabei das Notieren meiner spontanen Assoziationen im Forschungstagebuch sowie Distanz vom Dorfleben durch Stadtbesuche und Gespräche mit Personen, die nicht aus Lihir stammten. Ich konkretisierte meinen Forschungsplan. Ins Zentrum meiner Studie stellte ich Tiefeninterviews mit zehn Männern und zehn Frauen aus Ton auf Masahet und aus Londolovit, einem Dorf, das sich sehr nahe dem Minencamp und der Minestadt befindet. Dabei ging es darum, wie die InselbewohnerInnen, die Veränderungen die durch die Goldmine hervorgerufen wurden, erleben, interpretieren und bewältigen. Weiters führte ich auch Gespräche mit Angestellten der Minengesellschaft, Führungspersönlichkeiten der Kirche, LehrerInnen, SozialarbeiterInnen, usw. Weiters sammelte ich Daten zu meiner Fragestellung durch teilnehmende Beobachtung, Recherchen in der Minengesellschaft und der Regierung sowie Schulaufsätze von Jugendlichen.

Soziale Konflikte des Kulturwandels am Beispiel der Dorfdisco

Eine Einrichtung, die es in Lihir erst seit der Errichtung der Mine gibt, da vorher die dafür notwendigen technischen Mittel nicht vorhanden waren, sind sogenannte »gates«. Diese englische Bezeichnung für Zugang deutet an, daß es sich dabei um eine Veranstaltung handelt, für die die BesucherInnen einen Eintritt zahlen müssen. Eine Gruppe, meistens sind es Jugendliche, baut eine hohe Umzäunung aus Kokosnußblättern oder einer Plastikplane und Stützen aus Bambus. Freitag oder Samstag Nacht wird dann eine Dorfdisco unter freiem Himmel veranstaltet. Dafür wird eine Anlage inklusive den Diskjockey für ungefähr 300 Kina (390 DM) angemietet. Gespielt werden Musikkassetten, hauptsächlich mit Pop Musik aus Papua Neuguinea. CDs und Schallplatten gibt es in Lihir nicht. Die Disco wird auch »six to six« genannt, weil sie ungefähr von sechs Uhr abens bis sechs Uhr morgens dauert. Auch andere DorfbewohnerInnen können bei dieser Veranstaltung Geld verdienen: Frauen und Mädchen verkaufen verdünnten Fruchtsirup, Reis mit Dosenfleisch, im Erdofen gebackene Süßkartoffeln und Fisch sowie eine Art Doughnuts und Tapiokkuchen. Alkohol darf in Lihir nur in zwei Läden auf der Insel Niolam verkauft werden. Einige Familien besorgen sich Bier und Schnaps und verkaufen den Alkohol dann etwas teurer im Dorf weiter.

Eine Woche, nachdem ich nach Masahet gekommen war, wurde von den Burschen aus dem Haus neben meiner Unterkunft eine solche Tanzveranstaltung organisiert. Ich betrachtete dieses Ereignis als willkommene Abwechslung zu dem »ora et labora«-Alltag im Dorf. Ein bißchen beunruhigt war ich, weil zu mir, zwar im Scherz, aber doch mit einer gewissen ernsten Absicht gesagt wurde, daß die »*spakman*« (die Betrunkenen) in der Disco gewalttätig werden und die Frauen belästigen. Ich lehnte eine Einladung von befreundeten Männern, mit ihnen Bier zu trinken, ab. Ich hielt es für für mich als weibliche Forschende als keine gute Idee: Ich könnte dadurch das Vertrauen der Frauen verlieren und vielleicht auch in eine unangenehme Situation kommen. Deshalb trank ich auch sonst nie Alkohol im Dorf. Ich nahm mir vor, in der Disco immer bei den Mädchen zu bleiben. Roslyn, ihre Freundinnen und ich schmückten uns gemeinsam, natürlich nicht zu auffällig. Die 10- bis 13-jährigen Mädchen sind in einem Alter, wo das Hübschmachen noch nicht als so verwerflich gilt wie bei älteren Mädchen. Natürlich begann die Disco, wie es in Papua Neuguinea bei Veranstaltungen üblich ist, erst zwei Stunden nach der angekündigten Zeit. Ich hatte das aber wieder vergessen und war um sechs Uhr schon fertig.

Schweineschmaus und Disco (Fotos: Sigrid Awart)

Der Neffe des Bischofs kam vorbei und fragte mich, warum ich nicht zum Abschiedsfestessen seines Onkels, das im benachbarten Weiler veranstaltet wurde, gekommen war. Ich antwortete, daß ich von niemanden persönlich informiert oder eingeladen worden war und es mir aufdringlich erschienen wäre, dort einfach aufzutauchen. Ich fand es etwas schade, daß ich bei der Feierlichkeit nicht dabeigewesen war, doch im Moment interessierte ich mich auch mehr für die Disco. Festessen gibt es sowieso jede Woche irgendwo auf der Insel.

Beim Eintritt in das »gate« zeigte sich die neue soziale Abstufung: Erwerbstätige: zwei Kina (2,60 DM), »grassroots« (darunter sind andere Dorfbewohner zu verstehen): ein Kina (1,30 DM), Alte: 50 Toea (0,65 DM), Schüler: 20 Toea (0,25 DM). Zu Beginn tanzten nur 5-10jährige Jungen, dann begaben sich auch die 10-15jährigen Mädchen auf die Tanzfläche. Der Generator, mit dem die Anlage vesorgt wurde, stürzte ab. Die Dunkelheit war ein wenig beängstigend, wir Frauen und Mädchen rückten näher zusammen, nach zehn Minuten war der Schaden behoben. Es wunderte mich, daß so wenig Leute in der Disco waren; vor allem einige Freundinnen und Freunde, die ihr Kommen zugesagt hatten, tauchten nicht auf. Ich fragte eine junge Frau, wo denn die ganzen Leute seien. Sie antwortete:

»Die Männer sind noch draußen vor der Disco. Sie betrinken sich. Sie schämen sich davor zu tanzen. Sie betrinken sich zuerst und kommen erst, wenn sie beduselt sind. Sie haben verboten, daß hier drinnen Alkohol verkauft wird. Einige Alte aus dem Dorf sind sogar schon zur Polizei gegangen und haben gesagt, sie möchten, daß die Disco verboten wird. Sie möchten, daß es nur Videovorführungen gibt. Aber die jungen Leute wollen nicht nur Videoschauen, sie möchten tanzen.«

Nach und nach kamen sie – die »spakman« (die Betrunkenen). Die Stimmung in der Mädchengruppe kam mir vor wie beim Anschauen eines schaurig-lustigen Theaterstücks. Das seltsame Verhalten der Betrunkenen – wackeliger Gang, Lallen, Späße, Aggressionen – wurde mit Neugier und Aufregung beobachtet. Und sie lieferten auch die Show: Dreimal schaltete der Diskjockey die Musik aus und sagte, er macht jetzt Schluß, er hätte keine Lust mehr, da sich die Betrunkenen nicht ordentlich aufgeführt hatten. Nach Diskussionen und Entschuldigungen machte er dann aber doch immer wieder weiter. Die Unterbrechungen hatten folgende Gründe: 1) Ein Junge scherzte mit einem Mädchen, daraufhin ging ein Junge von einer Nachbarinsel auf ihn los. Die meisten Gäste rannten aus der Umzäunung hinaus und beobachteten mit Sicherheitsabstand wie sich die Situation weiterentwickeln würde. 2) Einige Jungen schalteten das Licht ein und aus. 3) Ein Junge sagte »fucking«, worauf ihn andere zu

beschimpfen begannen. Wieder rannte ein Großteil der Discobesu-
cherInnen nach draußen, vorsorglich, falls eine Rauferei beginnen würde.
Bei der ersten Unterbrechung forderte mich mein etwa sechzigjähriger,
mit einer starken Taschenlampe ausgerüsteter »kandere« (mütterlicher
Onkel) auf, schlafen zu gehen. Er würde mein Haus vor den Betrunkenen
bewachen. Ich entgegnete, daß ich alleine im Haus Angst hätte, mich
unter den Frauen und Mädchen im »gate« (Disco) aber sicher fühlen
würde. Ich setzte mich mit dieser Argumentation durch und fand seine
Besorgnis zwar nett, aber auch etwas grotesk. Zu früher Stunde tauchte
ein ziemlich betrunkener alter Mann auf. Er tanzte expressiv und trieb
vulgäre Scherze. Von ihm fühlte sich niemand bedroht, es wurde herzlich
gelacht. Jedenfalls ging es dann wirklich bis zum Sonnenaufgang noch
weiter, auch meine jungen Begleiterinnen hatten durchgehalten, worauf
sie stolz waren.

Es war schon ziemlich hell, als wir uns schlafen legten. Wir hatten uns
gut amüsiert und waren erleichtert, daß uns »nichts passiert« war. Es
hatte mir gefallen, wie mich die Jungen »höflich« zum Tanz aufforderten.
Mir gegenüber verhielten sie sich eher schüchtern als aufdringlich. Ein
Betrunkener gestand mir, daß er mich früher einmal hätte heiraten wol
len, daß es jetzt aber zu spät ist, weil wir beide schon liiert sind. Die
Mädchen und ich lachten sehr über ihn. Mit jedem, der mir vorgestellt
wurde oder mit dem sich ein Gespräch ergab, wurde zuerst unser
»Verwandschaftsverhältnis« geklärt. Einige Jungen nannten mich einfach
»kandere« (Nichte), denn dadurch war es möglich, über alles zu reden
und zu scherzen. Außer auf der Tanzfläche vermischten sich Männer und
Frauen kaum, selbst die Verheirateten saßen kaum beieinander. Körper-
kontakte wie Händehalten war auch nur bei Mädchen und Burschen
untereinander zu sehen. Auch Babies und Kinder waren bis in die späte
Nacht anwesend, jedoch nur sehr wenige alte Leute waren gekommen.
Die Tanzstile der Jungen waren individueller und ausdrucksvoller als die
der Mädchen, deren Bewegungen sich ziemlich ähnelten. Es war mir
unangehm, wenn mich die jungen Frauen beim Tanzen beobachteten oder
sagten, ich möge ihnen zeigen, wie sie tanzen sollten. Ich wollte nicht als
die Europäerin dastehen, die Papuanneuguinesinnen lernt, wie sie sich
bewegen sollen. In der tanzenden Menge fühlte ich mich als Teil der
Gemeinschaft, fand die Jugendlichen sehr attraktiv und spürte auch die
Nähe.

Am nächsten Tag schrieb ich in mein Forschungstagebuch: »Es ist
schade, daß wir – oder überhaupt die Männer und Frauen hier – sich
nicht näher kommen können.« Ich erwachte mit einem Schreck. Ich
wußte nicht mehr, wo ich die teure Taschenlampe, die es nur in den

größerern Städten zu kaufen gibt und die ich mir für den Discobesuch von einem älteren Mann ausgeborgt hatte, liegengelassen hatte. Ich ging in das »gate«, um sie zu suchen. Ich konnte sie nicht finden und erzählte meinen »kandere« (mütterlichen Onkel) und der Gruppe von Leuten, die bei ihm war, von meinem Problem. Er meinte: »Siehst Du, ich habe Dir ja gesagt, daß Du nicht mehr in die Disco zurückgehen sollst.«

Dann erzählte eine junge Frau, sie hätte gesehen, wie sie ein Junge aus einem anderen Dorf mitgenommen hatte. Frustriert und verärgert dachte ich, daß ich mich sofort auf den langen Weg in dieses Dorf machen müßte. Ich entschuldigte mich bei dem Mann, bei dem ich mir die Lampe ausgeborgt hatte und versprach, die Sache zu regeln. Da begannen mein »kandere« und die ganzen Leute um ihn herum zu lachen. Sie hatten mich an der Nase herumgeführt, er hatte die Lampe in seinem Haus. Ich sagte, daß sie ab jetzt aufpassen sollen, weil ich mir auch etwas ausdenken werde, um sie hineinzulegen. Das war eine Revanche von meinem »kandere« von gestern abend, weil ich nicht auf ihn gehört hatte, dachte ich und mußte über ihn schmunzeln.

Am Nachmittag suchte ich mit meinen NachbarInnen den Weiler, wo der Bischof wohnte, auf, weil dort das Festessen vom Vortag fortgesetzt wurde. Sein Klan stellte das Essen zur Verfügung und lud Mitglieder anderer Klans ein, die sich dann bei dem nächsten Anlaß wiederum revanchieren. Somit üben solche Feierlichkeiten die wichtige soziale Funktion aus, durch Zusammenarbeit die guten Beziehungen innerhalb eines Klans und durch den Austausch von Muschelgeld und Schweinen die guten Beziehungen zwischen den Klans zu erhalten. Bei solchen Festen führen die Männer die angesehenen Tätigkeiten wie Organisation sowie Töten und Zubereiten der Schweine durch. Junge Männer sind meistens diejenigen, die die Schweine einfangen und auf die Palmen klettern, um Kokosnüsse zu pflücken. Frauen und Mädchen sind für die Bereitstellung und Zubereitung von Yams, Süßkartoffeln und Blattgemüse zuständig. Gekocht wird im sogenannten »mumu«, d.h. das in Blätter eingewickelte Essen wird zwischen heiße Steine gelegt, die dann noch mit Bananenblättern oder neuerdings auch mit Stoffen zugedeckt werden. Eine Veränderung, die das Minenprojekt hervorrief, war, daß es jetzt bei solchen Festessen auch Reis und Dosenfisch- bzw. -fleisch auf Petroleumöfen gekocht gibt. Als eine schwierige Aufgabe scheint das Aufteilen des Essens auf die Gäste, das von alten Männern und Frauen durchgeführt wird. Die Geladenen sitzen in Verwandschaftsgruppen beisammen und die GastgeberInnen bringen ihnen ihren Anteil. Die Männer essen im Männerhaus und die Frauen auf dem Platz davor. Auch das Schwein für die Männer wird im »banis« (Umzäunung, Männerhaus) zubereitet. Zum Männerhaus gehören eine Hütte und ein durch einen Steinzaun abgegrenzter Platz.

Nach dem Festmahl unterhielt ich mich mit den Frauen, das Hauptthema waren die Geschichten der vorhergehenden Nacht. Ich wollte den Bischof bitten, ein Interview mit ihm zu machen, und dachte, daß er ja bald einmal aus dem Männerhaus kommen würde – ich darf ja in diesen »*banis*« nicht hinein. Es begann eine heftige Diskussion im Männerhaus, und als wir Frauen so dasaßen und gespannt das Geschehen im Männerhaus beobachteten, dachte ich, jetzt sind wir wieder in einer Theatervorstellung – dieses Mal waren die alten Männer die Darsteller. Da ich ja nur neomelanesisch spreche und die Männer die Lokalsprache Lir redeten, übersetzten mir die Dorfbewohnerinnen, worum es ging. Die Alten machten den Jungen Vorwürfe, daß sie den »*kastom*« (Tradition) nicht respektierten. Sie hatten gestern eine Disco veranstaltet, als das Festessen für den Bischof stattfand. Und außerdem hatten sie sich an einem so feierlichen Tag betrunken und geprügelt. Als Kompensation forderten die Alten von den Organisatoren der Disco ein Schwein, mit dem dann ein weiteres Essen gemacht werden würde. Der Vorschlag der Jugendlichen, mit etwas Geld Entschädigung zu zahlen, wurde abgelehnt. Natürlich begann dann auch unter uns Frauen eine Diskussion. Ein Teil von uns wies darauf hin, daß die Disco schon seit Wochen geplant war, der »*kastom*« aber erst vorgestern arrangiert wurde. Es wäre sehr schwierig gewesen, die Tanzveranstaltung im letzen Moment abzusagen, die Anlage war bestellt, viele Leute waren schon informiert. Außerdem stellten die Alten die Situation so dar, als hätte es die schlimmsten Raufereien gegeben, was einfach nicht stimmte. Sie hatten ihre Angehörigen zurückgehalten, zur Disco zu gehen (deshalb kamen auch einige meiner FreundInnen nicht), und somit dazu beigetragen, daß die Veranstalter wenig Profit gemacht hatten. Wenn sie jetzt noch ein Schwein von ihnen verlangen, würde das für die Jugendlichen einen großen Verlust bedeuten. Einige meinten sogar, daß die Alten eifersüchtig wären und nur ihre Macht darstellen wollten. Andere Frauen wiederum sagten, »*kastom*« wäre eben einfach das wichtigste. Der Bischof würde bald abreisen, und seine Abschiedsfeier würde eben ein paar Tage dauern und mußte daher schon am Freitag beginnen. Auf einer benachbarten Insel hätte es schon so einen Fall gegeben, und da wäre die Disco abgesagt worden.

Ich stand auf der Seite der Jungen, die mir auch leid taten, und ärgerte mich über die Alten. Ich verfolgte die Diskussion nicht bis zu ihrem Ende – solche Auseinandersetzungen auf Lihir können ja Stunden dauern, wobei dann meistens schon Gesagtes immer wieder wiederholt wird. Ich beschloß, die Beteiligen selbst nach ihrer Betrachtungsweise des Konflikts zu fragen. Am nächsten Tag fuhren einige Burschen auf eine Nach barinsel, denn in ganz Lihir war so schnell kein Schwein aufzutreiben. Das Schwein kostete mindestens 300 Kina (390 DM) und dazu kamen noch 150 Kina (195 DM) Reisekosten. Als ich dann beim Interview den Bischof selbst über seine Meinung befragte, meinte er, er könne nicht viel darüber sagen, weil es bei dem »kastom« um ihn ginge, aber die Alten sind in Zeiten des Kulturwandels eben verwirrt.

Die Sichtweise eines Jugendlichen

Abends, drei Tage nach der Disco, suchte mich Paul (Name geändert), einer der Disco-Veranstalter, in meinem Haus auf. Er brachte mir einen Brief und wollte sich mein Aufnahmegerät ausborgen. Ich kochte gerade Spaghetti und lud ihm darauf ein. Er kostete sie und meinte, er müsse sie mit Reis mischen, sonst würde ihm schlecht davon werden. Ich stellte im Gespräch fest, daß er der Sohn einer meiner besten Freundinnen ist und daß er somit den gleichen Klan angehörte, in dem ich aufgenommen worden war. Ich hatte Paul auch schon vor sechs Jahren kennengelernt. Seine Mutter war damals sehr ambitioniert bei der Herstellung von Muschelgeld, um ihren Sohn die zweijährige Weiterbildung an der Sekundärschule zu ermöglichen. Er hatte sich in den letzten Jahren in seinem Aussehen ziemlich verändert, so hatte ich ihn jetzt nicht mehr erkannt. Paul ist neunzehn Jahre alt, mittelgroß und kräftig gebaut. Wie sein Vater verhält er sich eher zurückhaltend und ist wenig gesprächig. Bei seiner Kleidung achtet er auf »style« (so nennen die Jugendlichen, wenn jemand »schick« aussieht): Er machte sich selbst kurze Rasta-Locken, die er mit Gräsern oder einem Stirnband schmückt. Meistens trägt ein zerissenes, helles Hemd, zerfranste, weite Jeans und Lederstiefel mit offenen Schnürsenkeln. Einmal bemerkte ich bei ihm und seinem Freund weiße Bemalungen auf den Händen, die ein Knochenskelett darstellten. Paul erklärte mir, daß er sie mit der weißen Korrekturflüssigkeit von einem Büro der Minengesellschaft angefertigt hätte (siehe: Buchumschlag).

Ich fragte ihm, ob er und seine Mitbewohner sich vorstellen könnten, ein Gespräch mit mir über die Veränderungen, die die Mine hervorgebracht hatte, zu führen. Er meinte, er würde die anderen einmal fragen. Obwohl ich sonst nur Einzelinterviews machte, dachte ich, daß es mit den jungen Männern in der Gruppe günstiger wäre. Die Vorstellung, als junge Frau mit einem jungen Mann in Lihir ein vertrautes Gespräch zu führen, verunsicherte mich, und ich stellte mir vor, daß es auch die Jungen in Verlegenheit bringen würde.[7] Doch Paul kam zurück und fragte, ob ich mit ihm alleine auch sprechen möchte, die anderen wären nicht zu Hause.

Ich sagte, bei uns ist das ganz normal, aber ich dachte bei Euch kommt man damit ins Gerede. Er ging vor, ich kaufte noch schnell Cola und Pop Corn für uns und folgte ihm. Er wohnte in einem hübschen, bunt bemalten Bambushaus auf hohen Stelzen, nur ein paar Schritte von meiner Unterkunft entfernt. Ich nahm schräg vis à vis von ihm auf der Bambusbank Platz. Das Zimmer war klein und spärlich eingerichtet: Seine T-Shirts und Hosen waren auf einer Wäscheleine aufgehängt, ein Radiorecorder, Kassetten und die Bibel befanden sich auf einem Holzregal, eine Sporttasche stand am Boden und ein Marienbild sowie Poster von weißen Frauen im Bikini hingen an der Wand. Die Poster verunsicherten mich, ich fragte ihn, woher er sie hätte. Er erzählte, daß er die Poster von Robert, einem der wichtigsten Autoritätspersonen unseres Klans, geschenkt bekommen hätte. Auf meine erste Frage, was er denn von all den Veränderungen, die es jetzt durch die Mine gibt, halten würde, schwieg er. Das ganze Gespräch über mußte ich viel nachfragen, Paul ist eher ruhig und introvertiert. Ich schlug vor, daß er über seine Arbeit reden könnte. Er erzählte, daß seine Arbeit als Maschinenprüfer sehr langweilig wäre. Er müßte zehn Stunden am Tag das Zählwerk einer Maschine kontrollieren. Er würde nur arbeiten, weil er Geld verdienen möchte. Sein Plan wäre, bald zu kündigen und mit Leuten aus seinem Klan in der Stadt auf der Insel Niolam eine Bar aufzumachen, um Bier zu verkaufen. Er kam darauf zu sprechen, daß nur junge Leute, die eine Schule besucht haben, einen Arbeitsplatz bekommen würden. Einmal hätte ein alter Mann versucht, an einer Schulung der Minengesellschaft teilzunehmen, er wurde aber nicht aufgenommen. Seiner Meinung nach würden die Alten aber auch gerne arbeiten, sie könnten es aber nicht, weil sie kaum Englisch verstehen. Wenn ein weißer Boss sie auf Englisch ansprechen würde, dann würden sie nur dastehen und schauen und nicht wissen, was sie sagen sollten. Paul amüsierte diese Vorstellung. Aber auch er erlebte Grenzen im Zugang zu der neuen Kultur. Zweimal wollte er ins Camp, einmal um Wasser und ein zweites Mal um eine Cola zu trinken. Einmal wurde er von der »Security« (Wachbeamten) aufgehalten, die ihm dann aber Wasser besorgt hätten, das andere Mal wies ihn ein Verwandter darauf hin, das er nicht in die Kantine gehen könnte. Wenn er seinen Ausweis (die meisten Minenarbeiter erhalten bei Arbeitsbeginn einen Lichtbildausweis) dabeigehabt hätte, hätte er hineingehen können, doch er hatte ihn verloren. Die »Security« wäre sehr streng, meinte er, eher mit Anerkennung als mit Verärgerung. Ich erwähnte (mit einem schlechten Gewissen), daß ich diese »Grenze« ohne Ausweis, nur weil ich eine weiße Frau bin, überwinden könnte und daß das eigentlich nicht in Ordnung ist. Paul meinte, ich sollte mir einen Ausweis besorgen

An den weißen Fremden äußerte er wenig Kritik. Einige gäbe es, die hinter den einheimischen Frauen her wären. Aber er meint, wenn einer etwas falsch machen würde, gäbe es ja das Gesetz der Minengesellschaft, daß er nach Hause geschickt werden würde. Über die Fremden aus den anderen Provinzen Papua Neuguineas, vor allem aus der Sepik Provinz, wußte er jedoch einiges Negatives zu erzählen: Er berichtete von Diebstählen, Vergewaltigungen und illegalen Niederlassungen auf Lihir. Er hätte auch schon fast einmal seinen Boss von der Sepik-Provinz verprügelt, weil er sie nicht korrekt bezahlt hätte.

Ansonsten wurde im Gespräch deutlich, daß er sich noch sehr mit seiner eigenen Kultur verbunden fühlt: Er sagte, daß er sich von seinem Lohn noch kaum etwas für sich selbst gekauft hätte, er würde das Geld seinen Verwandten geben, wenn sie ihn danach fragen. Am Wochenende oder wenn er verschläft und sein Boot versäumt, würde er in dem Garten seines Klans arbeiten. Paul kritisierte, daß auf Niolam die Gartenarbeit an Bedeutung abnimmt. Sein Lieblingsessen wäre Yams, und er möchte sein Leben lang auf seiner Heimatinsel bleiben. Er will aber auch die Vorteile der neuen Kultur nutzen: Auf die Frage nach seinen Zukunftswünschen, meinte er, er würde sich gerne ein Boot kaufen und ein neues Haus bauen. Interessant ist, daß er einer der wenigen männlichen jungen Mitglieder der »legio Maria« ist. Daran würde ihm gefallen, daß eine Frau – Maria – im Zentrum der Religion steht sowie der stärkere Glaube und das vermehrte soziale Engagement dieser Gruppe im Vergleich zur traditionellen katholischen Kirche. Er meinte, es sei wichtig, einen starken Glauben zu haben, sonst würde so etwas passieren wie auf der Nachbarinsel Niolam, wo sich die Burschen betrinken, während die anderen die Sonntagsmesse halten. Die eigenen traditionellen Bräuche, wie etwa Totenfeiern oder Ehrungen der alten *big men,* schienen ihm im Moment nicht so am Herzen zu liegen. Er sagte, die Alten würden daran festhalten, aber wenn sie sterben, werden diese Traditionen vielleicht auch verschwinden. Ich dachte, daß diese Einstellung mit dem Streit wegen der Disco und den dadurch entstandenen Aggressionen gegen die alten Männer zusammenhängen könnte. Wir kamen im Interview darauf zu sprechen, und er meinte, für die Alten wäre die Angelegenheit jetzt in Ordnung, für ihn aber nicht. Paul erzählte, daß einige Alte auch Bier getrunken hätten, als das Festessen noch im Gang war, und daß er und seine Freunde deswegen von den Alten auch ein Schwein als Entschädigung verlangt hätten. Sie antworteten darauf, daß sie in einem anderen Weiler, als das Festessen stattfand, getrunken hätten. Als die Jungen darauf entgegneten, daß sie ja auch in einem anderen Weiler die Disco veranstaltet hatten, hätten die Alten nicht mehr gewußt, was sie sagen sollten und waren still. Ein Junge hätte eine Ansprache gehalten, daß anscheinend unterschiedliche Gesetze für Alte und Junge gelten würden, in Zukunft bräuchten sie von ihnen nichts mehr verlangen. Wütend hätten die jungen Männer das Männerhaus verlassen.

Paul erzählte: »*Wir ließen sie einfach sitzen.*« Und dann meinte er noch: »*Jetzt lassen wir es bleiben. Aber wenn das nächste Mal so etwas vorkommt, dann sagen wir: Ihr braucht uns gar nichts mehr zu sagen.*«

Ich fragte ihn dann, wie denn das überhaupt so ist mit den »*gate*« (Discos) im Dorf.

Sigrid: Wie ist das sonst bei der Disco? Kommen da die Alten auch oder ist das nichts für sie?

Paul: Sie wollten immer schon die Disco verbieten. Einige Alte sagten, wir können die Disco nicht verbieten, denn dabei können die Leute Geld verdienen. Ich weiß jetzt nicht, ob sie wieder eine Disco veranstalten oder nicht... Schon früher einmal hatten sie es verboten. Sie hatten es verboten, dann sagten einige Alte wieder, es würde erlaubt sein, und sie begannen wieder damit... Und ich veranstaltete jetzt eine und da machten sie einen »*kastom*«. Aber zwei Discos wurden schon vor der meinigen gemacht. Sie hatten es verboten, dann gab es zwei Discos, meine ist jetzt die dritte.

Sigrid: Aber sie hatten es verboten?

Paul: Die Alten hatten es verboten, doch die Jungen hörten nicht auf sie. Und ich machte jetzt eine Disco, und da waren sie verärgert... Sie sagten ich soll es absagen, aber ich antwortete: »Oh, es tut mir leid, ich kann nicht absagen, es ist etwas, wo ich Geld dabei verdienen kann.«

Sigrid: Und was denkst Du, warum wollen sie die Discos nicht?

Paul: Einige wollen die Discos nicht, weil sich da die Mädchen nicht anständig verhalten. Deshalb wollen sie keine Discos mehr.

Sigrid: (lacht) Wie meinst Du das?

Paul: Sie sind den Burschen hinterher in der Disco... Deswegen haben sie die Disco verboten.

Sigrid: Aber bei deiner Disco habe ich das nicht bemerkt.

Paul: So haben sie die Disco verboten. Viele Mädchen machten das so in der Nacht: Sie schwindeln und sagen, daß sie tanzen gehen, aber eigentlich treffen sie ihre Liebhaber irgendwo anders.

Sigrid: Wenn sie bei ihren Verwandten sind, können sie das nicht machen.

Paul: Genau...

Sigrid: ... ich dachte, Alkohol ist der Grund, warum sie die Disco verbieten wollen.

Paul: Sie haben auch darüber gesprochen. Sie sagten, sie werden den Alkohol verbieten. Wenn Du trinkst, trinke gut und gehe tanzen. Du kannst nicht trinken und Dich dann in der Disco aufführen... Weil es so ist, darf kein Alkohol in die Disco mitgenommen werden. Einer der trinkt, darf nicht hinein. Und die Betrunkenen führen sich immer in der Disco auf, und deshalb waren viele Discos nicht gut.

Sigrid: Gibt es keine »Security«, die dann die Betrunkenen hinauswerfen?

Paul: Es gibt keine »Security«. (Lacht) Derjenige, der die Disco veranstaltet, ist die »Security«.

Sigrid: Das ist schwierig.

Paul: Es ist schwierig. Es ist nicht möglich, sie zu kontrollieren.

Sigrid: Bei deiner Disco war es auch so, ihr habt sie hinausgeworfen und auf der anderen Seite kamen sie wieder herein (lacht).

Paul: (lacht)

Sigrid: ... und Du, Du hast gesagt, daß Du nicht viel trinkst. Wie ist das wirklich?

Paul: Ich trinke nicht viel. Nur manchmal, wenn mir danach ist, trinke ich.

Sigrid: Wieviel trinkst Du da?

Paul: Ich trinke nur drei Bier und einen kleinen Schnaps, und dann bin ich beduselt. Wenn ich trinke, dann habe ich die Kontrolle über mich und nicht das Bier kontrolliert mich. Ich kontrolliere das Bier.

Sigrid: Aber manche können sich nicht kontrollieren.

Paul: Manche können das nicht wie damals bei der Disco. Das Bier kontrolliert sie und sie führen sich auf... Sie täuschen auch etwas vor. Sie sind nur *»spak meri«.*

Sigrid: Was heißt »spak meri«?

Paul: Sie trinken und dann führen sie sich vor den Augen der Frauen auf. Dann sagen die Frauen: »Schau, der ist betrunken.«

Sigrid: Aha, sie täuschen etwas vor. Wollen sie damit den Frauen Angst machen?

Paul: Wer weiß, was sie wollen (lacht und zündet sich eine Zigarette an).

Sigrid: ... früher als ich bei Euch war, gab es noch keinen Alkohol.

Paul: Jetzt erst gibt es ihn, die Minengesellschaft kam und mit ihr der Alkohol.

Im Laufe unseres Gesprächs kamen die anderen Jungen, die in dem Haus wohnten, und machten sich zuerst ein wenig über uns lustig, dann respektierten sie aber, daß wir ungestört reden wollten. Nach dem Interview probierte Paul, ob meine Kopfhörer zu seinem Radio passen würden, und fragte mich nach einer leeren Kassette. Ich versprach, ihm von meinem nächsten Stadtbesuch eine mitzubringeen. Er meinte dann, er gehe jetzt zu seiner Mutter, und so verabschiedete ich mich schnell. Mein Gefühl ihm gegenüber nach dem Interview war, daß er mir leid tat. Ich dachte, er geht jetzt zu seiner Mutter, weil er Hunger hat, mein Essen hat ihm ja nicht geschmeckt, und »der Arme« mußte ja am nächsten Morgen schon um fünf aufstehen, um zu dieser unsinnigen Arbeit zu gehen. Und dann noch diese Geschichte mit der Entschädigungszahlung. Dabei ist er so nett und anständig, er unterstützt andere und lebt sehr christlich. Mein anfängliches Gefühl der Angst vor der Entstehung einer erotischen Spannung hatte sich gewandelt hin zu mütterlichen Gefühlen der Besorgnis.

Interpretation der Erfahrungen und Beobachtungen auf Lihir

Im folgenden möchte ich versuchen, die Geschehnisse rund um die Disco, dem Interview mit Paul sowie meinen eigenen (Gegen-)Übertragungen zu einer Interpretation der Bedeutung des Kulturwandels für die Jugendkultur in Lihir zusammenzufassen. In dem Spektrum ethnopsychologischer Forschungen kann meine Methode am ehesten der ethnopsychoanalytischen Begleitung zugeordnet werden (vgl. Reichmayr, 1995). Diese Interpretationen entstanden durch Auseinandersetzung mit der »dichten Beschreibung« von Beobachtungen und Gesprächen sowie mit den Texten aus dem Forschungstagebuch mit Kolleginnen und in zeitlicher Distanz zu dem Erlebten (vgl. Nadig 1992, S. 40). An dieser Stelle möchte ich mich bei Anita Dietrich-Neunkirchner, Elisabeth Reif, Ketajun Dörfler, Johannes Reichmayr und Otto Fichtl für die Zusammenarbeit für diesen Artikel bedanken. Hier habe ich das erste Mal mein Datenmaterial von meiner Feldforschung in Lihir 1996 bearbeitet, der vorliegende Text ist auf jeden Fall noch offen für weitere und tiefere Analysen. Da *Jugend und Kulturwandel* ein Thema ist, bei dem verschiedene Ebenen miteinander verwoben sind und bei dessen Reflexion bei mir leicht ein Gedanken-»Wirrwarr« entsteht, erschien es mir nützlich, die Interpretation nach Dimensionen zu strukturieren.

»Ausleben und Kontrolle«

In Papua Neuguinea fällt mir als Europäerin auf, daß es auf der einen Seite viele Tabus und Verbote gibt sowie auf der anderen exzessiven Alkoholkonsum, direkten Ausdruck von Gewalt und eine offensichtlichere sexuelle Atmosphäre. Das hängt meiner Ansicht nach damit zusammen, daß unsere Kultur einen anderen Umgang mit Sexualität und Aggression hat als die Kultur Lihirs. Im Gegensatz zu Mitteleuropa ist es dort nicht üblich, daß Frauen ihre Oberschenkel zeigen und daß sie mit Männern tanzen, andererseits kommt es dort bei gegenseitigem Interesse schneller zu einer Liebesaffaire sowie bei Konflikten eher zu Handgreiflichkeiten. Diese kulturellen Unterschiede lösten bei mir Angst und

Verwirrung aus. Bei der Bewältigung dieses Problems griff ich auch auf Muster zurück, die für die Kultur Lihirs typisch sind: In der Disco hielt ich mich immer in der Mädchengruppe auf, meine Ängste vor erotischen Spannungen im Interview mit Paul überwand ich, indem ich mich zu seinem Klan zugehörig fühlte. Weiters machte ich die Erfahrung, daß nicht »so heiß gegessen wie gekocht wird«: Es wurde vor der »Wildheit« der betrunkenen Männer gewarnt, ihre Inszinierungen in der Disco erlebte ich dann aber eher unterhaltsam als bedrohlich. Das Verhalten der Betrunkenen war aber auch ärgerlich, denn fast wäre dadurch die Disco vorzeitig beendet worden, und sie sind meiner Ansicht nach der Hauptgrund, daß solche Tanzveranstaltungen generell verboten wurden.

Die Disco ist ein gutes Beispiel für die Dimension *Ausleben und Kontrolle*. Die Burschen betrinken sich und stellen sich erotisch und kampfeslustig dar. Die Mädchen leben zum Teil ihre sexuellen und aggressiven Gefühle indirekt über die Burschen aus: Sie haben ihr Vergnügen bei den »Shows« der Betrunkenen, was durch »*spak meri*« ausgedrückt wird. Laut Paul treffen in der Disco die Mädchen ihre Liebhaber, weil sie weniger unter der Aufsicht ihrer Verwandten sind. Aus seiner Sicht sind die Mädchen diejeinigen, die Kontrolle benötigen. Die Alten sehen keine andere Möglichkeit, »diesen Enthemmungen« entgegenzutreten, als durch Verbote und Bestrafungen in bezug auf Alkohol und Tanzveranstaltungen.

Durch die Kolonial- und Missionsgeschichte wird den Weißen die Rolle der Ordnungsinstanz zugeschrieben. So wird heute noch erzählt, daß sie den »Kannibalismus« abgeschafft hätten, und es wird geglaubt, daß sie keine Probleme mit Alkohol haben, weil sie angeblich »kontrolliert« trinken. Paul sagt, daß die weißen Gastarbeiter hinter den einheimischen Frauen her sind, doch er denkt, die Minengesellschaft würde dieses Problem schon richtig maßregeln. Seine eigenen Landsleute beschreibt Paul aber als »Wilde«, die vergewaltigen und stehlen und die schwer unter Kontrolle zu bringen sind. So können die Weißen aber auch ihre Machtposition halten, negative Gefühle gegenüber den »Eindringlingen«, verschieben sich von den eigentlichen Verursachern der heutigen Situation – der amerikanisch/europäischen Minengesellschaft – auf Gastarbeiter der anderen Provinzen Papua Neuguineas. Paul stellt sich mir als europäischer Frau als jemand dar, der sich zu kontrollieren weiß: »*Ich kontrolliere das Bier.*« Er findet es nicht ungerecht, daß er in das Camp der Minengesellschaft ohne Ausweis nicht hineindarf, und erkennt die »Security«, d.h. die Wachbeamten, als notwendige Ordnungshüter an.

Eine weitere Rollenzuschreibung im Spannungsfeld zwischen Ausleben und Kontrolle bezieht sich auf Männer und Frauen. Die InselbewohnerInnen ziehen Elemente der neuen Kultur heran, um mit dieser

Spannung, die sich durch den Kulturkontakt verstärkt, umzugehen: Alkohol und christliche Religion. Exzessives Trinken der Männer in Zeiten des kulturellen Umbruchs erfüllt viele Funktionen. Alkohol gilt als Symbol für Modernität und »Kultiviertheit«, bis 1962 war er in Papua Neuguinea nur für Weiße erlaubt (Marshall, 1982). Andererseits erinnert das Verhalten betrunkener Männer in Lihir an ihre früheren Geheimgesellschaften: Sie erzeugen dadurch Männersolidarität, es macht sie gefährlich, unheimlich und unberechenbar- und sie bauen sich dadurch eine Welt auf, von der Frauen ausgeschlossen sind. Auch Bosse (1994a. S. 265) beschreibt exzessives Trinken männlicher Jugendlicher in der Sepik-Provinz als »neues Männerritual«, bei dem sie auch ihr »inneres Bild von sich selbst als moderne Individuen zerstören«. Weiters könnte sich im Rausch auch die Sehnsucht nach einer heilen Welt äußern. Männer sind viel öfter in der Erwerbsarbeit tätig als Frauen, sie haben einen direkteren Zugang zu Geld und mehr Kontakt zu den Fremden. Wahrscheinlich suchen viele junge Männer in dieser neuen Streßsituation im Alkohol auch Entspannung. Der Kulturwandel bringt viele neue Konflikte mit sich wie Konkurrenz, Eifersucht und Spannungen. Wenn sich Männer im betrunkenen Zustand streiten und prügeln, fühlen sie sich nicht für ihre aggressiven Gefühle anderen gegenüber nicht verantwortlich (vgl. auch Marshall, 1982). Auch die Frauenorganisation sieht die Ursachen für Probleme eher im »bösen, magischen« Alkohol und nicht in den sozialen Spannungen.

Frauen haben einen eher indirekten Kontakt zu der neuen Kultur und gehen auch anders damit um. Einerseits haben sie weniger Zugang zu Erwerbsarbeit, Geld und den neuen Gütern, andererseits können sie sich können sich die Veränderungen erst einmal aus der Distanz anschauen. Sie fühlen sich noch immer für die Versorgung und das Wohl der Familie verantwortlich. Einige Frauen beschäftigen sich mit dem Kulturwandel, z.B. diskutieren sie in der Frauenorganisation, wie Alkohol kontrolliert werden könnte. Viele Fraue wenden sich jedoch von der Auseinandersetzung mit dem aktuellen Situation ab und ziehen sich in die Religiösität zurück. In der »legio Maria«, wird eine fromme Frau, die heilige Jungfrau Maria, die auch ein Symbol für »kontrollierte Sexualität« sein könnte, verehrt. Sie versinnbildlicht aber auch eine gute Mutter: Eine der Hauptaufgaben der Mitglieder dieser Vereinigung ist, daß sie Alte, Arme und Leidende unterstützen. Die »legio Maria« kann als geeignete Gegenwelt zu der Männerkultur des Minenprojekts betrachtet werden. An dem aktuellen Kulturwandel sind viele Frauen nur peripher beteiligt, der Kulturwandel von »oben«, d.h. Heilserwartungen, erscheinen ihnen als eine bessere Alternative.

»Solidarität und Individualität«

Die Zugehörigkeit zu einer Gruppe hat in Gesellschaften wie jener in Lihir eine wichtigere Bedeutung, für das Gefühl geliebt zu werden und mit der Welt fertig zu werden, als in unserer Kultur (vgl. Parin, 1983). Früher gab es in Lihir nur das Modell der Zusammenarbeit im Klan, um sich die Lebensgrundlagen zu sichern und um bei dem zeremoniellen Austausch mit anderen Klans – unter der Organisation der alten *big-men* – Prestige zu erlangen. Auch in den Wünschen und Vorstellungen der Mitglieder der TKA-Bewegung in bezug auf Kulturwandel zeigt sich dieses Prinzip: Gemeinsames Arbeiten unter der Anleitung und dem Schutz eines »guten« Landes (Amerika) führt zum Wohlbefinden aller InselbewohnerInnen. Durch die Goldmine sind die Einheimischen den Verführungen des Kapitalismus ausgesetzt: Es gibt die Möglichkeit zu individuellem Reichtum und Unabhängigkeit von der Großfamilie, z.B. durch das Öffnen eines Ladens oder Lohnarbeit in der Mine. Will jemand jedoch seine guten Beziehungen zu den Klanmitgliedern erhalten, so muß er mit ihnen seine Einnahmen teilen und darf sich nicht bereichern.

Paul gibt den Großteil seines allein verdienten Lohnes seinen Angehörigen, um das gute Verhältnis zu wahren. Seine Verwandten wiederum versorgen ihn mit Feldfrüchten und Baumaterialien aus dem Regenwald. So stellt sich bei ihm der Konflikt von Individualität und Solidarität weniger als bei Personen, die sich materiell schon mehr von ihrer Kultur gelöst haben und den traditionellen Gütern weniger Wert beimessen als Geld oder importierten Gütern. Er zieht das gemeinsame Eröffnen einer Bar mit Angehörigen aus seinem Klan seiner Lohnarbeit vor. Dabei spielt es nicht nur eine Rolle, daß seine Arbeit stupid ist, sondern auch, daß er lieber mit seiner Verwandschaftsgruppe zusammenarbeitet als mit den Fremden der Minengesellschaft.

Ich erlebte das Sozialleben im Weiler als »zerstreuter« wie in der Zeit vor dem Bau der Mine. Wahrscheinlich wurde ich zum ersten Festessen des Bischofs nicht eingeladen, weil man mich vergessen hatte oder weil sich niemand zuständig fühlte, mich zu informieren. Bei meinem ersten Aufenthalt hatte ich eine solche Erfahrung nie gemacht. Andererseits interessierte ich mich selbst mehr für die Dorfdisco als für das traditionelle Festessen und vermittelte diese Einstellung wahrscheinlich auch meiner Umgebung. Bei der Disco folgte nicht der Anordnung meines *kandere* (Onkels), schlafen zu gehen, sondern richtete mich nach meinem eigenen Wunsch, noch aufzubleiben. Er reagierte auf mein ungehorsames Verhalten, indem er mich am nächsten Tag beschwindelte und mich so kurzfristig in eine unangenehme Situation versetzte. Andere Formen der Maßregelung standen ihm kaum zur Verfügung.

Die älteren Leute stört die Tendenz, daß die Gruppenzusammenge-hörigkeit abnimmt wahrscheinlich stärker als die jüngeren Leute, die die Unabhängigkeit von der Verwandschaft auch positiv sehen. Die Alten fordern von den Discoveranstaltern eine Entschädigung. Damit machen sie jenen, die damit Geld – das neue Prestigegut – verdienen wollten, einen Strich durch die Rechnung und heben die Bedeutung des Schweins – einem traditionellen Prestigegut – hervor. Ein Schweineschmaus, an dem der Großteil der DorfbewohnerInnen teilnimmt, erscheint als bedeu-tender für die Gemeinschaft als die Disco, bei der sich hauptsächlich nur jüngere Leute vergnügen. Traditionelle Feste haben eine wichtige Bedeu-tung als Gegenkultur in Gesellschaften, wo sich der Kapitalismus durch-zusetzen versucht. So beschreibt Bosse (1979), daß die Tzotzil und Zeltal in Mexico durch aufwendige Feste das Kapital, das sie bei der Lohnarbeit individuell verdienen, »*systematisch*« vernichten, um so ihre egalitäre Gesellschaft zu erhalten.

»*Tradition und Moderne*«

»*Die Adoleszenz steht zwischen (...) progressiven, auf Veränderung drängenden, und konservativen, die Familie reproduzierenden Bereichen der Gesellschaft; ihr Verlauf entscheidet, ob die Distanzierung von der Familie gelingt und die progressiven Tendenzen weiter vorangetrieben und subjektiv angeeignet werden können.*« (Erdheim, 1984. S.278)

Das Verbot der Alten von »modernen« Einrichtungen der Jungen wie im vorliegenden Fall die Disco und ihre Hervorhebung der Wichtigkeit des »traditionellen« Schweineschmauses könnte ein Versuch sein, den Kulturwandel »*einzufrieren*« (vgl. Erdheim, 1988). In Lihir wird der Kulturwandel durch massive Einwirkungen von außen hervorgerufen. So ist es meiner Ansicht nach nur eine Frage der Zeit, wie lange sie sich noch durchsetzen können. Paul meint, daß er und seine Freunde in Zu-kunft bei Auseinandersetzungen den Alten »*ihr braucht uns gar nichts mehr zu sagen*« entgegnen werden und daß Traditionen mit dem Tod der Alten vielleicht auch verschwinden werden.

Ich war hin- und hergerissen zwischen dem Gefühl der Traurigkeit, daß Traditionen verlorengehen und die Alten an Respekt und Einfluß verlieren, sowie den Aufregungen der Aufbruchstimmung der jungen Leute. In der Forschungssituation des rapiden Kulturwandels erfolgte das »*Pendeln*« zwischen meiner eigenen und der fremden Kultur, (das auch notwendig ist, um kulturspezifische Phänomene überhaupt wahrzu-nehmen) sehr rasch und führte auch oft zu Verwirrungen (vgl. Erdheim und Nadig, 1991). Vielleicht war mein Schmuggeln von Betelnüssen – einem traditionellen Genußmittel – in die westliche Welt des Camps sowie von europäischem Essen aus dem Camp in die Dörfer ein Versuch, die Grenze zwischen eigener und fremder Kultur zumindest symbolisch zu überwinden.

Die BewohnerInnen Lihirs haben die Fähigkeit entwickelt, die so gegensätzlich erscheinende »Moderne Welt« mit der »Traditionellen Kultur« zu verbinden. Sie lassen sich von der neuen Kultur nicht vereinnahmen, sie gehen mit den »westlichen« Einflüssen auf ihre kulturspezifische Weise um. Sowohl bei der Mitgliedschaft der Kirche als auch beim Trinken steht Solidarität und traditionelle Geschlechtsidentität im Vordergrund. Selbst die Disco baut formal auf Geheimbundenfesten auf. Pater Neuhaus beschrieb 1931 solche Veranstaltungen auf der Insel Neuirland: Auch bei ihnen wurde ein hoher Zaun gebaut, Eintritt verlangt, ein »Theater« veranstaltet, »wild« getanzt usw. Sie unterschieden sich von der Disco nur in zweierlei Weise: Frauen durften in diese Umzäunung nicht hinein, und die Hauptsache dabei war »*Schweinebraten, immer wieder Schweinebraten*« (Neuhaus, 1931, S. 205.). Und eben gegen diese Abweichungen richtete sich eigentlich in vorliegendem Fall die Kritik der Alten. Auch Ursachen für Konflikte scheinen sich nicht verändert zu haben: »*Weiber, Geld und Schweinegeschichten geben eine Menge Anlaß zu Streitereien«,* schrieb Pater Neuhaus (n.d., S. 187) in den 30er Jahren.

Obwohl Alter, Geschlecht, Bildung, Herkunft usw. dem Einzelnen Einschränkungen auferlegen, gibt es in der Dimension zwischen Tradition und Moderne für das Individuum ein Spektrum an Handlungsspielräumen. »*Es gibt ... nicht nur einen, sondern viele Wege der Integration in die moderne Kultur und des Umgangs mit der eigenen ethnischen Herkunftskultur.*« (Bosse, 1994b) Auch Paul gefällt es einerseits, sich modern zu kleiden, und ist interessiert, Geschäfte am modernen Unterhaltungssektor zu machen, andererseits schmeckt ihm die einheimische Kost noch immer am besten, und er kann sich nicht vorstellen, woanders als in seinem Heimatdorf zu leben. In mancherlei Hinsicht, z.B. durch seine Mitgliedschaft bei der »legio Maria«, verhält er sich auch »weiblich«. Auch wenn sich durch das Minenprojekt die Handlungsmöglichkeiten erweitert haben, gilt, daß jemand, der mehr Zugang zur Macht hat, mehr Möglichkeiten besitzt, seinen persönlichen Weg zu gehen. Beim Zugang zur Herrschaft zeigte sich in den letzten Jahren eine Verschiebung von den alten *big men,* die es verstanden, ihren Klan zur Mitarbeit für große Feste zu moblisieren, zu gebildeten, jüngeren Männern, die wissen, wie im Zusammenhang mit der Goldmine das meiste Geld zu bekommen ist.

Der Kulturwandel in Papua Neuguinea bringt positive und negative Veränderungen mit sich, wobei es wahrscheinlich so ist, daß die jungen Leute eher davon profitieren können als die Alten, die nicht nur ihre

Wichtigkeit und ihren Einfluß verlieren, sondern zum Teil auch ihre Lebensfreude: *»Die Jungen heutzutage haben viel Freude. Und wir Alten haben haben keine Freude mehr.*« (Hanundun, eine alte Frau aus Lihir)

Anmerkungen

1 Unter Kulturwandel ist ein »qualitativer Wandel der Gesamtkultur oder eines ihrer Teilbereiche« zu verstehen (Hirschberg, 1988. S.276).

2 TKA steht für Wörter in einer neuirländischen Sprache die »zusammenhalten« und »gemeinsam arbeiten« bedeuten. Ich bezeichne die Bewegung bewußt nicht als »Cargokult«, da dieser Begriff von der einheimischen Bevölkerung als Abwertung erlebt wird.

3 Wörter in neomelanisisch und in lir sind kursiv gedruckt.

4 *»Buai«* (Betelnüsse) werden mit Kalk und Pfeffer gekaut, wodurch die Zähne rot werden. Die PapuanneuguinesInnen finden das sehr attraktiv und nennen es »der Lippenstift Papua Neuguineas«. Betelnüsse wirken leicht anregend.

5 RTZ, der größte Bergbaukonzern der Welt, der in Großbritannien seinen Sitz hat, übernahm die amerikanische Minengesellschaft Kennecott.

6 Die unterschiedlichen Klanmodelle kommen durch die Flexibilität der Heiratsregeln zustande. Es besteht das Prinzip der Klanexogamie, und damit dieses erhalten bleibt, wird das Klanmodell geändert, falls es zu einer Vermählung zwischen Personen aus Subklans kommt, die eigentlich nicht heiraten dürften. Das Klansystem paßt sich den Interessen der Bevölkerung an und muß als »ideal world« verstanden werden (Filer und Jackson, 1989, S. 55).

7 Auch aus der Literatur waren mir in Papua Neuguinea nur Gruppengespräche mit Jugendlichen bekannt (vgl. Morgenthaler, 1986, oder Bosse, 1994a).

Literatur

AWART, Sigrid (1993): *Psychische Verarbeitung der Akkulturation von Frauen in Lihir. Eine ethnopsychologische Studie in Papua Neuguinea.* Diplomarbeit. Universität Wien.

AWART, Sigrid (1995): *The coping with culture change by women of Lihir. Summary of theses.* Vienna.

BOSSE, Hans (1979): *Diebe, Lügner, Faulenzer. Zur Ethno-Hermeneutik von Abhängigkeit und Verweigerung in der Dritten Welt.* Frankfurt: Syndikat.

BOSSE, Hans (1994a): *Der fremde Mann, Jugend, Männlichkeit, Macht. Eine Ethnoanalyse. Gruppengespräche mit jungen Sepiks in Papua-Neuguinea. Unter Mitarbeit von Werner Knauss.* Frankfurt: Fischer.

BOSSE, Hans (1994b): Innere und äußere Determinanten für einen neuen Entwurf weiblicher Identität im Verlaufe »innerer Modernisierung«. Junge Frauen beim Übergang von ethnisch-dörflicher zu modern-städtischer Kultur Papua-Neuguineas. In: HALLER Verena (1994): *Mädchen zwischen Tradition und Moderne.* Innsbruck: Österreichischer StudienVerlag.

BOSSHARD, Peter (1995): Angekratztes Gold aus dem Pazifik. Eine Fallstudie über ein MIGA-Projekt und die Schweiz. *Inside Out 15/95*. Erklärung von Bern.

BÜHLER, Alfred (1948): *Neuirland und Nachbarinseln – Führer durch das Museum für Völkerkunde*. Basel.

DEVEREUX, Georges (1984): *Angst und Methode in den Verhaltenswissenschaften*. Frankfurt: Suhrkamp.

ERDHEIM, Mario (1988): *Die gesellschaftliche Produktion von Unbewußtheit. Eine Einführung in den ethnopsychoanalytischen Prozeß*. Frankfurt: Suhrkamp.

ERDHEIM, Mario, NADIG, Maya (1991): Ethnopsychoanalyse. In: Ethnopsychoanalyse 2. *Herrschaft, Anpassung, Widerstand*. Frankfurt: Brandes & Apsel.

FILER, Colin, JACKSON, Richard (1989): *The social and economic impact of a gold mine in Lihir*. (A report to the Lihir Liason Committee). Port Moresby.

HIRSCHBERG, W. (1988): *Neues Wörterbuch der Völkerkunde*. Berlin: Reimer.

KIAPSENI, Ambros (1976): Traditional and introduced leadership in *Lihir Christian community*. A-C. Unveröff. Manuskript. Lihir.

LIHIR MANAGEMENT COMPANY (1996): *Quarterly review of human resources. Report*. Lihir.

MALINOWSKI, Bronislaw (1945): *The dynamics of culture change,* New Have: Yale University Press.

MANDIE-FILER, Angela (1989): The problems of women in Lihir. In: FILER, Colin, JACKSON, Richard (1989): *The social and economic impact of a gold mine in Lihir*. (A report to the Lihir Liason Committee). Port Moresby.

MORGENTHALER, Fritz, WEISS, Florence, MORGENTHALER, Marco (1984): *Gespräche am sterbenden Fluß. Ethnopsychoanalyse bei den Iatmul in Papua Neuguinea*. Frankfurt: Fischer.

NADIG Maya (1992): *Die verborgene Kultur der Frau. Ethnopsychoanalytische Gespräche mit Bäuerinnen in Mexico*. Frankfurt: Fischer.

NEUHAUS, Karl (1931): Geheimbundfeste in der Südsee. *Hiltruper Monatshefte,* 203-208.

NEUHAUS, Karl (n.d.) *Beiträge zur Ethnographie der Pala – Mittelneuirland*. Aus dem Nachlaß bearbeitet von LAUFER, P.C und SCHMITZ C. A. Kölner ethnologische Mitteilungen. Köln: Universitätsverlag.

NUIGINI MINING LIMITED (1989): *Annual report*. Kainantu.

PARIN, Paul (1983): *Der Widerspruch im Subjekt. Ethnopsychoanalytische Studien*. Frankfurt: Syndikat.

PARKINSON, R. (1907): *Dreissig Jahre in der Südsee. Land und Leute, Sitten und Gebräuche im Bismarck-Archipel und auf den deutschen Salomoinseln*. Stuttgart: Strecker und Schröder.

RAMSTAD, Yngvar (n.d.1.): *The TKA movement in New Ireland*. Manuscript.

RAMSTAD, Yngvar (n.d.2.): *Rituals on Lihir*. Manuscript.

REICHMAYR, Johannes (1995): *Einführung in die Ethnopsychoanalyse. Geschichte, Theorien und Methoden*. Frankfurt: Fischer.

CLAUDIA ROTH
Tee und Träume
Zum Generationenkonflikt der Männer in Bobo-Dioulasso

»Ich bin ein hundertprozentiger Kapitalist«, scherzt ein junger Mann in einer Teerunde, »ich weiß, wie man zu leben hat: weiß gekleidet bis zu den Schuhen – zu Fuß mach' ich keinen Schritt mehr –, mit schwarzem Schlips, ich rauche Davidoff und esse Kaviar...« Und er wirft sich in Pose, schlägt die Beine übereinander und balanciert elegant auf dem wackligen Eisengestell eines Stuhles, dessen Stoffüberzug schon lange fehlt. Mit ausgesuchtem französischem Akzent wendet er sich an sein Publikum: »Die Revolution gesehen zu haben war schon recht, Sankara[1] ein guter Typ, doch ich bin ganz für den Kapitalismus, der bringt's.« Die jungen Männer lachen. Die meisten von ihnen sind arbeitslos und verweilen gerne beim Gedanken an das große Geld. Sie sitzen vor einem der großen Familienhöfe mitten in Bobo-Dioulasso, der zweitgrößten Stadt von Burkina Faso.

Sind die jungen Bobolais faul?

Sie haben tatsächlich den schlechten Ruf, sich dreimal täglich in ihrer Familie verköstigen zu lassen und den Tag mit Teetrinken und Geplauder zu verbringen, statt Eigeninitiative zu entwickeln und sich um Arbeit zu bemühen. Die Meinung, die jungen Bobolais seien faul, vernehme ich während meiner Feldforschungsaufenthalte in Bobo-Dioulasso seit Jahren immer wieder, nun wird sie sogar in einer Studie zur Arbeitslosigkeit Jugendlicher in drei Städten von Burkina Faso erwähnt (Giebo et al. 1996: 63/68).

Wie ist dieses Vorurteil zu verstehen?

Im Bild des faulen Bobolais ist unter anderem jene Verachtung enthalten, mit der die Familienältesten in Bobo-Dioulasso ihren arbeitslosen Söhnen begegnen, da sie nichts zum Unterhalt der Großfamilie beitragen. Das Bild verdeckt meiner Meinung nach den Generationenkonflikt. Dieser manifestiert sich für Junge mit Verdienst und für Junge ohne Arbeit nicht gleich, doch der Kern der Auseinandersetzung ist derselbe: Die Jungen sind mit der Macht der Alten konfrontiert, die sich unter den heutigen städtischen Bedingungen zwar verändert hat, aber nach wie vor bestimmend ist. Die veränderte Machtkonstellation zwischen den alten

---

1 Thomas Sankara, Revolutionsheld der 80er Jahre, 1983 bis zu seiner Ermordung 1987 Staatschef von Burkina Faso.

und den jungen Männern prägt den Generationenkonflikt. Und die Tatsache, arbeitslos zu sein, oder die Möglichkeit, es zu werden, spielen bei der Auseinandersetzung eine entscheidende Rolle.

Die Phase der Adoleszenz bietet nach Erdheim (1988) die Chance, außerhalb der familiären Beziehungen neue Erfahrungen machen zu können. Die Adoleszenz der Jugendlichen in Bobo-Dioulasso, von denen ich berichten werde, ist jedoch dadurch gekennzeichnet, daß die jungen Männer sich nicht von ihrer Familie absetzen können. Da die Großfamilie in wirtschaftlich schwierigen Zeiten ein sicheres Auffangnetz bietet, riskiert kaum jemand den Bruch. Die jungen Männer müssen also ihren Weg in die Unabhängigkeit in direkter Auseinandersetzung mit der Autorität der Alten und den damit verbundenen familiären Ansprüchen suchen.

Seit 1989 lebe ich während meiner Feldforschungsaufenthalte in Bobo-Dioulasso im Hof einer Großfamilie der Zara. Dort wohnen drei polygam verheiratete Brüder mit ihren Frauen, Kindern und Enkelinnen und Enkeln zusammen – etwa dreißig Erwachsene und ebenso viele Kinder. Die Großfamilie ist vielschichtig zusammengesetzt durch die Frauen und Männer, die Alten und Jungen, die im formellen oder informellen Sektor arbeiten. Infolge der diversifizierten ökonomischen Handlungsmöglichkeiten und Beziehungsnetze ist die Großfamilie fähig, Krisen zu überbrücken und vielfältige Chancen zu nutzen. Durch meine Forschung habe ich das Milieu des Mittelstandes kennengelernt. Es ist denkbar, daß eben diese Fähigkeit die mittelständische Lebensform ermöglicht. Die Schichtzugehörigkeit gilt für die Großfamilie, die sich als Ganzes wirtschaftlich und sozial reproduziert. Sie gilt nicht für die einzelnen Familienmitglieder, deren Einkommen stark variieren: Ein Mann ist arbeitslos, sein Bruder läßt sich ein Zementhaus bauen. Eine Frau weiß nicht, wie sie das Mittagessen für ihre Kinder zahlen soll, ihre Schwägerin kann der Tochter soviel Geld zustecken, wie ein Mittagessen kosten würde. Ein Merkmal des Mittelstandes ist, daß die Kinder, Mädchen und Jungen, die Schule besuchen, doch nicht alle beenden sie. Die Familie ist aufstiegsorientiert, alle träumen von einer besseren Zukunft. Das Stadtleben mit seinem Angebot an Luxusgütern, die Fernsehserien, der Schulbesuch, vor allem aber jene Frauen und Männer der Familie oder des Bekanntenkreises, die auf dem Arbeitsmarkt erfolgreich sind, nähren diese Träume.

Mit der Reinterpretation der verwandtschaftlichen Strukturen[2] versu-

---

2 Die städtische Form der traditionellen Großfamilie in Westafrika nennen Le Bris et al. (1987) *famille élargie* (mehrere Elementarfamilien, z. B. verheiratete Brüder plus weiter entfernte Verwandte) – im Gegensatz zur *famille étendue* (ein Segment der Lineage mit gemeinsamem Ahnen).

chen die Alten, auch unter den veränderten Bedingungen der heutigen städtischen Verhältnisse ihre Macht zu wahren. In neuer Form behält die Großfamilie ihre traditionelle Bedeutung: Die Alten sichern die materielle und soziale Reproduktion der Familie.

Zum Wandel der Altershierarchie

Als ich vor neun Jahren mit meiner Forschung in Bobo-Dioulasso begann, ist mir neben der Geschlechtertrennung (Roth 1994, 1996a) die ausdifferenzierte Altershierarchie aufgefallen. Grundsätzlich gilt, daß jedem Älteren Respekt entgegenzubringen ist, auch einem zwei Monate älteren Bruder. Der Respekt vor dem Alter bestimmt die alltäglichen Umgangsformen: Der Jüngere hört auf den Rat des Älteren, er widerspricht ihm nicht, schweigt, wenn er nicht gefragt wird, er bringt ihn nicht in peinliche Situationen, tritt ihm nicht zu nahe, erfüllt gewünschte Botengänge kommentarlos, seien sie noch so beschwerlich usw.

Hinter diesem geregelten Verhalten schwelen Konflikte. Die Machtbeziehung zwischen den alten und den jungen Männern, welche gemeinsam mit der Geschlechterhierarchie die vorkoloniale Gesellschaft strukturierte, hat sich infolge der eindringenden Geld- und Marktwirtschaft zwar verändert, aber nicht aufgelöst. Die Macht der Ältesten ist in den zentral gelegenen Vierteln von Bobo-Dioulasso, in denen die alteingesessenen Familien der Zara, Bobo und Dioula leben, nach wie vor eine sozial bestimmende Kraft: Die Alten nehmen auf der politischen Ebene Einfluß und werden bei politischen Entscheidungen konsultiert. Sie besitzen Land und haben dank einem breiten sozialen Netz Zugang zu weiteren Landparzellen, die sie auf ihre Söhne überschreiben. Und sie besitzen die großen Familienhöfe und bieten damit gleich einer Sozialversicherung[3] den arbeitslosen Söhnen und den jungen Töchtern, die ihr erstes uneheliches Kind geboren haben, das, was es zum Überleben braucht: Nahrung, Schlafplatz, medizinische Versorgung. Zuweilen können sie aufgrund ihrer Beziehungen einem Sohn eine Arbeit verschaffen. Sie vermitteln ihren Nachkommen auch das Bewußtsein, in eine Großfamilie mit einer langen geschichtlichen Tradition und einem gegenwärtig über die ganze Stadt und bis in die Dörfer reichenden sozialen Netz eingebettet zu sein.

Die Söhne wohnen mit Frau und Kindern im Hof des Vaters, bis sie über genügend Geld verfügen, um auf ihrer Parzelle ein Haus zu bauen.

---

3 Ohne die Arbeit der Frauen würde die »Sozialversicherung« nicht funktionieren, siehe Roost Vischer 1997: 190–228; Roth 1996b.

Das kann lange dauern, unter Umständen leben sie bei den Alten, bis sie vierzig Jahre alt sind. Die Töchter ziehen bei der Heirat in die Familie ihres Ehemannes. Wenn die Jungen ausziehen, bricht die Verbindung nicht ab. Zwischen den Höfen, die über die ganze Stadt verstreut sind, besteht ein reger Austausch von Menschen und damit von Informationen, Gütern und Geld. Selbst Söhne, die in eine andere Stadt ziehen, sind von ihren familiären Verpflichtungen nicht entbunden.

Die Macht der Alten basierte in der vorkolonialen Gesellschaft auf der Kontrolle der Ressourcen. Sie verwalteten die Produktionsmittel und Kollektivgüter und verteilten sie im Nutzungsrecht. In der heutigen städtischen Gesellschaft beruht ihre Macht nach wie vor darauf, daß sie über die Infrastruktur des Hofes, über ihr Netz sozialer Beziehungen und über die Bodenpolitik letztlich die wirtschaftliche und soziale Reproduktion der Großfamilie gewährleisten, doch sind sie dafür auf die finanzielle Unterstützung der Jungen angewiesen. Die Jungen können sich auf dem urbanen Arbeitsmarkt selbständig einen Zugang zu Ressourcen verschaffen. Die Arbeitgeber sind grundsätzlich familienfremde Personen von Staat, Industrie und Gewerbe. Das Einkommen, das sie unabhängig von den Alten erwerben, stellt deren Machtposition in Frage. Die Jungen gewinnen einen Handlungsspielraum, unabhängig werden sie jedoch nicht, denn in arbeitslosen Zeiten sind sie auf die Großfamilie, repräsentiert durch die Macht der Alten, angewiesen. Deshalb können sich Junge, selbst wenn sie verdienen, den Ansprüchen der Alten nicht einfach entziehen.

Arbeitende Junge sind mit vielfältigen Erwartungen konfrontiert. Geld ist täglich ein knappes Gut: Dem Vater fehlt das Bargeld, um die Elektrizitätsrechnung zu begleichen; die Mutter will ihre Verwandten in Abidjan besuchen; eine Schwägerin ist mit dem Handel »gefallen«, d. h., sie hat ihr Kapital verloren; der Vater weigert sich, das Schulgeld eines Bruders weiterhin zu übernehmen; eine Schwester wird krank und kann die verschriebenen Medikamente nicht zahlen; und ein kleiner Bruder denkt sich: 100 CFA[4] fürs Kino, das ist doch nicht viel! Hinzu kommen die eigenen Wünsche nach einem Motorrad, einem Fernseher, einer Uhr und nicht zuletzt nach einem eigenen Haus.

Von arbeitenden Jungen wird nicht erwartet, daß sie allen Erwartungen entsprechen. Ihre Kunst besteht vielmehr darin, sich richtig zu entscheiden und mit ihren Handlungen zu signalisieren, daß sie sich weder von der Gemeinschaft absetzen und egoistisch verhalten – »wie ein Weißer« in der landläufigen Redensart –, noch daß sie sich der Autorität der

---

4 CFA: Währung des frankophonen Westafrika; 1000 CFA = 10 FF = ca. 3,- DM.

Alten entziehen. Arbeitslose Söhne, deren Lebensunterhalt von der Familie bestritten wird, bedrohen den Machtanspruch der Alten nicht direkt; indirekt jedoch gefährden sie das Unternehmen der Alten, die Großfamilie als Ganzes zu reproduzieren. Sie spüren die Verachtung der Umgebung, da man von ihnen nichts erwarten kann: Sie leben von der Großfamilie, statt sich an ihrer Reproduktion zu beteiligen. Finanziell abhängig sind sie der Autorität der Alten direkt ausgesetzt. Ihren Alltag verbringen sie weitgehend innerhalb der familiären Strukturen, die seit Kindheit vertraute Nachbarschaft des Straßengeviers miteingeschlossen. Um familienunabhängige Beziehungen zu pflegen, fehlen ihnen die finanziellen Mittel.

Seit einigen Jahren hat sich die Abhängigkeit der jungen Arbeitslosen von ihrer Familie verschärft. In das einst wichtige Handels- und Industriezentrum Bobo-Dioulasso wurde schon nach 1948, als Ouagadougou zur Hauptstadt wurde, kaum noch investiert. Industrie und Verwaltung sowie Organisationen konzentrieren sich in der Hauptstadt. Seit Anfang der 90er Jahre sind nun infolge der Strukturanpassungsprogramme von Weltbank und Internationalem Wahrungsfonds in Bobo-Dioulasso Hunderte von Arbeitsplätzen gestrichen worden. Die Arbeitslosigkeit der Männer nimmt weiter zu, unabhängig davon, ob sie eine Schule besuchen, eine Ausbildung oder ein Diplom haben (Giebo et al. 1996: 7). Diplome verlieren an Wert, da entsprechende Stellen abgebaut werden. Beziehungen werden demzufolge nochmals wichtiger, um eine Stelle zu erhalten (ebda.: 65f.).

Zu Beginn meiner Forschung, Anfang der 90er Jahre, vertraten die jungen Männer vehement die Meinung, ihre Ehefrau dürfe nicht außer Haus arbeiten. Heute sagen sie, eine Frau, die nicht arbeitet und nicht ihren Mann darin unterstützt, die Familie durchzubringen, kann man nicht heiraten.

Die Situation der Jugendlichen sei weit schwieriger, als jene ihrer Eltern jemals war, heißt es in der erwähnten Studie, die Jungen müßten ihre Zukunft neu erfinden: »Die Erfindung von Überlebensformen ist gleichzeitig eine stille Erfindung eines neuen zukünftigen Lebens.« (ebda.: 173) Unter welchen Bedingungen findet diese Erfindung statt?

Die Bobolais, die ich kennengelert habe, müssen sich dabei mit der Ambivalenz ihrer Väter auseinandersetzen, denn diese sind in einer widersprüchlichen Situation: Die Alten sind – wie erwähnt – auf die finanzielle Unterstützung der Jungen angewiesen, um die Großfamilie durchzubringen, fuhlen sich aber durch eben dieses erwünschte und notwendige Einkommen der Jungen verunsichert. Als Symbol einer von ihnen unabhängigen Existenz droht der gute Verdienst der Söhne, die

Macht der Väter zu untergraben. Auf der andern Seite halten die Alten die arbeitslosen Jungen für Versager, gefährden sie doch die Reproduktion der Großfamilie. Doch gerade ihnen gegenüber kann sich ihre Macht noch uneingeschränkt entfalten, da die Arbeitslosen als mittellose Abhängige dieser nichts entgegenzusetzen haben.

Arbeitslos in der Welt der Väter

Die grundsätzliche Regel, einem Älteren Respekt zu erweisen, ist bei Arbeitslosen außer Kraft gesetzt: Die Meinung jüngerer Brüder, die Geld verdienen, zählt mehr. Arbeitslose werden nicht um Rat gefragt, sie werden eher übergangen, beispielsweise wird für sie von den leckeren Zwischenmahlzeiten nur eine kleine oder keine Portion zur Seite gestellt – in dieser Gesellschaft, wo Zeichen oft mehr sagen als Worte, ein deutliches Signal. Vor allem ältere Frauen und Männer können nur schwer verstehen, daß ihre Söhne nach vielen Jahren Schule keine Arbeit finden.

»Kein Mensch glaubt mir, daß ich dreißig bin«, sagt Madou, »denn ich lebe wie ein Kind: ohne Ehefrau, ohne Geld, vom Vater abhängig.« Die arbeitslosen jungen Männer leiden unter ihrem Status des Kindseins, sehen aber keinen Ausweg. Madou sagt:»Ich schlafe viel, sonst muß ich zuviel nachdenken und bekomme Kopfweh davon. Man muß sich täglich sagen: *ça ira!*, sich zwingen dazu: *ça ira!* – es wird gehen! Auch wenn man nicht weiß wie, doch sonst wird es nur noch schlimmer.« Während Schüler den Vater noch um Geld bitten, untersagen sich dies die arbeitslosen jungen Männer ganz bewußt, um ihre Würde zu wahren. Sie schlagen sich durch *(se débrouiller)*, um eine Hose, ein Hemd oder die für Bewerbung notwendigen Marken kaufen zu können, und bitten die Mutter, eine Tante, einen Freund um Geld. »*Mais c'est la honte*«, sagt Madou, »ich schäme mich und versuche, es möglichst zu umgehen und mit wenig Geld auszukommen. Seit zwei Jahren habe ich mir zum Beispiel keine Kleider mehr gekauft.« Zigaretten kaufen sie per Stück und rauchen sie gemeinsam. Für die täglichen Teerunden kommen verdienende Brüder und Freunde auf.

Als ein älterer Bruder aus der Hauptstadt für ein paar Tage zu Besuch ist und dem Jüngeren sagt, er solle sich endlich um eine Arbeit bemühen, statt im Hof herumzuhängen, gibt es Streit. »Das ist entwürdigend«, sagt der Jüngere, »ich bin nicht faul! Wir alle sind nicht faul. In Bobo hat es einfach keine Arbeit.« Die Arbeitslosen träumen von ihrer zukünftigen Unabhängigkeit vom Vater, hoffen dabei aber auf den Staat (vgl. auch Giebo et al. 1996: 172) oder einen älteren arbeitenden Bruder oder sonst eine Beziehung, um eine Arbeit zu finden. Die Arbeitslosen sind von ihren arbeitenden Brüdern zum Teil enttäuscht, sie schreiben ihnen die Macht zu, sie durch ein Startkapital oder eine vermittelte Arbeit aus ihrer Misere herausholen zu können, und verdächtigen sie, sich nicht genügend für sie einzusetzen. Mamadou bringt sich und seine Familie mit gelegentlichen Schreinerarbeiten mehr schlecht als recht durch. Er fühlt sich im Stich gelassen: »Jetzt habe ich vier verdienende Brüder. Wenn jeder mir 20.000 CFA geben würde – das ist für sie doch nicht viel –, dann könnte ich mir eine gute Werkstatt einrichten und viel Geld verdienen. Aber sie wollen das nicht verstehen!«

Arbeitslose Söhne sind für die Väter auch frei verfügbare Arbeitskräfte, die Jungen können sich nicht entziehen. Ein älterer Mann, der mit Seifen handelt, holt seine Söhne morgens um sechs Uhr für stunden- oder tageweise Einsätze aus dem Bett, um seine Wagenladungen voll Kisten an die Kunden zu liefern. »Dann tun sie doch etwas Rechtes«, sagt er zufrieden.

Manchmal kommen Arbeitslose zu kleinen Zwischenverdiensten, zu Tagesarbeiten. Zum Beispiel konnten zwei junge Männer über die Vermittlung ihres Bruders bei dem Neujahrsempfang eines Unternehmens Tische und Stühle aufstellen und danach den Berg Geschirr abwaschen, »während wir hier im Hof keinen Löffel anrühren«, erzählen sie abends schmunzelnd. Oder während der städtischen Kulturwoche haben sie, als Gruppe organisiert, täglich die Straßen gesäubert. Madou, Lehrer und seit dem Diplom ohne Stelle, hat auf Druck seines Vaters mit einer Lehrerin ein Arrangement getroffen: Um sich zu üben, gibt er statt ihr jede zweite Woche Schule – unbezahlt. »Ich würde alles tun, um Geld zu verdienen, alles!« sagen die meisten mit Inbrunst.

Eines Tages komme ich an einem Verkaufsstand vor dem Hof mit einem jungen Mann ins Gespräch, einem Liberianer. Er ist daran, den um den Stand sitzenden Frauen die Finger- und Fußnägel zu feilen und zu lackieren, eine Hand kostet 50 CFA, zwei Füße 100 CFA. Mit seiner kleinen Holzkiste voller Nagellack in allen Farben zieht er von Hof zu Hof. Er sei der einzige in der ganzen Stadt, der diese Arbeit mache, und er verdiene gut, sehr gut, bald werde er einen Schönheitssalon eröffnen.

Später frage ich einen der jungen Männer, weshalb er nicht beginne, auf der Straße Zigaretten zu verkaufen, wo er doch sagte, er würde alles tun – oder Fingernägel zu polieren. »Das geht nicht«, sagt er kategorisch. »Da ich von hier bin, kennen mich alle, Bobo ist klein. Erstens würden alle auf Kredit bei mir kaufen, ich würde bald pleite machen. Zweitens nähme man mich nicht ernst. Drittens komme ich aus einer Familie, in der das Schlafen und Essen gesichert sind. Ich kann nicht die selbe

Arbeit machen wie jene, die fremd sind hier und keinen Wohnort haben. Viertens bin ich ein Intellektueller. Seit fünf Jahren – seit der Demokratisierung, dem Weltbankprogramm, den vielen Entlassungen – ist zwar allen klar, daß man keine Anstellung mehr finden kann. Ich würde sofort eine Mühle übernehmen, eine Boutique, alles. Aber auf der Straße arbeiten, das geht nicht!«

Der schwelende Machtkampf

Arbeitslose junge Männer sind in einer lähmenden Situation: Sie leiden unter ihrer Abhängigkeit von den Alten, unter dem damit verbundenen Status des Kindseins. Und sie orientieren sich bezüglich ihrer Zukunftsmöglichkeiten am Lebensstandard eben dieser Familie, das veranschaulicht auch die obige Aussage. Zwar wird die Ungewißheit, eine entsprechende Arbeit zu finden, immer größer. Doch gerade in dieser Situation, wo den Jungen die Perspektiven fehlen, bietet die Familie nicht nur materielle Sicherheit, sondern auch ein Gefühl der Zugehörigkeit.

Die Arbeitslosen bemühen sich, ihre gegebene Abhängigkeit nicht zu vergrößern. In den folgenden zwei Beispielen steht die Heirat von zwei jungen Männern zur Diskussion. Die Heirat und das erste Kind sind die beiden wichtigen Etappen, die Jugendliche zu Erwachsenen machen (Roost Vischer 1997: 84). Ein 30jähriger Arbeitsloser beschäftigt sich mit dem Gedanken, seine Freundin zu heiraten. Er erzählt:»Vater war einverstanden, er werde für meine Frau aufkommen. Ich entschied mich dann doch dagegen, denn ich weiß nicht, wie lange ich noch arbeitslos sein werde. Mein Vater ändert zu oft die Meinung. Sobald er knapp bei Kasse ist, bekäme ich zu hören: ›Sogar dich und deine Frau muß ich durchbringen!‹« Aus dem gleichen Grund entzog sich ein 27jähriger der Heirat, obwohl er Vater geworden war. »Ich muß erst Arbeit haben. Als mein Vater auf die Heirat drang, habe ich Angst bekommen, als würde mir ein Seil um den Hals geworfen, das mich zuschnüren wird. Frau und Kind im Hof, ich ohne Geld, aber mit der Verantwortung für die Familie – ich wäre in der Enge, den Alten gänzlich ausgeliefert.« Wirtschaftlich gesehen scheint es nicht sinnvoll, daß der Vater sich für die Heirat seiner Söhne einsetzt und damit zusätzliche Personen in den Hof holt, die zu verköstigen und zu versorgen sind. Machtpolitisch betrachtet läßt sich der Standpunkt des Vaters jedoch nachvollziehen: Verheiratete Söhne und deren Kinder sind Teil der Zukunft der Großfamilie – und damit der Macht der Alten.

Die jungen Männer versuchen auch, den Alten etwas Eigenständiges entgegenzusetzen. Ein Beispiel dafür sehe ich in der Vereinigung, welche junge Männer des Viertels vor etwa drei Jahren gründeten. Sie besprechen bei ihren Treffen Koranstellen und diskutieren den richtigen Islam. Mich überraschte die Ernsthaftigkeit, mit der junge Männer, die mir vor wenigen Jahren plausibel auseinandersetzten, weshalb sie nicht die islamischen Gebete einhalten können, obwohl sie an Gott glauben, mir nun erklärten, Bier zu trinken, komme für sie nicht mehr in Frage und vorehelicher Geschlechtsverkehr sei eine Sünde. Vor allem Arbeitslose engagieren sich in dieser Vereinigung. Mich dünkt, hier komme die Ambivalenz der Jungen zum Vorschein: Von den Alten abhängig, wollen sie mit ihren Diskussionen über den richtigen Islam, der eben nicht mit afrikanischen Traditionen durchsetzt ist wie jener der Alten, einen Kontrapunkt setzen. Sie bleiben dabei jedoch in ihrer Abhängigkeitsstruktur verfangen, denn sie machen es nicht anders als ihre Väter, sondern »richtiger«.

Die Erfahrung, arbeitslos zu sein, oder die Möglichkeit, es zu werden, bestimmen auch das Verhalten der jungen Männer, die Geld verdienen. Ein Beispiel ist Issa, ein 36jähriger Mann. Er rächt sich heute für die entwürdigende Situation, die er während jahrelanger Arbeitslosigkeit erlitten hat. Er demonstriert dem Vater wie der Familie, daß er jetzt, wo er Arbeit hat, auf niemanden angewiesen ist. Damit ist er zwar eine Ausnahme, doch seine Geschichte verdeutlicht, daß Vater und Sohn wissen, wodurch die Macht der Alten bedroht ist: durch die finanzielle Unabhängigkeit der Jungen. Sie birgt die Gefahr in sich, daß die Alten ihren Einfluß verlieren.

Issa ist der Älteste von 23 Geschwistern und damit der direkte Nachfolger seines Vaters, das heißt, er sollte schon zu dessen Lebzeiten die väterliche Sorge für die Jüngeren mitübernehmen. Ein Ältester (der *grand frère*) wächst im Bewußtsein dieser Verantwortung heran, einer Verantwortung, die er ohne Arbeit, ohne Geld nicht übernehmen kann. Issa war nach seiner Ausbildung über sechs Jahre arbeitslos. Hin und wieder konnte er mit Gelegenheitsarbeiten ein Taschengeld verdienen, mal gaben ihm dieser, mal jener Freund ein Zubrot. Seinen Vater fragte er nie um Geld. Während dieser Zeit litt er nicht allein darunter, keine Arbeit zu haben, sondern vor allem, als Arbeitsloser in der Familie nicht respektiert zu werden. Er fühlte sich fremd im Hof, geduldet, aber nicht geschätzt. Man ließ ihn spüren, daß er seiner Rolle nicht entspricht, er galt als Versager.

Vor vier Jahren fand er über Beziehungen eine gute Stelle mit Aufstiegsmöglichkeiten. Anfangs schien sich seine Situation zu entspannen, alle atmeten auf, daß er den Sprung in die Arbeitswelt geschafft hatte. Er hätte nun seine Rolle als Ältester erfüllen können.

Die sechs vergangenen Jahre hatte er geschwiegen, selbst die Respektlosigkeit seiner Brüder ertragen, wie er betont. Nun begann er sich zu rächen. »Seit ich die Arbeit habe, werde ich wie Gott behandelt«, sagt er höhnisch, aber auch: »Nun respektieren mich alle. Sie müssen!« In harschem Ton gibt er den Jüngeren Befehle, weckt sie auch nachts für eine Handreichung oder einen Botengang. Und dies alles ohne eine Gegengabe. Er unterstützt niemanden im Hof, beteiligt sich an keinen Auslagen, denn: »Mir hat nie jemand geholfen. Weshalb soll ich es jetzt tun?« Und er sagt: »Nun bin ich frei! Ich kann sagen, was ich will, und tun, was mir paßt! Ich bin niemandem Rechenschaft schuldig!« Sein Vater habe Angst vor ihm, denn er erzähle ihm nichts von seinem Leben, von seiner Arbeit, und er bete nicht. Er glaube nicht an Gott, das wüßten alle im Hof.

Tatsächlich ist Issa seinem Vater unheimlich, denn er verletzt alle Pflichten des Respekts und der Gegenseitigkeit, ohne jedoch den offenen Bruch zu riskieren. Damit manövriert sich Issa in dieselbe Ecke wie zur Zeit seiner Arbeitslosigkeit: Er wird im Hof geduldet, aber nicht geschätzt. Issa könnte es sich materiell leisten auszuziehen. Doch er kann nicht. Die demonstrative Inszenierung seiner Unabhängigkeit läßt vermuten, daß er innerlich die Abhängigkeit vom Vater nicht aufgegeben hat. Und da er sich nicht über Gaben und Gegengaben mit den Familienmitgliedern verbindet, würde ihm bei einem Auszug die soziale Isolation drohen. Ob Issa den offenen Bruch inszeniert oder ob er einen Weg findet, sich in der Familie wohlwollenden Respekt zu verschaffen, ist noch offen.

Ganz anders verhält sich Issas Bruder Gaoussou. Seit er eine Stelle gefunden hat – ohne Beziehungen, wie er betont –, kommt er seinen Pflichten nach und beteiligt sich an den Auslagen im Hof, er zahlt die Wasserrechnung des Vaters, springt in Notfällen ein und übernimmt das Schulgeld eines Bruders oder die Medikamente eines anderen. Seine Schwester, deren Mann arbeitslos ist, kann mit ihren fünf Kindern bei ihm essen, wenn sie das Essensgeld nicht anderweitig aufzutreiben vermag.

Gaoussou lebte während zwei Jahren mit Frau und Kind als Arbeitsloser auf Kosten seiner Familie. Wie alle in dieser Situation litt er unter dem Kindsein. Seit er Geld verdient, spürt er die ambivalente Haltung seines Vaters, er schildert sie präzis: »Seit ich finanziell unabhängig bin, ist Vater mißtrauisch geworden. Die Siuation ist paradox: Einerseits ist er froh, daß ich gewisse Kosten übernehme und ihn nicht mehr um Geld bitte, andererseits ist er gerade deswegen mißtrauisch, denn er kann mich nicht mehr kontrollieren. Die finanzielle Abhängigkeit ist auch ein Mittel der Kontrolle. Ich kann nun unabhängig von ihm mein Leben organisieren, das ist ihm suspekt. Sein Mißtrauen spürte ich erstmals, als ich mir während meiner Studienzeit mit dem Stipendium selbständig ein Motorrad kaufen konnte. Er freute sich nicht darüber, denn es war das erste Zeichen meiner kommenden Unabhängigkeit.«

Das Mißtrauen seines Vaters beschäftigt ihn. Gaoussou hält ihn ganz bewußt über all seine Aktivitäten auf dem laufenden, fragt ihn beispielsweise um Erlaubnis, um eine Reise zu machen, und signalisiert ihm damit, daß er seine Autorität nicht ignoriert. Gaoussou durchschaut zwar die Ambivalenz seines Vaters und versucht die Situation zu entspannen. Doch er ist auch auf ihn angewiesen: Wenn er mit seiner Frau streitet und sich ihr gegenüber nicht durchsetzen kann, bittet er seinen Vater, sie zu sich zu zitieren und zurechtzuweisen. Es scheint, daß die Ambivalenz der Väter sich in der Ambivalenz der Söhne spiegelt: Wie unabhängig darf und kann ein junger Mann werden?

Junge Männer, die in einer anderen Stadt leben, sind froh um die Distanz zum Familienhof. Auch sie haben Verpflichtungen, doch sie empfinden es als Freiheit, nicht täglich familiären Ansprüchen ausgesetzt zu sein. Über Gaoussou sagt ein Bekannter von ihm, der in Ouagadougou lebt: »Es ist mutig von ihm, als Lehrer in der Großfamilie zu leben. Er hat eine Autorität über sich, er ist in seinen Entscheidungen nicht frei. Ich selbst könnte nicht mehr so leben.«

Ein älterer Bruder von Gaoussou betont die familienunabhängigen neuen Erfahrungen, die er im Ausland machen konnte. Er ist voll Elan daran, sich in der Hauptstadt selbständig zu machen, und sagt: »In Moskau lernte ich, mich allein durchzuschlagen und mit allen Arten von Leuten umzugehen. Ich trieb Handel in Polen und Berlin, um mein Stipendium aufzubessern. Wenn ich nie aus Bobo herausgekommen wäre, ich wäre nicht da, wo ich jetzt bin: auf dem Weg in die Unabhängigkeit.«

Für alle arbeitenden Söhne ist die Suche nach dem eigenen Weg ein komplizierter Prozeß, eine Gratwanderung zwischen sich widersprechenden Ansprüchen – den eigenen und den familiären. Die Väter, die gegenüber den arbeitslosen Söhnen Verachtung zeigen, greifen gegenüber den Söhnen, die Geld verdienen, auf ihre magischen Kräfte zurück, um im schwelenden Machtkampf die Oberhand zu behalten. Ein Bobolais aus einer alteingesessenen Familie, der in Ouagadougou lebt, schildert, wie sein Familienältester ihn magisch verpflichten wollte. Der Älteste führte ein Opfer für die ganze Familie durch und ließ währenddessen seinen Namen fallen, um ihn mit den Ahnen speziell zu verbinden und damit gefügig zu machen. »Dies geschah während meiner Abwesenheit. Ich vernahm es und forderte vom Ältesten, meinen Namen zurückzunehmen. Ich sagte zu ihm: ›Die Ahnen und ich, wir verstehen uns gut. Ich studiere sie.‹ Er machte den Akt rückgängig.« Dieser junge Mann konnte sich behaupten, doch viele schaffen es nicht, sich den bedrohlichen magischen Kräften der Alten entgegenzustellen (vgl. Roth 1994: 107ff.).

Auf offenen Widerstand der Jungen reagieren die Alten ebenso direkt – mit einer handfesten Strafe. Im Rat der Alten fassen sie einen Entschluß, der einen einzelnen treffen, aber auch eine Lektion für die ganze Generation der Jungen sein kann, wie das folgende Beispiel zeigt.

Ein junger Mann schilderte mir den Familienkonflikt. Mamadou, der Bruder des Erzählers, ist mit Frau und Kind in die Großfamilie zurückgekehrt. Als selbständiger Handwerker verdient er nicht genug, er und seine Familie verköstigen sich im Hof. Mamadou ärgert sich immer wieder darüber, daß der Älteste meist zu spät zum gemeinsamen Mittagessen der Männer im Hof kommt. Die Jungen müssen hungrig warten, bis er geruht, seine Korantexte zur Seite zu legen und sich zum Essensplatz zu begeben, bis er seine Hände im Becken gewaschen hat, das ihm ein Junger darbietet, bis er endlich den ersten Bissen nimmt.

Eines Tages explodiert Mamadou, es kommt zu einem Handgemenge zwischen ihm und dem Alten. Dabei rutscht der Alte aus und fällt hin. In Windeseile verbreitet sich die Nachricht, er sei von Mamadou geschlagen worden – eines der schlimmsten Vergehen. Zwanzig Alte der Familie aus verschiedenen Dörfern und anderen Vierteln der Stadt machen sich auf in den Hof und verlangen, daß alle Söhne des Hofes bis hinunter zu den 14jährigen mit Peitschenhieben zu bestrafen sind. Verhandlungen beginnen, und sie einigen sich auf ein Schaf, ein Huhn und 15.000 CFA für das nun notwendig gewordene Opfer sowie eine offizielle Entschuldigung der Jungen. Die jungen Männer müssen im Gänsemarsch durch den Hof in den Raum, wo die zwanzig Alten versammelt sind. Auf den Knien, mit gebeugtem Haupt, die Hände auf dem Rücken rutschen sie reihum von einem zum andern und bitten alle einzeln um Verzeihung. Jeder Alte berührt die Hände jedes Jungen als Zeichen, daß er die Entschuldigung akzeptiert. Im Gehen drohen die Alten, falls der Vorfall sich wiederholen sollte, schlagen sie Mamadou tot!

Die Auseinandersetzung der arbeitslosen und der verdienenden Söhne mit der Generation der Väter ist verschieden, doch gemeinsam ist den jungen Männern zu wissen, was es heißt, arbeitslos zu sein. Dieses Wissen bestimmt ihr Verhalten und die Suche nach dem eigenen Weg.

CLAUDIA ROTH

Träume beim Tee

Das Bild des faulen Bobolais, der es sich im Schoß seiner Familie wohl sein läßt und in geselliger Runde unbeschwert den Tag verbringt, wird der Situation der arbeitslosen jungen Männer nicht gerecht. Im Unterschied zu ihren Brüdern, die Geld verdienen und sich damit einen Handlungsspielraum gegenüber ihren Vätern verschaffen – ein Stück Unabhängigkeit –, sind die Arbeitslosen blockiert: Das fehlende Arbeitsangebot in Bobo-Dioulasso zieht sie nicht auf die Straße, und die Alten in ihrer ambivalenten Haltung stoßen sie nicht auf die Straße, auf daß sie ihre eigenen Erfahrungen machen und ihre Zukunftsideen an der Realität messen. So sitzen die Jungen gemeinsam beim Tee und träumen vom guten Leben, von Macht und Reichtum – letztlich den Traum der eigenen Unabhängigkeit.

»Also ich, ich will in die Politik!«

»Du wirst korrupt werden.«

»Ach was, man kann auch ehrliche Politik machen. Tatsache ist: Ohne Beziehungen kommst du nirgends hin, du wirst nie ein *grand quelqu'un*.«

»Mit Hilfe guter Beziehungen ist leicht Geld zu verdienen. Du bist doch auch eine gute Beziehung«, wendet sich einer an mich. »Du könntest in Europa Occasionsware wie Computer, CDs, Videokameras einkaufen und Mamadou schicken. Er würde damit viel Geld verdienen.« Meine Beispiele von in Europa lebenden Afrikanern, die mit diesem Handel nur Verluste machten, beeindrucken niemanden in der Runde. »Ach, sie haben den Markt falsch eingeschätzt, am Zoll nicht die notwendigen Beziehungen gehabt. Uns würde das nie passieren!« Nun überbieten sich die jungen Männer mit Geschichten über junge Männer, die alle schnell reich wurden: Der eine handelt mit Autos aus Lomé, der andere mit TVs, der dritte kann alle Computer reparieren. Die Stimmung wird euphorisch. Einer von ihnen braut den Grüntee mit Minze und Zucker in einem Kännchen auf einem Kohlekocher und serviert ihn mit einer Schaumkrone in kleinen Gläsern – der erste Aufguß ist bitter, der dritte süß.

Literatur

Erdheim, Mario (1988): »Adoleszenz zwischen Familie und Kultur«, in *Psychoanalyse und Unbewußtheit in der Kultur*: 191–214. Frankfurt a. M.: Suhrkamp.

Guiebo, Joseph/Kinda, Fatoumata/Ouedraogo, Boureima und Jean-Bernard Ouedraogo (1996): *Initiatives locales et systèmes sociaux urbains; problèmes de mise au travail des jeunes dans trois villes du Burkina Faso* (Ouagadougou, Bobo-Dioulasso,

Ouahigouya). Ouagadougou: GRIL/SUPO.

Le Bris, Emile et al. (1987): *Famille et résidence dans les villes africaines. Dakar, Bamado, Saint-Louis, Lomé.* Paris: L'Harmattan.

Roost Vischer, Lilo (1997): *Mütter zwischen Herd und Markt. Das Verhältnis von Mutterschaft, sozialer Elternschaft und Frauenarbeit bei den Moose (Mossi) in Ouagadougou/Burkina Faso.* Basler Beitrage zur Ethnologie, Bd. 38. Basel: Wepf.

Roth, Claudia (1994) *Und sie sind stolz. Zur Ökonomie der Liebe. Die Geschlechtertrennung bei den Zara in Bobo-Dioulasso,* Burkina Faso. Frankfurt a. M.: Brandes & Apsel.

Dies. (1995): Wehe, wenn die Frauen von Bobo sich schmücken. Ein ethnologischer Beitrag. In: *Ethnopsychoanalyse*, Bd. 4, Arbeit, Alltag, Feste. Frankfurt a. M.: Brandes & Apsel, 205–221.

Dies. (1996a): *La séparation des sexes chez les Zara au Burkina Faso.* Paris: L'Harmattan.

Dies. (1996b): Blutbande als soziales Netz. Die afrikanische Großfamilie als Wirtschaftsgemeinschaft. In: *NZZ*, Nr. 103, 4. Mai 96: 70.

JÜRGEN KRAMBECK
Eingefrorene Adoleszenz und Besessenheit in einem indischen Heilschrein[1]

Es soll im folgenden um junge indische Frauen gehen, die in einem Alter, in dem die meisten Jugendlichen in Gesellschaften westlichen Typs noch in der Offenheit des Horizonts ihrer Entwicklungsmöglichkeiten leben, schon Erwachsenenrollen ausfüllen. Entsprechend dem normalitäts-biographischen Muster ihrer Kultur sind sie bereits Ehefrau und Mutter mehrerer Kinder, wenn die Jugendlichen in modernen Gesellschaften entsprechend der Institution des »psychosozialen Moratoriums« (Erikson 1959) noch in einem vor dem Ernstfall der Lebenspraxis geschützten Freiraum des Experimentierens leben. Bevor ich Probleme, die mit die-sem Adoleszenztyp verbunden sind, an Fallgeschichten junger Frauen aus einem muslimischen Heilschrein im westindischen Bundesstaat Gujarat schildere, möchte ich als Ausgangspunkt meiner Darstellung kurz ein Adoleszenzkonzept einführen, auf dessen Hintergrund die Besonderhei-ten der vorzustellenden Fälle im Kontrast deutlich hervortreten.

I. Probleme des Konzepts der Adoleszenzkrise

Ich möchte dafür die Adoleszenztheorie von Döbert und Nunner-Winkler zum Ausgangspunkt nehmen, die aus der Perspektive der Handlungs-anforderungen einer modernen Gesellschaft entworfen ist. Die Autoren beschreiben in ihrem Buch *Adoleszenzkrise und Identitätsbildung* (1975) den Übergang in die Adoleszenzphase, für die die Zeitspanne vom 13. bis zum 25. Lebensjahr angesetzt wird, wie folgt: »Das optimale Resultat des

---

1 Der Schrein ist von Beatrix Pfleiderer ethnographisch ausführlich beschrieben wor-den (1981; 1994). Das Material, das ich in dieser Arbeit verwende, geht auf eine Feldforschung und deren Ausarbeitung zurück, die 1980-83 gemeinsam mit ihr durchgeführt wurden. Ich verdanke ihr vielfältige organisatorische und wissenschaft-liche Anregungen und Hilfen. Das Material, das dieser Arbeit zugrundeliegt, umpaßt insgesamt protokollierte Interviews mit 45 Kranken und mit 12 Heilern. Für die ge-gebenen Falldarstellungen bin ich allein verantwortlich; sie weichen in manchem von den von Pfleiderer (1994) gegebenen ab. Danken möchte ich auch dem Ethnopsycho-analytischen Arbeitskreis am Institut für Psychoanalyse und Psychotherapie Giessen e.V. und seinem Leiter Peter Moring für die Möglichkeit, erste Entwürfe zu dieser Arbeit dort ausführlich zu diskutieren.

167

für die Adoleszenzphase typischen Entwicklungsschubs ist die Transformation der strikt rollengebundenen Identitätsformation der vorangehenden Periode in eine stärker individualisierte, relativ rollenunabhängige Form der Integration des Persönlichkeitssystems.« (S.41) »Vor allem in hochkomplexen Gesellschaften markiert die Adoleszenzphase einen für die Persönlichkeitsentwicklung besonders prekären Einschnitt, weil sie nicht mehr wie in Stammes- und traditionalen Gesellschaften in Form einer klar definierten und zeitlich genau festgelegten Statuspassage organisiert ist. Das Individuum wird nicht mehr in eine präzise umrissene Position überführt, sondern hat sich seinen Platz in der Gesellschaft selbst zu suchen und seinen Rollenhaushalt individuell zu gestalten.« (S.83) Somit kann es biographische Vorausplanung im Hinblick auf festgelegte Positionen in solchen komplexen Gesellschaften, die zudem ständigen sozialen Wandlungsprozessen ausgesetzt sind, sensu strictu nicht geben. Nur in solchen modernen Gesellschaften macht deswegen ein Konzept von Adoleszenz einen Sinn, das auf eine ausgedehnte Phase des psychosozialen Moratoriums hinausläuft: dort wird nämlich die Bereitstellung eines Möglichkeitsraums notwendig, den die Individuen zum Experimentieren mit den eigenen kognitiven und emotioalen Potentialen und soziokulturellen Angeboten nutzen können, um ein jeweils optimales Passungsverhältnis zwischen jenen und den sich wandelnden gesellschaftlichen Anforderungen zu finden.

Neben diesem ich-psychologisch Aspekt der Anpassungsleistung haben Jugendliche nach der psychoanalytischen Entwicklungstheorie mit Beginn der *Umgestaltungen der Pubertät* (Freud 1905) durch Veränderungen des narzißtischen, sexuellen und aggressiven Energiehaushalts weitere (An)-Passungsprobleme und eine Reorganisation ihrer Persönlichkeit überhaupt zu bewältigen: sie müssen unter der Erfahrung des erwachenden Sexualbedürfnisses die nachträgliche Umwandlung ihrer wiederbelebten infantilen innerfamilialen Objekt- und Wertbesetzungen in außerfamiliale vornehmen sowie schrittweise das sich rasch verändernde Körperbild einschließlich der Genitalien in ihr Selbst integrieren (Laufer & Laufer 1984). Das darin allemal enthaltene Konfliktpotential wird das Jugendalter in dem Maße zur Adoleszenzkrise im Sinne eines psychosozialen Moratoriums steigern, in dem mit zunehmender Komplexität der Gesellschaft auch die objektiv möglichen Handlungsoptionen für die Individuen steigen, so daß die Möglichkeit, sich an Traditionen, Autoritäten und gesellschaftlich eingespielten und bewährten Problembewältigungformen früherer Generationen zu orientieren, abnimmt. Jenes Moratorium, das von der Gesellschaft zum Probehandeln bis zur fähigen Bewältigung ihrer Ansprüche zur Verfügung gestellt wird, wird sich zudem zeitlich um so mehr ausdehnen, je mehr die Gesellschaft auf Kritik und Innovationen angewiesen ist. Dem stehen auf der anderen Seite einer Skala gesellschaftlicher Diffenzierung die Verhältnisse in Stammesgesellschaften gegenüber. Dort ist das Moratorium deswegen sehr kurz, weil diese »kalten Gesellschaften« (Lévi Strauss) ein zyklisches Selbstverständnis haben, eine vergleichbare Betonung je individueller Potentiale, wie wir sie in modernen linearen Gesellschaften finden, für sie dysfunktional wäre. In ihnen wird das adoleszenztypische Konfliktpotential eher stillgestellt, indem es durch Unterwerfung unter unerschütterte Traditionen verdrängt wird. Für solche einseitig auf Rollenkonformität ausgerichtete Entwicklung im Jugendalter hat der Psychoanalytiker Peter Blos den Begriff der abgekürzten Adoleszenz geprägt. Er schreibt zu deren Charakterisierung: »... hier wird der kürzest mögliche Weg zum erwachsenen Funktionieren, wenn auch auf Kosten der Persönlichkeitsdifferenzierung, gewählt.« (1978, S. 245) Ihr steht als entgegengesetzter Pol die Persönlichkeitsdifferenzierung im Sinne einer »hochidiosynkratischen Ausgestaltung« gegenüber, die zum Phänomen, in einer verlängerten Adoleszenz »kein Ende zu finden« (a.a.O. S. 158), tendiert. Das Moratorium schmilzt in Stammesgesellschaften dementsprechend auf die kurze einschneidende Zeit der Initiationsrituale zusammen. Nach Erdheim dienen sie dem Einfrieren des adoleszenztypischen Konfliktpotentials. Er nennt die Initiation deswegen »eine Art Kühlsystem, das dazu dienen soll, die Folgen der Machtverteilung in diesen Gesellschaften zu neutralisieren« (Erdheim 1982, S. 290), entscheidet diese doch über die Gestaltung aller individuellen Möglichkeiten. »Jene Kulturen, die sich gegen den Kulturwandel abschirmen, also jene Kulturen, die Lévi-Strauss (1962) ›kalt‹ nannte, frieren die Adoleszenz mittels Initiation ein.« (Erdheim 1988, S. 202) Davon sind insbesondere auch die adoleszenztypischen narzißtischen Größenwünsche, die auf soziale Veränderungen zielen und die der psychische Motor des Kulturwandels sind, betroffen. Der dabei wirksame gesellschaftliche Zwang drückt sich anschaulich in jenen Initiationsbräuchen von Stammesgesellschaften aus, bei denen die Einführung in das Wissen der Alten von folterähnlichen Ritualen gegenüber den Initianden begleitet wird (Clastres 1976; Herdt 1983). Es kommt dabei zu einem Vorgang der Intropression von Unterwerfungsbereitschaft unter Anforderungen und Normen, wobei ein Freiraum für deren persönliche Aneignung und Ausgestaltung, also für reifere selektive Identifizierungsformen, nicht vorgesehen ist. (Dies bedeutet allerdings nicht, daß es wirkungsvollen Zwang nicht auch in subtilerer Form bei den Statuspassagen in traditionalen oder modernen Gesellschaften gibt, die solche Riten nur noch symbolisch praktizieren und mit sozialen Sanktionierungen arbeiten.) Auf diese Weise wird es in Stammes- und traditionalen Gesellschaften bewerkstelligt, daß eine klar definierte, zeitlich festgelegte Statuspassage stattfinden kann, die mit einer strikt rollengebundenen, kollektiv angesonnenen Identitätsformation einhergeht, die im Schema von Döbert und Nunner-Winkler für die voradoleszente Stufe typisch ist. Preis für das Einfrieren individueller Möglichkeiten des Experimentierens kann allerdings der Mangel an Kreativität dieser Gesellschaften in Situationen sozialen Wandels sein.

Der indische Professor für klinische Psychologie B. K. Ramanujam hat Vorstellungen von einer Phase der Adoleszenzkrise als unzutreffend für das traditionelle Indien abgelehnt. Anläßlich eines Seminars in Ahmedabad unter dem Titel *Identity and Adulthood* im Jahre 1977, hat er in seinem Beitrag *Toward Maturity. Problems of Identity seen in the Indian Clinical Setting* (Ramanujam 1979) seine Erfahrungen dargelegt: Nach jahrzehntelanger klinischer Arbeit könne er sagen, daß es Adoleszenz als eine besondere Phase in der indischen Gesellschaft nicht gebe. Während klare Vorstellungen von Entwicklungsphasen der Kindheit existieren, findet man keine solche in bezug auf die Adoleszenz: »Adolescence as a distinct phase, however, is not identified.« (a.a.O. S.37) Und weiter: »... adolescence as a distinct developmental phase is an artifact in India. This is purely an urban phenomenon influenced by mass media. Traditionally, one does not hear about an adolescent culture.« (a.a.O. S.49) Im gleichen Sinne stellt Kakar fest, daß es im hinduistischen Schema der menschlichen Entwicklung eine besondere Phase der Adoleszenz nicht gibt (Kakar 1979, S. 11; 1988, S. 230–256). Ramanujam begründet dies folgendermaßen: »We have to view the process of identity formation in a much larger cultural context. In a society where assertion of individuality is not a cherished value, but conformity to group value system in order to maintain group identity is the ideal, the process of identity formation is ... different.« (Ramanujam 1979, S. 49) Wenn soziale Biographien in dieser Weise vorgezeichnet sind, tritt die Möglichkeit der Entfaltung des Einzelnen, wie sie in Gesellschaften mit ausgeprägter soziokultureller Individualisierung zu finden ist, hinter die Aufgabe gesellschaftlicher Einfügung entsprechend gruppenspezifischer Vorgaben zurück.

II. Purdah:
Zur kulturtypischen adoleszenten weiblichen Sozialisation

Über die weibliche Sozialisation in Indien gibt es viele detaillierte Darstellungen (z.B. Jefferey 1985; McCormack 1961; Mies 1989). Ich möchte am Beispiel der Institution der *purdah* die typische adoleszente Sozialisation des indischen Hindu- und Muslim-Mädchens darstellen, das den Unterschied zum psychosozialen Moratorium deutlich hervortreten läßt und dem die Bedeutung eines Initiationsgeschehens zukommt. Es läßt anschaulich werden, in welcher Art in einer traditionalen Gesellschaft der kürzeste Weg zum Erwachsenwerden durch Einfrieren der Entfaltungsmöglichkeiten des Jugendalters verwirklicht werden kann. Das einschneidende Prinzip, das das Leben des indischen Mädchens von der Frühadoleszenz an bestimmt, heißt *purdah*, ein persisches Wort, das ursprünglich Vorhang bedeutet. Es stellt nicht nur bei den Moslems einen dominanten Einfluß auf das Leben einer jungen Frau dar, vielmehr haben die Hindus diese Institution ursprünglich von ihren muslimischen Eroberern zum Schutz ihrer Frauen vor diesen übernommen. Später versuchten sie im Prozeß der Nachahmung der Lebensart der herrschenden und höheren Klassen ihr Prestige durch strikte Beachtung der *purdah*-Gebote zu erhöhen, wobei dieses Bemühen durchaus auch ein Entgegenkommen in der brahmanisch-hinduistischen Überzeugung von der Notwendigkeit der Einschränkung weiblicher Freiheiten fand (Das 1929, S.63 ff.; S. 93 ff.). [2] Und bis heute ist *purdah* für den Großteil der Bevölkerung ein Prestige-Symbol (Roy 1979, S.122). »Als System ... bedeutet *purdah* nicht nur den Schleier, der die Mohammedanerinnen verhüllt, oder das obere Sari-Ende, das die Hindu-Frauen über ihr Gesicht, vor allem die Augen ziehen, sondern *purdah* ist das Symbol für ein umfassendes System von Regeln, Verhaltensvorschriften, folk-ways, dessen Prinzip die radikalste Form der Geschlechtersegre-gation und Seklusion der Frauen ist.« (Mies 1986, S. 48)

Unterschiede zwischen muslimischen und hinduistischen *purdah*-Sitten resultieren größtenteils aus den unterschiedlichen Heiratsregeln: aufgrund von Lineageendogamie kommt es bei den Muslimen häufig zur Heirat von Kreuz- oder Parallelkusinen, was bei den exogamen Hindus unter die Inzestregel fällt. Die *purdah*-Vorschriften beziehen sich bei den ersteren auf alle Männer außer den nahen männlichen Verwandten, wäh-

---

2 Je nachdem wie stark der Einfluß der islamischen Eroberer in den einzelnen Gebieten gewesen ist, gibt es regionale Unterschiede, wie weit die Hindus sich der muslimischen Strenge in der Handhabung der *purdah*-Regeln angeglichen haben; im Kumaon (Himalaya) oder in Südindien, wo der Islam nie Fuß gefaßt hat, spielen sie eine geringere Rolle als beispielsweise im Punjab, der das Tor nach Indien für die Eroberer dargestellt hat. Für die überwiegende Mehrheit der Hindu-Patientinnen im Schrein gilt, daß sie aus Regionen mit starkem moslemischen Einfluß stammen.- Es geht mir hier um den Einfluß von *purdah* auf das Leben junger Frauen. Daß besonders ältere Frauen gelernt haben, den »Vorhang« zum Verbergen ihrer Interessen zu verwenden, soll hier nicht bezweifelt werden (Raheja & Gold 1994, S.164 ff.).

rend sie bei den Hindus erst nach der Hochzeit, die allerdings noch vor der Menarche stattfinden soll, strikt befolgt werden müssen und sich auf die älteren männlichen Verwandten des Ehemanns und auf fremde Männer überhaupt beziehen. Durch diesen Umstand wird das Hindu-Mädchen im allgemeinen weniger früh und nicht auf einen so großen Kreis von Männern bezogen *purdah* üben.[3] Allerdings wird die *purdah* für es durch einen anderen Umstand, der auch mit der Exogamieregel zu tun hat, nicht weniger einschneidend: Die junge Frau lebt nämlich nach der Hochzeit in einer inferioren Position als Fremde in der fremden Familie, oft auch in einem fremden Dorf, und ist dem strengen Urteil der ihr fremden Schwiegermutter ausgesetzt. Auch das muslimische Mädchen gilt von der Zeit der Vorpubertät an verstärkt nur noch als Gast im Elternhaus, den man in eine ungewisse Zukunft entlassen muß. Mehr noch gilt dies aber für das Hindu-Mädchen: während das muslimische Mädchen wegen der endogamen Heiratregeln oftmals in der Verwandtschaft bleibt, wird das exogam verheiratete hinduistische Mädchen Fremde im fremden Haus sein.

»Es gibt eine Vielzahl komplizierter sozialer Konventionen, die nicht nur die physische sondern auch die soziale Distanz zwischen den Geschlechtern sicherstellen. Am bemerkenswertesten ist vielleicht die symbolische Bedeutung der Kleidung. Die Verschleierung der Frau ist ein wichtiger Aspekt der *purdah*, und die Art, wie die Frauen die Kleidung tragen, und die Veränderungen, die sie daran vornehmen können, machen unterschiedliche Grade der Verhüllung möglich.« (Jefferey 1985, S.12) Die extremste Form von *purdah* ist wohl das Tragen des burqa durch die Muslim-Frau, ein schwarzes Überkleid, das den ganzen Körper verhüllt, das außerhalb des Hauses getragen wird. Es bringt die Absicht, soziale Unsichtbarkeit der Frau anzustreben, indem sie zur gesichtslosen Un-Person gemacht wird, sinnfällig zum Ausdruck bringt.

Für die Muslim-Mädchen werden die *purdah*-Regeln bereits mit der Präadoleszenz spürbar. Sie müssen ihr Verhalten dann grundsätzlich ändern. Die bisher erfahrene Freizügigkeit ist vorbei. »In a Muslim family a girl can move about without any inhibitions till the age of 5-9 years. Prior to this age the girl may be cuddled und petted by her elders. She may romp about in the neightbourhood, playing with boys and girls of her age. Very often she may be sent out for errands to the neighbours or the market. All this is gradually brought to stop and a time comes

---

[3] »Muslim *purdah* as opposed to Hindu *purdah* is a reference to pubertal, affinal, consanguineal and stranger category, while among Hindus *purdah* is basically in regard to affinal and stranger category, applicable mostly in the post-marital situation.« (Roy 1979, S. 122)

when she is forbidden to stand at the main entrance of the house or enter the mardana baithak (Männersalon J.K.). The young girl accepts her new role naturally without much resistance or revolt.« (Roy 1979, S.30) Denn es hat seit jeher bei den älteren Frauen kein anderes Verhaltensmuster erlebt. Ältere weibliche Verwandte, potentielle zukünftige Schwiegermütter und Heiratsvermittler beobachten nun mißtrauisch jeden Schritt junger Mädchen außerhalb des Hauses, wo sie sich nur in Begleitung ihrer Freundinnen zeigen, denn allzu schnell könnte der Ruf der Jungfräulichkeit in Zweifel gezogen werden (Basu 1995, S.97). Deswegen beurteilen viele Muslim-Frauen den Eintritt ins Jugendalter rückblickend als Fluch, stellt er doch den Abschied auf immer von freiem Leben dar. »Jungen Hindufrauen wird nach der Pubertät (Menarche, J.K.) oftmals nicht mehr Bewegungsfreiheit außerhalb ihres Zuhauses zugestanden als den moslemischen Frauen.« (Jefferey 1985, S. 11f.) Auch sie empfinden die Zeit des Übergangs in die Erwachsenenwelt als schweren Einschnitt: »Youth is an enemy, say many women, for it robs them off the freedom of their childhood and the spontaneity which they could experience as the virgin daughter of a house.« (Das 1988, S.200) Auch das Hindu-Mädchen wird beständig hinsichtlich ihrer Eignung als Ehefrau beobachtet, und es gilt als schlechtes Omen, wenn es Probleme bei der strikten Einhaltung der *purdah*-Regeln zeigt. Sehr schnell wird ein unbeherrschtes Verhalten mit einer Neigung zu Unersättlichkeit und mit Phantasien von Prostitution in Verbindung gebracht: »The veil when used properly to cover is the symbol of the daughter or wife. When it is pulled away, carelessly draped, or accidentally dropped, it may be seen as an invitation to an illicit love affair.« (Das 1979, S. 92f.)[4] Auch im viel weniger strengen Kumoan wird die junge Ehefrau, die – wenigstens offiziell – noch nicht ihre erste Menstruation erlebt hat, in dieser Weise beäugt: »Die älteren Frauen beobachten Verhalten und Mimik der jungen Frau genau. Bewegt sie sich ungezwungen und läßt ihren Blick offen umherschweifen, verheißt das nichts Gutes. Es wird viel gemunkelt, und ihre mangelnde Scham wird als unanständig beklagt.« (Krengel 1989, S. 141)

In diesen Zusammenhang gehört die frühzeitig zu erlernende Handhabung des dupatta, eines ca. zwei Meter langen und ein Meter breitem Schal zur Bedeckung des Kopfes und zur Verhüllung der Formen des Oberkörpers. Ohne durch ihn zusätzlich verhüllt zu sein, habe eine muslimische Frau »nackte Bruste« (Jefferey 1985, S.111).

---

4 Die Autorin bezieht sich hier auf ihre Untersuchung der Verhältnisse im Punjab, ein Land, das historisch einem starken muslimischen Einfluß ausgesetzt gewesen ist Die hinduistische Patientin Tajinder, die ich unten (III, 3) vorstellen werde, stammt übrigens auch aus dem Punjab.

Zu den Geboten gehört für Muslims wie für Hindus ebenso die Einhaltung von Augen-*purdah*: Jungen und Mädchen – wie Männer und Frauen sollen sich nicht anschauen, sondern ihre Augen niederschlagen, wenn sie einander begegnen (a.a.O. S. 13f.). Auch der Gebrauch der Stimme ist von *purdah* betroffen: Die Frau soll unnötige Gespräche mit Männern überhaupt vermeiden. Wenn dies aber nicht möglich ist, soll sie die Männer nicht betören. Das gilt auch für das Sprechen des Gebets (a.a.O. S.109). Nach Roy stellen die vielfältigen Beschränkungen der Kommunikationsmöglichkeit den wohl stärksten Beitrag zur »erosion of the individuality of Muslim women« dar (a.a.O. 31). Ähnliche Auswirkung hat der Umgang mit den Möglichkeiten des Lernens. Sobald die Mädchen ins Teenageralter kommen, werden sie zu Hause mit den (nichtsexuellen) Anforderungen eines künftigen Mannes an sie vertraut gemacht und warten auf ein geeignetes Hochzeitsangebot. Für die Mehrzahl aller Mädchen endet in diesem Alter auch der Besuch der Schule. Ist diese mehr als 10 Minuten entfernt, so wird schon allgemein geargwöhnt, daß das Mädchen durch den Schulweg in Gefahr ist, Liebschaften anzufangen. Aus Rücksicht auf den Klatsch des Heiratsmarktes kommt es oft zu einer strikten Absonderung der Mädchen im Haus zur Zeit der Pubertät, auch wenn die Eltern ihre Töchter gerne weiter zur Schule gehen lassen würden. Spöttische Bemerkungen von Freundinnen gegenüber denen, die doch weiter die Schule besuchen, daß sie wohl sinnlos auf Hochzeit warten würden, bewirken das ihre. Haben die Mädchen in urbanen Lebensbedingungen heute bessere Möglichkeit zum Schulbesuch und damit zu außerfamilialen Kontakten, so ist Indien doch das Land agrarisch-traditioneller Lebensformen: 70% der Bevölkerung lebt in Dörfern. Die in modernen Gesellschaften entwicklungspsychologisch so wichtigen Peergroup-Beziehungen werden bei Muslimen allgemein nicht ermuntert, da nicht von der Unterweisung in Probleme der Haushaltsführung abgelenkt werden soll. Mit den Männern der Familie, die Kontakt zur Außenwelt haben, dürfen die Muslim-Mädchen entweder nicht sprechen oder diese halten ihre außerhäuslichen Angelegenheit für unweibliche Themen. Dies führt zu einer Entwicklung, die schließlich nicht selten in Gefühlen der Scham über die eigene Unwissenheit und in einem Zustand psychischer und geistiger Mattigkeit aufgrund des jahrelangen Lebens »hinter dem Vorhang« endet. Roy resümiert im Hinblick auf die traditionale Haltung: »In the male dominated Muslim society *purdah* is a male imposed symbol of domination and seclusion symbolizing the eclipse of Muslim women´s identity and individuality.« (1979, S.45)

Auch wenn die *purdah*-bedingten Einschränkungen für die junge Hindu-Frau weniger umfassend sind, wird doch nicht weniger strikt auf die Bereitschaft zur Unterwerfung unter die *purdah*-Regeln und deren Einhaltung geachtet, wenn der Wert einer Braut beurteilt wird. Grundsätzlich gilt allgemein, daß das »Hüten der Frauen äußerst schwierig ist, denn nach brahmanischer Auffassung haben die Frauen keine anderen Interessen und keine anderen Wünsche als ihre sexuelle Leidenschaft für Männer, gleichgültig ob diese alt oder jung, häßlich oder schön sind, es kommt ihnen nur darauf an, daß es ein Mann ist« (Mies 1986, S. 50). In dieser Einschätzung besteht gar kein Unterschied zur muslimischen Überzeugung von der Notwendigkeit der *purdah*-Vorschriften: Sie sollen Liebesverbindungen verhindern, sind das »Bollwerk gegen die sexuelle Anarchie« (Jefferey 1985, S. 29). Bis heute gelten sie als notwendig, »um die von Allah gestiftete gesellschaftliche Ordnung aufrechtzuerhalten und sie vor der ›Gefahr ihrer Zerstörung oder Zersetzung durch den Geschlechtstrieb‹ zu bewahren« (Basu 1995, S.106).

Dem hinter allen Kontrollen und Einengungen des Erfahrungsraums durch *purdah* auf Schritt und Tritt spürbaren Mißtrauen gegenüber der gleichermaßen verführerischen wie ängstigenden weiblichen Sexualität liegt die Vorstellung zugrunde, durch die weibliche Natur würde ohne klare Reglementierung soziale Unordnung entstehen. Die Auffassung von Frauen als denjenigen, in denen die Sprengkraft der Sexualität hauptsächlich lokalisiert wird, impliziert in Südasien die These, daß die Frauen der Natur näher stehen als die Männer und deswegen näher dem Chaos und der Unordnung als der Kultur (Vatuk 1992). Die darin enthaltene Kastrationsangst drückt sich in Sprichwörtern aus wie: »Das Feuer kann nie genug Öl bekommen, Flüsse können den Ozean nicht füllen, der Tod kann nie genug Lebewesen bekommen, und Frauen können niemals von Männern befriedigt werden.« (Kakar 1988, S. 118) In diesem Sinne auch gelten Mädchen in der Pubertät als erhitzt, und die Menarche wird mit einem Prozeß des Überkochens verglichen. Das Ziel der raschen Hochzeit ist es, die Hitze der unkontrollierten weiblichen Sexualität in die kontrollierte Form der Ehe zu transformieren, denn erst die Domestizierung der verführerischen Natur der Frau, ihre Transformation aus einem noch naturhaften unkontrollierten Stadium in eine soziale kontrollierte Form, in der Natur und Kultur vereint sind, schafft die Bedingungen der Erhaltung der kulturellen Ordnung in den »kalten Gesellschaften«. Dieser Versuch der Domestizierung des Femininen, der im indigenen Selbstverständnis niemals vollständig gelingt, beginnt früh mit der Vermittlung der *purdah*-Regeln. Sie sollen das Aufkommen von Liebesverbindungen verhindern, die ihrem Wesen nach unplanbar sind und eben deswegen die Stabilität einer zyklischen Gesellschaft notwendigerweise gefährden (Kapferer 1983; Basu 1995). Auf der psychologischen Ebene beziehen sie sich letztlich auf die Verhinderung von Triebüberwältigung des Mannes aufgrund der weiblichen Reize, für die die Frau verantwortlich gemacht wird. Das erstreckt sich bis hin auf das Feld der ehelichen Beziehung, denn die Forderung von *purdah*-gemäßer Zurückhaltung der Frau gilt auch im ehelichen Schlafraum (Das 1979, S.94), was die Vermutung eines starken Zusammenhangs von männlicher Kastrationsangst und weiblicher Verführungskraft nahelegt.

Gilt das Mädchen nach hinduistischer Auffassung vor der Pubertät als dem Göttlichen nahe und besonders rein, so daß sein Körper zu bestimmten Anlässen rituell als Aufenthalt der im Hindu-Pantheon bedeutenden Glück- und Fruchtbarkeitsgöttin Lakshmi dient und es entsprechend verehrt wird, so ändert sich die Einstellung mit der Menarche. Als ihr Hauptmerkmal gilt jetzt als Gegensatz zum Mann ihre körperliche Offenheit, durch die sie als für alle Gefahren der Verunreinigung, insbesondere auch sexuelle, zugänglich gilt und durch die sie aber gleichzeitig die Schöpfung am Leben erhält. Durch ihre Eigenschaft, das Gefäß für Unreinheit zu sein, wird sie denn auch durch den Sexualverkehr viel mehr verunreinigt als der Mann, sie gilt in diesem Zusammenhang wie dessen übriggelassene unreine Speise (jutha)[5] (Das 1979). Ihre Offenheit ist neben der ihr zugeschriebenen Neigung zur Unordnung auch der Grund dafür, daß verunreinigende, übelwollende Geister sich leicht in sie einkörpern können (Das 1988). Tatsächlich bekamen wir im Schrein auf die Frage, warum fast ausschließlich Frauen besessen werden – auch von den Schreinwächtern – immer zur Antwort, daß sie durch ihre Leichtfertigkeit, monatliche Unreinheit und Offenheit besonders gefährdet seien. Es ist Bestandteil des in ganz Indien verbreiteten Besessenheitsidioms, daß Frauen aus diesen Gründen besonders gefährdet sind, daß ein Geist durch die unteren Körperöffnungen, besonders bei körperlicher Entleerung am falschen Ort, in sie einfahren kann. Die körperliche Offenheit der gebärfähigen Frau ist so eine der axiomatischen Voraussetzungen für die Besessenheit.

Purdah andererseits hat im Zusammenhang mit dem Konzept der Offenheit damit zu tun, die aufgrund ihrer wesensmäßigen Natur ohnehin sich und die soziale Ordnung immer gefährdende Frau zu schützen, indem sie daran gehindert werden soll, durch ihr unkontrolliertes Verhalten

---

5 Die Entwertung des Weiblichen in diesem Sinne ist schon vom Lebensbeginn an wirksam: Während Buben nackt herumlaufen dürfen und ihr Penis liebkost wird, wird streng darauf geachtet, daß Mädchen immer bedeckt sind; und während es für den kindlichen Penis Koseworte gibt, heißt das weibliche Genitale immer chuta. Dafür gilt: »... the terms for female genitals (chuta) is linked with the general terms for impurity (chhuta).« (Das 1979, S.90)

die Männer zu gefährlichem Begehren nach ihrer Offenheit zu verführen, auch wenn dieses Ziel gegenüber der weiblichen Natur niemals ganz zu erreichen sein wird. Auch die an ganz bestimmten Orten lauernde Geisterschar hat die Frau durch die Kontrolle ihres eigenen Verhaltens auf Distanz zu halten, was ihr aufgrund der ihr eigenen Unbedachtsamkeit ebenso wenig durchschlagend gelinge. Eine thematische Fortführung der oben erwähnten Vorstellung über frühe Anzeichen einer »Prostituierten« aufgrund von ungestümen Gesten ist hier unverkennbar.

III. Falldarstellungen[6]

1. Der Schrein

Zu der sonst üblichen projektiven Vorstellung von sozialer Unordnung, die die weibliche Sexualität naturgemäß stifte, was es notwendig mache, die äußeren und inneren Erfahrungsräume der Frau durch *purdah*-Kontrollen zu verengen, stellen die Rituale des Schreins eine wirkliche Gegenwelt dar. Im Sinne der Analysen von Victor Turner (1989) handelt es sich um eine liminale, anti-strukturelle Welt, die eine Befreiung von den Restriktionen des Alltagshandelns darstellt. Ganz im Gegenteil zu den Einschränkungen mit Beginn der *purdah*-Sozialisation gibt es im Schrein viele sonst nicht erlaubte Erfahrungsmöglichkeiten. Das zeigt sich z.B. darin, daß Kasten- und Religionsunterschiede ihre Bedeutung verlieren, die Verhüllung von Gesicht und Oberkörper durch den dupatta oder den oberen Teil des Sari kaum eine Rolle spielen. An Stelle von die Menschen trennenden hierarchischen Positionen im Alltagsleben zeichnen sich die Beziehungen durch »Communitas« aus, »die Gemeinschaft Gleicher, die sich gemeinsam der allgemeinen Autorität der rituellen Ältesten unterwerfen«, um auf der Grundlage der »Anerkennung einer essentiellen und generellen menschlichen Beziehung, ohne die es keine Gesellschaft gäbe« (Turner 1989, S. 96), miteinander zu sein. Im Schrein sind jene »Älteren« die Schreinwächter (mujawar), die in einer gentilcharismatischen Verbindung zum Heiligen stehen, die »Anerkennung« materialisiert sich um die Heilkraft (karamat), die von dessen Zentrum, dem Grab des Heiligen Mira Datar, ausgeht und die die Pilger ähnlich wie die Kommensalen in der Analyse von *Totem und Tabu* (Freud 1913)

---

6 Einerseits habe ich manches Detail der Feldprotokolle unerwähnt lassen müssen. Dennoch gebe ich ausführlichere Falldarstellungen, als ich sie in diesem Rahmen extensiv interpretieren kann, um die Gestalt der Fallgeschichten nicht zu beschädigen. So kann hier manches nur angedeutet werden.

miteinander verbindet. Diese Kraft stellt den weißmagischen Bedeu-
tungspol zu der durch schwarzmagischen Schadenszauber bewirkten
Besessenheit von übelwollenden Geistern (bala, bhut, jinn) dar. Sie kann
durch verschiedene rituelle Maßnahmen zu deren Austreibung verwendet
werden. Als besonders heilmächtig gilt in dieser Hinsicht der während
der allabendlichen Zeremonie verbrannte Weihrauch (loban). Er stachelt
die Geister besonders an, gegen ihre geplante Vernichtung und ihren
bevorstehenden Tod anzukämpfen, ein Charakteristikum, das den ganzen
Vorgang übrigens der Semantik von Sterben und Geburt in Initiationsriten annähert (van Gennep 1986). Die Trancetexte legen Zeugnis von
diesem Prozeß tobender Agonie ab: Das Numinose betritt die Bühne,
wenn nicht in der Gestalt des Heiligen selber, so doch in Form der Geister, die er dazu veranlaßt, ihre Rede an ihn richtend in Erscheinung zu
treten (Krambeck 1996). Sie beschimpfen den Heiligen, trotzen seiner
Macht, die sie zerstören wird. Der ganze Raum ist für eine gute halbe
Stunde wie in dichten Nebel gehüllt und die Kranken, die Pilger
(sawwali) heißen, atmen den Weihrauch tief und begierig ein. Es ist die
Zeit der Trancen: Die Frauen beginnen, in ihren bunten Saris über den
Marmorboden des Hofes zu rollen, lassen kniend ihre Oberkörper krei-
sen und peitschen mit ihren offenen langen Haaren bis zur Erschöpfung
den Boden, wobei es in der Heftigkeit der Trance vorkommt, daß ihre
nackte Brüste aus der Bluse rutschen. Selten sieht man auch verdeckte,
aber offensichtlich masturbatorische Handlungen während der Trance.
Das Leben im Schrein während, aber auch außerhalb der Trance hat mit
purdah nicht mehr viel zu tun.

Anschaulich wird dies besonders auch in den Manifestationen kräftigen Trotzes gegen das Heilige-Geordnete des Schreins. Viele junge Frau-
en tragen zum Beispiel eine dicke Kette um das Handgelenk, an die sie
angekettet werden, wenn sie aufgrund ihrer Besessenheit zu wild werden. Die Geister rühmen sich manchmal, schon mehrere Kettenschlösser
gesprengt zu haben. Noch nach stundenlanger Trance in einem schmutzi-
gen Wassertank, dessen ritueller Sinn darin besteht, die Geister durch
Unreinheit auszutreiben, spricht ein solcher Geist (bala) so aus der 25-
jährigen, stets eine dicke Eisenkette um das Handgelenk tragenden Mus-
limin *Subeida* zum Heiligen:»Du wirst sehen/kein bala wird so viel Kraft
zeigen/Ich werden den ganzen Wassertank aufwühlen/Heute werde ich
durch deinen Befehl zu tauchen keine Kraft verlieren/Ich bin schon
100mal untergetaucht/und meine Kraft ist nicht weniger geworden!«
Wenig später:»Wenn Du mich anspuckst/Spucke ich zurück/Du kannst
mich heute solange wie Du willst/in diesem Wasser behalten/Ich werde
nicht Dein schmutziges Wasser trinken!« (Dieses Verhalten gleicht den

»amok-ähnlichen Zuständen«, die der transkulturellen Psychiatrie bekannt sind, und worauf zurückzukommen sein wird.)

Eine Manifestation von passiver Aggression als Verweigerung des Übergangs in die alltägliche Welt des Erwachsenenlebens ist bei vielen der jungen Frauen anzutreffen, die häufig aufgrund ihrer kurz nach der Hochzeit aufgetretenen Besessenheit keine Hausarbeit mehr machen können. Besonders kraß war dies bei der 20jährigen *Aesha,* die sich vier Tage danach nicht mehr niederlegen und nur noch weinerlich, hilflos und wie hölzern herumstehen konnte. Ihre strapazierte Mutter faßte die Situation in die Worte:»Die neue Braut wurde zu einer eisernen Rute!« Ihre Krankheit nannte sie Holz (lakri).

2. *Unterwerfung und Rebellion*

Die folgende Krankengeschichte stellt eine junge Muslim-Frau vor, für die die traditionell-konservative Erziehung aufgrund bestimmter Umstände eine besondere Bedeutung gehabt hat.

Als ich die 15jährige *Asma* zum ersten Mal gesehen habe, habe ich sie für mich sofort Prinzessin genannt. Stolz und aufblühende Schönheit strahlt sie aus; dabei berührt mich eine eigentümliche Mischung von noch kindlich-mädchenhaften Zügen und im Kontrast dazu eine ausgeprägte Strenge in ihrem Gesichtsausdruck. Ihr zartgebauter Körper ist der eines Mädchens, nicht der einer Frau, so daß ich aufgrund meiner kulturellen Vorstellungen zunächst erstaunt bin zu erfahren, daß sie seit mehr als einem Jahr verheiratet ist. Ihrem um 10 Jahre älteren, großen kräftigen Mann Abdul gegenüber, dessen dunkelhäutiges Gesicht von tiefen Pockennarben gekennzeichnet ist, wirkt sie ausgesprochen schmächtig. Er ist Metzger von Beruf.

Asmas und Abduls Ehe war von ihren Eltern verabredet worden; erst nach der Hochzeitszeremonie sind sie sich begegnet. Asma hat eine enge Bindung an ihr Elternhaus, sie besucht ihre Eltern und beiden jüngeren Schwestern regelmäßig. Von allen angeheirateten Verwandten mag sie ihren jüngsten Schwager am meisten, mit dem sie, wie es in ihrer Kultur häufig ist, eine Kindlichkeit und Spontaneität zulassende Scherzbeziehung (jocking relationship) hat. Im Kontakt mit ihrem Mann wirkt sie erwartungsgemäß folgsam, wobei eine geheime Bewunderung für ihn deutlich ist.

Asma und Abdul erzählen uns ihre Geschichte: Als vor zwei Monaten ein Leichenzug an ihrem Haus vorbeigezogen ist, ist sie gerade zur großen Toilette aufs Feld außerhalb des Dorfes gegangen, da sie Stuhldrang verspürte. Da ist ein Schatten auf sie gefallen, so daß sie zwei Tage bewußtlos war. In einem Dorfschrein hat ihr der Heilige in Trance gesagt, sie solle zum Mira Datar Schrein gehen. So sind sie der heiligen Anordnung (hukm) gefolgt und vor 18 Tagen hierher gekommen. Sie haben von dem sie betreuenden Schreinwächter gleich das Ritual der Bindung an die karamat vornehmen lassen. Noch am selben Tag hat Asma Trance (hajri) von Mira Datar, dem »Herrscher von Gujarat«, wie sie ihn nennt, bekommen. Er hat ihr die Enthüllung gegeben, daß ihr Zustand mit der Prozession und einem Erlebnis in ihrem fünften Lebensjahr zu tun hat. Eine Schwester der Mutter hatte sich im Dorfbrunnen ertränkt. Ihre Mutter hatte sie damals mitgenommen, als der Leichnam geborgen wurde, damit sie den toten Körper der Tante sehe. Auch an den Leichenzug damals kann sie sich erinnern und daß sie starke Blähungen bekam. Zwei Tage nach dem Tod der Tante war sie auch damals in Ohnmacht gefallen, so daß sie zur Behandlung ins Krankenhaus gebracht wurde. Sie hat seitdem Schmerzen in der Rippengegend gehabt, ist auch auf Tuberkulose hin behandelt worden, ohne dadurch Linderung zu erfahren. Es ist immer gesagt worden, daß die Tante von einem Geist verfolgt worden sei, ohne zu sagen, welche Art von Geist das gewesen sein könnte. Jetzt ist klar geworden, daß sie seit damals vom Geist ihrer Tante besessen ist. Obwohl sie noch immer Trance bekommt, kann sie doch wieder normal essen und alle Hausarbeit machen. Auch ist sie mittlerweile frei von Schmerzen.

Asma und Abdul haben jetzt nach diesen Enthüllungen bei Mira Datar zusammen um einen Sohn gebetet. Sie werden den Schrein für einige Zeit verlassen, weil es Asmas Mutter gesundheitlich nicht gut geht, werden aber zurückkehren, da sie noch keine Weisung vom Heiligen (hukm) bekommen haben, den Schrein zu verlassen.Eine Szene mit Asma hat mich besonders beeindruckt: Sie wiegt sich wie häufig in den Rhythmus anderer Frauen in Trance ein, verfolgt deren Bewegungen im Ansatz nachvollziehend aufmerksam, wobei eine ängstliche Angespanntheit spürbar ist. Dann springt sie plötzlich fort, um sich begeistert dem Baby auf dem Arm der Frau eines in der Nähe stehenden Elternpaars, mit dem sie ein euphorisch lebhaftes Gespräch beginnt, zuzuwenden. Sie wirkt jetzt wie ausgewechselt: nicht mehr so streng und ängstlich-kontrolliert, sondern wie ein kleines Mädchen, das von Freude erfüllt in eine Wiege schaut. Nie zuvor und später habe ich soviel von ihr persönlich sehen können wie in diesem Augenblick. Es war so, als hätte das Erscheinen des Babys ein starkes unbewußtes Thema in ihr angerührt und die Macht der Repräsentanz des übelwollenden Geistes in ihr für diesen Augenblick außer Kraft setzen können.

Daß ich mit meiner Intuition, Asma aufgrund des ersten Eindrucks Prinzessin zu nennen, ganz gut gelegen habe, erweist sich besonders in

Situationen, wenn sie darauf achtet, daß alles mit rechten Dingen zugeht und schnell mit Zurechtweisungen bei der Hand ist, wenn z.B. nach ihrer Meinung gegen die Ordnung eines Rituals verstoßen wird: So weist sie eine ältere, etwas verwahrlost wirkende Frau in ihrer Nähe wegen ihres Verhaltens so scharf zurecht, daß diese ängstlich in der Menge der Umstehenden verschwindet: sie hatte mit aus der Bluse heraushängender Brust neben ihr auf dem Marmorboden hockend ungelenk versucht, Trancebewegungen zu machen. Die Ausrichtung an Ordnung und Unterwerfung unter Autorität kommt ebenso in ihrer besonderen Anrede des Heiligen als »Herrscher von Gujarat« zum Ausdruck. Sie ist wirklich eine Prinzessin, eine Vater-Tochter in dem Sinne, daß sie die Bedeutung der Autorität besonders betont. In solchen Augenblicken übernimmt sie gleichsam die Rolle der Schreinwächter, wobei sie aber viel strenger als diese ist. Kaum jemand sonst, auch diese nicht, hätte die hilflosen Trancebewegungen der älteren Frau gerügt. Asma scheint geradezu angezogen von Unregelmäßigkeiten, um sich mit ihnen zu beschäftigen und sie zu kritisieren.

In einer anderen Situation ist sie von der um 10 Jahre älteren, trancenden *Kamla* bzw. deren Geist aufgefordert worden, in Trance zu gehen, um miteinander ein Duell zu haben. Kamla ist eine wenig hübsch wirkende Frau und es ist nicht auszuschließen, daß sie sich Asma als Gegnerin gewählt hat, weil sie sie beneidet, wie Asma ihrerseits sich von ihrer Wildheit angesprochen fühlen muß. Kamla nämlich sticht im Schrein durch ihr sehr aggressives Verhalten gegenüber ihrem Mann und ihrem Bruder hervor. Da sie sich hinter der Maske ihres bala gegen eine Einfügung in die zeitliche Ordnung der abendlichen Rituale sträubt, versuchen diese häufig, sie mit Gewalt dorthin zu führen. Darauf reagiert sie mit den übelsten Beschimpfungen der beiden Männer, was nach den patriarchalisch bestimmten Gepflogenheiten im Alltagslebens tabu wäre. Schließlich, wenn es zuviel wird, ohrfeigen sie Kamla öffentlich, worauf sie mit ihren Beschimpfungen fortfährt und die Auseinandersetzung so weit eskaliert, daß sie trotzig, laut hohnlachend auf dem Boden liegt und die ratlosen Männer sie prügeln und unter Aufbietung aller Kräfte versuchen, sie doch noch zu den Orten der frommen Zeremonien zu schleppen. Sie sagen, sie habe einen ganz niederkastigen Geist in sich, und wenn sie sie schlügen, so gelte die Prügel nicht der Schwester oder Frau, sondern dem üblen bala, den der ganze Schrein als den größten Rüpel kennt.

Auch im Aufeinandertreffen mit Asma gibt sich Kamlas bala am Anfang angriffslustig, indem er behauptet, zur angesehenen hinduistischen Krieger- und Herrscherkaste der Rajputen zu gehören.

Asmas Geist erwidert darauf, daß das nicht sein könne, weil er auf dem Friedhof lebe, wie es nur muslimische Geister tun. (Ein Rajputengeist lebt auf dem Leichenverbrennungsplatz, da Hindus ihre Toten verbrennen und nicht begraben, wie es Muslime tun.) Und triumphierend läßt Asma ihren Geist hinzufügen: »Ich bin der stärkere Geist! Ich bin die Person, die die Kraft hat, die Jugend zu verderben!« Asmas sehr überzeugte Art zu sprechen, ihre Logik und Strenge haben Kamla, die sich gegen die Regeln der intersubjektiv gültigen semantischen Ordnung verstoßend durch einen höherkastigen Geist aufwerten wollte, beschämt. Aber sie versucht es erneut, indem sie erwidert, ihr Geist komme in stiller Trance (ghum hajri, Tranceform der Vornehmen, J.K.) zu ihr, so daß er nicht mit ihr kämpfen könne. Daraufhin ruft eine der umstehenden Frauen ihr zu, daß sie sonst doch immer die lautstarke, tobende Trance habe! Getroffen zieht Kamla sich nun aus der Auseinandersetzung zurück, indem sie die Bühne verlassend in singendem Tonfall mehrfach wiederholt, daß sie schweigende Trance habe und daß ihr bala nicht schwach sei. Die Prinzessin blickt einen Augenblick erhobenen Hauptes in die Runde: Sie bzw. ihr Geist hat sich als der bessere erwiesen. Tatsächlich ist es so, daß den Rajputen alle phallischen Charaktermerkmale zugesprochen werden: als stolze, tapfere Krieger, Landbesitzer und geschickte Jäger gelten sie auch als heißblütige Sinnenmenschen, deren Verführungskraft junge Mädchen leicht erliegen – die also die Jugend verderben können, wessen Asmas Geist sich tatsächlich rühmt. Es war sehr deutlich, wie Asma die Identifizierung mit ihrem phallischen Geist genoß, was sie nach der offiziellen Lesart des Besessenheitsidioms freilich nicht darf. Als wir ihr zwei Tage später begegnen, frage ich sie, ob ihr der Kampf Spaß gemacht habe. Für einen Moment hellt ihr Gesicht sich auf, ihre Augen funkeln, als hätte sie sich durch diese Frage verstanden gefühlt. Dann kehrt in ihre dunklen Augen wieder ihr distanzierter Prinzessinnenblick zurück, und sie antwortet ganz in der Logik des Besessenheitsidioms: »Die balas kennen sich gegenseitig. Ich kann mich nicht erinnern.« Offensichtlich durfte sie auf der offiziellen Bühne (frontstage) zu diesem aktiven phallischen und konkurrierenden Teil von sich, den sie auf der Hinterbühne (backstage) gezeigt hatte, nicht stehen (Das 1976), denn insbesondere das aktiv verführerische Verhalten fällt ja unter das *purdah*-Verbot. So werde ich sie mit meiner Frage überrascht und möglichweise auch etwas verärgert haben, indem ich mit einem abgespaltenen Anteil von ihr, von dem sie – auch nach der Voraussetzung des Besessenheitsidioms – außerhalb der Trance streng genommen gar nicht sprechen kann und darf, in einer ganz selbstverständlichen Weise Kontakt aufzunehmen versucht hatte und damit den kulturellen und psychodynamischen Widerstand außer acht gelassen hatte. Zu dieser Regelverletzung hat mich verleitet, daß ich noch beeindruckt von dem raschen Wechsel war, als sie aus der Trance zum Gespräch mit jenem jungen Elternpaar mit dem Baby herausgegangen ist; ich war wohl neugierig, wie leicht ihr der umgekehrte Weg von der realitätsbezogenen Bewußtseinslage im Alltag zu der der Trance sein würde. Heute ist meine Einschätzung anders: Ich denke nicht, daß sie in der Szene mit dem Baby aus der Trance in einen normalen Bewußtseinszustand gegangen ist, sondern daß sie in der tranceartigen, durchlässigen Bewußtseinslage sich befindend durch das situative Reizangebot plötzlich ein sie überwältigendes unbewußtes Thema in sich aufkommen erlebte, das dem Wirklichwerden einer unbewußten Phantasie in der Trance gleichkam. Ein Thema zudem, das sich auch dazu eignete, die ängstigende Erfahrung in der Gruppe abzuwehren.

Asmas strenges Achten auf die Regeln, das sie in Kontrast zu den anderen Frauen im Schrein setzt, stellt auch einen der dominanten Züge in ihrer Erziehung dar, die sich in Form des Mechanismus´ der Identifikation mit dem Aggressor in ihr niedergeschlagen hat. Sie ist nach sehr traditionellen Regeln erzogen worden: Daß diesem aufgeweckten Mädchen offenbar sehr wenig Schulbesuch ermöglicht worden ist, denn sie spricht kaum Urdu, daß sie so früh, mit 13 Jahren, verheiratet worden ist und daß sie ihren späteren Mann Abdul vor der Hochzeit nie gesehen hat, – all das zeugt von einer sehr konservativen Praxis, die bei indischen Muslims inzwischen die Ausnahme geworden ist (Roy 1979, S.79). Die radikale pädagogische Maßnahme ihrer Mutter, das 4jährige Mädchen mit zum Dorfbrunnen zu nehmen, hat der Tochter ein traumatisierendes Beispiel für ein gescheitertes Frauenleben vorgeführt, eine unerledigbare Erfahrung, die sie immer beschäftigt hat, wenn sie sich gefragt hat, von was für einem Geist die Tante verfolgt worden war. Im Topos des Sich-Ertränkens im Dorfbrunnen klingen unweigerlich Konnotationen an, die auf Gefühle der Ausweglosigkeit im Zusammenhang mit unerlaubten Liebesangelegenheiten hinauslaufen. Wenn der übelwollende Geist der Tante aus Asma von seiner Kraft spricht, die Jugendzeit zu verderben, so spricht daraus die allgemein verbreitete Angst vor einer Zerstörung der Jugend durch die überkochende weiblich Sexualität, die noch keine Domestizierung in einer geregelten, kulturellen Form gefunden hat und deswegen ins Unglück solcher Liebesangelegenheiten führt, was sowohl bei Muslims wie bei Hindus die Motivierung für eine frühe Verheiratung der Töchter ist. Das Schicksal der Tante muß diese allgemeine Angst in Asmas Fall besonders geschürt haben, sie könnte auf die falsche Bahn geraten, weswegen sie für heutige Verhältnisse extrem früh verheiratet wurde.

Ihre Vorstellung, der übelwollende Geist der Tante sei während des Begräbniszugs von der Tante sozusagen direkt auf sie übergegangen, so daß sie in ihrem fünften Lebensjahr deswegen zum erstenmal in Ohnmacht gefallen war, ist eine einfacher Ausdruck der unbewußten Identifizierung mit der toten Tante, wozu insbesondere auch die mit ihr verbundenen unbewußten Phantasien gehören, die als Schreckensbild im Familiengedächtnis immer gegenwärtig gehalten worden sind. Wenn man hinzufügt, daß gewaltsam zu Tode gekommene Frauen nach dem indischen Volksglauben zu übelwollenden Geistern werden, die voll Neid und Eifersucht in den Lebenden zu leben trachten, besonders wenn ihre sexuellen und generativen Bedürfnisse nicht befriedigt worden sind (Das 1979, S.98), dann gewinnt die Annahme einer Identifikation, die sich als Besessenheit artikuliert, durch diese kulturelle Rahmung zusätzliche Plausibilität. Gegen eine solche Identifikation wenden sich – unterstützt durch *purdah* und ihre Erziehung – andererseits alle Abwehrkräfte, was Asma jene Strenge gegeben hat, die als auffallender Kontrast in ihrem im übrigen kindlichen Gesichtchen steht. Die ihrem damaligen Alter eigene Unbekümmertheit, von der noch etwas in der Szene mit dem Baby spürbar geworden ist, wurde in einer Art Schocktherapie gebrochen, und in welchem Klima der Angst vor Regelverletzung Asma aufgewachsen ist, ist bis heute deutlich in ihrem angstgeprägten Verhalten im Schrein zu spüren.

Ich möchte noch einmal auf jene Szene zurückkommen. Asma hat in ihrem fünften Lebensjahr nicht nur den Tod der Tante erlebt, sondern auch die Geburt ihrer ersten Schwester. Ihre von innen her strahlende Begeisterung beim Erblicken des Babys legt die Hypothese nahe, daß Asma ihre neugeborene Schwester als ihr Kind im ödipalen Sinne erlebt hatte und daß sie diesen infantilen Wunsch in der Szene im Schrein wiedererlebt hat. Sie veranschaulicht mit ihrem abrupten Verhaltenswechsel, wie nah dieses Thema an dem der Besessenheit durch die tote Tante liegt. Übrigens besteht diese Nähe auch in der Legende des Heiligen: der Besuch seines Schreins gilt außer zur Austreibung böser Geister ebenso als besonders segensreich für das Erreichen von Schwangerschaft.

Die Tatsache, daß sie und ihr Mann um einen Sohn gebetet haben, bedeutet zum einen, daß die Schwangerschaft der nächste Schritt auf dem normativen Weg ist, die weibliche Sexualität zu domestizieren und der wichtigsten Erwartung ihrer muslimischen Kultur, einen Sohn zur Welt zu bringen, zu entsprechen, wodurch sie hohe soziale Anerkennung erlangt. »Kalte Gesellschaften« erwarten, daß die Frau ihr Selbstwertgefühl im wesentlichen aus den Rollen der Frau und Mutter bezieht. Die Möglichkeit, sich auf diese Weise nicht mehr in Regeln eingesperrt fühlen zu müssen, sondern im Kind etwas Eigenes haben zu dürfen, stellt in traditionalen Gesellschaften häufig den einzigen Weg weiblicher Selbstverwirklichung dar (Erdheim 1982, S. 299). Bei Asma werden diese sozialen und narzißtischen Motivierungen durch ihre starken infantilen ödipalen Wünsche ergänzt und intensiviert. Zumal würde sie ihre Mutter übertreffen, wenn sie einen Sohn gebären würde, worum sie den Heiligen bittet.

Wir haben Gespräche mit Frauen geführt, die doppelt so alt wie Asma waren und die diesen Weg der weiblichen Selbstverwirklichung gegangen sind. Der ursprünglich dominante Kinderwunsch schient im Laufe der kurz aufeinanderfolgenden Schwangerschaften immer mehr aufgezehrt und durch den Anpassungsmechanismus der Identifikation mit der Rolle[7] (Parin 1977) der Ehefrau und Mutter überlagert worden zu sein, denn eine gute Muslim-Frau hat sich den sexuellen Wünschen ihres Mannes stets zu unterwerfen und Schwangerschaften sind gottgewollt. So war das Leben dieser Frauen von Stillzeiten und Schwangerschaften ausgefüllt (vgl. Jefferey 1985, S.151). Zum Beispiel hatte die muslimische Fabrikantenfrau *Fardana,* die im Schrein durch den Habitus einer muslimischen Lady auffiel, in elf Ehejahren acht Kinder geboren, bis sie ca. ein Jahr nach der letzten Geburt plötzlich, bisher stets ein Muster *purdah*gemäßen Verhaltens, amok-ähnliche Zustände zeigte: sie begann in kurzem Wechsel laut zu singen, zu lachen, zu weinen und ihren Ehemann oder Vater anzupöbeln, zu beschimpfen und zu schlagen. Ihre zurückhaltende Wesensart, die sie auch in der Öffentlichkeit des Schreins zeigte, änderte sich, indem sie eigensinnig wurde und regelmäßig das Bett naß machte. Auf diese Weise zog sie aus der Erfahrung, aufgrund ihrer Gefügigkeit immer mehr von sich aufgegeben zu haben, eine Konsequenz, indem sie es in diesem späten Alter das erstemal wagte, sich mithilfe der Maske der Besessenheit dem Gehorsamsgebot zu widersetzen, wobei einige ihrer symptomatischen Verhaltensweisen ausgesprochen adoleszent wirkten.

Unterstützt durch die Kräfte infantiler Über-Ich-Härte zeigt Asmas Entwicklung eine durch Gewissenhaftigkeit und Strenge bestimmte Geradlinigkeit. Allerdings scheint die 1½jährige Erfahrung der Ehe mit ihrem Metzger-Ehemann Abdul, der überhaupt nicht den Eindruck eines gehemmten Menschen machte, in ihr jene Konfliktdynamik um die ver-

---

7 Dieser Anpassungsmechanismus spielt im Typus der zerbrochenen Adoleszenz (Erdheim 1982) eine wesentliche Rolle. Danach werden Stücke der durch eine strenge Erziehung zerbrochenen Größenwünsche zu alloplastischen Ich-Anteilen. Insofern verkörpert Asma im Gegensatz zu Tajinder (s.III, 3) auch Merkmale dieses Adoleszenztyps. Es kommt mir in dieser Arbeit aber darauf an, den Akzent darauf zu setzen, wie schon die Möglichkeiten adoleszenter Entfaltung eingefroren werden.

drängte Identifikation mit der Tante, die für die gefährliche weibliche Sexualität steht, wiederbelebt zu haben – um so mehr, als sie ihn als ihren »Rajputen« insgeheim bewundert. Ihre auf Kontrolle ausgerichtet Welt beginnt jetzt zu wanken, indem sie die Entwicklung ihrer sexuellen Erfahrungsmöglichkeiten erlebt. Diese Konstellation stellt strukturell die Auslösesituation für Asmas Krankheit dar, die sie Besessenheit nennt und die die Geradlinigkeit unterbricht. Auch wenn ein Entgegenkommen der mulimischen Kultur die Schwangerschaft sozial hoch bewertet, wenn sie ehelich erfolgt, so führt auch der Weg zur ehelichen Schwangerschaft über die Sexualität. Und auch wenn diese durch den Heiligen gleichsam abgesegnet wird, so bleibt sie doch mit den ihr eigenen gefährlichen Empfindungen verbunden, die sich im Verlaufe ihre Ehe entwickeln und die an die verdrängten Phantasien um die Tante rühren. Erinnert sei hier auch an das allgemeine Gebot der weiblichen Zurückhaltung im Sinne von *purdah*. Im Laufe dieser jüngsten Entwicklung nun ist es zur Wiederholung der Ohnmacht, Zeichen der Identifikation, gekommen, die sie bereits damals im fünften Lebensjahr erlebt hat. Daß diese gerade zu diesem Zeitpunkt erfolgt, werte ich als Folgerichtigkeit und Beweis für die Annahme einer hysterischen Identifizierung mit der toten Tante.

Der gleiche Konflikt zeigt sich übrigens in Asmas Tranceverhalten. Im Gegensatz zu den aufgeführten Äußerungen der Rebellion durch *Kamla* und *Subeida* blieb Asma stets prinzessinnenhaft. Sie schaut meist ängstlich angespannt mit großen Augen, bereit zu Kontrolle zu ermahnen, in die Runde der trancenden erwachsenen Frauen, die für sie in ihrem Tranceverhalten ungeheuerliche Regelverletzungen und weibliche Wildheit darstellen. Sie nutzte das Angebot des Besessenheitsidioms zwar, um ihre phallischen und ödipalen Konkurrenzbedürfnisse zu leben, im ganzen gesehen aber steht mehr ihr ängstliches Kontrollbedürfnis im Vordergrund. Die emotional archaische Großgruppe der Frauen, die tatsächlich etwas von der Qualität urszenischer Wildheit haben kann und damit die schlimmsten Befürchtungen hinsichtlich der weiblichen Sexualität verkörpert, auch sie berührt die Imago der Tante und muß sie folglich in Angst, Abwehr und Flucht (z.B. zum Baby oder nach Hause) treiben. Dementsprechend berichtete Asma auch keine triebnahen Träume von *balas*, wie z.B. *Subeida:* Von haarigen Männern mit langen Zähnen, die auf ihr sitzen, die sie schlagen, die sie an den Haaren zerren, die unanständige Gesten machen etc. Nicht zuletzt gehört in diesen Zusammenhang, daß Asmas Trance sich (noch) nicht in jener polaren Bedeutungsstruktur inszeniert hat, die der Schrein in Form des Kampfes mit dem Heiligen anbietet. Asma spricht diesen stattdessen ehrfurchtsvoll als den Herrscher von Gujarat an. Indem sie das verpönte Triebhafte nicht wirklich darstellt und aus sich sprechen läßt, zeigt sie eine selektive Verwendung der semantischen Struktur des Schreins, die ihr primär zu Abwehrzwecken und weniger zu Darstellungszwecken dient. Sie hatte die durch *purdah* und ihre Erziehung auferlegten Hemmungen so tief verinnerlicht, daß sie die im Schrein angelegten antistrukturellen Möglichkeiten (i.S. von V.Turner) noch nicht direkt für sich gebrauchen kann, vielmehr an den anderen Frauen ein Verhalten, das genau diese realisiert, nur schwer tolerieren kann. Asma nutzte das sinnstrukturelle Angebot des Schreins nicht in dem Sinne, daß sie die durch *purdah* eingefrorenen adoleszenten Konflikte in Form dämonischer Besessenheitstrancen so extensiv wie andere Frauen externalisieren konnte. Allerdings erlebte sie auf dem Wege partizipatorischer Identifikation mit, was andere, die den Bedeutungsrahmen des Schreins aufgrund ihrer Psychodynamik anders als sie gebrauchen konnten, ihr vorführten. Ihr Verhalten zeigt, wie das Geschehen im Schrein auf diesem Wege eine große Anziehungskraft auf sie ausübt: In Form eines projektiven und identifikatorischen Abwehrarrangements läßt sie andere für sich unbewußte Inhalte darstellen, an denen sie dann insgeheim teilhaben kann. Asma bekämpft in *Kamla* und der alten verwahrlosten Frau zwar das Unordentliche, das sich nicht der Norm fügt; gleichzeitig erlaubt ihr dieses Arrangement aber mit ähnlichen eigenen unbewußten Wünsche in Kontakt zu kommen, z.B. daß sie an Kamla erlebt, was einer Frau möglich wäre.

3. Die Darstellung des seelischen Konflikts im kulturellen Symbolismus des Haares

Eine andere Art, das eingefrorene adoleszenten Konfliktpotential im Rahmen des Besessenheitsidioms darzustellen, besteht in einem privaten Synkretismus kultureller Symbole (Obeyesekere 1981).

Mina ist ein 16jähriges zartes, intelligent wirkendes Mädchen, das den Gebrauch des Schleiers in anmutiger Weise beherrscht. Sie gibt an, Rajputin zu sein und wohnt mit ihrer Familie sozusagen standesgemäß im besseren Viertel des Schreins. Sie klagt über Kopfschmerzen, die von ihrem Arzt einen Monat lang vergeblich behandelt worden sind. Sie ist jetzt seit zwei bis drei Monaten hier. Als Zeichen für ihre Besessenheit gibt sie an: »Mein Haar läßt sich so schlecht ordnen, irgend jemand hat mich verhext!«

Mina ist immer gerne in die Schule gegangen und dabei eine sehr interessierte und gute Schülerin gewesen. Sie ist jetzt in der achten Klasse, seit 3½ Monaten aber nicht mehr zum Unterricht gegangen. Sie will nicht mehr in die Schule zurück, da sie jetzt heiratsfähig sei: »Wie kann ich da zurück zu den kleinen Mädchen!« Ihre Hände begannen zu zittern, wenn sie zu schreiben versuchte. »Die Schule ist jetzt abgeblasen!« Sie ist nicht traurig darüber, es sei ihr Schicksal (her luck). Ihr Vater, der die Familie hier jedes Wochenende besucht, möchte, daß sie weiter zur Schule geht. Ihre Heirat ist noch nicht arrangiert, die Eltern möchten damit noch warten, bis sie geheilt ist. Die soziale Umwelt soll nie erfahren, daß mit ihr etwas nicht stimmt, da sie dann nicht gut verheiratbar wäre. Ein paar Tage nach diesem Gespräch fragt Mina unsere Dolmetscherin, ob sie ihr ein Hüfttuch (lungi) als Geschenk an ihren Verlobten mitgeben könnte, worüber sie dann aber nicht weiter sprechen will.

Mina erscheint als ein Knäuel von widersprüchlichen Neigungen: Auf der einen Seite vertritt sie den traditionellen Brauch der durch die Eltern arrangierten Hochzeit, andererseits lebt sie in der Phantasie von ihrem Verlobten im Paradigma einer modernen romantischen Liebesverbindung. Auf der einen Seite möchte sie in ihrem Alter wie ihre Altersgenossinnen heiraten, weil sie sich viel zu groß fühlt, um noch in die Schule zu gehen, andererseits hat sie Spaß an ihren kognitiven Fähigkeiten und am Lernen in der Schule. Diese Seite von ihr wird zusätzlich durch den Wunsch ihres Vaters verstärkt, sie solle bei ihm bleiben und weiter zur Schule gehen. Der Schreibkrampf, die Kopfschmerzen und die Unordnung in ihrem Haar stellen die inneren unauflösbaren Konfliktspannungen dar, die zwischen Heirat und Schule sowie zwischen Familie und Ehe bestehen. Ihre Situation mit vielen einander widersprechenden Möglichkeiten ist der von Jugendlichen ähnlich, die das psychosoziale Moratorium brauchen, um Lösungen zu finden. Mina scheint wie andere Mädchen den Schrein als Ersatz für das in ihrer Kultur nicht vorgesehene Moratorium zu verwenden. In ihrer Person drückt sich ein Konflikt aus, der in ihrem Land verschärft besteht: zwischen Modernisierung (Liebesheirat) und Rationalisierung (Schule) einerseits und konservativen Traditionen (frühe und arrangierte Ehe) andererseits. Daß Mina in dieser Situation eines Tages das Gefühl hatte, daß ihr Haar sich nicht ordnen läßt, dürfte der introspektiven Wahrnehmung eines Wustes von Ambivalenzen entsprechen, die sich in der Vorstellung der indischen Volksmedizin tatsächlich in der Beschaffenheit des Haars darstellen können.

Eine anderen junge Frau stellte sich ebenfalls mit der Unordnung ihres Haars dar, und dies in virtuoser Weise:

Tajinder ist eine 22jährige junge Frau aus dem Punjab, die im Schrein anfangs durch ihre verwahrlosten langen Haare auffällt. Sie stammt aus einer recht wohlhabenden, höherkastigen Hindufamilie, ihr Vater ist Juwelier. Sie hatte mit 17 Jahren ordnungsgemäß die 11. Klasse beendet, als sie eines Tages aus der Schule kam und immerzu weinen mußte. Von da an begann sie sich unwohl zu fühlen, konnte sich nicht mehr konzentrieren, weinte viel, aß nicht mehr, ihre Regel blieb aus. Sie zerriß sich ihre Kleider und schlug auf andere ein. Als sie dann eine ½jährige Schneidereiausbildung beendet hatte, wurde es mit ihr immer schwieriger. Ihr bala, der seinen Namen bisher nicht enthüllt hat, muß sehr niederkastig und schmutzig sein, denn für ca. einen Monat entleerte sie sich überall im Haus und warf mit dem Kot umher! Sie erlaubte der Familie nicht, zuhause zu kochen und zu essen, wollte selber nur aus dem Restaurant versorgt werden. Tajinder begann damals, sich völlig zu vernachlässigen. So kämmte sie nicht mehr ihr wunderschönes Haar, das ihr fast bis zu den Fußknöcheln reichte, und das inzwischen verfilzt voller Nester und Schuppen ist. In dieser Situation drängte sich der Familie der Gedanke auf, es müsse sich um Besessenheit handeln. Die Familie hat 5 Jahre lang gesucht, bis sie endlich in den Mira Datar Schrein kam. Die hinduistische Mutter kreiert einen religiösen Synkretismus: »Gott Shiva hat Mira Datar seine Gunst geschenkt: ›Daß jeder, der an jinn und bhut leidet und zu Deinem Grab kommt, geheilt werden wird!‹«

Während einer Trance zuhause hatte der bala einmal gefordert, ihm Kleider zu geben, dann würde er von Tajinder ablassen. So waren 1,25 m Stoff gekauft worden. Nachdem sie auf Tajinders Körper gelegt worden waren, hatte man sie einem unbekannten Bettler gegeben. Auch hat der bala enthüllt, daß er sich auf einem Fest in ihr Haar verliebt und deswegen dort eingenistet hat. Deswegen hat er ihr auch verboten sich zu kämmen. Nachdem die Familie dies dem Schrein brieflich mitgeteilt hatte, wurde sie zurückgerufen, da es den Schreinwächtern notwendig erschienen ist, daß ihr das Haar vor dem Grabmal abgeschnitten werde. Nachdem dies jetzt geschehen war, ist es in einer Blechdose am Ufer des Dorfteichs zwei Fuß tief in der Erde nahe der Bushaltestelle begraben worden. Glücklich berichtet die Mutter über die nun kahlköpfige Tochter: Es ist ein großer Schritt der Besserung festzustellen, da Tajinder es sieben Tage nach dem Kahlschnitt erstmals zulassen konnte, daß ihr ihr Kopf mit dem besonders karamatmächtigen Öl aus der Lampe Mira Datars massiert wurde – wohl damit nun sein Geist in ihrem Haar und ihren Gedanken Platz nehme. Jetzt wird alles gut werden! Die Kraft des Heiligen hat sich schon früher immer wieder darin erwiesen, daß Tajinder ihre Periode bekommen hat, wenn sie das wirkmächtigste Amulett (tawiz), das ein Stück Stoff vom Grabtuch des Heiligen enthält, getragen hat. Wenn sie es aber trotzig weggeworfen hat wie früher ihre Medikamente, blieb die Regel wieder aus. Ebenso hat die Kraft des Heiligen sie am Anfang des Aufenthalts im Schrein besonders aufgebracht, so daß sie ihre Mutter wiederholt beschimpft hat: »Du Hure! Was bringst Du mich hierher! Willst Du mich umbringen?« Das kann nur der bala sein, der so aus ihr spricht![8]

Tajinder macht einer abwesenden, unzufriedenen Eindruck. Sie grübelt viel, ist dabei insgeheim mit ihren Größenwünschen beschäftigt: Über die Lehren, die historische Persönlichkeiten vermitteln; daß man, um Filmschauspielerin werden zu können, sehr darauf achten muß, gesund zu bleiben; über ihren ältesten Bruder und seine Familie etc. In einem Gespräch mit dem Serviermädchen des Imbißstandes vor dem Schrein über ihre Ausbildung hat sie diesem gesagt, daß sie später weiter lernen möchte. Als das Mädchen kommentiert, es sei nicht gut weiter zu lernen, erwidert Tajinder ehrgeizig: »Man kann seine Intelligenz durchs Lernen schärfen!« In ein Gespräch zwischen der Dolmetscherin und ihrer Mutter, als es um die plötzliche Erfahrung der Konzentrationsstörungen am Anfang der Krankheit geht, wirft Tajinder ein: »Ich werde noch M.A. werden!«

Mit ihrer stark analen Regression fährt sie sozusagen das absolute Gegenprogramm gegen die väterliche Welt eines Juweliers ab, in der es sehr ordentlich zugehen muß. Dieser Welt verweigert sie sich. Dabei war sie zuvor ein Juwel gewesen: Eine fleißige Schülerin, eine gepflegtes und folgsames Mädchen in einem goldenen Käfig. Wenn ihr Bruder ihre wunderbaren langen Haare, die in Indien zum weiblichen Ideal gehören, hervorhebt, so tut er dies auch unter der Voraussetzung, daß sie auf das Ideal der anmutigen, bedeckten Ehefrau hin erzogen worden ist. Die ordentliche Frau zähmt ihr Haar, indem sie es mit Öl geschmeidig und glänzend hält (Jefferey 1985, S. 112f.). Sie trägt es immer zu einem Zopf geflochten und öffnet es nur für ihren Mann. Die Unordnung offenen Haars hat nur in der ehelichen Ordnung einen sozialen Ort, wo Natur nicht Chaos schaffen kann, sondern ihre Kraft in den Dienst kultureller Ordnung stellt.

Als die übliche Zeit der Hochzeit (shadi) näher kam, wurde aus dem höherkastigen Mädchen so recht zum Verheiraten eine Kranke, und je klarer sich der ihr angesonnene Weg abzeichnete (Nähkurs), desto mehr vereitelte sie diesen. Nicht nur will sie ihre weibliche Entwicklung durch Amenorrhoe zurückschrauben, was ihr mit der Manipulation des Amuletts tatsächlich zu gelingen scheint. In einem Alter, da die Eltern mit dem Einkommen von Heiratsangeboten rechnen, verunstaltet sie sich selber und ihr Elternhaus. Sie flüchtet sich in Krankheit, die nach fünf Jahren als Besessenheit erscheint. Es ist in diesem Zusammenhang psychoanalytisch

---

8 Obwohl in den Protokollen zweimal unzweifelhaft »bitch« (Hure) geschrieben steht, übersetzt Beatrix Pfleiderer (1994) frei mit Hexe (witch) (a.a.O. S. 108). Für meine auf unbewußte Zusammenhänge abhebende ethnopsychoanalytische Interpretation macht das einen wesentlichen Unterschied.

aufschlußreich, daß Tajinder ihre Mutter, als diese sie in den Schrein gebracht hatte, mehrfach eine Hure genannt hat, ein Wort, mit dem von ihr eine insgeheim ersehnte, aber noch mehr ängstigende Triebverfallenheit gemeint ist. Sie sagt damit in etwa:»Ich will nicht wie Du eine Hure, eine ekelhafte sexuelle Ehefrau, werden und lasse mir hier von Dir mein Sträuben dagegen nicht kaputtmachen!« Solche Gefühle wie auch ihr großer Ehrgeiz (Schule, M.A.) und die Amenorrhoe geben ihr Züge einer Anorektikerin mit deren typischer Angst vor und Kampf gegen Ich-Verlust.

Tajinder gibt uns versteckt in dem faszinierenden Spektakel, das sie inszeniert, einen anrührenden Einblick in die triebängstliche Seele einer 17jährigen Jugendlichen, die vor sich selber noch nicht ganz benennen kann, was sich in ihr abspielt. Indem sie den Geist in ihrer Trance-Phantasie gestehen läßt, daß er sich auf dem Fest in sie bzw. in ihr Haar verliebt habe, gesteht sie ein, daß ihre erotischen Wünsche dort berührt worden sind und sie daran leidet, so daß sie sich seitdem nicht mehr kämmen mag. Da solche Gefühle wegen der Institution der durch die Eltern arrangierten Ehen besonders verpönt sind, wird es ihr aus kulturellen Gründen zusätzlich erschwert, diese sich in ihr regenden schwierigen Gefühle zuzulassen. Ein wie feines erotisches Verständnis Tajinder trotz aller Abwehr hat, zeigt ihre Phantasie, daß ein gieriger Geist sich in ihr Haar verliebt habe und nicht mehr aus ihrem weichen haarigen Nest heraus wolle, ebenso zeugt der Deal, den der Geist ihr vorschlägt, davon: Der Stoff war zuvor auf Tajinders Körper gelegt worden und wurde dann, ihre Entkleidung symbolisierend und mit ihrer Haut kontaminiert, dem bedürftigen Mann geschenkt. Neben der Darstellung körperlicher Vereinigung dient der Stoff auch als eine Art Fetisch, durch den eine Verlassenheits- und Trennungssituation erträglich werden soll, indem die Einkleidung der Ersatz für die Einkörperung sein dürfte und in der Tat eine Art Einkörperung, gleichsam in Tajinders zweite Haut, symbolisch darstellt.

Der projektive Behälter des Besessenheitsidioms bietet sich auch ihr an, um in der durch *purdah* geordneten Welt verbotene sowie schwierige Gefühle darzustellen. Und sie benutzt wie Mina das Symbol des Haares zur Darstellung ihrer persönlichen Situation, die durch sexuelle Wünsche, Angst davor und Abwehr gekennzeichnet ist. Die Welt der Mythen Indiens kann uns belehren, wie viele unterschiedliche Bedeutungen mit dem Symbol des Haars verbunden sind und wie geeignet es für die Verbilderung innerer Konflikte ist. Sie, von der wir annehmen können, daß sie aufgrund ihrer langen Schulzeit mit dieser Welt gut vertraut ist, erscheint als eine Meisterin in der unbewußten Verwendung kultureller Symbole.

Das größte mythologische Vorbild verfilzten Haars findet sich in Shiva in seinem Aspekt als Asket und Schöpfergott, der den Untergang der Welt in den Fluten der Göttin Ganga mit seinem verfilzten Haar verhinderte. Shiva scheint für die Familie Tajinders tatsächlich eine große Autorität zu sein, denn wie wir gehört haben, verfügt für sie Mira Datar auch durch Shivas Gnade über seine Heilkraft. Die vielen shivaitischen Asketen und Asketinnen, die Indien durchwandern, tragen als eines ihrer Erkennungsmerkmale verfilzte Haare wie ihr Vorbild, von dem es heißt, seine Haare hätten wie Schlangen oder Flaschengurken um den Schädel gehangen. Mit dem Verfilzen des Haars streben sie ihm nacheifernd danach, die Vitalkräfte zu speichern, um sie in spirituelle Kraft umzuformen (Obeyesekere 1981).

Shiva hatte sich nach dem Tod seiner Braut Sati in die Einsamkeit des Waldes in Askese zurückgezogen, da er als Bräutigam alles eingebüßt hatte, was ihm wichtig gewesen war. Die Glut seiner Askese war so furchtbar, daß er auf Leichenplätzen schlief, von Rauschmitteln und Meditation toll erschien und mit einer Schädelschale in der Hand nackt betteln ging. So vereinte er alles Abstoßende und Ekelerregende in sich. Schließlich fürchteten die Götter, die Weltordnung könnte durch seine melancholische Raserei und sein Verlangen, ohne Begehren zu sein, zerstört werden, so daß sie beschlossen, daß seine Braut als Parvati wiedergeboren werde. Sie schickten den Liebesgott Kama zu ihm, der in des Gottes Inneren Gefühle der sehnsüchtigen Liebe wiederzuerwecken vermochte. Zornig darüber verbrannte Shiva Kama, so daß dieser seither ohne Leib leben muß (vgl. Zimmer 1978, Kap.V).

Die shivaitische Vorstellung von einer überweltlichen Kraft, die sich im Haar manifestiert, hat Tajinder virtuos mit dem Besessenheitsidiom verbunden. In Anlehnung an die mythischen Bilder zeigt auch sie am Anfang ihrer Erkrankung ein abstoßendes Verhalten, das alle von ihr wegtreibt. Der darin vorgestellten Aspekt von Shiva, der für das ewig sich wiederholende sich Trennen-Müssen, Leiden und Vergehen steht, rührt an Themen, die im Leben des adoleszenten Hindu-Mädchens aufgrund der exogamen Heiratsregel in vielfältiger Weise thematisch sind.

Nach der Volksreligion leben übrigens auch Hexen ähnlich wie Shiva mit wirren Haaren auf Friedhöfen und Leichenverbrennungsplätzen, was einem Forscher von Augenzeugen oft berichtet wurde (Babb 1975, S.148). In bezug auf andere Gottheiten gilt verfilztes ungeordnetes Haar bei ihrer Anhängern ebenso als Zeichen ihrer sozialen Exterritorialität sowie ihrer Berufung und spirituellen Potenz. Dabei gibt es eine in unserem Zusammenhang des weiblichen adoleszenten Konflikts besonders interessierende Gruppe. »Junge Mädchen wurden vor allem dann der

Göttin, gelegentlich auch einem Gott, geweiht, wenn sich ihre Haare verfilzten. Filzknoten galten als Zeichen der Auserwählung durch die Gottheit. Das berufene Mädchen durfte nicht heiraten. Sobald es alt genug war, oblagen ihm die rituellen Tempeltänze, verschiedene Opferhandlungen für Göttinnen und Götter und die Teilnahme an verschiedenen Zeremonien. Es galt als Braut der Gottheit und stand jedem Mann, der zum Tempel kam, sexuell zur Verfügung.« (Omvedt 1986, S.189) Geht diese Institution der sog. devadasi auf vorchristliche Fruchtbarkeitskulte zurück, so gilt es noch heute als Ruf der Göttin Yellamma, wenn sich Filzknoten im Haar eines Mädchens bilden. Die ihr geweihten Mädchen wurden durch die rituelle Vermählung mit dem Ehemann der Göttin zu Tempeldienerinnen. Sie durften nach dieser Initiation keinen Mann heiraten und stellten innerhalb einer patriarchalen Gesellschaft eine polyandre, matrilineare und -lokale Insel dar, die ihnen einen sonst unerlaubten Freiraum gewährte, vor dem Gesetz waren sie dem Mann gleichgestellt. Heute ist die Initiation zur devadasi über ganz Indien verbreitet. Auch höherkastige Mädchen werden aufgrund ihres Filzhaares der Göttin geweiht und verbringen ihr Leben ehelos im sakralen Tempeldienst, ohne Prostituierte werden zu müssen. Die meisten devadasis leben heute in Dörfern, einige von ihnen zölibatär, die meisten von ihnen verkaufen ihre sexuellen Dienste und leben davon als zweiter Erwerbsquelle. An ihren verfilzten Haaren für jedermann erkennbar, leben sie sozial geachtet in Einklang mit der dharma-Lehre von den gottgewollten Pflichten, indem sie auch z.B. auf Familienfeste zum Tanzen und Singen eingeladen werden: Sie gelten dort als Glücksbringerinnen, da sie für immer eine intakte Ehe (mit dem Ehemann der Göttin) führen und (deswegen) niemals den schwierigen Status einer Witwe (sati) ertragen müssen. Unter den modernen kapitalistischen Bedingungen sind die Hälfte aller Prostituierten von Bombay heute der Göttin Yellamma geweiht. (Wichterich 1986, S. 90 ff.; Omvedt 1986). Die verfilzten Haare erinnern hier übrigens ähnlich wie im Shiva-Mythos an eine Zeit, als die Göttin verlassen und zurückgezogen als Aussätzige im Wald gelebt hatte.

Dieser Mythos bietet Tajinder sowohl die zölibatäre wie die sexuelle Variante als Identifikationsvorlagen an. Die unbewußte psychodynamische Bezogenheit beider Möglichkeiten aufeinander ist ein wichtiges Thema im Adoleszenzkonflikt. In Tajinder zeigt er sich, indem sie ihre Mutter eine Hure nennt, was, wie ich oben ausgeführt habe, ihre Angst und Verweigerung dagegen bedeutet, eine Frau ohne Scham wegen ihrer sexuellen Bedürfnisse und Gefühle zu werden. Aus Angst davor gibt sie dieser Möglichkeit deswegen unter dem label »Hure« eine entwertete Form. Tatsächlich haben wir in den Trancen junger Frauen häufig Ge schichten von Prostitution gehört (Pfleiderer 1995, S, 111f.). Eine ausschließlich auf den Umstand der arrangierten Ehe im Patriarchat abhebende Interpretation, wie sie Beatrix Pfleiderer von Tajinders Geschichte gegeben hat, muß den wesentlichen psychodynamischen Konflikt von ihr und den jungen Frauen im Schrein überhaupt verfehlen (Pfleiderer 1995, S. 157 ff.).

Es mag irritieren, wenn ich für die psychodynamische Darstellung mythologische Zusammenhänge herangezogen habe. Daß Mythologisches und Transmundanes allgemein im Alltag selbstverständlich als gegenwärtig wirklich erlebt werden (darshan), ist in Indien aber keine Seltenheit (Carstairs 1963). In Ergänzung des erwähnten Deutungsmusters der weiblichen Offenheit möchte ich anführen, daß gerade darin eine enge Beziehung zwischen dem Weiblichen und dem Überweltlichen gedacht ist. Deswegen gibt es in bezug auf die Verhaltensweisen besonders von Mädchen und Frauen grundsätzlich immer zwei Möglichkeiten der Kausalattribuierung: Motivierung aus individuellen Bedingungen oder von außen durch göttliche oder Geisterkräfte. Vor diesem Hintergrund erscheint es nicht mehr fremd, wenn *Mina* plötzlich eine Unbezähmbarkeit ihres Haars feststellt und das als Zeichen der Besessenheit durch einen solchen Geist interpretiert. Ich-dystone oder bisher unbekannte innere Zustände, wie sie z.B. mit der Pubertät auftreten, können auf diese Weise leicht eingeordnet und dargestellt werden. Es ist das Haar mit seinen Bedeutungskontexten, in die das Subjekt anders nicht begreifbare innere Erfahrungen projiziert. Und was dem pathognostischen Blick der klinischen Sprache als tiefe Regression und Störung z.B. bei Tajinder erscheinen muß, erscheint unter kulturell-pathoplastischem Aspekt (Krambeck/Krambeck 1980) auch als kreative Transformation öffentlicher Symbole in persönliche Symbolisierungen.

IV. Erweiterte Adoleszenz im Besessenheitsritual

Ich möchte nun auf die klinische Erfahrung von Ramajuna zurückkommen und sie auf die dargestellten Fallgeschichten beziehen. In Fortführung der von ihm getroffenen Feststellung, daß es im Verständnis der traditionalen indischen Gesellschaft keine abgegrenzte Phase der Adoleszenzkrise gibt, weil es nach dem Ende der Kindheit Ziel der Sozialisation ist, unmittelbar die Fähigkeiten des Erwachsenseins zu vermitteln, haben er und seine Kollegen die These einer erweiterten Adoleszenz aufgestellt. Danach werden die unerledigten Probleme der Jugendzeit nachträglich in den Jahren des Erwachsenenlebens akutell. Orientiert an der Vorstellung vom psychosozialen Moratoriums schreibt er: »For quite some time we ... have been toying with the concept of extended adolescence. This occurred to us because many of the acting out behaviors we see even in late adulthood are characteristic of an adolescent pattern. If we accept the thesis that conflicts appropriate to a particular phase of developement should be resolved, at least to some extent, before moving on the next stage, it is understandable that since a culture does not recognize adolescence as a distinct phase, no provision is made to facilitate the resolution of such conflicts. It is only natural that these conflicts should be seen in adulthood.« (a.a.O.) Dieses Konzept ist nicht mit dem der verlängerten Adoleszenz in modernen Gesellschaften (Blos 1981; Bohleber 1989) zu verwechseln, da es an die Voraussetzungen einer unter traditionalen Bedingungen abgelaufenen abgekürzten Adoleszenz gebunden ist, in der latent gebliebene Entwicklungsaufgaben sich erst in späteren Lebensjahren entfalten. Als ein Fall nachträglicher adoleszenter Rebellion ist die plötzliche Veränderung der 30jährigen *Mrs. Fardana* anzusehen, die den infantil abhängigen Gehorsam von ihrem Vater bei ihrem Ehemann mehr als ein Jahrzehnt fortgesetzt hatte, bevor sie sich gegen beide über ihr Leben bestimmenden Patriarchen stellte.

Wie der äußere soziale Raum von Anfang an für eine adoleszenztypische Darstellung der Innenwelt eingeschränkt wird, macht besonders das *purdah*-Gebot, daß ausgelassenes Verhalten des adoleszenten Mädchens bereits als schlechtes Omen hinsichtlich ihrer späteren ehelichen Fügsamkeit und Moral gewertet werden kann, deutlich. Mit dem Verbot einer Externalisierung des Inneren aber wird auch die Erfahrung und Entwicklung des innerseelischen Raums gehemmt, in dem sich eine Aneignung der eigenen Gefühle und Triebe sowie deren Abstimmung mit der sozialen Realität vollziehen kann.

Die moderne psychoanalytische Theorie der Adoleszenz unterscheidet verschiedene Subphasen. Während es in den Abschnitten der Prä- und Frühadoleszenz um die Auseinandersetzung mit dem Wachstumsschub, der physiologischen Reifung sowie den frühen Identifizierungen und seelischen Gleichgewichtsbedingungen geht, folgt die Subphase der eigentlichen Adoleszenz, die durch das steigende Interesse an heterosexuellen Objekten bestimmt ist. Dies führt zu einer Wiederbelebung ödipaler Konflikte und schließlich zum Abschied von den infantilen Liebesobjekten, die Richtung dieses Interesses wird zunehmend auf die außerfamiliale Welt und ihre Objekte gewendet: »Neue Rollen, Selbst- und Selbstidealbilder und Objektbeziehungen werden nun in Phantasie und Realität ausprobiert. ... Die peer-group mit ihren vom Elternhaus abweichenden Normen und Werten wird sukzessiv mehr libidinös besetzt und ermöglicht durch neue Identifizierungen, sich von der Primärfamilie wegzubewegen.« (Leuzinger-Bohleber/Mahler 1993, S.25) Zur Kompensation seiner adoleszenten Ich-Schwäche und Insuffizienzgefühle angesichts der unvermeidlichen Orientierungsprobleme in einer neuen inneren als auch äußeren Welt benötigt der Jugendliche Omnipotenzphantasien, mit deren Hilfe er versucht, sich bessere Passungsverhältnisse zwischen diesen beiden Welten vorzustellen. Dies führt durch neue Verwendungsweisen ihrer realen und symbolischen Möglichkeiten zur adoleszenztypischen Rebellion gegen die Erwachsenenwelt, was bei Prozessen des Kulturwandels eine bedeutende Rolle spielt (Erdheim 1981). Diese Seite kreativen Experimentierens stellt eine Intensivierung der Übergangsaktivität (Winnicott 1971) dar und ist ein wesentliches Merkmal des erwähnten psychosozialen Moratoriums. Es erlaubt die Externalisierung und Erprobung eigener Selbst- und Weltentwürfe in der Welt der Erwachsenen und drängt damit zur Ablösung aus der Sicherheit vermittelnden infantilen Welt. Erfahrungen der Spiegelung durch relevante Andere und realen Erfolg leiten schließlich die Phase der Spätadoleszenz ein, indem nach einer Zeit des Experimentierens mit Möglichkeiten nun identifikatorische Bündelungen derselben auf umgrenzte berufliche und persönliche Ziele hin geschehen: Vereinheitlichung, Selbstbegrenzung und Festlegung sind die Aufgaben dieser letzten Subphase, wodurch dann ein Gefühl der Selbst-Kontinuität als einer unverwechselbaren und einzigartigen Person ermöglichen. Um den Vergleich, wie er oben schon im Zusammenhang mit der Theorie von Döbert und Nunner-Winkler begonnen worden ist, hier fortzuführen: Diese Festlegungen finden in der traditionalen indischen Gesellschaften im Vergleich wesentlich schon in der Zeit der Frühadoleszenz statt, wodurch die aufregenden Phase der eigentlichen Adoleszenz entfällt. Bei *Mina* erleben wir den Versuch der Festlegung, ohne mit den widersprüchlichen Möglichkeiten experimentieren und wählen zu können, *Tajinder* schließlich ähnelte dem uns bekannten Bild einer grübelnden Jugendlichen, die sich einer schnellen Festlegung verweigert, ohne in ihrer Kultur Auswege zu finden außer den der Krankheit.[9] Die weibliche Adoleszenz in Indien mit ihren oben aufge-

---

9 Beatrix Pfleiderer kommt in ihrem Buch immer wieder auf die Metapher des Raumes zurück, ohne sie auf den Übergangsraum des psychosozialen Moratoriums zu beziehen. Sie schreibt z.B. über die Grübelei von Tajinder: »Sie spricht nur über Unerhebliches, über das, was man sollte, und vielleicht noch über das, was man könnte... Solche Dinge, und keine anderen, sagt sie. Sie hat sich einen Raum erobert, der unverbindlich macht, der schützt und in den niemand eindringen kann.« (Pfleiderer 1994, S.105) Wenn man den Raum adoleszenztheoretisch begreift, wird man die Grübelei nicht als Sprechen über Unerhebliches beschreiben; vielmehr geht es um Idole, damit vorbewußt verbundene Größenwünsche (Filmschauspieler, historische

führten Probleme scheint überhaupt eine »kulturspezifische Belastungszone« (Pfeiffer 1994, S.75ff.) darzustellen: Krengel hat in ihrer gründlichen Monographie über Sozialstrukturen bei Bergbauern im Kumaon festgestellt, daß die Mehrzahl der jungen Frauen beim Übergang ins Schwiegerelternhaus eine Phase der Besessenheit durchmachen (Krengel 1989, S. 144).

Im Schrein sind in der offiziellen Kultur nicht erlaubte adoleszente Verhaltensweisen, auch verspätet, möglich. Ich möchte im Anschluß an die These der extended adolescence von Ramanujam vertreten, daß dort innere Konflikte des Jugendalters nicht nur im späteren Lebensalter externalisiert werden können, sondern daß der vorgestellte Heilschrein auch eine Form von Äquivalent für das psychosoziale Moratorium in einer traditionalen Gesellschaft mit der für sie typischen abgekürzten Adoleszenz darstellt. Und was die transkulturelle Psychiatrie als amok-ähnliches Verhalten (Pfeiffer 1995, S. 139f.) beschreibt, wird im hier entfalteten theoretischen Kontext begrifflich als das Ergebnis einer unentwickelten unerledigten Adoleszenzkrise mit ihrem latenten Konfliktpotential darstellbar. Erinnert sei an das Verhalten von *Subeida, Kamla* und *Mrs. Fardana,* die eine *Asma* nach 15 Jahren Überanpassung darstellen könnte.

Der Vorgang der Festlegung geschieht im Besessenheitsritual allerdings nicht durch die angedeuteten Vorgänge der Identifikation, Spiegelung und Vereinheitlichung. Vielmehr soll das Ritual mit seinen durch heiligen Befehl verordneten schmerzhaften wie demütigenden Strafen das ersetzen, was in Stammesgesellschaften blutige Initiationsrituale leisten, die das Gesetz sozusagen auf den Leib einschreiben (Clastres 1976; Das 1995). Insofern kann man das Besessenheitsritual als eine Nachinitiation[10] begreifen, das zur intropressiven Unterstützung von seelischen Anpassungsleistungen als »kulturspezifische Intervention« (Pfeiffer 1994, S.75) eingesetzt wird.

Es ist im Laufe dieser Arbeit wiederholt vom Problem des sozialen Wandels die Rede gewesen, der in der indischen Gesellschaft, wenn auch

---

Persönlichkeiten) und deren Schutzfunktion.
Meine adoleszenztheortischen Überlegungen berühren sich hier mit den Gedanken von L. Dumont, der am Beispiel der indischen Asketen dargelegt hat, daß sie sich der strikten Festlegung der Gestaltung ihres bevorstehenden Lebensstadiums als Haushalter, wie es das orthodoxe dharma-Lehre vorschreibt, durch Ausbruch in die Rolle des Weltentsagers entziehen (Dumont 1983). Auch die Besessenheit ist ein Versuch des Sich-Entziehens.
10 Dazu gehören neben den oft Stunden währenden, erschöpfenden Trancen der Aufenthalt im schutzigen Wasser, das Liegen in der Mittagssonne in eine Wolldecke gehüllt, das Angekettetwerden, Schläge, das Liegen in der Kloake. Das alles geschieht beschämenderweise – in der Öffentlichkeit.

mehr untergründig wahrgenommen, abläuft (Kakar 1979, S. 56ff.). Beispiele dafür sind die im indischen Film häufig konstruierten Liebesgeschichten, wo die verzweifelten Liebenden am Ende dann doch glücklich entdecken, daß ihre Eltern sie schon lange füreinander ausgewählt hatten. Wie in der Geschichte von *Mina* haben wir eine latent vorhandene Spannung zwischen Tradition und Modernisierung vor uns, die nur durch ein Wunder wie im Film aufgelöst werden könnten. Insofern mag Nachinitiation auch nötig werden, weil es unter diesem auf die Prinzipien traditionaler Sozialität zielenden Einfluß dazu kommt, daß die durch die traditionale Erziehung bewirkte Latentstellung des Adoleszenzkonfliktes aufgehoben wird und dieser sich damit erst richtig entwickeln kann. Nach den von mir gemachten Voraussetzungen erscheint die Argumentation von Ramanujam an dieser Stelle nämlich unstimmig: Wenn es solch gravierende soziale Wandlungsprozeße gibt, wie er annimmt, wird die Entwicklungszeit der Adoleszenz nicht mehr unberührt davon ablaufen und die Phänomene einer Adoleszenzkrise können nicht bloßes Artefakt der Massenmedien sein. Vielmehr müssen sie wohl als Versuche verstanden werden, die durch soziale Veränderungen reaktivierten eingefrorenen Konfliktpotentiale verspätet und nachträglich zu artikulieren, um das inzwischen gestörte psychosoziale Passungsverhältnis zwischen den Individuum und den gesellschaftlichen Institutionen neu einzustellen. Die in der Praxis des indischen Psychotherapeuten sich häufenden Autoritätskonflikte aufgrund enttäuschter Bedürfnisse nach Unterordnung und Führung durch einen »Guru«, sind eben der Ausdruck dafür, daß die Adoleszenz nicht im Möglichkeitsraum eines psychosozialen Moratoriums abgelaufen ist und die adoleszenten Potentiale nicht die Artikulation finden konnte, über die die Individuen unter den neuen Bedingungen verfügen müßten, um sie zu meistern. Gesellschaftliche Bemühungen des Einfrierens der Adoleszenz durch Festlegung auf kindliche Abhängigkeit von Institutionen werden um so schwieriger werden, je mehr sich Prozesse sozialen Wandels bemerkbar machen, die zu ihrer Gestaltung aktive, kreative Akteure benötigen.

Die Adoleszenz als Phase, in der das Individuum für sich ein neues Verhältnis von Innenwelt und Außenwelt herstellen muß, in der einerseits im Raum der Adoleszentenkultur das idiosynkratische Innenleben über kulturelle Formen eine Sozialisation erfährt, jene Formen dabei andererseits aber mit Leben gefüllt werden und sich dabei erneuern, hat allerdings dem Wesen kreativer Prozeße entsprechend einen offenen Ausgang. Das gleiche gilt für Liebesbeziehungen, auch sie sind ihrem Wesen nach nicht planbar. Deswegen wird in der traditionalen indischen Gesellschaften versucht, beides zu verhindern. Die Geschichte von *Tajinder* ist

als Reaktion darauf zu verstehen: ihr Weg einer projektiven Exterritoria-
lisierung des Idiosynkratischen-Konflikthaften ins Überweltliche, der sich
in der Besessenheit artikuliert, erscheint somit als die Kehrseite des Einfrierens adoleszenten Potentials. Es erscheint nunmehr als unpersönliche,
das Handeln der Menschen bestimmende kosmische Schlacht polarer
Mächte, die sich in der Krankheit offenbart.

Literatur

Babb, L A (1975): *The Divine Hierarchy: Popular Hinduism in Central India.* New York.

Basu, H (1994): *Habshi, Sklaven, Sidi-Fakire.* Berlin.

Blos, P (1978): *Adoleszenz.* Stuttgart.

Bohleber, W (1987): Die verlängerte Adoleszenz. *Jahrbuch der Psychoanalyse* 21, S. 58–84.

Carstairs, G M (1963): *Die zweimal Geborenen.* München.

Clastrès, P (1976) : Folter in primitiven Gesellschaften. In: Ders. *Staatsfeinde.* Frankfurt a. M.

Das, S (1929): *Purdah.* Delhi 1979.

Das, V (1976): Masks amd faces: an essay on Punjabi kinship. *Contribution to Indian Sociology.* Vol. 10, Nr.1 S. 1-29

Das, V (1979): On the Social Construction of Adulthood. In: Kakar, S (ed.) (1979), S. 89-104.

Das, V (1988): Femininity and the Orientation to the Body. In: Chanana, K (Ed.): *Socialisation*

Education, and Women: *Explorations in the Gender Identity,* S. 193-207. Delhi.

Das, V (1995): *Critical Events.* Delhi. Chap. VII.

Döbert, R/Nunner-Winkler G. (1975): *Adoleszenzkrise und Identitätsbildung.* Frankfurt a. M.

Erdheim, M (1982): *Die gesellschaftliche Produktion von Unbewußtheit.* Frankfurt a. M.

Erdheim, M (1988): *Die Psychoanalyse und das Unbewußte in der Kultur.* Frankfurt a. M.

Erikson, E H (1959): *Identität und Lebenszyklus.* Frankfurt a. M. 1966

Freud, S (1905): *Drei Abhandlungen zur Sexualtheorie.* GW V., S. 108-131, Frankfurt a. M.

Freud, S (1913): *Totem und Tabu.* GW IX. Frankfurt a. M.

Freud, S (1920): *Jenseits des Lustprinzips.* GW XIII, S. 1-70. Frankfurt a. M.

Freud, S (1921): *Massenpsychologie und Ich-Analyse.* GW XIII, S. 71-162. Frankfurt a. M.

Gennep, van A (1981): *Übergangsriten.* Frankfurt a. M. 1986.

Jefferey, P (1985): *Purdah.* Berlin

Kakar, S (1978): *Kindheit und Gesellschaft in Indien*. Frankfurt a. M. 1988

Kakar, S (1979) (ed.): *Identity and Adulthood*. Delhi.

Kakar, S (1982): *Shamans, Mystics and Doctors*. Delhi.

Kapferer, B (1983): *The Celebration of Demons*. Bloomington.

Kantowsky, D (1986): *Bilder und Briefe aus einem indischen Dorf*. Frankfurt a. M.

Krambeck, J (1995): *Zur Psychodynamik einer Besessenheitsheilung*. Vortrag im Arbeitskreis Forschungen zur Transkulturellen Psychiatrie der Psychiatrischen Universitätsklinik Heidelberg.

Krambeck, J (1996): Veränderungen in der Gestaltung depressiver Affektivität in einem Krankheitsidiom. In: *Curare* 19, 2, S. 295- 322.

Krambeck, P/Krambeck J (1980): Methodische Probleme, epidemiologische Ergebnisse und Perspektiven der transkulturell-vergleichenden Psychosomatik. In: Pfeiffer, W M/Schoene, W (Hrsg.): *Psychopathologie im Kulturvergleich*. Stuttgart.

Krengel, M (1989): *Sozialstrukturen im Kumaon*. Wiesbaden.

Laufer, M/Laufer, E. (1984): *Adoleszenz und Entwicklungskrise*. Stuttgart 1989

Leuzinger- Bohleber, M/Mahler, E (1993): *Phantasie und Realität in der Spätadoleszenz*. Opladen.

Lévi-Strauss, C (1962): *Das wilde Denken*. Frankfurt a. M. 1968.

Mies, M (1986): *Indische Frauen*. Frankfurt a. M.

Obeyesekere, G (1981): *Medusa's Hair*. Chicago

O`Flaherty, W D (1981): *Siva the Erotic Ascetic*. Oxford.

Omvedt, G (1986): Devadasis – Dienerinnen Gottes. In: D. Riemenschneider (Hg.): *Shiva tanzt*. Zürich.

Parin, P (1977): Das Ich und die Anpassungsmechanismen. In: *Psyche* 31, S. 481-515

Pfeiffer, W M (1994): *Transkulturelle Psychiatrie*. Stuttgart.

Pfleiderer, B (1981) : Mira Datar Dargah: The Psychiatry of a Muslim Shrine. In: *Ritual and Religion among Muslims in India*. Ahmad, I (Ed.), S. 195- 233. Delhi.

Pfleiderer, B (1987): Die Fremde im Haus. In: Kuntz, A, Pfleiderer, B (ed.) (1987): *Fremdheit und Migration*. Berlin, Hamburg.

Pfleiderer, B (1994): *Die besessenen Frauen von Mira Datar Dargah*. Frankfurt a. M.

Raheja, G G/Gold, A G (1994): *Listen to the Heron`s Words*. London.

Ramanujam, B K (1979): Toward Maturity: Problems of Identity seen in the Indian Clinical Setting. In: Kakar, S (ed.): *Identity and Adulthood*. Delhi.

Roy, S (1979): *Status of Muslim Women in North India*. Delhi.

Turner, V (1989): *Das Ritual: Struktur und Anti-Struktur*. Frankfurt a. M.

Vatuk, S (1992): Sexuality and the Middle-Aged Woman in South Asia. In: Kerns, V/Brown, J K (eds.): *In her Prime*. Virginia.

Wichterich, C (1986): *Stree Shakti*. Bornheim-Merten.

Winnicott, D W (1971): *Vom Spiel zur Kreativität*. Stuttgart 1973.

Zimmer, H (1978): Maya. *Der indische Mythos*. Frankfurt a. M.

RUTH WALDECK

Mütter, Töchter und das Tabu der Macht

Nicht die Macht verdirbt,
sondern die Angst.
Aung San Suu Kyi

Frauen und Macht

Das Thema »Frauen und Macht« ist ein heißes Eisen in der feministischen Diskussion. Es scheint leichter, »die Hälfte des Himmels« zu fordern als die Hälfte der Macht. Über die Forderung nach Gleichberechti-
gung mit Männern besteht Einigkeit, die Forderung nach gleicher Macht
löst Streit aus. Denn der Begriff Macht ist männlich konnotiert und korre-
spondiert auf seiten des Weiblichen mit Ohnmacht oder Machtlosigkeit.
Wenn die Ursache für Unterdrückung und Ausbeutung von Frauen in
männlicher Macht bzw. Herrschaft gesehen wird, erscheint Macht für
Frauen nicht erstrebenswert. Und doch ist die Befreiung aus der Position
des unterlegenen Geschlechts, aus Ohnmacht und Machtlosigkeit, nicht
anzugehen, ohne daß – vorsichtig formuliert – Frauen ihr Verhältnis zur
Macht klären. Und unvorsichtig formuliert: ohne daß Frauen sich mit
dem Gedanken vertraut machen, die Hälfte der Macht zu übernehmen.

Das heiße Eisen läßt sich, zumindest auf den ersten Blick, durch eine
Definition des Machtbegriffs abkühlen. Max Weber verstand unter Macht
»jede Chance, innerhalb einer sozialen Beziehung, den eigenen Willen
auch gegen Widerstreben durchzusetzen, gleichviel, worauf diese Chance
beruht« (Weber 1995, 311). Schon die Vorstellung, den eigenen Willen
gegen Widerstreben durchzusetzen, behagt Frauen nicht. Gar noch Gewalt einzusetzen, die Schwäche des Gegenübers auszunutzen, was in
Webers Definition nicht ausgeschlossen wird, widerspricht dem Bild der
friedfertigen Frau und dem weiblichen Ideal gegenseitiger Verbundenheit
und Rücksichtnahme, wie es vor allem Carol Gilligan (1984) beschrieben
hat. Andern anzutun, worunter sie selbst leiden, mögen Frauen nicht als
Methode der Veränderung ihrer unterdrückten Situation sehen. Damit ist
allerdings nicht gesagt, daß sich Frauen nicht solcher Macht bedient
haben und bedienen. Auch die »Listen der Ohnmacht«, wie z.B. das Instrument des Klatsches, können durchaus willkürlich und grausam sein.

Im Kontrast zu Macht ist Herrschaft von Max Weber als legitimierte
und institutionalisierte Macht beschrieben. Herrschaft sei »die Chance,
für einen Befehl bestimmten Inhalts bei angebbaren Personen Gehorsam

zu finden« (o.c., 312). Herrschaft schließt Willkür explizit aus und kann sich auf vereinbartes Recht oder auf anerkannte Tradition berufen. Sie baut also auf das – wie auch immer erworbene – Einverständnis der Beherrschten, denn die Einforderung des Gehorsams, selbst unter Anwendung von Gewalt, ist institutionalisiert und von Konsens getragen. Hätten Frauen also zwischen Macht und Herrschaft im Weberschen Sinne zu wählen, so wäre Herrschaft eher anzustreben als Macht, denn Herrschaft ist teilbar, hier wäre Partizipation möglich, während Macht mangels Institutionalisierung und Kontrolle stets in Willkür und Kämpfe ausarten kann.

In der feministischen Theorie (vgl. die Debatte bei Knapp 1992) werden Konzepte von Macht und Herrschaft diskutiert, die sich von Webers Definitionen abgrenzen. So haben Ilse Lenz und Ute Luig (1990) unter dem Titel »Frauenmacht ohne Herrschaft« Arbeiten von Ethnologinnen versammelt, die sich mit Kulturen befassen, in denen Frauen gesellschaftlich Einfluß und Verantwortung haben, ohne daß ein Geschlecht Herrschaft über das andere ausübt. Lenz definiert Macht deutlich anders als Weber. Für sie ist Macht als »gegenseitiger Einfluß in sozialen Beziehungen zu verstehen, den verschiedene Beteiligte – in unserm Kontext Männer und Frauen – ausüben. Machtstrategien sind die Handlungen, die sich auf die Bestätigung oder Erweiterung von Einfluß richten.« (Lenz o.c., 55) Macht ist »nicht per se von Gewalt bestimmt«, sondern wird vor allem durch Prozesse des »Aushandelns« erreicht (ebd.).

Für Lenz und die weiteren Autorinnen des Bandes steht also die Macht der Frauen gegenüber den Männern im Zentrum der Analyse. Gesellschaften, in denen die Macht zwischen beiden Geschlechtern ausbalanciert ist, nennt sie »geschlechtssymmetrisch«. Hier sei Macht »polyzentrisch zwischen Frauen und Männern verteilt. (...) Frauen oder Männer können verschiedene Machtfelder stärker bestimmen, ohne daß dies zur Asymmetrie führt. Der Vorrang der Männer in der politischen Repräsentation bedeutet nicht notwendig, daß sie herrschen. Ebensowenig führt eine starke wirtschaftliche Position der Frauen zu Frauenherrschaft.« (o.c., 56f) Als solche Machtfelder, durch die Frauen ein eigenes Gewicht erhalten können, nennt Lenz die Kontrolle über Produktionsmittel und -prozesse, die Kontrolle über die Reproduktion der Nachkommen, die eigenständige Bestimmung über Körper und Sexualität, politische Autorität und eigenständige Positionen in symbolischer Ordnung und Ritualen (ebd.).

Während Lenz hier, meines Erachtens recht umständlich, nach Begriffen und Kategorien sucht, um die »Balance der diffusen und multifokalen Macht« (ebd.) zu erläutern, hat Ivan Illich ein sehr viel einfacheres und klareres Modell angeboten. Auch er sieht in traditionellen, nach Lévi-Strauss »kalten« Kulturen ein komplementäres, mehr oder weniger symmetrisches Verhältnis der Geschlechter gegeben, das darauf beruht, daß Frauen wie Männer je eigene Lebens-, Arbeits- und Machtbereiche haben. Diese sozialen Lebenswelten nennt Illich »Genus« (1983). Genus-Gesellschaften können geschlechtsegalitär sein, aber auch männlich oder weiblich dominiert. Entscheidend ist die Komplementarität: Je bestimmte Arbeiten und Produktionsmittel sind dem weiblichen oder männlichen Genus zugeordnet, Überschreitungen und Übergriffe in den andern Genusbereich werden durch Tabus unterbunden. Das bewirkt, daß kein Genus allein den Lebensunterhalt sichern kann, daß jedes Genus auf das andere angewiesen ist.

Fassen wir aber die Machtfelder, die auch Lenz als Basis des weiblichen Gewichts in der Balance zum männlichen nennt, unter dem Begriff Genus zusammen, so rückt die weibliche Sphäre als eigenständige Lebenswelt klarer ins Blickfeld: als sozialer und ökonomischer Zusammenhang, der auch seine eigenen Hierarchien und Regeln hat. Soweit die Ethnologie sich mit der männlichen Sphäre einer Kultur befaßt, gehören Hierarchien, Altersklassen und Abhängigkeitsbeziehungen zu den selbstverständlichen Kategorien. In Bezug auf die weibliche Sphäre dagegen sind Hierarchien und Abhängigkeiten kaum ein Thema. Ethnologen waren kaum daran interessiert und brachten wenig darüber in Erfahrung, aber auch Ethnologinnen zögern, Hierarchien und Differenzen unter Frauen ins Blickfeld zu nehmen.

So gibt zum Beispiel Eva Langheiter die Beschreibung der Baruya nach Maurice Godelier folgendermaßen wieder: »Die Gesellschaft der Baruya ist geprägt von zwei Formen der sozialen Hierarchie: die erste betrifft das Verhältnis zwischen Männern und Frauen, die generelle Herrschaft aller Männer über alle Frauen. Die zweite ist die Hierarchie unter Männern.« (Langheiter 1989, 139) Dies ist eine korrekte Wiedergabe Godeliers, der von »doppelter Hierarchie« (Godelier 1987, 27) spricht, aber es erstaunt doch, daß sie, ansonsten kritisch gegenüber Godelier, hier den »male bias« nicht bemerkt.

Wenn Begriffe wie Herrschaft oder Hierarchie in Zusammenhang mit Frauen fallen, scheint sich die Frage zu erübrigen, ob der männliche Blick hier etwas übersieht. Bei diesen Begriffen scheint es unnötig, die Möglichkeit einer Verknüpfung mit dem Adjektiv »weiblich« überhaupt in Betracht zu ziehen. Und genau diese Selbstverständlichkeit ist verdächtig. Ich vermute, frau hat Angst, daß der schöne Entwurf einer »Frauenmacht ohne Herrschaft« von unerwarteter Seite Kratzer bekommen könnte: von seiten der Frauen selbst. Wenn dennoch auf die

Binnenstrukturen des weiblichen Genus eingegangen wird, wird der Blick vieler Forscherinnen unscharf, die Beschreibung vernebelnd. Ilse Lenz und Ute Luig z.b. erkennen die Existenz von Hierarchien durchaus an, formulieren aber jeweils sehr vorsichtig, indem sie z.b. von der »Kontrolle der Frauen über das Haus« sprechen (Lenz o.c., 59). Oder Luig schreibt im Zusammenhang mit den Reiferiten der Mbuti: »Die Mütter nehmen sich das Recht heraus, die Wahl ihrer Töchter zu korrigieren, indem sie die von den Töchtern ausgewählten, ihnen aber mißliebigen Partner zurückschicken.« (o.c., 127) Nun hat Luig eingangs in Bezug auf alle von ihr betrachteten egalitären Gesellschaften gesagt: es gibt »in allen diesen Gesellschaften niemanden, der im Sinne von Max Weber Macht ausüben kann« (o.c., 86). Da solche mütterliche Kontrolle und Korrektur bei der Partnerwahl keine Willkür sein muß, sondern sich meist auf Erfahrung und Tradition berufen dürfte, wäre also das Eingreifen der Mütter in der Tat keine Machtausübung im Sinne Max Webers, sondern als Herrschaft zu bezeichnen. Macht im Sinne eines Aushandelns ist es allerdings auch nicht.

Andere Forscherinnen gehen mit dem Problem der Macht unter Frauen noch anders um. Über die Beziehung zwischen Schwiegermutter und Schwiegertochter, die in einem exogamen Haushalt unübersehbar hierarchisch strukturiert ist, schreibt z.b. Dumont du Voitel: »Die Schwiegermutter kontrolliert, maßregelt und erteilt den Schwiegertöchtern Sanktionen (auch Schläge), sie übt die Kontrolle über den Haushalt aus und entscheidet über die Nahrungszuteilung. Sie gilt generell als *böse*, denn sie vertritt gegenüber den Schwiegertöchtern die männlichen Werte-, Ordnungs-, Verhaltens- und Dominanzprinzipien in patrilinealen, patrilokal erweiterten Familien. Sie ist die weibliche Vertreterin des Patriarchats innerhalb des erweiterten Familienverbandes schlechthin.« (Dumont du Voitel, 304, kursiv i.O.) In dem Moment, wo eine Frau »Macht über Frauen« (ebd.) ausübt, wird sie von der Autorin nicht mehr als Frau begriffen, sondern als Marionette des Patriarchats. Mehr noch: Solchen Frauen wird das Bewußtsein für ihr Handeln abgesprochen. Daß sie mit diesem Verhalten weibliche Autonomiebedürfnisse hemmen und das patriarchale System stabilisieren, »ist ihnen nicht bewußt« (o.c., 305).

Und im Zusammenhang mit dem Frauentausch bemerkt Dumont du Voitel: »Somit war der soziale Gewinn aus exogamen Heiraten in erster Linie ein Gewinn für den Machtzuwachs des Mannes.« (o.c., 92) Eine Fortführung des Gedankens, wer nun in zweiter Linie vom Frauentausch profitiert, ist im weiteren Text allerdings nicht zu finden. Von der Logik her müßte nach »dem Mann« der zweite Gewinner »die Frau« sein. Nun entspricht der in der deutschsprachigen Ethnologie gebräuchliche Begriff

Frauentausch insofern der Realität, als in allen bekannten Kulturen Frauen, nie aber Männer Objekte des Heiratstausches werden können. Wie also soll dann die Frau – in zweiter Linie – Gewinn aus einem Vorgang ziehen, dessen Objekt sie ist und für den sie zugerichtet und unterworfen werden muß? Trotz des Widerspruchs möchte ich die Formulierung »in erster Linie« nicht als unglückliches Versehen abtun, sondern im Sinne einer Fehlleistung als das Aufblitzen einer Einsicht verstehen, einer Einsicht, die allerdings auch in der Frauenforschung mit Denktabus behaftet ist. Das Paradox, daß auch Frauen vom Frauentausch profitieren können, wird auflösbar, wenn wir die weibliche Sphäre einer traditionellen Kultur eben nicht nur als Solidargemeinschaft sehen, sondern auch innerhalb des weiblichen Genus Differenzierungen nach Machthierarchien und Generationen anerkennen.

Anhand der Initiationsrituale der Baruya möchte ich nun die Generationenverhältnisse und Machthierarchien genauer betrachten. Dabei behalte ich die ebenso dringliche wie spannende Frage im Blick, warum es Ethnologinnen so schwer fällt, Machtgefüge unter Frauen auch als solche zu betrachten und zu analysieren. Denn wenn der Wunsch besteht, theoretische Konzepte gegen Ohnmacht und Machtlosigkeit der Frau zu entwickeln, wäre es eigentlich sinnvoll, da anzuknüpfen, wo Frauen schon Macht ausüben.

Initiationsrituale und die Hierarchie der Älteren

Die Baruya im Hochgebirge Papua-Neuguineas waren bis zur »Entdeckung« durch Weiße eine »kalte« Kultur, eine Genuskultur. Ihren Alltag und ihre Rituale hat der Ethnologe Maurice Godelier (1987) recht sorgsam und engagiert erforscht und dokumentiert, wobei ihm die »Analyse der Mann/Frau-Beziehungen und der männlichen Herrschaft« (o.c., 23) ein besonderes Anliegen war. Ich möchte nun Godeliers Beschreibung und Analyse der Initiationsrituale aufgreifen, um den Umgang mit Generationenkonflikten und Geschlechterhierarchien in einer traditionellen Gesellschaft, in männlichen und weiblichen Genus-Sphären also, deutlich zu machen.

Ich beschränke mich auf das Beispiel der Baruya, weil Godeliers Forschung den Geschlechtervergleich begünstigt. Das Grundmuster der Mädchen-Initiation ließe sich ähnlich auch in anderen Kulturen aufzeigen. So haben z.B. die von Elisabeth Grohs (1980, 1990) erforschten Reiferiten der Mädchen bei den Zigua und Ngulu Ost-Tanzanias deutliche Gemeinsamkeiten mit denen der Baruya.

Die Initiation der Mädchen

Die Initiation des Mädchens erscheint recht unspektakulär im Vergleich zu der sich über mehrere Jahre erstreckenden Initiation der Jungen, auf die ich später eingehen werde. Für das Mädchen beginnt das wesentliche Ritual mit der Menarche und erstreckt sich über etwa zwei Wochen. Allerdings gibt es schon bei den ersten Anzeichen der Pubertät, wenn die Brüste zu schwellen beginnen, ein kleines Ritual: Ein Mann sammelt eines Tages alle Mädchen der gleichen Wachstumsstufe »und durchsticht ihnen in der Nähe des Dorfes ohne Zeremonie die Nase« (o.c., 66). Das Durchbohren und Öffnen des Körpers spielt in der Mythologie der Baruya eine wichtige Rolle: »Für die Baruya tritt das Menstruationsblut zum erstenmal aus dem Leib der Frau, wenn Mond, der Bruder von Sonne, (...) ihr Geschlecht von neuem durchbohrt.« (o.c., 61) Es ist also ein kultureller Akt, der die Geschlechtsreife ermöglicht. Ein Baruya-Mädchen wächst nicht dadurch, daß – wie wir es sehen würden – die pubertäre Reifung einsetzt, sondern es wird zur Frau durch die symbolisch bedeutungsvolle Durchbohrung der Nasenwand.

Wenn das Mädchen dann eines Tages die ersten Blutstropfen bemerkt, informiert es die Mutter und begibt sich sofort in ein nur Frauen vorbehaltenes Gelände, wo weibliche Verwandte ihr aus Blättern eine kleine Hütte bauen. »Hier bleibt sie etwa eine Woche ohne zu essen und fast ohne zu trinken (...). In dieser Woche der Absonderung und des Fastens erhält sie häufig Besuch von den kleinen Mädchen des Dorfes, aber sie lächelt sie nur an, ohne mit ihnen zu sprechen, oder murmelt leise ein paar Worte.« (o.c., 67)

Nach einer Woche findet eine große Zeremonie statt, zu der Hunderte von Frauen mitsamt ihren kleinen Kindern herbeikommen. Gegen Abend wird ein riesiges Feuer entzündet, das die ganze Nacht Licht und Wärme gibt. Die Initiandin und andere junge Mädchen müssen dicht vor diesem Feuer sitzen: »Die Hitze ist furchtbar und die jungen Mädchen, obwohl sie unter mehreren Rindencapes Schutz suchen, schwitzen sehr. Diese Feuer und diese Hitze sollen sie reinigen, das Wasser aus ihrem Körper treiben, sie hart und fest machen und ihnen eine neue, glänzende Haut geben.

Nun beginnt eine lange Reihe aggressiver Ansprachen an die Adresse der jungen Mädchen von seiten alter Frauen, die mit langen Grabstöcken bewaffnet sind, welche sie über ihrem Kopf schwingen, vor- und zurückspringend, wie die Krieger es tun, wenn sie den Feinden trotzen und deren Pfeilen ausweichen. Stumm lauschen das junge Mädchen und seine Begleiterinnen diesen Ansprachen, deren Lektionen mit Stockschlägen auf seinen Kopf unterstrichen werden, (...) was sie schreien, sind die Gebote

des Baruya-Gesetzes, die Gebote der Herrschaft der Männer über die
Frauen und der Unterordnung der Jüngeren unter die Älteren.« (o.c., 69)
Durch Tänze und Pantomimen veranschaulichen die erwachsenen
Frauen die Verhaltensnormen im Alltag und in der ehelichen Sexualität.
Dabei führen sie auch vor, welche Bestrafung die junge Frau bei Zu-
widerhandlungen erwartet. Zur Einweihung in die sexuellen Geheimnisse
muß die Initiandin u.a. an einem Stück Zuckerrohr saugen:»Der Saft, den
ihr Mund aus den Zuckerrohrstücken preßt, ist wie das Sperma, das die
Männer nicht nur in den Bauch der Frauen spritzen, um ihnen Kinder zu
machen, sondern auch in ihren Mund, damit sie es trinken, um nach einer
Geburt oder wenn sie ihre Regel gehabt haben, wieder zu Kräften zu
kommen.« (o.c., 70f)

Wenn der Morgen dämmert, geht die Initiandin mit ihrer Patin und anderen jungen Mädchen zum Fluß. Was dort geschieht, konnte Godelier,
der nur in gebührender Entfernung einmal einer Mädcheninitiation bei-
wohnen durfte, nicht genau erkennen. »Am Ufer wälzt sich die Patin mit
der jungen Initiandin im Schlamm und mimt, wie es scheint, die Kopulation. Dann waschen sich alle (...).« (o.c., 73) Später kommen die anderen
Frauen hinzu, und es sieht so aus, »als ob, unter den Zweigen und Blättern verborgen, junge Frauen, die gerade ein Kind geboren und mit Milch
geschwellte Brüste haben, sie den jungen Initiandinnen zum Saugen geben« (ebd.). Dann beginnt wieder ein stundenlanger Tanz, bei dem die
Frauen sich mit Zweigen und Brennesseln schlagen. Der Initiandin werden Gesicht, Brüste und Bauch mit Brennesseln abgerieben, ohne daß sie
dabei Schmerzlaute äußern darf. Ihre Patin hält sie dabei fest und gibt ihr
ein Holzstück zu kauen, auf das sie »aus Leibeskräften beißt« (ebd. und
Foto nach S. 140), »damit sie vor Schmerzen nicht schreit«. Nach dieser
Prüfung nennt die Mutter die junge Frau ihre Tochter bei ihrem »großen
Namen«, ihrem Initiationsnamen. Nun wird die junge Frau geschmückt
und erhält zum ersten Mal wieder eine üppige Mahlzeit, von der sie allerdings kaum ißt, um ihre Bescheidenheit zu beweisen.

Wenn die Frauen dann in einer Prozession ins Dorf zurückkehren,
bricht plötzlich »eine Gruppe von jungen Männern des vierten Stadiums
aus dem Dickicht und stürzt sich mit rotunterlaufenen Augen auf die
Frauen, dornige Zweige oder Knüppel schwingend. Es ist ein wildes
Handgemenge, unter Schreien und Gebrüll. Die verheirateten Frauen
verteidigen sich mit ihren Grabstöcken, hart und schonungslos.« (o.c., 74)
Nur das Eingreifen verheirateter Männer verhindert, daß der Kampf in
mörderische Gewalt ausartet.

Die Erhaltung der weiblichen Hierarchie

Godelier diskutiert im Anschluß an die Darstellung des Mädchenrituals die Frage, ob es sich hier um eine wirkliche Initiation handelt, denn »wie es scheint, findet keine wirklich neue Geburt der Frauen statt, keine Wiedergeburt« (o.c., 75). Die Dramatik der »rites de passage« von Tod und Neugeburt sieht er hier, im Gegensatz zur Jungeninitiation (s. u.), nicht. Dennoch gesteht Godelier auch dem Ritual der Mädchen den Wert einer Initiation zu, weil auch hier die Elemente der Namens- und Statusänderung und der Geheimnisenthüllung vorhanden sind. Meines Erachtens allerdings ist die Mädcheninitiation nicht weniger dramatisch als die der Jungen.

Godelier vergleicht die lange Seklusion der Jungen und deren abrupte und frühe Trennung von der Mutter mit der kurzen Initiation der Mädchen und schließt lapidar: »Das Schicksal einer Frau besteht also darin, eine Familie, die ihres Vaters, zu verlassen, um eine andere, die ihres Mannes, zu gründen.« (o.c., 75) Hier macht er es sich allerdings meines Erachtens etwas einfach. Denn auch das Mädchen muß sich von seiner Mutter trennen, wird nach der Initiation nie wieder von ihr mit ihrem Kindernamen angesprochen. Sollten dem Mädchen dieser Bruch und diese Trennung leichter fallen?

Nun hat das Mädchen einige Jahre mehr mit der Mutter verbracht als der Junge, aber es hat längst nicht mehr nur spielen dürfen, sondern wohl oft unter der Arbeitslast gelitten, die die Mutter ihr auferlegte, war manchmal in Streit und vielleicht in Rivalität mit ihr verwickelt. Die Erfahrung ambivalenter Gefühle könnte die Trennung erleichtern. Ist das Mädchen vielleicht sogar froh, von der Mutter loszukommen und eine eigene Familie zu gründen? Wozu dann aber noch ein Initiationsritual? So sicher sind sich die Baruya offenbar nicht, daß die junge Frau sich ihrem Schicksal ohne weiteres fügen wird. Godeliers Formulierung verschleiert hier einiges. Denn nicht die junge Frau gründet eine Familie, sondern die Familienclans teilen ihr einen Bräutigam zu. Und sie verläßt weniger den Vater als vielmehr den Lebens- und Arbeitsbereich der Mutter, um sich in den der Schwiegermutter ein- und unterzuordnen, wo sie es sicher nicht leichter hat als zuvor.

Wenn das Mädchen ihre Menarche hat, haben die Heiratsverhandlungen meist längst stattgefunden. Verbreitet sich die Nachricht, daß das Mädchen sich zum ersten Mal in die Menstruationshütte begeben hat, fertigen die Frauen der Sippe ihres künfigen Ehemanns »zahlreiche Lendenschurze für sie an, die sie nach ihrer Rückkehr ins Dorf voller Stolz tragen wird. Eines Morgens schickt ihr künftiger Schwiegervater ihr ein Geschenk, ein Dutzend Rindencapes.« (o.c., 67) Nimmt das Mädchen das

Geschenk an, so ist damit die Heirat besiegelt. Eine Weigerung kommt selten vor, sie zöge viele soziale Konflikte nach sich. Godelier geht auf die kulturelle Bedeutung und den ökonomischen Wert der Stoffproduktion, die ausschließlich Frauenarbeit ist (siehe dazu Weiner 1990), leider nicht näher ein. Durch die Herstellung der Kleidungsstücke sind die Frauen der Sippe des Mannes in Vorleistung getreten, haben ihre Kunstfertigkeit und ihren Fleiß unter Beweis gestellt und erwarten dafür von der Braut entsprechende Gegenleistungen.

Nach der Heirat wird die junge Frau nicht mit ihrem Mann, sondern mit den Frauen seiner Familie und unter dem Regiment der Schwiegermutter arbeiten. Die Beziehung zur Schwiegermutter ist nicht nur von Arbeitsanforderungen geprägt, sondern oft auch von Neid und Rivalität, denn die junge Frau darf mit dem Sohn sprechen, ihm nahe sein, während Mutter und Sohn durch ein strenges Tabu getrennt sind. In dieser schwierigen Situation exogamer Heirat hat die junge Frau keinerlei Rückhalt, keine »Hausmacht« auf ihrer Seite. Sie muß ihren Wert nicht nur durch Fleiß und Gehorsam unter Beweis stellen, sondern auch durch die Geburt von Nachkommen. Sowohl die Arbeitsleistung der Schwiegertochter wie die der von ihr geborenen Kinder entlasten die Schwiegermutter und steigern ihr Prestige. Bezieht man außerdem noch ein, daß auch die Mutter durch den Heiratstausch einen Gegenwert für die Tochter erhält, Schweine z.B., so ist es durchaus berechtigt, zu sagen, daß exogame Heiraten »in zweiter Linie« einen Machtzuwachs der Frau bedeuten: auch die älteren Frauen, nicht nur die Männer, ziehen einen Nutzen daraus.

In der Sicherung der Macht der Älteren besteht demnach die wesentliche Funktion des Rituals: Es garantiert, daß die junge Frau sich verheiraten läßt, daß sie sich unterordnen wird, im Arbeitsalltag unter die Schwiegermutter, in der Sexualität unter den Mann. Und die rituellen Mechanismen, mit denen dieses Ziel erreicht wird, sind durchaus von höchster Dramatik.

Wenn das Mädchen zum ersten Mal menstruiert, denkt es vielleicht erfreut und stolz: Jetzt werde ich eine Frau! Es möchte Anerkennung, ist vielleicht aber auch verunsichert, sucht Erklärung und Hilfe. Und in diesem Moment emotionalen Aufruhrs wird es abrupt aus dem Dorf entfernt und muß mehrere Tage und Nächte außerhalb, in der Wildnis, dem Raum der Geister und wilden Tiere, verbringen. Hinzu kommt der Entzug von Nahrung und Flüssigkeit, so daß das Mädchen Todesängste aussteht. Es kann die Tortur nur überleben, wenn es sich den erwachsenen Frauen anvertraut und fügt. In diesem Zustand regressiven Ausgeliefertseins bis hin zur Todesangst nimmt es die Erklärung an, die ihr die Älteren für ihr sinnloses Leiden geben: Das Menstruationsblut ist in höchstem Maße giftig und gefährlich, es kann Pflanzen und Felder vernichten, kann Tiere und Menschen krank machen und die Kraft der Männer schwächen (Godelier, 89f).

Die für die Pubertierende mit Lust, aber auch mit Angst besetzten Aufbruchs- und Rebellionswünsche, die sich an das narzißtische Hochgefühl der Sexualreife knüpfen könnten, sind für die Aufrechterhaltung der Tradition gefährlich. Indem die Vorstellung von der zerstörerischen Macht des Menstruationsblutes die pubertären Omnipotenzphantasien aufsaugt, wird diese Gefahr gebannt. Selbstbestimmungs- und Veränderungswünsche werden in Destruktivität verkehrt und an den weiblichen Körper zurückgebunden. Die pubertäre Energie wird als destruktives Potential introjiziert und auf den eigenen Körper projiziert. Um mit den Gefahren des Menstruationsblutes, von denen das Mädchen nun überzeugt ist, fertig zu werden, muß es sich dem Rat und der Hilfe der Frauen anvertrauen und ihren Weisungen gemäß handeln. Damit geht die junge Frau von der Verfügungsgewalt der Mutter in die der Frauengemeinschaft über, die die Initiandin nun zur Frau macht, indem sie sie wie einen Säugling nährt und aufzieht.

So bemächtigt sich die Gruppe der älteren Frauen der Pubertierenden und stellt dadurch den aufkeimenden Generationenkonflikt still. Daß die Älteren um das Rebellionspotential wissen, zeigt sich nicht zuletzt darin, daß sie sich bei einem der Tänze wie Krieger aufführen, die »den Feinden trotzen und deren Pfeilen ausweichen«. Die rituelle Trennung von Mutter und Tochter entschärft auch den Konflikt, der zwischen ihnen aufbrechen könnte. Denn die Menarche der Tochter konfrontiert die Mutter mit ihrem Älterwerden und dem Schwinden ihrer reproduktiven Potenz, während die Tochter aufblüht. Doch ehe sich diese Rivalität entfalten könnte, werden Mutter und Tochter getrennt. Erst am Morgen nach der großen Zeremonie führt das Ritual sie wieder zusammen, wenn die Mutter die Tochter mit ihrem neuen Namen anspricht. Erst jetzt also reagiert die Mutter auf das Erwachsenwerden der Tochter und zwar durch einen Akt, der die Tochter als Erwachsene anerkennt, der aber in der Rede von der Älteren zur Jüngeren verläuft und der Tochter damit ihren Platz in der Hierarchie der Frauen zuweist.

Die Trennung von Mutter und Tochter zu Beginn des Rituals verhindert aber auch das Entstehen einer neuen Verbundenheit und homoerotischer Wünsche. Die Tochter kann sich anläßlich der Menarche nicht an die Mutter als Vertraute ihrer Kindheit wenden und von ihr Aufklärung und intime Nähe erhoffen. Die Enthüllung sexueller Geheimnisse wird von der Frauengemeinschaft übernommen. Und sollte Godeliers Beobachtung stimmen, daß die Patin mit der Initiandin die Kopulation mimt, so ist dies wohl auch mit sexueller Stimulierung verbunden. Das hieße, daß das Mädchen seine erwachsene Sexualität nicht nach eigenem Willen und Vermögen entdecken kann, sondern daß ihr durch die zwangsweise Stimulierung (und Entjungferung?) bedeutet wird, daß ihr sexueller Körper der Frauengemeinschaft gehört und sich deren Interessen zu unterwerfen hat.

Sollte das Mädchen trotzdem noch einen Funken Zweifel oder Widerstreben gegen ihre Unterwerfung hegen, so belehrt sie der Überfall der jungen Männer am Ende des Rituals eines besseren. Die wutschnaubenden und äußerst bedrohlich wirkenden Männer lassen die Initiandin fürchten, mißhandelt, geraubt oder vergewaltigt zu werden. Sie lernt durch den Überfall nicht nur, daß Männer böse werden können, wenn Frauen Geheimnisse haben oder sich gar untereinander über die männliche Initiation mokieren, wie Godelier (o.c., 78) erläutert, sondern sie bekommt sehr anschaulich gezeigt, daß es besser ist, dem Schutz und der Obhut der Frauen und der eingreifenden älteren Männer zu vertrauen als den jungen, den sexuell interessanten Männern ohne Regeln ausgeliefert zu sein.

Am Ende des Initiationsrituals hat die junge Frau also zwei Feinde: das Menstruationsblut in ihrem Innern und die unbeherrschbare Sexualität, wie sie von den jungen Männern demonstriert wird, außen. Mit dem Bemühen, sich gegen diese beiden Gefahren zu schützen, ist sie ihr weiteres Leben beschäftigt. Und wenn sie unter ihrer Arbeitslast, unter Kontrolle und Willkür stöhnt, wird sie diese beiden Feinde dafür verantwortlich machen, sich aber nicht dagegen auflehnen. Denn das pubertäre Potential an Energie und Phantasie zur Rebellion und zur Veränderung der Lebensverhältnisse ist ihr nicht mehr verfügbar.

Die Initiation der Jungen

Auch die kleinen Jungen leben zunächst in der mütterlichen Welt, sie spielen mit den Mädchen und tragen ähnliche Kleidung wie sie. Mit sechs, sieben Jahren beginnen sie, im Wald Jagd zu spielen, während die Mädchen bei der Mutter bleiben und kleine Aufgaben übernehmen. Eines Abends kommt dann ein Mann, der alle etwa neunjährigen Jungen des Dorfes abholt und in ein extra gebautes Zeremonienhaus neben dem Männerhaus bringt. Nachdem die Jungen so plötzlich und »brutal von ihrer Mutter getrennt worden sind« (o.c., 57), beginnt eine Initiationszeit von etwa zehn Jahren, die in vier Stadien unterteilt ist. In der ganzen Zeit haben die Jungen keinerlei Kontakt zu ihrer Mutter. Während des ersten, etwa drei Jahre dauernden Stadiums ist der Junge »halb wie ein Mann, halb wie eine Frau gekleidet« (ebd.). In den ersten Monaten darf er auch »in Gegenwart der älteren Männer nicht sprechen; diese hänseln, beschimpfen und beleidigen ihn, erinnern ihn daran, daß er unter Frauen gelebt hat, packen ihn zuweilen und schlagen ihn mit Stöcken oder Brennesseln. Vor Angst defäkiert er manchmal.« (ebd.)

Aber die Männer zeigen auch fürsorgliche Seiten. Bis zur Ankunft der Europäer gab es einen Brauch, der heute nicht mehr praktiziert wird, wie Godelier betont (o.c., 81). (Doch schreibt er davon im Präsens, und auch ich werde im Folgenden diese Praxis als Teil einer untergehenden Genus-Kultur vergegenwärtigen.) Die älteren Männer ließen den Jungen die beste Nahrung zukommen, die die Baruya kennen: das männliche Sperma. Denn es gehört zu den heiligsten Geheimnissen der Baruya-Männer, die keine Frau kennen darf, »daß das Sperma den Männern die Fähigkeit verleiht, die Knaben außerhalb des Bauches ihrer Mutter, außerhalb der weiblichen Welt, noch einmal zu gebären, diesmal in der Welt der Männer und durch sie allein. Dies heiligste Geheimnis ist die Tatsache, daß die jungen Initianden, sobald sie das Männerhaus betreten, mit dem Sperma der Älteren ernährt werden und daß diese Nahrungsaufnahme viele Jahre lang wiederholt wird mit dem Ziel, sie größer und stärker zu machen als die Frauen, ihnen überlegen und fähig, sie zu beherrschen und zu lenken.« (o.c., 81)

Als Zwölfjährige dürfen die Jungen dann die weibliche Kleidung ablegen und werden mit Federschmuck und anderen Insignien erstmals richtig als Männer gekleidet. Jetzt ist der Bruch mit der weiblichen Welt vollzogen. Weitere drei Jahre später beginnt die dritte Initiationsstufe mit einer großen Zeremonie, an der mehrere hundert Männer teilnehmen. Für dieses fünfwöchige Ritual wird extra ein Zeremonienhaus gebaut, das durch seine Architektur und seine Materialien gleichsam den symbolischen Körper des Stammes bildet. »Der Pfeiler im Mittelpunkt, der das Gebäude stützt, heißt ›Großvater‹, und sobald man ihn aufgestellt hat, stößt man von der Spitze dieses Pfeilers ein lebendes Opossum in die Tiefe, das am Boden zerschellt. Dann reicht man dieses Wild dem ältesten Mann des Tales, womit man auf die Tatsache hinweist und sie zugleich kompensiert, daß er noch vor der nächsten Initiation, drei Jahre später, sterben wird.« (o.c., 58)

Im weiteren Verlauf der Zeremonie erfahren die Initianden allerlei geheimes Wissen, sie lernen auch den Mythos von der Entstehung der Geschlechter kennen. In einer großen Rede belehrt der Zeremonienmeister sie über ihre zukünftigen Aufgaben: Sie haben, wenn sie verheiratet sind, den Ackerboden vorzubereiten und ihre Pflichten gegenüber Frau und Kindern, auch gegenüber den Verwandten zu erfüllen, und sie haben tapfere Krieger zu werden. Nach diesen Zeremonien beginnen die Eltern des Initianden, ihm eine Frau zu suchen, die er selbst aber erst einige Jahre später bei der Hochzeit treffen wird. Denn zunächst muß er noch das vierte Stadium durchlaufen, und auch seine Braut muß Frau geworden sein. Aber auch nach der Heirat ist die Leiter der Initiationsstufen noch nicht zu Ende. Bei jeder Geburt eines Kindes findet eine Zeremonie statt, mit der der gesellschaftliche Status des Mannes steigt (o.c., 63). Wenn er schließlich mehrere Kinder hat und etwa vierzig Jahre alt ist, tritt er ins Stadium eines »reifen Mannes« ein. Nun erst kann er durch entsprechende Rituale die Tabus aufheben, die ihm jahrzehntelang den Kontakt mit seiner Mutter untersagten. »Die Mutter ist die erste Frau, die ein Baruya in seinem Leben verläßt und die letzte, die er wiederfindet.« (o.c., 65)

Die Erhaltung der männlichen Hierarchie

Der kleine Junge wird also, lange bevor die pubertären Körperveränderungen einsetzen, in die Männerwelt entführt und aufgenommen. Schon die abrupte Trennung von der Mutter und der bisherigen Umgebung ist traumatisch, hinzu kommt die demütigende und brutale Behandlung durch die Männer. Jeder Versuch, sich dagegen zu wehren, ist zwecklos, denn er könnte den Tod bedeuten. Besonders im Zusammenhang mit dem Spermatrinken soll es vorgekommen sein, daß kleine Jungen bei Widerstand einen Genickbruch erlitten. Todesangst und Erniedrigung treiben den Jungen zur Regression bis auf die frühe Stufe, in der er seine Körperfunktionen noch nicht beherrschte: Er macht vor Angst »in die Hose«, wird gleichsam zum Säugling. Und dies hilflose kleine Wesen wird dann ganz neu sozialisiert, diesmal von Männern und zum Mann.

Dem kleinen Jungen, der früher gelegentlich vom Vater geschlagen wurde, weil er etwas angestellt hatte, ist zunächst unbegreiflich, warum er plötzlich so grausam mißhandelt wird. Da die unsinnige Quälerei aber einen Sinn haben muß, wird er allmählich die Erklärung annehmen, die ihm von den Männern immer wieder angeboten und eingebleut wird: Das Weibliche, das ihm anhaftet, weil er bisher in der weiblichen Welt lebte, ist schlecht, es muß aus ihm hinausgeprügelt werden. Nicht die Männer also, die ihn quälen, sind schlecht und böse, sondern die Frauen, bei denen er bisher lebte. Unter Schock und Zwang identifiziert sich der Junge mit den Aggressoren, internalisiert deren Darstellung des Geschlechterverhältnisses und projiziert das Böse nach außen auf die weibliche Welt. Von deren Gefährlichkeit und Schlechtigkeit ist er von nun an überzeugt. Als Mann wird er die Frau beherrschen und ihr mit Distanz begegnen müssen, um von ihrer Gefährlichkeit nicht überwältigt zu werden.

Ebenso traumatisch wie die Mißhandlung ist auch das »Spermatrinken«, es ist ein sexueller Mißbrauch im Dienste patriarchaler Machtdemonstration. Was von den erwachsenen Männern als fürsorglich-
tröstliche Zuwendung für den verstörten Jungen deklariert wird, löst bei
diesem wohl eher Entsetzen, Ekel und Todesangst aus. Noch ehe seine
eigenen Genitalien ausgereift sind, wird er mit dem erigierten Penis eines
Erwachsenen konfrontiert, der ihn zur Fellatio zwingt. Er wird in seine
Erregung hineingezogen und überstimuliert. Wenn der Junge dann in den
nächsten Jahren selbst geschlechtsreif wird und steigenden Triebdruck
verspürt, kann er dies kaum noch als Entwicklung seines eigenen Leibes
erleben, denn die Erregung ist längst da und auch das Wissen um –
zumindest eine – Bedeutung der pubertären Körperveränderungen: Wenn
er seinen ersten Samenerguß hat, weiß er, daß er nun auch andere Jungen
ernähren kann. Ab der dritten Initiationsstufe gehört dies auch zu seinen
Aufgaben. Er wird vom mißbrauchten Kind zum mißbrauchenden Mann.

Ähnlich wie die sexuellen Regungen werden auch die pubertären
Omnipotenzphantasien gefesselt, ehe sie sich recht entfalten können.
Wenn die Initianden körperlich größer und stärker geworden sind und
vielleicht die Kraft hätten, gegen die Älteren, ihre Mißhandler, zu revol-
tieren, findet die große Zeremonie statt, bei der der Tod des Ältesten
inszeniert und eingeleitet wird, der ganz sicher auch in der besagten Frist
sterben wird. Mit dem symbolischen Tod des Opossums werden Todes-
wünsche und Rachegelüste gegen die Väter sinnlich konkret in Szene
gesetzt und damit auch als realisierbar und berechtigt anerkannt. Denn
hier wird die Macht der Jüngeren dargestellt, durch ihr Heranwachsen der
Hierarchie und der Herrschaft der älteren Männer gleichsam die Spitze
abzubrechen. Die pubertären Omnipotenzphantasien werden also nicht
unterdrückt oder verboten, sondern bewußtseinsnah symbolisiert. Zugleich werden Omnipotenz- und Rachephantasien damit auf eine Weise
aufgefangen und kanalisiert, die bewirkt, daß die Initianden sich, sicher
auch aus Schuldgefühl, weiterhin der Hierarchie der Männer einordnen,
in der sie nun auf erlaubtem Wege selbst immer höhere Stufen erreichen
können.

Das Initiationsritual der Jungen greift also in jeder Hinsicht der pubertären Entwicklung vor. Ehe pubertäre Inzest- oder Ablösungswünsche
gegenüber der Mutter auftreten, wird die Trennung von ihr vollzogen, ehe
die Sexualtriebe erwachen, wird Erregung produziert, ehe Vatermord-
phantasien bewußt werden, sind sie schon inszeniert und symbolisiert.
Nichts davon kann der Junge als Entwicklungsprozeß und Entwick-
lungsmöglichkeit begreifen, alles erscheint ihm als von den älteren Männern gegeben und hergestellt. Auch der Baruya-Junge wächst also nicht

dadurch, daß die pubertäre Reifung einsetzt, sondern dadurch, daß die Männer ihm Sperma zu trinken geben. Nicht die Geschlechtsreife, sondern allein die gemeinsame rituelle Anstrengung der Männergemeinschaft macht ihn zum Mann.

Indem die Jungen gewaltsam der Hierarchie der Männer unterworfen und eingeordnet werden, wird der Generationenkonflikt zwischen Vätern und Söhnen beigelegt und kaltgestellt. Aggression und Gefahr sind aus der Männergemeinschaft verbannt, sie drohen draußen in der Welt der Frauen. In der Bezähmung dieser Gefahren, die nun in Gestalt der nächsten Gruppe kleiner Jungen ins Männerhaus dringen, können die größeren Initianden und die erwachsenen Männer ihre Aggressionen auslassen, sie müssen es gar, um aus den Muttersöhnchen Männer zu machen. Und später werden sie ihre Ehefrauen ebenso behandeln: aus der Positition des in der Geschlechterhierarchie Überlegenen heraus.

Das Bündnis der Alten

Verglichen mit der Initiation der Jungen ist also sehr viel weniger Aufwand nötig, um ein Mädchen zur Frau zu machen. Betrachtet man die Initation unter dem Aspekt der Anleitung für künftige Aufgaben, so wird die Kürze der Mädcheninitiation teilweise verständlich: Mädchen üben sich von klein auf an der Seite der Mutter in ihre späteren Tätigkeiten ein, während Jungen im Männerhaus »eine wirklich neue Welt« (o.c., 80) entdecken und vielerlei Neues zu lernen haben, vom Hausbau über die Mythen bis hin zum Kriegshandwerk.

Nun ist die Initiation aber nicht nur eine Art Schule, sondern sie organisiert die Trennung von der Familie und leistet die körperliche und psychische Zurichtung für die Unterwerfung der Pubertierenden unter die Hierarchie der Älteren innerhalb des jeweiligen Genus. Dieser »Sieg der Generation über das Individuum« (Freud 1925, 29) wird durch Gewalt und Todesdrohungen erreicht – oder mit Clastres (1976, 169ff) gesagt – durch Folter. In beiden Initiationen ist es den Adoleszenten geboten, zu schweigen. Schmerzlaute oder Protestschreie sind verfemt, was, wie Baudler (1996, 138) vermutet, der Entlastung der Peiniger dient. Für die Wut und den Haß über die zu erduldende Gewalt wird in beiden Initiationen das jeweils andere Genus als Projektionsobjekt angeboten. Was auf diese Weise zum Schweigen gebracht und unbewußt gemacht wird, ist die Erfahrung, daß es die Erwachsenen des eigenen Geschlechts sind, die ihren Kindern Gewalt antun.

»Die Konfliktlinien zwischen den Geschlechtern und zwischen den

Generationen kreuzen sich in den Pubertätsriten«, schreibt Baudler (o.c., 127). Dabei handelt es sich aber nicht nur um einen Schnittpunkt, sondern um einen dicken Knoten. Denn da beide Geschlechter sich gegenseitig als Projektionsobjekt zur Verfügung stellen, um die Aggressionen der Unterworfenen von sich abzulenken, entsteht eine pychodynamische Verknüpfung, die die Komplementarität des weiblichen und männlichen Genus absichert und verankert. Die Komplementarität traditioneller Kulturen basiert also nicht nur auf einer »ausgehandelten« Verteilung der Macht- und Arbeitsbereiche, sondern auch auf einem unbewußt gemachten Bündnis der »Alten« gegenüber ihren Nachkommen.

Soweit betrachtet, haben beide Initiationsrituale gleiche Ziele: die Macht der Alten über die Jungen des jeweiligen Genus zu sichern. Männliche Überlegenheit und weibliche Unterlegenheit sind damit noch nicht erklärt. Daß Initiationsrituale zur Fixierung des Geschlechterverhältnisses dienen, ist in der Ethnologie, auch der feministischen, Konsens. Gerade Godeliers gründliche Studie wird inzwischen gern angeführt, um die Mechanismen der Einsetzung männlicher Herrschaft zu belegen (z.B. Becker-Schmidt 1992). Beunruhigung und Protest (Mathieu 1985, Langheiter a.a.O.) dagegen löst Godeliers Ansicht aus, daß diese Herrschaft auf der Zustimmung der Frauen basiert: »Denn die große Stärke der Männer liegt nicht in der Ausübung der Gewalt, sondern in der Zustimmung der Frauen zu ihrer Herrschaft, und diese Zustimmung kann nur dadurch existieren, daß beide Geschlechter die Vorstellungen teilen, die die männliche Herrschaft legitimieren.« (Godelier a.a.O., 201) Diese Vorstellungen, bestehen in der mythisch begründeten Lehre über die Körpersubstanzen: daß das Menstruationsblut todbringend, das Sperma allein lebenspendend sei. Folglich sei es notwendig und legitim, »die Fortpflanzenden von ihren Fortpflanzungsfähigkeiten und ihren Produkten (den Kindern, insbesondere den männlichen Kindern) zu trennen« (o.c., 198).

Einen Beleg dafür, *daß* die Frauen diese Vorstellungen teilen, sieht Godelier in der weiblichen Initiation (o.c., 201f). *Warum* die Frauen diese Vorstellungen teilen, bleibt allerdings wiederum unklar – auch ihm selbst. So findet er es »widersprüchlich« (o.c., 217), daß gerade die alten Frauen jenseits der Menopause, die Autorität und Freiheiten auch gegenüber Männern haben und von ihnen nicht mehr unter Druck gesetzt werden können, in der Initiation das männliche Gesetz so massiv vertreten.

Godelier hat durchaus Recht mit seiner so provozierenden These von der Zustimmung der Frauen. Nur eben sind es nicht alle Frauen, sondern die Älteren, die die Vorstellungen der Männer teilen. Godelier, der sich so intensiv mit der »doppelten Hierarchie« befaßt, übersieht die dritte

Hierarchie, die der Frauen. In Bezug auf das weibliche Genus leidet auch er an dem, was Baudler (o.c., 146) einen »adult bias« nennt: das Nichthinterfragen des Senioritätsprinzips. Denn die Unerklärlichkeit der Zustimmung und der Widerspruch, den Godelier erkannte, werden auflösbar, wenn man das einbezieht, was inzwischen deutlich geworden sein sollte: daß auch Frauen über Frauen herrschen wollen, daß es eine Machthierarchie zwischen alten und jungen Frauen gibt. Damit stellt sich allerdings nun die Frage, ob die alten Frauen für das Bündnis mit den alten Männern, das ihnen die Macht innerhalb ihres Genus garantiert, mit dem Einverständnis in die Geringschätzung des Weiblichen bezahlen.

Die Entwertung der Töchter

Entscheidend dafür, welche Rolle und Position ein/e Heranwachsende/r in der Gesellschaft einnehmen kann, ist, ob und wie die pubertären Größenphantasien symbolisiert werden (Erdheim 1996) oder, mit Grunberger (1982) gesagt, ob und wie die pubertären Reifungsschritte narzißtisch besetzt werden können (Waldeck 1997). Hier lassen Mythologie und Rituale der Baruya – und ähnlich auch anderer Kulturen – deutliche Differenzen in Bezug auf die Geschlechter erkennen. Drei Aspekte möchte ich hervorheben: den Umgang mit den pubertären Körperphänomenen, mit der Aggression und mit der Arbeit.

Die unterschiedliche Wertung der in der Pubertät in Erscheinung tretenden Körpersekrete wurde bereits deutlich: Das Sperma gilt als lebenspendend, das Menstruationsblut als eine tödliche Gefahr. Das Sekret der männlichen Geschlechtsreife kann also auf positive Weise narzißtisch besetzt und mit der omnipotenten Vorstellung aufgeladen werden, die allein lebenspendende Substanz zu sein. Das Sekret der weiblichen Geschlechtsreife dagegen wird zwar auch mit einer omnipotenten Vorstellung – der der grenzenlosen Giftigkeit – aufgeladen, aber negativ besetzt. Die junge Frau bei den Baruya kann deshalb die Menstruation nicht einmal als Anzeichen künftiger Mutterschaft positiv besetzen, denn lebenspendend ist nicht sie, sondern der Mann.

Es scheint im Widerspruch dazu zu stehen, daß die Männer sich zugleich auch als das Geschlecht symbolisieren, das Leben nehmen kann, im Ritual und im Krieg. Im Ritual der Jungen opfern die Männer einen ihrer Ältesten, um die pubertären Veränderungs- und Rebellionswünsche aufzufangen und um die Jungen in die Hierarchie der Männergemeinschaft einzuordnen. Die Vatermord- und Rachephantasien der Söhne werden also symbolisiert, entsprechende Muttermord- und Rachephantasien der Töchter werden nicht symbolisiert. Nun mag es irrelevant oder gar absurd anmuten, die Symbolisierung von weiblichen Mordphantasien zu postulieren. Aber ich habe keinen Zweifel, daß auch Töchter solche Empfindungen haben, auch wenn bis heute selbst in der Psychoanalyse weibliche pubertär-ödipale Mordphantasien ignoriert (Waldeck 1995) und weibliche Aggressionen insgesamt tabuisiert werden (Musfeld 1997). Wenn aber etwas gespürt wird, was nicht gedacht, nicht symbolisiert werden kann, so treibt es im Unbewußten ein umso archaischeres, bedrohlicheres Unwesen. Symbolisierte Aggressionen und Omnipotenzphantasien dagegen werden kontrollierbar und sublimierbar. Die Söhne der Baruya nehmen den Tod des Opossums eben nicht zum Anlaß, ihre Peiniger zu erschlagen, sondern begreifen daran, daß sie die Macht haben, zu töten, und zugleich, daß sie diese Kraft nur in gesellschaftlich erlaubter Weise einsetzen dürfen. Als Krieger dürfen und müssen sie töten, im Ritual und gegenüber den Frauen dürfen sie Gewalt anwenden. So wird die Potenz der männlichen Adoleszenten in – traditionell legitimierte – Herrschaft gewandelt. Aus der phantasierten omnipotenten Aggression wird eine reglementierte Potenz.

Es ist verwunderlich, daß im weiblichen Ritual diese Macht über Leben und Tod nicht symbolisiert wird. Denn ohne Zweifel haben auch Frauen diese Macht. Ab der Pubertät ist das Mädchen zumindest gleichstark mit der Mutter. Es könnte sie töten, mit ihr rivalisieren, sich an ihre Stelle setzen und sie auf's Altenteil verweisen, es könnte sich der Verheiratung widersetzen oder mit Männern andere Verträge aushandeln. Die Symbolisierung der pubertären Aggression im weiblichen Ritual würde sie als berechtigt anerkennen und dem Mädchen die Möglichkeit eröffnen, sie als eine kontrollierbare Kraft im Leben des eigenen Genus und gegenüber dem männlichen einzusetzen. Doch tritt Aggression im weiblichen Ritual nur als eine im eigenen Körper lokalisierte bzw. introjizierte destruktive Kraft auf: als zerstörerische Macht des Menstrualblutes. Als positive Macht, die zu gesellschaftlicher Einflußnahme und zum Aufstieg in der Hierarchie genutzt werden kann, wird die weibliche Aggression nicht symbolisiert.

Das gleiche Schicksal erleidet auch die Arbeitsfähigkeit, die, wie die Fähigkeit zu kämpfen und zu töten, als Abkömmling der Libido in der Pubertät ihre volle Reife erreicht. Auch in Bezug auf die Arbeit sind deutliche Unterschiede im männlichen und weiblichen Ritual zu erkennen. Die Söhne lernen alle Arbeitstätigkeiten des erwachsenen Mannes im Rahmen der Initiation kennen. Jede Tätigkeit, ob Hausbau, Jagd oder Kriegführung, ist mythisch eingebunden und begründet, das Erlernen jeder Arbeit ist zugleich eine rituelle Einweihung in ein Männergeheimnis. Auch hier werden also pubertäre Omnipotenzphantasien symbolisiert: Jede Arbeit des Mannes ist eine gesellschaftlich bedeutsame, eine heilige

Handlung. Die Arbeit im weiblichen Genus dagegen ist profan, sie ist schon vor der Pubertät bekannt und eingeübt und wird nicht im Ritual symbolisiert und aufgewertet.

Nun berichten Ethnologinnen immer wieder, wie stolz Frauen traditioneller Gesellschaften auf ihre Arbeitsleistung sind, mit der sie sich und ihren Kindern den Lebensunterhalt sichern – und mit der sie nicht zuletzt die Männer entlasten, die wegen ihrer Inanspruchnahme durch rituelle Aktivitäten nur etwa ein Drittel der gesellschaftlich notwendigen Arbeit verrichten. (Die Verteilung der Arbeitslast zu einem Drittel auf Männer und zwei Dritteln auf Frauen ist ein universelles Phänomen, es gilt für traditionelle Kulturen ebenso wie für Industriegesellschaften.) Ich denke, es macht einen gewaltigen Unterschied, ob »man« stolz ist auf eine Arbeit, die bei relativ geringem Aufwand den Zugang zu Macht und Prestige eröffnet, oder ob »frau« stolz ist auf eine Arbeit, die trotz großen Aufwandes keinen Zugang zu Macht und Prestige verschafft, die stattdessen durch ihr geringes gesellschaftliches Prestige das weibliche Selbstwertgefühl täglich auf's Neue niederdrückt. Und ebenso wie die Gefährlichkeit des Menstruationsblutes immer wieder am eigenen Leibe bekämpft werden muß, wird auch die narzißtische Kränkung entwerteter Arbeit nur durch neue, immer fleißigere Arbeit kompensierbar. In diesen Zyklus werden die jungen Frauen eingekerkert, nicht nur durch das, was in der Initiation symbolisiert wird, sondern gerade auch durch das, was nicht symbolisiert wird.

Das Tabu der Macht der Mütter

Die Frage bleibt, warum die pubertären Aggressionen und Omnipotenzphantasien der Mädchen nicht positiv symbolisiert und legitimiert werden, warum sie nicht an die Arbeitsfähigkeit gebunden werden und dadurch die Möglichkeit eröffnen, gesellschaftliche Macht und Ansehen zu erlangen. Sind es die Männer, die den Frauen verbieten, diese Symbolisierungen im Ritual vorzunehmen? Würden sie gewaltsam einschreiten, wenn die Frauen diese Aspekte in ihrem Ritual integrierten? Anstatt darüber zu spekulieren, möchte ich die handfesten Interessen der »alten« Frauen, der Müttergeneration, benennen, die solcher Symbolisierung entgegenstehen.

Die erwachsenen Frauen können ihre Macht innerhalb des weiblichen Genus und ihre – relative – Macht gegenüber dem männlichen Genus nur erhalten, wenn sie sich der Unterwerfung der Töchter sicher sein können. Würde also die Arbeitsfähigkeit der Töchter symbolisiert und mit Omnipotenzphantasien aufgeladen, so wären die Töchter befähigt, den Wert ihrer Arbeit abzuschätzen und einzuklagen. Das bedroht in erster Linie die Hausmacht der Mütter und erst in zweiter Linie das Arrangement der Geschlechter. Und würde die Macht der Töchter, Leben zu geben und Leben zu nehmen, symbolisiert, so würde damit auch die nämliche Macht der Mütter aus der Verdrängung, genauer: aus ihrer gesellschaftlich produzierten Unbewußtheit (Erdheim 1982) gehoben.

Dabei denke ich nicht nur an die Macht der Frau, ein Neugeborenes umzubringen, die sich auch Baruya-Frauen nehmen und die als nicht symbolisierte und damit nicht legitimierte Macht Phantasien archaisch-bedrohlicher Weiblichkeit nährt. Ich denke auch und vor allem an die Macht der Mütter, in den Tausch und die Verheiratung ihrer Töchter einzuwilligen und die Töchter zu diesem Tausch zuzurichten. Godelier meint, daß die weibliche Initiation deshalb bescheidener ist, weil sie zwar »keine schlechte Kopie«, aber doch »die Verlängerung des männlichen Initiation in die Welt der Frauen« sei (o.c., 79). Ich habe daran meine Zweifel, ein anderes Szenario ist zumindest einen Gedanken wert.

In der Anthropologie wird davon ausgegangen, daß sich der Frauen-tausch zugleich mit dem Gartenbau entwickelte und daß dieser wiederum zuerst von Frauen praktiziert wurde. Wie und warum Frauen zu Tausch-objekten degradiert werden konnten, bleibt ungeklärt: »(...) die Exogamie mit Frauentausch war nicht der Grund dafür, daß Frauen subordiniert werden konnten, sondern exogame Wechselheiraten mit Frauentausch konnten deshalb durchgeführt werden, weil Frauen entweder schon längst subordiniert waren, d.h. schon mehr oder weniger einen Objektstatus hatten, oder überhaupt besser zu subordinieren waren.« (Dumont du Voitel a.a.O., 92) Da ich voraussetze, daß es nicht die Natur ist, die Frauen leichter subordinierbar machte, ist zu fragen, wer in einer Zeit, als Männer noch als jagende Horden umherzogen, die Verfügungsmacht über die Töchter hatte und die Kulturtechniken entwickeln konnte, mit denen Töchter zum Tausch zugerichtet wurden. Das dürften nicht »die Frauen«, aber eben »die Mütter« gewesen sein. Dann wäre an all den Mythen doch etwas Wahres, die davon erzählen, daß es zuerst die Frauen, also die alten Frauen, waren, die die magischen Flöten besaßen, die heiligen Instrumente der Initiationsrituale (z.B. Godelier a.a.O., 104). Dann hätte es doch ein »Matriarchat« gegeben, allerdings nicht als Herrschaft der Frauen über die Männer, sondern als Herrschaft der Mütter über die Töchter. Nun wird beständig eingewandt, die Frauen hätten der Subordination und dem Tausch eingewilligt, weil die wilden Männer die Töchter sonst sowieso geraubt hätten. Der Gedanke, daß die Töchter selbst eher Lust hatten, sich mit den Horden herumzutreiben als sich auf den Feldern der Mutter abzurackern, wäre zwar auch nicht fernliegend, wird aber nirgends erwogen.

Demeter jedenfalls, die »Göttin der Kornfelder« (Ranke-Graves 1960, 77) duldete das Verschwinden ihrer Tochter Kore nicht klaglos, sondern nahm Tauschverhandlungen auf. Demeter selbst, deren Priesterinnen »die jungen Frauen und Männer in die ehelichen Geheimnisse einweihen« (ebd.), hat keinen Ehemann, ist also keine getauschte Frau. Als ihre Tochter Kore auf einer Wiese Frühlingsblumen pflückt, also ihrer pubertären sexuellen Neugier nachgeht, wird sie von Hades entführt. Demeter ist darüber erzürnt und droht, die Felder und Obstbäume zu vernichten, also ihren Ackerbau wieder zu zerstören. Zeus begreift das Drama und wendet sich an Hades: »Wenn Du Kore nicht zurückgibst, sind wir alle dem Untergang geweiht!« (o.c., 79) Hades muß also die Mutter seiner Frau Kore entschädigen, was er auch tut: er gibt Persephone, wie Kore nun genannt wird, zeitweise an Demeter zurück. Namenswechsel und die Zeit im Totenreich deuten daraufhin, daß hier eine initiierte Jungfrau getauscht bzw. verliehen wird. Für das Verschwinden Kores stehen sich im Mythos zwei Versionen gegenüber: Es sei Raub gewesen, behauptet Demeter, es sei »Liebe vielmehr« gewesen, behauptet Zeus/Jupiter nach Ovid (Metamorphosen, 5. Buch, 527). Wie auch immer, in ihren Verhandlungen mit Zeus sagt Demeter: »Die Entführung verzeih ich. Gibt er sie nur mir zuruck.« (ebd, 521f) Demeter ist also bereit, Raub und Vergewaltigung zu verzeihen, wenn sie nur eine Entschädigung für ihre Tochter bekommt.

Was im Mythos von der Mutter geleugnet wird und im Ritual beschnitten und unbewußt gemacht wird, ist das sexuelle Begehren der Töchter, ist ihre aktiv-aggressive Potenz, die sich auf ihre erwachende Sexualität, ihre Arbeitsfähigkeit und ihr Machtstreben richten könnte. Im Demeter-Kult des alten Griechenlands wurde die Opferung von Jungfrauen durch das Schweineopfer ersetzt. Wie Kurnitzky meint, verrät das Schweineopfer einen Zusammenhang »mit der im weibliche Geschlecht verkörperten verdrängten Sexualität« (Kurnitzky 1974, 123). Schweine werden auch in vielen papuanischen Kulturen bei der Heirat getauscht und geopfert. Die Tochter wird durch ein Schwein ersetzt, das die Domestizierung und Beherrschung ihrer »wilden« pubertären Sexualität symbolisiert. Sie wird ihrer Sexualität und Potenz beraubt, um die hierarchische Macht der Mütter und deren Arrangement mit den Männern nicht zu gefährden, das den Müttern zumindest »in zweiter Linie« einen Gewinn verschafft.

»Nicht die Macht verdirbt, sondern die Angst«

Aung San Suu Kyi hat sich mit diesem Satz an die birmesische Opposition gewand: Es ist nicht die Macht, die Menschen und Verhältnisse zerstört, sondern die Angst. Erdheim (1982, 416ff) hat dies an Diktaturen deutlich gemacht: Die Angst vor Machtverlust treibt Herrscher/innen zu wildem Agieren, zu Willkür und Gewalt.

Auch an den Initiationsritualen sollte deutlich geworden sein, daß es die Angst der Alten ist, ihre Macht zu verlieren, die sie dazu bringt, die Heranwachsenden unter Einsatz der Folter zu unterwerfen. »Kalte« Kulturen haben auf diese Weise ihre Lebensverhältnisse über Jahrhunderte oder gar Jahrtausende so stabil halten können, daß weder Ökologie noch Ökonomie aus dem Gleichgewicht gerieten. Das ist angesichts der Umweltzerstörung und der Schere zwischen Reichtum und Armut, die unsere Industriegesellschaft hervorgebracht hat, auch eine bemerkenswerte kulturelle Leistung. Der Preis dafür allerdings war hoch, ihn zahlten jeweils die Jugendlichen.

Meine Ausgangsfrage war, warum es Forscherinnen so schwer fällt, sich mit der Macht der »Mütter« zu befassen, die sie über ihre Töchter haben. Beim Schreiben habe ich selbst gemerkt, wie schwer es ist, die Perspektive der Töchter einzunehmen. Ich habe den Eindruck, daß auch wir, Frauen der westlichen Kultur, oft noch auf einem Holzstück herumbeißen, um den Schmerz und die Wut nicht herauszuschreien, die die Fesselung der eigenen Sexualität und Vitalität durch die Mutter (Torok 1974, 205) ausgelöst hat. Zwar sind die Mütter unserer Gesellschaft viel mehr noch als in Genuskulturen enteignet, weil sie keine eigene ökonomische Basis, keinen spezifisch weiblichen, in der Arbeit verankerten kulturellen Raum und folglich keine gesellschaftliche Macht mehr haben (Nadig 1984, 103). Der einzige ihnen verbliebene Machtbereich sind die Kinder. Daß sie diese Macht haben, gibt ihnen allerdings noch längst nicht das Recht, ihre Töchter zu fesseln. Aber aus Angst, die Mütter auch noch dieses Besitzes zu berauben und sie einsam und leer zurückzulassen, schweigen die Töchter über die Macht der Mütter.

Literatur

Baudler, Bernhard (1996): »Nobody will ever know what takes place in initiation ceremonies.« Das Schweigen der Jüngeren und die Macht der Älteren: Beispiele zur Erwachsenenzentriertheit in der Ethnologie. In: Draklé (Hg.) a.a.O.

Becker-Schmidt, Regina (1992): Verdrängung Rationalisierung Ideologie. Geschlechterdifferenz und Unbewußtes, Geschlechterverhältnis und Gesellschaft. In:

Knapp/Wetterer (Hg.) a.a.O.

Clastres, Pierre (1976): *Staatsfeinde.* Frankfurt am Main

Draklé, Dorle (Hg.) (1996): *jung und wild. Zur kulturellen Konstruktion von Kindheit und Jugend.* Berlin, Hamburg

Dumont du Voitel, Waltraud (1994): *Macht und Entmachtung der Frau. Eine ethno-logisch-historische Analyse.* Frankfurt am Main

Erdheim, Mario (1982): *Die gesellschaftliche Produktion von Unbewußtheit.* Frankfurt am Main

ders. 1996: Die Symbolisierungsfähigkeit in der Adoleszenz. In: Draklé (Hg.) a.a.O.

Freud, Sigmund (1925): *Einige psychische Folgen des anatomischen Geschlechts-unterschieds.* In: GW XIV

Gilligan, Carol (1984): *Die andere Stimme.* München

Godelier, Maurice (1987): *Die Produktion der großen Männer. Macht und männliche Vorherrschaft bei den Baruya in Neuguinea.* Frankfurt am Main

Grohs, Elisabeth (1980): *KISAZI. Reiferiten der Mädchen bei den Zigua und Ngulu Ost-Tanzanias.* Berlin

dies. 1990: Frauen und rituelle Macht am Beispiel der Zigua und Ngulu Ost-Tanzanias. In: Lenz/Luig (Hg.) a.a.O.

Grunberger, Béla (1982): *Vom Narzißmus zum Objekt.* Frankfurt am Main

Illich, Ivan (1983): *Genus. Zu einer historischen Kritik der Gleichheit.* Reinbek

Knapp, Gudrun Axeli (1992): Macht und Geschlecht. Neuere Entwicklungen in der feministischen Macht- und Herrschaftsdiskussion. In: Knapp/Wetterer (Hg.), a.a.O.

Knapp, Gudrun-Axeli/Wetterer, Angelika (Hg.) (1992): *Traditionen Brüche. Entwick-lungen feministischer Theorie.* Freiburg

Kurnitzky, Horst (1974): *Triebstruktur des Geldes. Ein Beitrag zur Theorie der Weiblichkeit.* Berlin

Langheiter, Eva (1989): Hinnehmen – mitmachen – zustimmen? Anmerkungen zu Maurice Godeliers Hypothese von der Zustimmung der Unterdrückten zu ihrer Un-terdrückung. In: AG Ethnologie Wien (Hg.): *Von fremden Frauen.* Frankfurt am Main

Lenz, Ilse (1990): Geschlechtssymmetrische Gesellschaften. Neue Ansätze nach der Matriarchatsdebatte. In: Lenz/Luig (Hg.) a.a.O.

Lenz, Ilse/Luig, Ute (Hg.) (1990): *Frauenmacht ohne Herrschaft. Geschlechterver-hältnisse in nichtpatriarchalischen Gesellschaften.* Berlin

Luig, Ute (1990): Sind egalitäre Gesellschaften auch geschlechtsegalitär? Untersu-chungen zur Geschlechterbeziehung in afrikanischen Wildbeutergesellschaften. In: Lenz/Luig (Hg.) a.a.O

Mathieu, Nicole-Claude (1985): *Nachgehen ist nicht zustimmen.* Wien 1995

Musfeld, Tamara (1997): *Im Schatten der Weiblichkeit. Über die Fesselung weib-licher Kraft und Potenz durch das Tabu der Aggression.* Tübingen.

Nadig, Maya 1984: Frauen in der Kultur – Macht und Ohnmacht. Zehn ethnopsycho-analytische Thesen. In: Gehrke, Claudia u.a. (Hg.): *Frauen Macht.* Konkursbuch 12. Tübingen

Ranke-Graves, Robert von (1960): *Griechische Mythologie.* Reinbek

Torok, Maria (1974): Die Bedeutung des »Penisneides« bei der Frau. In: Chasseguet-Smirgel (Hg.) (1974): *Psychoanalyse der weiblichen Sexualität.* Frankfurt am Main

Waldeck, Ruth (1995): Adoleszenz, Geschlechterhierarchie, Generationenkonflikt. Zur Verschiebung von Generationenkonflikten auf das Geschlechterverhältnis. In: *Studien zur Kinderpsychoanalyse,* Bd. XII. Göttingen

dies. (1997): Worauf können Mädchen stolz sein? Möglichkeiten narzißtischer Besetzung in der weiblichen Adoleszenz. In: Krebs, Heinz/Eggert Schmid-Noerr, Annelinde (Hg.): *Lebensphase Adoleszenz.* Mainz

Weber, Max (1995): *Schriften zur Soziologie.* Stuttgart

Weiner, Anette B. (1990): Stoffe: Reichtum, Geschlecht und Macht in Ozeanien. In: Lenz/Luig (Hg.) a.a.O.

GEORGES DEVEREUX[1]
Kulturelle Faktoren
in der psychoanalytischen Behandlung[2]

Eine technische Diskussion des Einflusses kultureller Faktoren auf Verlauf und Technik psychoanalytischer Behandlung muß mit einer vorausgehenden Analyse der Wesensart von Kultur und ihres Schicksals in psychischer Gesundheit, psychischer Krankheit und psychoanalytischer Behandlung beginnen. Weil einiges von diesem Material bereits in einer anderen Studie berührt wurde (11), wird es hier nur in einer mehr oder weniger axiomatischen Form dargestellt.

1. Kultur als eine charakteristische menschliche Eigenschaft

Definition von Ausdrücken: In der folgenden Diskussion unterscheiden wir zwischen *homo sapiens* oder *genus homo* als biologischer Organismus einerseits und *Mensch* als die menschliche Seinsform andererseits.
1. *Homo sapiens* ist das gegenwärtige Endprodukt eines evolutionären Prozesses in die Richtung auf ein hohes Ausmaß an Differenzierung und Individualisierung. Die hauptsächliche und eindeutig charakteristische Eigenschaft von *homo sapiens* – die »Konstanz der menschlichen Natur« – ist die extreme Plastizität und Variabilität seines Verhaltens.
2. Die zuvor erwähnten vier Charakteristika von *genus homo* – Differenzierung, Individualisierung, Formbarkeit und Variabilität des Verhaltens – verkörpern eine einheitliche biologische Möglichkeit, die in der Errungenschaft einer unverwechselbar menschlichen Psyche und Kultur verwirklicht wird.
3. Der Besitz menschlicher Psyche und Kultur ist eindeutig charakteristisch für den Menschen und stimuliert und erweitert *homo sapiens'* biologisch determinierte Tendenz zu Differenzierung, Individualisierung, Formbarkeit und Variabilität des Verhaltens darüber hinaus.
4. Obwohl die menschliche Psyche und Kultur sich aus einem biologi-

---

1 Aus dem Winter Veterans Administration Hospital, Topeka, Kansas.
2 Vorgetragen auf dem Panel über »kulturelle Faktoren in psychoanalytischer Therapie« beim Jahrestreffen der American Psychoanalytic Association, Cincinnati, Ohio, 5. Mai 1951. Übersetzung aus: *Journal of the American Psychoanalytic Association I* (1953), S. 629–655. Mit freundlicher Genehmigung.

schen Potential ergeben, dessen Verwirklichung sie darstellen, können weder die menschliche Psyche noch die Kultur als *biologische* Charakteristika der menschlichen Gattung (*genus homo*) gedacht werden. Sie müssen als unverkennbar humane Eigenschaften des *Menschen als Seinsform* gedacht werden.

5. Die Psyche und Kultur des Menschen sind methodisch und funktional nicht zu trennende Konzepte.

6. Also stellt Kultur die Aktualisierung einer basalen biologischen Möglichkeit der *genus homo* dar; wann immer der Mensch als »creator, creature, manipulator, and carrier« (21) von Kultur auftritt, befriedigt er eines seiner grundsätzlichsten Bedürfnisse, das nicht ohne schwerwiegende Folgen für die menschliche Psyche und für seinen Status als menschliches Wesen frustriert werden kann. Dies wird in Davis´ Studie über ein Mädchen, dem mehr oder weniger vollständig kulturelle Erfahrungen vorenthalten wurden, stichhaltig demonstriert. (2)[3]

7. Die »Kulturisation« des Menschen ist abhängig von und ist ein Resultat von dem Ersatz direkter und gewaltiger *Manifestierung* biologischer Triebe – und besonders aggressiver, eher als erotischer Triebe – durch formbares, ökonomisches und genau kontext- und zielangepaßtes Verhalten. Solches Verhalten ist von hohem Wert für das Überleben und steht in Übereinstimmung mit *homo sapiens* biologischen Möglichkeiten der Differenzierung und Individualisierung. Mit anderen Worten, *homo sapiens* erwirbt menschlichen Status und funktioniert als menschliches Wesen, indem er sein biologisches Potential für differenziertes, individualisiertes, formbares und variables Verhalten verwirklicht und erfüllt.

8. Es ist eine Illusion, daß Kultur Verhalten *einenge*. Würde Kultur Verhalten einengen, dann würde Kultur die biologischen Potentiale von *homo sapiens* zur Differenzierung, Individualisierung, Formbarkeit und Variabilität von Verhalten nicht verwirklichen, sondern zunichte machen, sodaß der mit Kultur ausgestattete Mensch mehr *homo sapiens* wäre als daß er eine spezifisch *menschliche Seinsweise* besäße, was offensichtlich ein Trugschluß ist. In Wahrheit erweitert Kultur den Umfang, die Reichweite, die Veränderlichkeit, Wirksamkeit und Angemessenheit des Verhaltens, indem sie gewaltige und triebbestimmte Bewegung und Gefühlsentladung durch begrenzte, spezifische und ziel- und kontextbestimmte Bewegung und Gefühlsabfuhr ersetzt. Mehrere irrtümliche Annahmen sind für die Illusion verantwortlich, daß Kultur das Verhalten einengt. Deren erste ist der unangemessene Gebrauch eines viel zu engen

---

3 Soweit Berichte über sogenannte »Wolfkinder« in Indien (14, 18, 22) Glaubwürdigkeit beanspruchen dürfen, unterstützen diese Daten ebenfalls die gerade genannte Sichtweise.

biologischen Bezugsrahmens, der zu *genus homo* paßt, jedoch nicht zur *menschlichen Art,* und der die biologisch determinierte Richtung hin zu Differenzierung und Individualisierung in der Evolution von *homo sapiens* ignoriert. Der zweite Irrtum leitet sich von den Beobachtungen der Auswirkungen von »kranken« Kulturen auf die Menschen ab, die in solchen Kulturen in Muster passiver und unspontaner Anpassung gezwungen werden. Die Quelle des dritten Irrtums ist klinische Erfahrung mit analytischen Patienten, die genau deshalb in Analyse sind, weil sie sich eher selbst einschränken und verbiegen, als ihre aggressiven Triebe zu sublimieren, zu individualisieren und anzupassen.

9. Eine gesunde Gesellschaft ermutigt, um ihrer selbst Willen, zur vollsten Verwirklichung des Potentials von *homo sapiens* zur Individualisierung und Differenzierung. Wie MacIver (17) vor langem zeigte, geht ein Maximum an Individualisierung mit einem Maximum an Sozialisierung Hand in Hand, weil der Mensch alle seine Möglichkeiten ohne die Hilfe der Gesellschaft nicht entfalten kann, und die Gesellschaft kann nicht den äußersten Vorteil aus jedem ihrer Mitgleider ziehen, bis nicht jedes dieser Mitglieder alle seine Möglichkeiten in höchstem Ausmaß entfalten darf und dabei unterstützt wird. Eine gesunde Gesellschaft wird daher individualisierte Sublimierungen eher fördern als entdifferenzierende Unterdrückungen und Einschränkungen. Eine gelungene Sublimierung versteckt und verzerrt die zugrunde liegenden antisozialen Impulse in einem viel geringeren Ausmaß, als dies Verdrängung oder Unterdrückung tut. Wenn zum Beispiel der zugrunde liegende Impuls eine Phantasie der Körper-Zerstörung ist, ist dieser Trieb-Impuls produktiver, kreativer und individualistischer durch den Chirurgen als durch den Metzger oder den Anti-Vivisektionisten sublimiert.

10. Im Gegensatz dazu kann eine »kranke Gesellschaft« Individualisierung und individualisierte Sublimationen nicht vertragen und bevorzugt daher Entdifferenzierung, Verlust von Individualität, Verdrängung, Unterdrückung, Reaktionsbildung etc.

11. Der Illusion, daß Kultur einengend und gegen die Triebe gerichtet sei, wird durch die klinische Tatsache widersprochen, daß die Analyse der kindlichen und unbewußten Quellen einer Sublimierung im Zweifelsfall diese nicht nur nicht zerstört, sondern, im Gegensatz, tatsächlich stärkt. Dies wurde mit außergewöhnlicher Klarheit von Jokl (15) festgestellt.

12. Der kulturelle Bezugsrahmen versetzt den Beobachter in die Lage, das Verhalten normaler Personen zu »strukturieren«, das heißt, zu verstehen, zu kontrollieren und vorherzusagen. Der psychoanalytische Bezugsrahmen ermöglicht es dem Beobachter, das Verhalten von anomalen Per-

sonen zu »strukturieren« – in dem oben gemeinten Sinn.[4]

13. Persönlichkeitsstörungen verschiedener Art – inklusive derer, die im Verlauf der Übertragungsneurose auftreten – stellen eine partielle Entdifferenzierung und Entindividualisierung dar, oder, mit anderen Worten, eine partielle Regression von *Mensch* auf *homo sapiens*. Aus diesem Grunde gleichen Kinder und abnorme Personen, die zu unserer Gesellschaft gehören, ihren Gegenstücken in anderen Kulturen weit mehr, als die normalen Mitglieder unserer Gesellschaft den normalen Mitgliedern anderer ethnischer Gruppen ähneln, weil Normale höher differenziert, voller individualisiert sind als Kinder und abnormale Personen. Die zu beobachtenden Unterschiede sind am besten in Ausdrücken des Konzepts *Mensch* zu verstehen, während die zu beobachtenden Ähnlichkeiten am besten in Begriffen des Konzepts *homo sapiens* zu verstehen sind.

14. Die oben genannten Überlegungen erklären, warum das Verhalten von abnormalen Personen unerklärlich scheint, wenn wir darauf bestehen, es in ausschließlich soziokulturellen Begriffen zu analysieren. Wenn wir es jedoch auch in biologischen Begriffen betrachten, das heißt, teilweise in Begriffen des Konzepts *homo sapiens*, wird das Verhalten dieser Personen in der Tat besser verständlich, vorhersagbar und kontrollierbar als das weit ausgeprägter komplexe, überdeterminierte, differenzierte und individualisierte Verhalten von normalen Menschen (10).

15. Die vorausgehenden Abschnitte legen dar, warum die Art, in der abnormale Personen kulturelles Material handhaben und erfahren, von großem diagnostischen Wert sind. Sie legen auch nahe, daß in wirklich tiefer psychoanalytischer Therapie der Analytiker den spezifischen kulturellen Hintergrund des Patienten von vorne herein *weniger* vollständig kennen muß als in oberflächlichen Formen von Psychotherapie (11). Dieser Punkt wird weiter unten im Detail herausgearbeitet.

16. Der Psychoanalytiker muß jedoch ein sehr fundiertes Verständnis der Art und Funktionsweise von »Kultur an sich« – im Unterschied zur Vertrautheit mit jeder einzelnen Kultur – besitzen, weil Kultur ein universelles Phänomen und eine Eigenschaft ist, die einzigartig charakteristisch für den Menschen ist, und weil die allgemeinen Kategorien von Kultur – im Unterschied zu ihrem konkreten Inhalt – ebenfalls universelle Phänomene sind.[5] Diese Feststellung ist so komplex, daß ein einfaches, veran-

---

4 Diese Formulierung steht in Übereinstimmung mit der vorsichtigen Aussage von Mach, daß es in der Natur keine Gesetze gibt, abgesehen von denen, die wir im Verlauf unserer Versuche, von unseren Beobachtungen diskreter Phänomene zu verallgemeinern in die Natur *hineinlegen* oder ihr *zuschreiben*.
5 Dies ist in Durkheims Konzeption von *les catégories de l'esprit humain* enthalten.

schaulichendes Beispiel helfen mag, sie zu erklären. Der Autor versuchte einmal, für einen Indianer, über dessen Kultur er so gut wie nichts wußte, eine Diagnose zu stellen. Dieser Indianer berichtete, daß er am Fuße eines Hügels seine Mutter zurückgelassen hatte, auf die Spitze des Hügels geritten war und dort seinen Vater und seine Mutter getroffen hatte. Obwohl das wie ein eindeutiger Wahn oder eine Halluzination klang, ermöglichte das Wissen um die Existenz der kulturellen Kategorie »Klassifikatorische Verwandtschaftssysteme« dem Autor, nachzuforschen, ob die Mutter, die er am Fuße des Hügels zurückgelassen hatte, dieselbe war, die er oben auf dem Hügel getroffen hatte. Der Patient erklärte sofort, daß die »Mutter«, die er oben auf dem Hügel getroffen hatte, in Wirklichkeit die Schwester seiner Mutter war, die er in Übereinstimmung mit dem Verwandtschaftssystem seines Stammes ebenfalls »Mutter« nannte. Kurz, in diesem besonderen Beispiel war es nicht die nicht existierende Vertrautheit des Autors mit der Kultur des Stammes des Patienten, die ihm ermöglichte, zwischen einer kulturellen Praxis und einem Wahn zu unterscheiden. Was ihn dazu in die Lage versetzte, war seine Vertrautheit mit den Kategorien von Kultur per se – von Kultur als universalem menschlichem Phänomen.

17. Wann immer der Psychotherapeut seine konkrete Vertrautheit mit der Kultur des Patienten nutzbar macht, übt er sich in interkultureller Psychotherapie. Wenn er sein Wissen über das Wesen von Kultur an sich verwendet und von universalen kulturellen Kategorien, betreibt er transkulturelle Psychotherapie (11).

2. Das Verhältnis zwischen Psychoanalyse und Anthropologie

Sowohl Psychoanalyse als auch Anthropologie studieren das, was bei der Menschheit unverwechselbar menschlich ist, das heißt, was den *Menschen,* als eine Person in einer Kultur gesehen von *homo sapiens,* in einem biologischen Bezugsrahmen gesehen, unterscheidet. Psychoanalyse ist besonders auf das bezogen, was in der menschlichen Psyche

---

In der Tat »hat« jede Kultur ein Verwandtschaftssystem, ein ökonomisches System, ein System von Gesetzen, von Wissen, von Religion etc., obwohl das aktuelle Verwandtschaftssystem etc. sich von Stamm zu Stamm unterscheiden mag. Im gegenwärtigen Kontext – das heißt wie es den Gebrauch, den jemand von diesen Kategorien im wissenschaftlichen Diskurs, macht, betrifft – ist es völlig irrelevant, ob diese »strukturierenden« Kategorien in der Kultur *existieren* oder ob sie durch den Beobachter in die Kultur *hineingelegt* werden oder ihr *zugeschrieben* werden, der sogar selbst ein Mitglied der Kultur sein mag, um die es geht (6).

unverwechselbar menschlich ist, wohingegen Anthropologie primär daran interessiert ist, was einzigartig und charakteristisch menschlich in Kultur und Gesellschaft ist. In diesem Sinne sind sowohl Psychoanalyse als auch Anthropologie Zweige der »Anthropologie«, wie sie von Kant gesehen wurde, das heißt der Wissenschaft davon, was das einzigartig Menschliche am Menschen ist. Jedoch, wie an anderem Ort gezeigt wurde (6), erbringen Psychoanalyse und Anthropologie nicht additiv, sondern komplementär Einsichten. In der Tat, je besser wir die tieferen psychologischen Faktoren verstehen, die John Doe dazu trieben, seiner Frau zum ersten Hochzeitstag ein Paar Ohrringe zu schenken, desto weniger vollkommen verstehen wir den Vorgang in soziologischen und kulturellen Begriffen, das heißt, in Begriffen von Gewohnheiten, Sitten und Gebräuchen, welche die Beziehung zwischen Eheleuten, die Begehung von Jahrestagen, die Wahl geeigneter Geschenke etc. in unserer eigenen Gesellschaft regeln. Wir dürfen sogar annehmen, daß es eine Art von Heisenbergscher Unschärfe-Relation zwischen dem psychoanalytischen und dem anthropologischen *Verstehen* menschlichen Verhaltens gibt. Wir haben an anderem Ort vorgeschlagen (6), daß allein Zweckmäßigkeit und Ökonomie den Aufwand bestimmen, an welchem Punkt in einer Forschung es wünschenswert und effizient ist, eine beispielsweise in psychoanalytischen Begriffen geführte Untersuchung abzubrechen und zu beginnen, das Phänomen in sozialen und kulturellen Begriffen zu analysieren – und natürlich vice versa. Dies ist zugegebenermaßen eine rein heuristische Lösung dieses Problems, aber eine, die hinreichend genau für unsere gegenwärtigen Zwecke ist.

Was wir in diesem Zusammenhang zu betonen versuchen, ist, daß sowohl Psychonalayse als auch Anthropologie das untersuchen, was einzigartig und unverwechselbar menschlich ist, und daß beides Wissenschaften sind, die mit Individualität und Differenzierung befaßt sind.

Das soll nicht heißen, daß Psychoanalyse und Anthropologie nicht auch mit Ähnlichkeiten und Gleichförmigkeiten befaßt sind. Wenn aber Psychoanalyse und Anthropologie allgemeine Gesetze über die menschliche Psyche und über Kultur und kulturelles Verhalten formulieren, dann betreffen diese Gesetze üblicherweise verschiedene *Prozesse* der Differenzierung und Individualisierung, mehr als die *Endprodukte* dieser Prozesse, die äußerst breit gefächert sind. Sie sind in der Tat so breit gefächert, daß ein Versuch, ihnen die Qualität der Unterschiedlichkeit abzustreifen, sie häufig auch ihre Inhalts und ihrer Wirklichkeit beraubt. Kurz, psychoanalytische und anthropologische Gesetze betreffen Prozesse der Differenzierung und Individualisierung, aber belassen die phänomenologische Vielfalt der Endprodukte dieser Prozesse relativ unerklärt.

Dies ist kein Mangel von psychoanalytischem und anthropologischem Theoretisieren. Im Gegenteil, es ist die natürliche Konsequenz einer theoretischen Näherung, die auf außerordentliche Weise an die Art dieser Phänomene angepaßt ist, die diese Wissenschaften studieren.

3. Die Wechselfälle der Kultur in »Normalität« und »Abnormalität«

Wir sind jetzt vorbereitet, im Detail die Veränderungen und Wechselfälle zu untersuchen, denen Kultur im gesamten Verhaltensbereich von »normalen« und »abnormalen« Verhalten unterliegt, besonders im Verlauf psychoanalytischer Behandlungen.

Es kann nicht unsere Absicht sein, hier viele Einsichten in die unterschiedliche Bedeutung zahlreicher konkreter Kulturen für die Ätiologie, Symptomatologie und Therapie der Neurosen und Psychosen aufzuzählen, die sich in den letzten Jahrzehnten angesammelt haben. Dies ist auch nicht nötig, weil dieser Gegenstand bereits in anderem Zusammenhang mehr oder weniger angemessen abgehandelt wurde (7). Wir ziehen es vor, die Wechselfälle von Kultur an sich – im Unterschied zur amerikanischen oder tobriandischen Kultur – im Erleben und Verhalten verschiedener Typen von psychiatrischen Patienten zu diskutieren. Wir hoffen, daß eine vorläufige Formulierung dieser Wechselfälle vielleicht als Ausgangspunkt für die Entwicklung einer eigenständigen transkulturellen Psychotherapie dienen kann, die auf einem wirklichen und verallgemeinerten Verständnis von Art und Funktion von Kultur an sich basiert, wie sie von Normalen und verschiedenen Typen psychiatrischer Patienten erfahren wird. Es scheint wahrscheinlich, daß die Ausübung transkultureller Psychotherapie vom Analytiker eine kulturelle Neutralität erfordern wird, ähnlich zu der emotionalen Neutralität, die zu zeigen von ihm in der analytischen Situation in Bezug auf seine eigenen verbliebenen kindlichen und neurotischen Bedürfnisse und Haltungen erwartet wird (11).

Der Mensch – sei er ein psychiatrischer Patient oder ein ungewöhnlich »normaler« analytischer Kandidat – erfährt und handhabt Kultur auf fünf charakteristische Weisen:

1. *Wenn der Gebrauch von Kultur und die Erfahrung von Kultur auf die Gegenwart abgestimmt und an die Realität angepaßt sind,* ist das charakteristisch für psychische Gesundheit. Kultur wird als eine ursprünglich außerpsychische internalisierte »Realität« erfahren und erkannt. Mit der Feststellung, daß Kultur grundsätzlich eine äußere Realität ist, ist nicht beabsichtigt, die Vorstellung zu unterstützen, daß Kultur unabhängig und völlig außerhalb vom Menschen sei. Wir beziehen uns

einfach auf die Tatsache, daß jedes Individuum durch andere Individuen »enkulturiert« wird, die ihn in Übereinstimmung mit bestehenden kulturellen Standards bringen. Das Gespür des normalen Individuums für die Tatsache, daß Kultur etwas ist, was zuerst gelernt und dann internalisiert wird, zeigt sich in der klinischen Beobachtung, daß, nach einer erfolgreichen Analyse, der Patient sich des außerpsychischen Ursprungs seines Überich bewußt ist. Ein anderes Charakteristikum des normalen Individuums ist sein Verständnis und sein Erleben von Kultur als eines Systems, das des Menschen Lebensraum »strukturiert«, indem es »angemessene« Formen der Wahrnehmung, Auswertung und Erfahrung sowohl von natürlichen (4) als auch sozialen (5) Wirklichkeiten festlegt. Es soll festgehalten werden, daß Kultur nicht nur den Bestandteilen des Lebensraums Bedeutungen und Werte zuschreibt, sondern auch festlegt, auf welche Weise diese Bestandteile in ein bedeutungsvolles Ganzes eingepaßt sind. Kurz, das normale Individuum paßt sich an, verändert und erfährt kulturelle Gegenstände in Begriffen von Bedeutungen und Werten, die zugleich mit dem realen gegenwärtigen sozialen Geschehen und mit seinem tatsächlichen Status und chronologischen Alter vereinbar sind.

2. *Anachronistische Anpassung an die Kultur* ist charakteristisch für sozial und persönlich unreife oder regredierte Individuen, die nicht *notwendigerweise* ebenfalls andere Formen von Neurotizismen aufweisen müssen. Solche Personen erfahren und nehmen Kultur als Kultur wahr, d. h. als etwas Äußeres, das internalisiert wurde, aber sie erfahren und handhaben kulturelle Gegenstände auf zwei anachronistische Weisen:

a. *Bei sozialem Anachronismus* sind den kulturellen Gegenständen Bedeutungen zugewiesen, die sie in den Begriffen der gegenwärtigen Realität nicht mehr besitzen. Das kulturelle Verhalten des sozial anachronistischen Individuums ist durch einen »kulturellen Rückstand« charakterisiert: Es glaubt an die göttlichen Rechte der Könige, ersehnt und romantisiert die guten alten Zeiten usw. Eine tiefenpsychologische Untersuchung bringt üblicherweise zum Vorschein, daß sozialer Anachronismus in persönlicher Unreife oder in Regression wurzelt.

b. *Bei persönlichem Anachronismus* werden kulturellen Gegenständen Bedeutungen zugewiesen, die gemessen an tatsächlichem Alter und Status, unpassend und unvereinbar sind. Solche Personen können nicht »wirklich« glauben, daß sie Erwachsene sind, verheiratet, Eltern von Kindern und daß ihre sozialen Rollen und Aufgaben mehr sind als ein Phantasie-Spiel. Sie sehen ihre Arbeitgeber als Vaterfiguren, sie sind überzeugt, daß alle anderen Erwachsenen wirklich groß sind, während sie selbst noch Kinder sind, und reagieren mit Überraschung und Erleichterung auf die Entdeckung, daß auch alle anderen Erwachsenen Bereiche von Kindlichkeit haben und ebenfalls gelegentlich an ihrer eigenen Erwachsenheit zweifeln.

Beide Typen entwickeln rasch Eltern-Übertragungen, die manchmal zuerst in Gestalt von »sexuellen« Interessen in Erscheinung treten, deren Unechtheit durch ihre infantile, polymorph-perverse, ambivalente und unrealistische Art enthüllt wird. Wenn diese »sexuelle« Übertragung – die in Wirklichkeit ein Widerstand ist, dessen Zweck ist, die Analyse dadurch zu zerstören und degradieren, daß sie in ein unreifes Sex-Spiel verwandelt werden soll – interpretiert wird, wird sie rasch durch prägenitale Formen von Forderungen ersetzt. Dieser Wechsel mag in der Tat sogar dann auftreten, wenn der Analytiker still bleibt und überhaupt keine Deutung anbietet.

3. *Kultur in der Neurose* wird weiterhin als Kultur erkannt – das heißt, als etwas ursprünglich Äußeres, das internalisiert wurde. Jedoch, nachdem es internalisiert wurde, wird das kulturelle Material auf eine Weise neu interpretiert, welche die verzerrten Bedürfnisse des Neurotikers befriedigt. Die neue Bedeutung, die einer kulturellen Errungenschaft zugewiesen wird, wird weder von einer veralteten sozialen Bedeutung dieses Merkmals abgeleitet, noch von der Bedeutung, die diese kulturelle Errungenschaft für Kinder hat, deren Entwicklung ziemlich normal war.[6] Der Neurotiker mag zum Beispiel einem Brauch, dessen akzeptierte kulturelle Bedeutung in erster Linie ein phallischer oder genitaler ist, eine orale Bedeutung zuweisen. Ein Beispiel genau dieser Art von neurotischer Verzerrung der Bedeutung eines Ritus wird in dem nächsten Teil dieser Studie angeführt. Die Übertragungsreaktionen solcher Patienten sind nicht nur anachronistisch und infantil, sondern auch durch *systematische* Verzerrungen der Wahrnehmung des Verhaltens des Analytikers gekennzeichnet. Das Muster, nach dem die Wahrnehmung des Verhalten des Analytikers verzerrt wird, wird durch die neurotischen Bedürfnisse des Patienten bestimmt. So mag ein »Sexuelles« – oder eher pseudosexuelles – Interesse am Analytiker von Anfang an durch das Eindringen paranoider Elemente gestört sein, die sich vielleicht in der Form von Anklagen, er sei verführend, oder dem Gefühl, »getestet« zu werden

---

6 Die Bezeichnung »normale Entwicklung« wird hier verwendet, um einen Prozess zu bezeichnen, in dessen Verlauf nur die üblichen »entwicklungsbedingten Neurosen« (das heißt, die sogenannten »infantilen Neurosen«) auftreten. Diese entwicklungsbedingten Neurosen sind eindeutig durch den Umstand charakterisiert, daß sie sich ohne psychiatrische Hilfe »auswachsen«, das heißt, allein durch den Antrieb, welcher der psychosexuellen Entwicklung und Reifung inhärent ist. Außerdem hinterlassen solche entwicklungsbedingten Neurosen, nicht wie bei wirklichen kindlichen Neurosen, keine verbleibenden pathologischen Veränderungen der Persönlichkeit.

usw., äußern.[7] Die Übertragung basiert üblicherweise nicht nur auf schweren Verzerrungen der Wahrnehmung, sondern ist oft auch in hohem Maße widersprüchlich, teilweise wegen der Gegenwart von starken Ambivalenzen, teilweise auch wegen des Eindringens von wechselseitig widersprüchlichen Übertragungselementen, die zu unterschiedlichen Stadien der psychosexuellen Entwicklung gehören,welche in jeder Übertragungsreaktion gemeinsam auftreten, wie, zum Beispiel, bei »sexuellen« Interessen, die von Beginn an durch Anklagen kompliziert werden, verführen zu wollen.

4. *Kultur in der Psychose* – zumindest, wenn die Psychose die präpsychotische Persönlichkeit des Patienten mehr oder weniger verschlungen hat – hört auf, *als Kultur* zu existieren. Kulturelle Errungenschaften werden weiterhin verwendet, aber nur auf eine subjektive Weise, und fast ohne Bezug zu ihrem normalen sozialen Kontext. Sie sind, in Mertons Sinn (19), leere Rituale, die ihre innige Verbindung mit den kulturellen Zweck-Mittel-Schemata und Wertsystemen verloren haben. Auf einer noch tieferen Ebene der Regression können kulturelle Eigenschaften sämtlich aufhören, als kulturelle Materialien behandelt zu werden, die automatisch auf einen Sinn gemeinsamer oder geteilter Erfahrung hinweisen. Sie sind abgebaut und entkulturiert und werden reine Mittel oder Kanäle für den Ausdruck psychotischer Bedürfnisse. In dieser Weise wurde die Art, wie ein schwer regredierter Schizophrener »Sprache« verwendet, anderswo folgendermaßen beschrieben:

... die Sprache des Schizophrenen – der Wortsalat – wirkt bloß variabel und komplex, ist es aber in Wirklichkeit nicht. Sie hat aufgehört, Sprache im genauen Sinne zu sein, indem sie nicht als interpersonelle Kommunikation angelegt ist, sondern lediglich als ein Mittel zum »Selbst«-Ausdruck. Weiterhin ist das, was der Schizophrene »auszudrücken« versucht, meistens nicht das, was tatsächlich verbalisiert werden kann. In Kürze, Worte werden verwendet, um Gefühlen Ausdruck zu verleihen, das heißt, als Mittel, um unterhalb der Sprache liegende triebhafte Bedürfnisse auszudrücken.[8] »Denken« wird verwandt, um die irrationalen Forderungen des Überich auszudrücken. Kurz, kulturelles Material wird weiterhin verwendet, aber *für nicht-kulturelle Zwecke*. Es erleidet einen Verlust an Funktionen und eine Entwertung, so wie wenn ein Skalpell für einen Mord verwendet wird (10).

---

7 Nicht pathologische Gefühle, »getestet« zu werden, mögen manchmal kulturell determiniert sein, wie in der Psychotherapie eines Prärie-Indianers gezeigt wurde, in dessen Kultur das »Test-Thema« eine bedeutsame Rolle spielte.
8 Die Umkehrung dieser Prozedur mag der Versuch sein, Freuds *Drei Abhandlungen zur Sexualtheorie* in das Geplapper eines Babys zu übersetzen.

In solchen Fällen kann eine wirkliche Übertragung üblicherweise durch den Patienten nicht ohne fremde Hilfe hergestellt werden. Der Schlußstein des gesamten psychotischen Gebäudes ist sein *privater* Charakter, was eine extreme Manifestation dessen ist, was wir zuvor mit dem Ausdruck »sozialer Negativismus« bezeichnet haben (5, 9). In den frühen Stadien der Analyse muß der Behandler daher versuchen, diese Strukturen ihres privaten Charakters zu berauben (12, 16), indem er eindringt, einen Platz darin findet und an der Erschaffung des psychotischen Bauwerks teilnimmt. Im übertragenen Sinne muß der Patient zuerst lernen, seine Psychose als eine Art *folie à deux* zu erfahren, bevor das psychotische Bauwerk teilweise neutralisiert wird, indem ihm heimlich sein gänzlich »privater« Charakter genommen wird. Das ist schwierig, weil der Psychotiker keiner ist, der Leute bekehrt, aber es ist dennoch möglich, das Ziel zu erreichen. Nur nachdem diese partielle Neutralisierung des psychotischen Systems geschafft ist, das nun nicht länger völlig »privat« (»sozial negativistisch«) ist, kann der psychoanalytische Therapeut seine Distanz und »Äußerlichkeit« wieder aufnehmen und, anstelle die Psychose des Patienten mit ihm in einer künstlichen *folie à deux* zu *teilen*, das Objekt von ihr werden – »die Psychose des Patienten werden«, sollten wir fast sagen –, indem eine Übertragungsbeziehung geschaffen wird, die auf einer konstanten Realitätsprüfung beruht und in ihr wurzelt, die allmählich zu einer Re-Enkulturation des Patienten führt. Der Grundsatz, daß die Psychose nicht aufgehoben werden kann, bevor nicht ihr privater Charakter zerstört ist, meint, daß die Wiederaufnahme einer Art von Objektbeziehung – wie minimal und verdreht sie auch sein mag – der Behandlung vorausgehen muß. Der Patient muß teilweise *resozialisiert* werden, bevor er *re-enkulturiert* werden kann. Diese Sicht ist vollkommen vereinbar damit, daß wir wissen, daß das Kind eine Beziehung zu den Eltern haben muß, bevor diese vom Kind als »Mediator von Kultur« akzeptiert werden und auf es in dieser Weise wirken können (3).

5. *Psychopathie* ist durch ein sehr komplexes und besonderes Schicksal der Kultur charakterisiert. Zunächst, während der soziale Negativismus des Psychotikers diesen dazu führt, Kultur an sich zurückzuweisen, führt der Psychopath einen systematischen und provokativen Krieg gegen die Kultur (5). Jedoch meinen wir, im Gegensatz zu akzeptierten Ansichten, daß der Psychopath nicht gegen die Kultur kämpft, indem er seinen Trieben freien Lauf läßt, sondern mittels Reaktionsbildungen sowohl gegen seine Triebe als auch gegen die von der Kultur vorgeschlagenen Sublimierungen. Wir haben daher die Bezeichnung »Abwehr-beherrschter Psychopath« als Ersatz für »Trieb-beherrschter Psychopath« vorgeschlagen (9). Wir brachten auch vor, daß der Psychopath, im Unterschied

zu der unreifen Person und dem regredierten Schizophrenen, sich nicht wirklich kindlich verhält und nicht versucht, sich einen Weg zurück zu einem triebhaften »Garten Eden« der frühen Kindheit zu erkämpfen (20). Wir zeigten, daß der Psychopath versucht, ein kindliches Konzept von erwachsenem Verhalten »auszuagieren«, anstatt sich nach einer realistischen Definition erwachsenen Verhaltens zu richten. Wir wiesen insbesondere darauf hin, daß der Psychopath sein Verhalten der Vorstellung von erwachsenem Verhalten nachbildet, die von frustrierten Kindern aufrechterhalten wird, die, als ein Ergebnis von Entwöhnung und Toiletten-Training, ihre eigene Omnipotenz an die frustrierenden Erwachsenen delegieren. Im Stadium der Entwicklung des Realitätssinnes denkt das Kind Erwachsenheit als eine Auferstehung des kindliches triebhaften Paradieses und erklärt die Erwachsenen als impulsive, selbstbezogene, unberechenbare und Trieb-beherrschte Autokraten, die es nur zu besänftigen und zu seinem Vorteil zu manipulieren hoffen kann. Es ist diese kindische Vorstellung von erwachsenem Verhalten, die der Psychopath in seinem eigenen Betragen »auszuagieren« versucht. Der Psychopath ist sich der Äußerlichkeit des Ursprungs und der Realität von Kultur voll bewußt, aber es mißlingt ihm, sie in nennenswertem Ausmaß zu internalisieren. Er versteht intellektuell die Werte und Bedeutungen, mit denen kulturelle Gegenstände ausgestattet sind, aber kann nicht emotional auf diese kulturell bestimmten Werte und Bedeutungen ansprechen. In der Tat spezialisert sich der Psychopath oft darauf, die Verbundenheit anderer mit kulturellen Werten auszubeuten. Seine ausbeuterische Fähigkeit besteht oft einfach in einer gefühllosen und kaltherzigen manipulativen Annäherung an das, was bei anderen Personen in höchstem Ansehen steht. Der wahre Psychopath verführt nicht einfach einsame Frauen »aus Spaß daran«, und er bricht auch nicht nachts in ihre Häuser ein. Stattdessen beutet er ihre Sehnsucht danach aus, eine Ehe einzugehen – was einen kulturellen Wert darstellt –, um ihnen ihr Geld abzuluchsen. Der Psychopath ist ein glaubwürdiger und erfolgreicher Mann des Vertrauens, genau weil er an die basalen kulturellen Loyalitäten seiner Opfer appelliert. Ein fiktives Beispiel mag helfen, diesen Punkt zu klären. Ein dümmlicher Dieb mag den Ehering einer Frau stehlen und sich nicht der Tatsache bewußt sein, daß der Ring für diese Frau einen weitaus höheren Wert darstellt, als sein Geldwert beträgt. Er mag ihn daher einschmelzen und als Barren verkaufen. Auf der anderen Seite ist sich der Psychopath des »Sonder-Werts« oder »Gefühls-Werts«, den dieser Gegenstand für das Opfer hat, bewußt. Also wird er, anstatt ihn einzuschmelzen und in einen Barren zu verwandeln, versuchen, die Frau dazu zu bringen, für ihren Ring Lösegeld zu bezahlen, wobei die Höhe des Lösegeldes sich anteilig aus dem Geldeswert des Goldes und auf Grund des Gefühlswerts ergibt, den der Ring für die »für dumm verkaufte« hat. In anderen Worten denkt der Psychopath von sich selbst als »Realist« in einer Welt von »Trotteln«. Nur in diesem Sinne können wir Psychopathie als »semantischen Irrsinn« bezeichnen (1). Der »semantische Irrsinn« des Psychopathen besteht oft einfach in einem emotionalen blinden Fleck. Er ist unfähig, bestimmte kulturelle Bedeutungen und Werte zu internalisieren, die er so gut »kennt« wie jedermann, und deshalb nicht wirklich mit den kulturellen Loyalitäten normaler Personen mitfühlen kann. Andererseits ist er voll in der Lage, betrügerisch einen Vorteil aus der Treue anderer Personen zu kulturellen Werten zu ziehen. Die obigen Überlegungen zeigen klar, warum – außer unter ganz ungewöhnlichen Umständen – der Psychopath unfähig ist, eine ernsthafte Übertragung zu entwickeln. Mit äußerster Vorsicht kann angenommen werden, daß man in den Eröffnungsphasen von Therapie versuchen könnte, den Psychopathen mit seinen eigenen Waffen zu schlagen, indem man ihn veranlaßt, mit dem »Ausagieren« seiner Wahrnehmung des omnipotenten und rücksichtslosen Erwachsenen aufzuhören und statt dessen die Rolle des frustrierten Kindes zu akzeptieren, das auf die Gnade des »psychopathischen« Therapeuten angewiesen ist. Weil der Autor keine Gelegenheit hatte, diese Technik auszuprobieren, erwähnt er dies nur als theoretische Möglichkeit, die in der Praxis ebenso vollkommen fehlschlagen mag wie viele andere theoretisch plausible technische Vorschläge zur Behandlung von Psychopathen.

Es ist kaum nötig, hinzuzufügen, daß die obigen Anmerkungen bestimmte diagnostische Auswirkungen haben. Die Weise, in der ein Patient kulturelles Material handhabt, zeigt, ob er unreif, neurotisch, psychotisch oder psychopathisch ist. Dieses Ergebnis wirkt sich, der Reihe nach, auf die Prognose und die gewählte Strategie der Behandlung aus. Zusätzlich ist daran zu erinnern, daß wir oben nur den *anfänglichen* Zustand der Übertragung und das *anfängliche Muster* der Handhabung kulturellen Materials beschrieben haben. Das bedeutet allerdings nicht, daß die selben diagnostischen Kriterien nicht auch in allen anderen Stadien psychoanalytischer Behandlung Anwendung finden können. Genau weil der Patient im Verlauf der psychoanalytischen Behandlung zwischen Besserung und Rückfall wechselt, ist eine kontinuierliche Neubewertung des gegenwärtigen diagnostischen Status mittels der Analyse der Weise, in der er gegenwärtig kulturelles Material handhabt und erfährt, besonders wünschenswert. Es ist in den Ansichten, die ich in Teil I dieser Arbeit vorgestellt habe, enthalten, daß Feststellungen über »Gesundheit«, »Reife«, »Krankheit« oder »Unreife« *in Begriffen unseres gegenwärtigen*

Bezugsrahmens lediglich indirekte Wege sind, sich auf Grade von Differenzierung und Individualisierung – d. h. von Sublimierung – zu beziehen. Je »kränker« oder je »stärker regrediert« der Patient ist – sei es die ganze Zeit über oder in einem gegebenen Stadium der Analyse –, desto geringer wird die Rolle sein, die *kulturelle Gegenstände* in seinem Verhalten spielen, und desto häufiger wird er solche kulturellen Gegenstände dekulturalisieren. Diese Überlegungen versetzen uns nun in die Lage, im Einzelnen bestimmte Aspekte der Rolle kultureller Faktoren bei der psychoanalytischen Behandlung zu untersuchen.

4. Kulturelle Faktoren in der psychoanalytischen Behandlung

Die folgenden Ausführungen basieren auf Forschungs-Psychoanalysen mit einer Prärieindianerin und einigen kulturell randständigen weißen Patienten und auf psychoanalytisch orientierter diagnostischer und psychotherapeutischer Arbeit mit mehreren amerikanischen Indianern.[9]

Der bedeutendste der Einflüsse, die durch kulturellen Faktoren auf psychoanalytische Therapie ausgeübt wird, ist in gewisser Weise das eigene Interesse des Analytikers an kulturellen Faktoren. Dieses Interesse stellt einen besonderen Aspekt des Problems der Gegenübertragung insgesamt dar und steht in enger Beziehung zu den besonderen Gegenübertragungsproblemen, die im Zusammenhang mit jeder psychotherapeutischen Forschungssituation auftreten. Der analytische Patient ist gewöhnlich recht empfindsam gegenüber den kulturellen Interessen des Analytikers, und, in Abhängigkeit zum Verlauf der Analyse, wird er diese Interessen entweder durch lange Erörterungen über die Praktiken seines Stammes belohnen – was ein indirekter Widerstand ist –, oder ein anderer wird die kulturellen Interessen seines Analytikers als Mittel verwenden, um offenere Formen von Widerstand zu entwickeln.

In der Tat gelingt es dem Patienten manchmal sogar, den Spieß herumzudrehen, und er entwickelt als Widerstand Interesse an der Ursprungskultur seines Analytikers oder dem Grad seiner Amerikanisierung. Zwei Analysanden des Autors, weiß, eingeboren, aber kulturell randständig, waren ziemlich neugierig nach seinem kulturellen Hintergrund, und beide bekannten – weil beide ziemlich stolz auf ihre verbalen Fähigkeiten waren –, daß sie gestelzte Ausdrucksweisen verwandt hatten, um ihm neue

---

9 Die Psychoanalysen waren Kontrollanalysen, und die Forschungs-Psychotherapien wurden unter der Verantwortung eines qualifizierten Psychiaters in einem klinischen Setting durchgeführt.

englische Wörter und besseres Englisch beizubringen.[10] Sie spekulierten auch darauf, ob er die *amerikanische* kulturelle Bedeutung einiger ihrer Handlungen wirklich verstand, und wehrten gewisse Ich-dystone, aber korrekte Deutungen ihrer Hemmungen dadurch ab, daß sie abschätzige Bemerkungen über Sitten und Moral von Ausländern machten.

Es ist wahrscheinlich, daß der Autor, der zufällig Anthropologe ist, seinen Interessen gelegentlich gestattete, durch seines Patienten Beschreibung einer zuvor nicht dokumentierten Sitte in Beschlag genommen zu werden, anstelle seine Aufmerksamkeit primär auf das Unbewußte zu richten und auf das charakterologische Material, das bei solchen Produktionen enthüllt wird. Nichtsdestoweniger ist es zuweilen legitim, die Produktion von kulturellem Material absichtlich anzuregen. Diese Technik wurde im Falle eines in hohem Maße akkulturierten (amerikanisierten) indianischen Patienten angewandt, um eine zeitweise Regression zu fördern, um die Erinnerung kindlicher Erfahrungen zu erleichtern, die in einem ursprünglichen kulturellen Rahmen stattgefunden hatten. Diese Technik wirkt gelegentlich recht gut, auch wenn sie manchmal nur zu trockenen, sachlichen Vorträgen führt, welche als Widerstände zu betrachten sind.

Es muß auch zugegeben werden, daß bei manchen – glücklicherweise sehr seltenen – Gelegenheiten die Versuche des Autors, ein Ereignis aus dem Leben des Patienten vom einheimischen Standpunkt aus zu betrachten, mehr erfindungsreich als stichhaltig waren. Dies geschah in erster Linie dann, wenn der Autor auf eine besondere Form von Widerstand »hereingefallen« war, welche die negative Erwiderung des Patienten auf die kulturellen Interessen des Analytikers war. In der Tat wird der Patient sich rasch der kulturellen Interessen des Analytikers bewußt und erzeugt einen »überfügsamen Widerstand«, der sich in der Produktion von Mengen von analytisch mehr oder weniger unwichtigem Material äußert. Solche Daten spielen die Rolle einer »falschen Spur« (12), die, weil sie zufällig den Analytiker interessiert, ihn von seinen analytischen Pflichten entfernt. Es soll hinzugefügt werden, daß spektakuläres »Ausagieren«, »telepathische« Kunststücke und andere unge-

---

10 Das Verlangen dieser Patienten, ihren Analytiker »Englisch« zu lehren, mag teilweise durch die Tatsache begründet sein, daß der Analytiker bei der analytischen Arbeit immer die einfachsten und und gelaufigsten Ausdrucksweisen benutzt, die er zur Verfügung hat. Außerdem vermeidet er gewöhnlich alle Abstraktionen und verwendet stattdessen bildliche Ausdrucksformen, die, wenn möglich, aus Bildsymbolik bestehen, weil seine anthropologische Felderfahrung ihn dazu geführt hat, zu glauben, daß bildhafte Sprachfiguren besonders leicht zu verstehen sind und sogar teilweise geeignet sein mögen, mit zumindest den oberen Schichten des Unbewußten zu kommunizieren.

wöhnliche Darstellungen im Verlauf einer Analyse ebenfalls danach streben, die Aufmerksamkeit des Analytikers von den latenten Inhalten zu
den manifesten hin abzulenken (12).

Eine besondere Art von Widerstand, die in Erwiderung des außer-
analytischen Interesses des Analytikers entsteht, ist ein bei Gelegenheit
legitimer Vorbehalt, wenn der Patient das Interesse an ihm so auslegt, als
bestünde es mehr an ihm als *indianischem Informant* denn als *Patient* und
als *Person.* Eine querulante indianische Patientin erwähnte mit großen
Ärger, daß eine Illustrierte während ihres Militärdienstes ihr Foto ver-
öffentlichen wollte, um zu zeigen, daß nicht nur indianische Männer,
sondern auch indianische Frauen in unseren Streitkräften dienten. Sie
betonte sehr energisch, daß sie weder vorteilhafte noch unvorteilhafte
Beachtung als *Indianerin* wünschte, sondern nur als *Person.* Diese Forderung, die offensichtlich für die Übertragungsbeziehung von Belang war,
war nicht insgesamt unvernünftig, obwohl sie primär durch ihr gewaltiges
Bedürfnis motiviert war, ihre indianischen Ursprünge, ihre Weiblichkeit
und ihre Sexualität zu verleugnen. Ein anderer indianischer Patient, der in
Forschungs-Psychotherapie war, hatte einen Traum, in dem er sich sehr
über die Tatsache ärgerte, daß manche Personen, die er jüngst getroffen
hatte, ihn fragten, ob er Indianer wäre, bevor sie sich überhaupt damit
abgaben, ihn nach dem Namen zu fragen (7). Solche Bemerkungen sind
klar genug als Warnung an den Analytiker, seinen kulturellen Interessen
in der analytischen Stunde nicht zu freien Lauf zu lassen.

Bis jedoch eine wirklich zufriedenstellende Technik transkultureller
Psychotherapie entwickelt ist, müssen der Psychotherapeut und auch der
Analytiker ernsthaft am kulturellen Hintergrund des Patienten interessiert
sein und nach einem Verständnis der Produktionen des Patienten in Begriffen aus dessen eigener Kultur suchen (7). In der Psychoanalyse, im
Unterschied zu Psychotherapie, kann der Analytiker die notwendige kulturelle Perspektive manchmal erwerben, indem er einfach lange genug
ruhig bleibt, um etwas über die Kultur des Patienten durch dessen eigene,
spontane und naive Produktionen zu erfahren. Dieses Vorgehen ist jedoch
weit vom Ideal entfernt, nicht nur, weil es Zeit und Geld des Patienten
verschwendet, sondern auch, weil es nicht in Einklang mit den Prinzipien
der Beherrschung des richtigen *timings* von Konfrontation und Interpretation steht (8).

Für die heutige Zeit besteht der einzige Ausweg aus dieser Schwierigkeit für den Analytiker darin, durch Lesen und Studieren die Kultur des
Patienten im voraus kennenzulernen. Wenn dann der Patient eine Sitte
erwähnt, mit der der Analytiker bereits vertraut ist, werden die reinen
Daten, die der Patient zur Verfügung stellt, für ihn weniger faszinierend

sein und ihn nicht von seinen genau zu nehmenden analytischen Aufgaben abhalten können. Das erklärt, warum der Autor sich immer recht sorgfältig auf eine psychoanalytische oder psychotherapeutische Forschungsarbeit mit Patienten vorbereitet, die anderen Kulturen angehören, mit denen er nicht gründlich vertraut ist. Unglücklicherweise gibt es wahrscheinlich keine Kultur, die in der Literatur vollständig beschrieben wurde.

Obwohl sich der Autor für die Analyse mit der Prärie-Indianerin vorbereitet hatte, indem er alle über ihren Stamm veröffentlichten Daten gelesen hatte, erwähnte diese Patientin bei einer Gelegenheit eine bislang nicht berichtete und äußerst eindrucksvolle Stammessitte. Diese Information war so überraschend, daß der Autor für einige Minuten stärker an einer weitergehenden Erkundung dieses kulturellen Materials interessiert war als sich zu fragen, welche unbewußten Impulse diese Erzählung motiviert hatten und dahinter verborgen lagen.

Wir haben gezeigt, daß die eigenen kulturellen Interessen des Analytikers dem Patienten in die Hände spielen – ein Faktor, den der Patient prompt bis an die Grenzen ausnützt. Das Gegenmittel für diese Art von Angelegenheiten ist eine angemessene Vorbereitung auf die Analyse von Personen, die fremden Kulturen angehören, und vor allem die beständige Bewußtheit seiner eigenen wahren Aufgabe, die in der Analyse des Patienten besteht, eher als darin, anthropologische Daten zu sammeln. Es ist unnötig zu sagen, daß diese Art von Versuchung nicht auf die Analyse von Personen beschränkt ist, die fremden Kulturen angehören. Der Analytiker, der Anfänger im Briefmarkensammeln ist und zufällig einen fachmännischen Briefmarkenhändler analysiert, mag sich vielleicht erlauben, »verführt« zu werden und entrückt dem Vortrag des Briefmarken-Händlers über die »rote Antigua-Penny« zuhören – ohne sich auch nur zu fragen, was mit diesem Monolog erreicht werden soll oder was er verdeckt. Nachdem diese Zeilen geschrieben waren, wurde dem Autor durch einige gut informierte Kollegen berichtet, daß Freud selbst vermutlich einen Patienten, der zufällig Ägyptologe war, zu einem anderen Analytiker weiterleitete, weil Freuds eigenes Interesse an Ägyptologie die Analyse durchkreuzte.

Traditionelle Gebräuche und Gewohnheiten können auch als Widerstand verwandt werden. Eine indianische Analysandin nahm oft die Rolle des sturen Indianers an, wenn sie sich einer Ich-dystonen Einsicht nicht stellen wollte. Als sie mit der Unechtheit ihrer Sturheit konfrontiert wurde, stimmte sie lachend zu, daß sie diese typisch indianische Abwehr – wir kamen darauf, es den »Ugh«-Widerstand zu nennen – absichtlich gegen »das Bleichgesicht, das sich in alles einmischte« verwandt hatte.

Dieselbe Patientin nutzte auch ihre sehr echte Trauer darüber, daß sie wegen ihrer Rasse diskriminiert worden war, bis an die Grenze aus. Weil sie wußte, daß in diesem Zusammenhang die Realität und die Sympathien des Analytikers auf ihrer Seite waren, machte sie die Diskriminierung für alles verantwortlich. Um diesen Widerstand loszuwerden, wurde es zuletzt nötig, ihr einen aus dem *Time magazine* ausgeschnittenen *cartoon* zu zeigen, in dem ein Analytiker seinem indianischen Patienten sagt: »Ich denke, wir kommen jetzt an einen Punkt, Herr Großer Wolken-Schatten. Ihre Neurose stammt offensichtlich von einem versunkenen Vorbehalt gegen Ihre Ahnen, weil diese Manhatten Island für nur vierundzwanzig Dollar veräußert haben.« Diese »Deutung« erwies sich als so wirkungsvoll, daß sogar die flüchtigste Anspielung auf »Herr Großer Wolken-Schatten« oder »Manhatten Island« ausreichte, um ihre zuvor unstillbaren Monologe »Sieh! Die arme Indianerin« aufzuhalten. In der Tat, wann immer die Patientin in der Folge davon sprach, diskriminiert zu sein, zeigte sie damit an, daß sie zu einer letzten Abwehr griff, in Form von einem bereits gedeuteten und berüchtigt unwirksamen Widerstand, bevor sie aufgab und eine neue, Ich-dystone Einsicht annahm.

Der nächste Punkt, den wir aufnehmen möchten, bezieht sich auf die latente Bedeutung von manifestem Verhalten und Produktionen der Patienten. Eine indianische Analysandin hatte gerade ihre vierte psychotische Episode – ihre erste, seit die Analyse begonnen hatte. Passiv und stumm versteckte sie sich hartnäckig unter ihrem Laken, obwohl ihre allgemeine Haltung offensichtlich freundlich und sogar verführerisch war. Versuchsweise analytische Deutungen »Sie stellen sich tot – sie haben etwas zu verstecken – Sie spielen das Baby« etc. blieben ohne Wirkung. Schließlich erinnerte sich der Autor daran, daß er nicht nur Forschungs-Analytiker, sondern auch Anthropologe war, und sagte: »Sie spielen die Rolle eines indianischen Mädchens, das sich still unter ihrem Büffel-Gewand versteckt, während ihr Freier ihr den Hof macht.« Im nächsten Augenblick schoß die Patientin buchstäblich aus dem Laken heraus und verhielt sich für eine Reihe von Tagen fast völlig normal. Dieser Vorfall bedarf einer detaillierten Analyse.

Der »Kulturalist« wird vielleicht ausrufen: »Das ist ein nahezu perfektes Beispiel für die Kulturgebundenheit von Symptomen und Symbolen! Wenn diese Patientin zu unserer Gesellschaft gehörte, hätte ihr Verhalten bedeutet, daß sie sich tot stellte oder daß sie ein Baby spielte etc., aber in den Begriffen ihrer eigenen Kultur bedeutete es, daß sie die umworbene Braut war.« Unglücklicherweise ist diese Interpretation der Tatsachen in einer Weise so außergewöhnlich richtig, wie sie in einem anderen Sinne völlig falsch ist. In Wirklichkeit ist die Situation weit komplexer.

Es ist ganz richtig zu sagen, daß die Patientin auf die Bemerkung »Sie stellen sich tot« nicht *reagierte*, aber auf die Interpretation »Sie spielen die Braut« *reagierte*. Das heißt einfach, daß der Autor einen technischen Fehler gemacht hat. Er hatte die Regel mißachtet, daß man das deuten solle, was jeweils am besten zu den gegenwärtigen Präokkupationen des Patienten paßt, das heißt, was im Denken des Patienten zuoberst liegt, gerade an der Schwelle des Bewußtseins. Die Interpretation »Sie stellen sich tot« war unwirksam, weil es eine *Deutung zur Unzeit* war. Die Anmerkung »Sie spielen die Braut« war wirksam, weil es eine *rechtzeitige Konfrontation*[11] war und nah genug am Bewußtsein, um angenommen zu werden.

In der Tat hatte die Patientin ihren vierten psychotischen Einbruch genau, weil sie ganz unfähig war, mit ihrer inzestuösen positiven Übertragung umzugehen, und war durch die Anschuldigung einer neidischen Mitpatientin, daß ihr Analytiker sie nur deshalb täglich sehen würde, weil sie ihn mit sich schlafen lassen würde, in Panik geraten. Als es der Autor unterließ, wie ein richtiger *indianischer* Freier zu handeln, und ihre Verhalten *interpretierte*, anstatt um sie zu werben, bat die Patientin ihn offen, um sie auf die *europäische* Weise zu werben, das heißt, indem er ihre Hand küßte. Als auch dieses Ansinnen interpretiert wurde, anstatt ihm nachzukommen, wiederholte die Patientin das »Braut-Motiv« auf eine dritte Art – diesmal in der Weise der *amerikanischen* Kultur. Eines Tages stolperte diese Patientin, die eine leichte organisch bedingte motorische Behinderung hatte, so oft, wenn sie den Krankenhaus-Korridor mit klobigen Spital-Schlapfen (»Schlürfer«) hinunterging, daß sie sich an den Arm des Analytikers lehnen »mußte«. Nachdem der Autor sie für einige Stufen unterstützt hatte, bemerkte er, daß die Patientin mit halb-geschlossenen Augen ging und daß ihr Gesicht den üblichen Ausdruck der Entzückung einer Braut trug. Als der Autor ruhig anmerkte: »Jetzt brauchen wir nur noch Mendelssohn«, ließ die Patientin unmittelbar von seinem Arm und begann, ohne eine Spur von Groll mit dem Schritt einer Grenadierwache den Korridor hinunterzugehen.

Die obigen Daten zeigen, daß die Bemerkung »Sie spielen die Rolle eines umworbenen Mädchens« wirksam war, weil sie zeitgerecht kam und mit der positiven Übertragung verbunden war, die zu dieser Zeit so dicht an dem Bewußtsein der Patientin war, daß eine sehr einfache Konfrontation, in kulturellen Begriffen formuliert, ausreichte, um sie ihr verständlich zu machen.

Unsere nächste Aufgabe ist, zu zeigen, daß die »tiefen« Interpretatio-

---

11 Die Unterscheidung zwischen Konfrontationen und Deutungen, besonders soweit es das *timing* betrifft, wurde an anderer Stelle (8) diskutiert.

nen »Sie stellen sich tot«, »Sie spielen die Rolle eines Babys«, »Sie verstecken sich« etc. nicht unrichtig waren, sondern daß einfach das *timing*
schlecht war. Alles, was wir über die formalisierte und traditionelle Passivität der Prärie-Indianerinnen bei Sex und Werbung wissen, über ihre
erstaunlich masochistische und kindliche Art der Annäherung an genita-
les Verhalten und von ihren Versuchen, vorzugeben, daß sie keusch sind,
auch wenn sie es nicht sind, gibt ihrer kulturell determinierten *Praktik*,
sich passiv der Werbung auszusetzen, indem sie sich unter einem Büffel-
gewand verstecken (7), eine klinische analytische *Bedeutung*. Der Mangel an Raum hindert uns daran, hier im Detail diese Sicht der weiblichen
Sexualität der Prärie-Indianer zu belegen, die durch zahlreiche anthropologische Daten unterstützt wird (7).

Die obige Charakterisierung der Haltung der Prärie-Indianerin zur
Sexualität ist voll auf die zur Rede stehende Patientin anwendbar. Sie
versicherte dem Analytiker beharrlich, daß sie eine jungfräuliche Braut
gewesen war, und erzählte sogar eine lange und gänzlich unwahre Geschichte über die Details ihrer Defloration in der Hochzeitsnacht. Sie
behauptete fälschlicherweise, daß sie eine treue Frau gewesen war. Sie
hatte sich so oft Vergewaltigung ausgesetzt, daß es schwer zu verstehen
ist, wie sie unbeschadet hätte davonkommen sollen. Sie schob alle Ver-
antwortlichkeit für ihre sexuelle Betätigung auf die Männer, die sie angeblich »verführt« hatten. Sie verband Sexualität mit Kastration und
phantasierte, daß Prostituierte Frauen mit übermäßig starkem sexuellem
Verlangen wären, deren innere Genitalorgane herausgeschnitten worden
wären. Sie gab an, daß sie als Kind ihre Vulva verletzt hätte, indem sie
rittlings gegen die offene Türe einer Küchentruhe fiel, als sie ausrutschte,
während sie auf einer Keksdose ritt. Als Erwachsene blutete sie vier Monate hintereinander und ihre Phantasie verband sexuelle Aktivität mit
dem Gedanken an den Tod.

Weil dies so war, scheint es legitim zu sein zu unterstellen, daß der
Zeitpunkt für die Konfrontation »Sie spielen die Rolle der Braut« einfach
besser war als für die Formulierung solcher tieferer, aber zu früh gegebener Interpretationen wie »Sie stellen sich tot« etc. Die letzteren Deutungen waren auch richtig, vielleicht »richtiger« als die Konfrontation, die
sich als wirksam erwiesen hatte – aber sie waren vorzeitig. Das Unbewußte dieser Frau unterschied sich nicht von dem anderer Leute, und ihre
Phantasien hatten gegenüber diesen nichts einzigartiges. Sie benutzte, wie
jeder andere Patient, Symbole und symbolische Handlungen, um ihre
Konflikte und Wünsche auszudrücken, und die Symbole, die sie verwandte, waren von dem *Typus*, den ein Patient mit ähnlichen Beweggründen, der zu unserer Kultur gehört, ebenso verwandt hätte. Das einzi-

ge, was ihre symbolische Handlung unterschied, war die kulturell determinierte *Weise*, in der sie die Rolle der passiven und symbolisch toten
Braut spielte. Sie versteckte sich unter einem Laken, wo eine weiße amerikanische Patientin vielleicht die Rolle der jungen Braut in ihrem Sarg
gespielt hätte. Daher war der Analytiker mit der Notwendigkeit konfrontiert, auch die ergänzenden kulturellen Bedeutungen ihrer symbolischen
Handlungen zu verstehen. Es ist unnötig zu sagen, daß solche ergänzenden kulturellen Bedeutungen auch implizit in den symbolischen Handlungen unserer Patienten enthalten sind, aber diese sind uns so vertraut,
daß wir dazu neigen, sie zu übersehen und uns so zu verhalten, als würden diese ergänzenden kulturellen Inhalte nicht existieren oder wären Teil
des zugrundeliegenden Symbols. Sofern es die analytische Technik betrifft, ist der hier zu betonende Punkt, daß diese ergänzenden kulturellen
Bedeutungen sich besser für Konfrontationen als für Deutungen eignen
und daß es allgemein wünschenswert ist, solche Konfrontationen zu
machen, bevor man an die Deutung des darunterliegenden unbewußten
Phantasiematerials geht, nach deren Ausdruck diese Symbole streben.

Eine andere Schwierigkeit bei der Analyse von kulturell fremden Patienten ist in der neurotischen Tendenz begründet, die zugrundeliegende
kulturell und psychologisch vereinheitlichte Bedeutung ihrer kulturellen
Erfahrung zu verzerren. Ein Beispiel wird diesen Punkt beleuchten. In
einer Nacht im Juli träumte die oben erwähnte Indianerin, daß sie auf
ihrem Bett saß, merkte, daß es draußen schneite, und überrascht war, daß
es im Sommer schneien würde. Ihre Assoziationen verwiesen auf eine
Anzahl oraler Themen, die Milch, Brust, die Tatsache, daß sie im frühen
Alter von sechs Monaten Milch erhalten hatte, ihren Widerwillen gegen
Milch und ihre Vorliebe für ein gewisses blutrotes alkoholfreies Getränk
enthielten, dessen »nichtssagenden Geschmack« sie übertrieben pries.
Der unbewußte Inhalt dieser Assoziationen war ihr Ärger über die Tatsache, daß sie, gemessen an den Standards ihres Stammes, ziemlich früh
entwöhnt worden war, und daher ein boshaftes und fast bewußtes kom-
pensatorisches Bedürfnis entwickelt hatte, Milch zurückzuweisen und ihr
offensichtliches Verlangen nach Abhängigkeit zu verleugnen. Sie fuhr
dann fort und beschrieb den wichtigsten Ritus ihres Stammes, in dessen
Verlauf die Frau des rituellen Anführers *barbrustig* mit einigen Männern
kohabitieren mußte. Weil der Analytiker wußte, daß die Frau – zumindest
verbal – sehr prüde war, erwartete er, daß sie die sexuelle Unmoral ihres
Stammes verwerfen würde. Daher war er äußerst überrascht zu erfahren,
daß das, wogegen die Frau tatsächlich Einwände hatte, die Tatsache war,
daß die Frau des rituellen Anführers das traditionelle Kostüm trug, *das
ihre Brüste freiließ*. Obwohl die Darstellung der Patientin dieses zuvor

nicht berichteten Details den Analytiker in großem Maß faszinierte und ihn in Versuchung führte, diesen Sachverhalt vom anthropologischen Standpunkt weiter zu untersuchen, nützte ihm die überraschende Art des Einwands dieser theoretisch prüden Patientin gegen den Ritus, ihn rechtzeitig an seine analytischen Pflichten zu erinnern. Die Art der Schmährede der Patientin enthüllte, daß sie einem Ritual, dessen wahre kulturelle Bedeutung eine phallische und genitale war, eine orale Bedeutung zugewiesen hatte. Mit anderen Worten, während der wirkliche Mittelpunkt der traditionellen Zeremonie eine Serie von sexuellen Akten war, stand für diese neurotische und oral bedürftige Patientin im Mittelpunkt, daß die Frau des rituellen Führers barbrüstig war. Was sie den Männern mißgönnte, war nicht sexuelles Vergnügen, sondern der Umstand, daß sie, weil sie Männer waren, unter dem Vorwand der sexuellen Aktivität Zugang zu den Brüsten einer Frau bekommen konnten, was sie als Frau nicht konnte. Dieses Material, zusammen mit Einsichten, die sich aus dem Rest ihrer zahlreichen Assoziationen ergaben, von denen in diesem Kontext nur einige erwähnt werden konnten, ermöglichte es dem Analytiker, den Traum als einen Ausdruck des Verlangens der Patientin zu verstehen, vom Analytiker Milch (Samen?) zu bekommen, während sie ihm den oralen Zugang zu ihren Brüsten verweigerte, welche sie sorgfältig und sogar aggressiv getönt bedeckt hielt, um ihre Überlegenheit über die »wilden Injaner«, wie sie sie nannte, zu unterstreichen.

Gelegentlich treten spezielle Schwierigkeiten in Verbindung mit der regelrechten Interpretation von Material auf, das von mehr oder weniger vollständig akkulturierten (amerikanisierten) Patienten kommt. Diese Schwierigkeiten sind manchmal so beträchtlich, daß sie geeignet sind, den übermäßig »kulturalistischen« Analytiker in ein logisch trugschlüssiges und therapeutisch verhängnisvolles Netzwerk von »kulturalistischen« Pseudoeinsichten in das Verhalten des Patienten zu verstricken. Folglich, wenn ein gut akkulturierter Patient berichtet, daß er sich in einer gewissen Belastungssituation in der »ursprünglichen« Weise verhält, mag dies den extremen »Kulturalisten« veranlassen, so sehr mit Problemen zweifacher Kultur, kulturellen Konflikts etc. beschäftigt zu werden, daß er es versäumen mag, die regressiven Bedeutungen dieser Handlung gebührend zu berücksichtigen. Als zum Beispiel eine indianische Analysandin, die einen höheren Abschluß in Biologie hat, an einem kleineren chronischen Gebrechen litt, das zu heilen amerikansiche Ärzte unfähig schienen, ging sie schließlich zu einem heimatlichen »therapeutischen« Peyote-Treffen, in der Hoffnung, das dies sie heilen würde. Unter analytischem und therapeutischem Gesichtspunkt muß ihr Verhalten in erster Linie als eine regressive Handlung interpretiert werden, eher als lediglich als ein Stück kulturellen Traditionalismus. Mit anderen Worten, diese Handlung einer hoch akkulturierten indianischen Biologin muß genauso interpretiert werden, wie jemand das Verhalten eines amerikanischen Arztes verstehen würde, der von eingewanderten Eltern stammend, tief verstört durch die Entdeckung, daß er einen wahrscheinlich inoparablem Krebs hat, sich plötzlich entschließt, die Dorfhexe aufzusuchen oder ihr städtisches Gegenstück. In der Tat verspottete diese indianische Patientin unter normalen Umständen diejenigen ihres Volkes, die naiv genug waren, um Peyote-Behandlungen aufzusuchen. Daher ist das, was an diesem Vorfall *analytisch* interessant ist, nicht die Tatsache, daß die Patientin bei Eltern aufgewachsen war, die an Peyote-Heilungen glaubten – was ihr Verhalten nur kulturell, nicht psychoanalytisch verstehbar macht[12] –, sondern die Tatsache, daß sie genügend regrediert war, um Gebrauch von einem subjektiv anachronistischen Angst bindenden Mittel zu machen, das sie gewöhnlich als »Aberglauben wilder Injaner« belächelte.

Es sollte betont werden, daß nichts, was im vorangegangenen Abschnitt gesagt wurde, zu einer Zurückweisung der empirisch überprüften und theoretisch standfesten These führt, daß grundlegende kulturelle Gewohnheiten und der Stammesethos in der Zusammensetzung der Persönlichkeit eines akkulturierten Indianers fortgesetzt eine größere Rolle spielen, noch lange nachdem er die Tradition und die Praktiken seines Stammes vergessen hat (7). Jeder Mensch hat, teilweise verdrängt und teilweise sublimiert, magische Gewohnheiten, und wir können nicht erwarten, daß der akkulturierte Indianer eine Ausnahme von dieser Regel bildet. Was im Verhalten der indianischen Patientin regressiv war, war nicht die Tatsache, daß sie einige unbewußte magische Einstellungen hatte, sondern die Tatsache, daß es eine plötzliche Rückkehr zu diesen Einstellungen gab, die dann in dem Unternehmen, eine Peyote-Heilung anzustreben, *ausagiert* wurden.

Das letzte technische Problem, das wir diskutieren möchten, ist, oberflächlich zumindest, ein ziemlich komplexes, obwohl es in der Praxis in genauer Übereinstimmung mit der klassischen Regel gehandhabt werden kann, daß man das deuten solle, was am nächsten zur Schwelle des Bewußtseins liegt. Wenn jemand bei der Analyse kulturell fremder Patienten danach strebt, sich so genau wie möglich an diese Regel zu halten, wird er manchmal mit der Notwendigkeit rechnen müssen, zu einem ziemlich frühen Zeitpunkt der Analyse gewisse Inhalte deuten zu müssen,

---

12 Dieser Vorfall ist eine gute Veranschaulichung der Komplementaritätsbeziehung zwischen dem kulturellen und dem psychoanalytischen Verständnis menschlichen Verhaltens.

die üblicherweise nicht gedeutet werden, bevor einige Monate Analyse verstrichen sind. Wenn solche Situationen auftreten, mag man manchmal versucht sein, von der klassischen Regel abzuweichen und diese Abweichung durch die Annahme zu begründen, daß die frühe Produktion von anscheinend sehr »tiefem« und «traumatischem« Material vielleicht ein Anzeichen einer latenten Psychose sein könne. Wenn auch eine solche Möglichkeit nie *a priori* ausgeschlossen werden sollte, sollte man doch im Gedächtnis behalten, daß ein gegebener Wunsch oder Konflikt, der in einer Kultur sehr tief verdrängt werden muß, in einer anderen Kultur nur in geringem Maß verdrängt sein mag. Zum Beispiel kann eine Tendenz, sich magischem Denken zu ergeben oder Phantasien primärer oder delegierter Omnipotenz, bei einem Indianer relativ früh interpretiert werden, dessen Kultur nicht kalte Rationalität und Objektivität im selben Ausmaß verlangt, wie es von unserer angenommen wird. Auf der anderen Seite sollten Dinge wie die Feigheit eines männlichen Indianers, seine homosexuellen Abhängigkeitsbestrebungen ihm ziemlich vorsichtig und, wann immer möglich, nur, nachdem sich eine ziemlich stabile Übertragung eingestellt hat, gedeutet werden. In einem ähnlichen Sinne mag Kastrationsangst einem indianischen Cowboy, der daran gewöhnt ist, den Viehbestand zu kastrieren, ziemlich früh gedeutet werden, wohingegen seine inzestuösen Impulse eher vorsichtig gehandhabt werden müssen, weil bei vielen primitiven Völkern das Inzesttabu sehr streng ist und nicht nur die eigene biologische Familie betrifft, sondern auch die meisten Mitglieder der erweiterten Verwandtschaft (7). Eine besonders wichtige Folge der obigen Überlegungen ist die Tatsache, daß, im Gegensatz zu der traditionellen Praxis der Daumenregel, einem Patienten, in dessen Kultur Träume – und besonders stilisierte Träume – eine wichtige Rolle spielen, solche sogar in der ersten Stunde gedeutet werden können. Ein Grund, warum es fast sicher ist, so zu handeln, ist, daß, zumindest zum Beginn, viele Träume, die dem Analytiker berichtet werden, stilisierte Träume sind, deren tatsächlicher geträumter manifester Inhalt mehr oder weniger bewußt »korrigiert« worden sein wird, um diese Träume in Übereinstimmung mit den Ideen des Stammes zu bringen, wie wichtige Träume aussehen sollten.

Zusammenfassung

Psychoanalyse und Anthropologie sind Wissenschaften, die am grundlegendsten mit den *unverwechselbar und einzigartig menschlichen Charakteristika* der Menschheit befaßt sind. Obwohl die menschliche Psyche und Kultur funktionell untrennbar sind, sind die Einsichten, die von der Psychoanalyse geliefert werden, und diejenigen, die von der Anthropologie geliefert werden, nicht additiv, sondern komplementär. Es wird gezeigt, daß Kultur von Normalen und von verschiedenen Typen psychiatrischer Patienten auf verschiedene Weisen erfahren wird, und die charakteristischen Veränderungen und Wechselfälle kulturellen Materials bei Normalen, unreifen Personen, Neurotikern, Psychotikern und Psychopathen werden in einigen Einzelheiten beschrieben.

Auf der Basis dieser Ergebnisse werden bestimmte technische Regeln für die Analyse von kulturell fremden Patienten aufgezeigt. Die Probleme, die im Verlauf solcher Analysen auftreten, werden mit Hilfe klinischer Beispiele veranschaulicht.

Aus dem Englischen übersetzt von Peter Möhring,
Förderverein zur Verbreitung psychoanalytischer Literatur, Gießen

Literatur

(1) Cleckley, H. M.: *The mask of Sanity.* St. Louis 1950

(2) Davis, K.: Extreme social isolation of a child. *Am. J. Sociol.* 45, S. 554-565, 1940

(3) Devereux, G.: A sociological theory of schizophrenia. *Psychoanal. Rev.* 26, S. 315-342, 1939

(4) ders.: Maladjustment and social neurosis. *Am. Sociol. Rev.* 4, S. 844-851, 1939

(5) ders.: Social negativism and criminal psychopathology. *J. Crim. Psychopath.* 1, S. 325-338, 1940

(6) ders.: The logical foundations of culture and personality studies. *Trans. N. Y. Acad. Sci. Series II,* 7, S. 110-130, 1945

(7) ders.: *Reality and Dream: The Psychotherapy of a Plains Indian.* New York 1951. Dtsch: *Traum und Realität. Psychotherapie eines Prärieindianers.* Vergriffen.

(8) ders.: Some criteria for the timing of confrontations and interpretations. *Internat. J. Psychoanal.* 32, S. 19-24, 1951

(9) ders.: Neurotic crime vs. criminal behavior. *Psychiat. Quart.* 25, S. 73-80, 1951

(10) ders.: Logical status and methodological problems of research in clinical psychiatry. Psychiatry 14, S. 327-330, 1951

(11) ders.: Psychiatry and anthropology: some reseach objectives. *Bull. Menninger Clin.* 16, S. 167-177, 1952

(12) ders.. The technique of analyzing »telepathic« occurrences during analysis. In: *Psychoanalysis and the Occult.* New York 1953

(13) ders.: Charismatic leadership and crisis. In: *Leadership and Danger.* Ed. by O. E. Sperling. 1953 in press

(14) Gesell, A. L.: *Wolf Child and Human Child.* New York 1941

(15) Jokl, R. H.: Psychic determinism and preservation of sublimation in classical

psychoanalytic procedure. *Bull. Menninger Clin.* 14, S. 207-219, 1950

(16) Kubie, L. S.: Problems and techniques of psychoanalytic validation and progress. In: *Psychoanalysis as Science.* Ed. by E. Pumpian-Mindlin. Stanford 1952

(17) MacIver, R. M.: *Community.* London 1936

(18) Mandelbaum, G. D.: Wolf-child histories from India. *J. Soc. Psychol.* 17, S. 25-44, 1943

(19) Merton, R. K.: Social structure and anomie. In: *Social Theory and Social Structure.* Glencoe 1949

(20) Róheim, G.: The garden of Eden. *Psychoanal. Rev.* 27, S. 1-26, 177-199, 1940

(21) Simmons, L. W. (ed.): *Sun Chief.* New Haven 1942

(22) Singh, J. A. L./Zingg, R. M.: *Wolf Children and Feral Man.* New York 1942

PETER MÖHRING

Kommentar zu Georges Devereux

Der in Ungarn geborene Ethnologe und Psychoanalytiker Georges Devereux (1908–1985) war ein universal gebildeter Mann, dessen wissenschaftliches Werk wohl noch bei weitem nicht ausgeschöpft ist. Neben jahrelangen Feldforschungen in Nordamerika und Asien arbeitete er als Spezialist für interkulturelle Fragestellungen in einer psychiatrischen Einrichtung und lehrte an Universitäten in den Vereinigten Staaten und Paris. Er veröffentlichte in verschiedenen Arbeitsgebieten, unter anderem auch zahlreiche Aufsätze zur psychoanalytischen Theorie und Technik, und bedeutsame Abhandlungen über antike Mythologie. In Deutschland ist er vor allem mit *Normal und anomal. Aufsätze zur allgemeinen Ethnopsychiatrie* (1974) und mit dem berühmten Werk *From Anxiety to Method in the Behavioural Sciences* (1967), in Deutsch als *Angst und Methode in den Sozialwissenschaften* erschienen, bekannt geworden. In letzterem vollzieht er eine grundsätzliche Kritik an der verhaltenswissenschaftlichen Methodologie und plädiert für eine prinzipielle Neuorientierung, indem die Gegenübertragung eines jedweden Forschers/Untersuchers konsequent in theoretische, konzeptionelle und methodologische Erwägungen als wichtig(st)es Datum aufgenommen wird. Er plädiert dort für die Wiedereinführung des Affekts in die Forschung. Methodologischer Objektivismus, wie er ausgeübt werde, sei häufig sehr plump und unreflektiert und beruhe nach seiner These vor allem auf der Abwehr von Angst, die durch die Objekte der Beobachtung ausgelöst werde. Er belegt seine Thesen in diesem sehr lesenswerten Buch an über vierhundert Beispielen aus allen Bereichen der Humanwissenschaften und der Literatur.

Die hier vorgelegte Arbeit wurde 1953 veröffentlicht. Devereux' kulturwissenschaftliche Thesen sind schon weit entwickelt. Daß er nicht nur genialer Theoretiker, sondern auch praktizierender Feldforscher und Psychoanalytiker war, macht seine Arbeiten so inhaltsreich. Er hat es seinen Lesern nie besonders leicht gemacht, ihn zu verstehen. Wenn man seine hier knapp und präzise gefaßten Thesen zur Kultur als charakteristische menschliche Eigenschaft sorgfältig liest, lassen sie sich als Schlüssel zu einem übergreifenden Verständnis von Psychoanalyse und Kultur nutzen: So macht er uns deutlich, daß der Begriff der Psyche von dem der Kultur nicht zu trennen ist. Die menschliche Gattung, das biologische Wesen *homo sapiens* trägt Eigenschaften in sich, die ihn befähigten, etwas zu erschaffen, was über die Biologie hinausweist: Kultur und das, was wir unter »Psyche« verstehen. Daß ein Mensch, der während seiner kindlichen Sozialisation nicht die Erfahrung von Kultur macht, ein völlig Anderer wird, der kaum dazu befähigt ist, unter uns zu leben, läßt erahnen, wie prägend die Einflüsse von Kultur sind, welchen tiefgreifenden Einfluß sie auf die Bildung psychischer Struktur nehmen. Devereux hat dies an anderer Stelle (z.B. in 1974) mit den Begriffen der ethnischen Persönlichkeit und deren bewußter und unbewußter Phase gefaßt.

Seine Überlegungen würden auch eine differenzierte Betrachtung des gegenwärtigen Booms biologischer Wissenschaftlichkeit gestatten, was ich hier nur anhand eines kleinen Beispiels andeuten möchte. Das Wissen über das, was Devereux vor ca. 45 Jahren als das biologische Potential des Menschen bezeichnete, verwirklicht sich heute vor allem in der Genetik. Kaum ein Tag vergeht, an dem wir wieder über eine neue angeblich genetisch bedingte Erkrankung oder Verhaltenskategorie informiert werden: Krebs, Zwangsneurose, Vorlieben für Farben, Partner, Geschmäcker, Gerüche. Die Gefahr, die vor allem in der gegenwärtigen Rezeption solcher Erkenntnisse liegt, ist die nach zwei Jahrzehnten der Offenheit für soziogenetische Konstruktionen wieder zunehmende Blindheit der Industrienationen westlicher Prägung für die (besonders nichtmateriellen) Einflüsse der Kultur. Devereux hätte im Sinne der zuvor erwähnten These Angst vor der Betrachtung der eigenen kulturbedingten Einflüsse als Hintergrund dafür annehmen können. Allerdings hat er sich kaum als Gesellschaftskritiker geäußert, dazu war er zu wenig politischer Mensch.

Auch den theoretisch bedeutsamen Gedanken der Komplementarität (im Gegensatz zur additiven Relation) des anthropologischen und psychologischen Zuganges erwähnt er in der vorliegenden Arbeit. Diese auch heute noch aktuelle Konzeption, die an die physikalischen Modelle von Bohr und Heisenberg angelehnt ist, findet sich auch in anderen humanwissenschaftlichen Zusammenhängen wieder, zum Beispiel in Th. v. Uexkülls systemischen psychosomatischen Modell (1996). Eine eingehendere Darstellung seiner an physikalische Modelle angelehnte »Komplementaritätshypothese« findet sich z. B. in Devereux' Buch aus dem Jahr 1978.

Wie wichtig das Verstehen von Kultur für einen Analytiker ist, wußte Sigmund Freud noch sehr genau, hat er doch ein eindrucksvolles kulturtheoretisches Werk hinterlassen. Heutzutage sind alle Länder, und dort, wo es sie gibt, auch die Analytiker und anderen Psychotherapeuten durch die Zunahme von Migrationsbewegungen mit interkulturellen Themen befaßt. Hilfreich ist Devereuxs Unterscheidung der interkulturellen und der transkulturellen Perspektive: Weitgehende Informiertheit über die fremde Kultur kann zum Beispiel vor übermäßiger Neugier schützen und die Wirksamkeit von Interventionen verbessern, aber Wissen über Elemente und Funktionsweisen von Kultur an sich kann dort helfen, wo sich das interkulturelle Wissen erschöpft.

Wie verwenden »Normale« und psychisch Kranke Kultur? Wie machen sie von ihr Gebrauch? Diese Fragen zu stellen bedeutet, das Handeln des Einzelnen aus der Sicht der Kultur zu betrachten. Diese Perspektive macht auch deutlich, wie Kultur durch den Kranken verfremdet werden kann. In diesem Sinne ist ja auch die Argumentation von Devereux zu verstehen, daß die Kultur den Menschen nicht einenge, sondern ihm im Gegenteil Gelegenheit gäbe, seine Fähigkeiten zu entfalten. Natürlich ist zu kritisieren, daß er, wenn es darum geht, einengende Wirkungen von Kulturen zu beschreiben, pathologisierend von »kranken« Kulturen spricht, anstelle politisch zu argumentieren. Der Grundgedanke, daß Kultur nichts Fremdes, nichts Einengendes sein soll, sondern das, was wir uns selbst schaffen, um unser Potential zu verwirklichen, ist in kulturpessimistischen Zeiten erfrischend, ohne daß damit das destruktive Potential gerade auch industrieller Kulturen mit ökonomischem Primat verharmlost werden soll.

Wer im therapeutischen Kontext mit Angehörigen anderer Kulturen Kontakt hat, wird den einen oder anderen Hinweis von Devereux zur Therapie hilfreich finden, auch wenn heutzutage Forschungsanalysen, die ein Spezifikum seiner Behandlungen waren, selten sind. Heute spielen andere Parameter hinein, die auf die Gegenübertragung des Behandlers anderen, sicher nicht weniger starken Einfluß nehmen. Wenn Devereux allerdings von der Sexalität der von ihm behandelten Indianerin spricht, dringen seine eigenen ethnozentrischen Vorstellungen durch. Devereux spricht von der in der interkulturellen Therapie erforderlichen kulturellen Neutralität. Wie man sich einem solchen Ziel nähern kann, hat Mario Erdheim (1984) konzeptualisiert, der den ethnopsychoanalytischen Prozeß als eine Pendelbewegung zwischen der eigenen und der fremden Kultur beschrieben hat, die schließlich dazu führt, daß man sich eigener infantiler Trieb-Abwehr-Konstellationen und Kompromißbildungen wieder bewußt wird und von daher das Fremde ohne Verzerrung durch die eigene kulturbedingte Abwehr begreifen kann.

Literatur

G. Devereux: *Angst und Methode in den Verhaltenswissenschaften.* Hanser, München (o.J.). Englisch: *From Anxiety to Method in the Behavioural Sciences.* Mouton & Co. Den Haag-Paris 1967

G. Devereux: *Normal und anomal. Aufsätze zur allgemeinen Ethnopsychiatrie.* Suhrkamp, Frankfurt a. M. 1974

G. Devereux: *Ethnopsychoanalyse.* Suhrkamp. Frankfurt a. M. 1978

M. Erdheim: *Die gesellschaftliche Produktion von Unbewußtheit.* Suhrkamp, Frankfurt a. M. 1984

Th. v. Uexküll: *Psychosomatische Medizin.* Urban und Schwarzenberg, München. 5. Auflage 1996

MONA BEHNAM
Steffen Strohmenger:
Kairo: Gespräche über Liebe
Eine ethnographische Collage in 12 Szenen

Wer einmal in Kairo war, kennt das vielleicht: Sie kommen am Flughafen
an, in Deutschland war es noch kühl oder schon kalt, in Kairo ist die Luft
warm und lau und auf der Fahrt vom Flughafen in die Stadt hinein tönen
einem aus den Autoradios sehnsuchtsvoll-schmachtende, zwischen Dur
und Moll wechselnde Lieder entgegen. Auch der Autor des hier bespro-
chenen Bandes, Steffen Strohmenger, kommt in den Genuß dieser Musik
während seiner Autofahrten durch Kairo, welche er mit einem einheimischen Freund unternimmt. Er wird unterwiesen in Dichter und Kom-
ponisten, lernt die Namen der Sänger und Sängerinnen kennen.»Und so
konnte es passieren, daß ich durch irgendwelche Kairoer Stadtviertel
spazierte und dabei in dem allerorts aus schrebbelnden Musikgeräten
kommenden Hintergrundsrauschen die wohlklingenden Melodien mir
vertrauter Lieder wiedererkannte; so daß ich dann vielleicht beim Stra-
ßenkauf von Orangen beiläufig erwähnen würde: ›Ahh, das ist ja das
Lied Amal hayâti von Omm Kalthûm!‹« (S. 13) Und er stellt fest:»Denn
ungewöhnlich war für mich nicht nur die enorme, alle Gesellschafts-
schichten übergreifende Popularität der Sänger, sondern auch die große
Bedeutung, die dabei den Liedtexten beigemesen wird. Die Liebeslyrik
genießt eine offensichtlich so große kulturelle Wertschätzung, daß sie
selbst Gegenstand eines lebhaften Interesses und engagierter Betrachtun-
gen ist. Und man würde wohl kaum einen Ägypter treffen, der – wenn
nicht gleich den ganzen Text – doch zumindest eine für meine Verhältnisse beeindruckende Anzahl von Liedpassagen auswendig könnte, und
der mit den Liedern nicht irgendein starkes persönliches Erleben zu verbinden wüßte, seiner Seele und seinen Gefühlen darin nicht Ausdruck
verliehen sähe.« (S. 14) Diese Wahrnehmung, aber auch, wie später zu
lesen ist, eine persönliche Liebeserfahrung in dem arabischen Land, sind
Ausgang für seine Untersuchung der»Liebessemantik« dieser Gegend.
Bei dieser Zusammenstellung der Fragmente einer Sprache der Liebe,
geht es ihm um eine»Bestandsaufnahme der ›Langue‹, der sich die gesellschaftliche ›Parole‹ bedient, mit der die ägyptische Gesellschaft ein
Wissen um Liebe tradiert und im aktuellen Diskurs immer wieder neu
verhandelt.« (S. 19) Er bleibt dabei bewußt allein auf der Ausdrucks-

ebene, daher geht es ihm nicht um tatsächlich gelebte Erfahrungen seiner Informanten, sondern wie persönliche Gefühle, Erlebnisse und Wertvorstellungen zur Sprache, zur Rede gerinnen. Strohmenger hat dazu 22 Gesprächsteilnehmer und Gesprächsteilnehmerinnen interviewt, die in der Mehrzahl zwischen 20 und 30 Jahre alt und ägyptisch-muslimischer Prägung waren, in mittleren bis gehobenen Einkommensverhältnissen in Kairo lebten; die meisten von ihnen hatten eine Hochschulbildung erhalten. Über die in der Regel als Einzelgespräche geführten Interviews erstellte er ein Register, welche Themen und Unterthemen darin zur Sprache kamen; im zweiten Durchgang zerlegte er die Gesprächstexte in thematische Passagen, welche dann dem Register zugeordnet wurden. Damit ergaben sich für die einzelnen Themenpunkte auch jeweils Gruppen von Gesprächsbeiträgen. Diese einzelnen, aus ihrem Erzählzusammenhang herausgelösten Strukturen bildeten Bausteine für die späteren Gesprächscollagen, zu denen er diese Textbausteine zusammensetzt. »In der Gesprächscollage sind somit all die Beiträge vertreten, mit denen sich das Meinungsspektrum in seiner gesamten Breite kennzeichnen ließ, wobei von mir gleichsam auch die relative Verteilung der Standpunkte beachtet wurde. Die sich allmählich verdichtende Collage erhielt so immer mehr den Charakter einer von mehreren Personen geführten Diskussionsrunde.« (S. 45)

Die Themen hat der Autor zu einzelnen Gesprächsszenen zusammengefasst, im Anschluß daran findet sich jeweils ein Kommentar: »Mit dem Kommentar habe ich versucht mich auf den Standpunkt eines Beobachters zu stellen, der nur das sieht, was sich mit dem Gesprächsmaterial der einzelnen Szenen gesagt findet, und der daraus seine Informationen erhält, wie in Liebesangelegenheiten vorzugehen ist.« (S. 49)

Die Gesprächsszenen geben unter anderem Auskunft darüber, mit wem, ob z.B. auch mit den Eltern, wann und wo, über Liebe gesprochen wird. Wie man sich nähert, wirbt, wo man sich in Kairo trifft. Über den möglichen Unterschied zwischen Liebe und Heirat und über Eifersucht und Ehebruch – all dies und mehr kommt zur Sprache. Interessant fand ich z.B. zu erfahren, daß die Gesprächsteilnehmer eher mit der Mutter als mit dem Vater über Herzensdinge sprechen oder sprechen würden. Oder auch, daß der so oft besungene Nil als Ort romantischer Treffs von diesen Informanten der mittleren und gehobenen Gesellschaftsschicht jedoch eher gemieden wird. Man trifft sich in Clubs oder im Hotelcafé: »Ja, die untere Schicht, sie treffen sich immer am Nil ... (und) ... sie gehen zum Nilufer aus einem wirtschaftlichen Grund. Weil sie nicht genug Geld haben, um in ein Kasino oder ein Restaurant zu gehen.« (S. 71)

Auch über die vorzugsweise weibliche Koketterie »Tuql«, das orientalische »playing hard to get« wird erörtert, bei dem die Frauen und Mädchen vorgeben, das männliche Annäherungsbegehren nicht zu bemerken und so sich der Wertschätzung und der Ernsthaftigkeit der Männer versichern. Deutlich wird auch, wofür sich der Mythos »wahre Liebe« (versus Vernunftheirat, aus der im Zusammenleben = âischra, vielleicht Liebe entsteht) alles eignen mag. Mit dem Verweis auf die »Liebe« lassen sich im traditionellen Kontext Verhandlungsspielräume elterlichen Interessen gegenüber und größere Freiräume gegenüber traditionellen Rollenzuweisungen und Stereotypen erhoffen.

Auch die Frage nach einem Seitensprung wird erörtert, wobei hier die Rollenzuweisung an die beiden Geschlechter ihren krassesten Gegensatz aufweist. Immer noch, auch in dieser beschriebenen jüngeren Generation, gilt die »Doppelstandard-Methode«: »Der Mann hat gegenüber der Frau die ungleich größere Handlungsfreiheit einen Seitensprung zu unternehmen; die Frau hat gegenüber dem Mann die ungleich größere Handlungsfreiheit eine solchen zu akzeptierien.« (S. 195)

Strohmengers Arbeit, ursprünglich als Magisterarbeit konzipiert, liest sich, auch in den verfremdeten, fiktiven Diskussionsrunden, leicht und flüssig. Wir lernen die wesentlichen Liebes-Topoi kennen. Die Anmerkungen im Anhang sind auf jeden Fall mitzulesen, sie unterfüttern die Untersuchung, erläutern den kairenischen oder ägyptischen Alltag und zeigen, daß der Autor in die Lebenswelt seiner Informanten eingetaucht ist. Die zitierte Literatur regt zum Weiterlesen an.

Steffen Strohmenger: *Kairo: Gespräche über Liebe: Eine ethnographische Collage in 12 Szenen.* Wuppertal 1996: Peter Hammer Verlag

ROLAND APSEL
Vom Schreibtisch abgeräumt...

Publikationen zur Adoleszenz aus sozialpädagogischem, soziologischem oder politischem Interesse sind in den letzten Jahren zuhauf erschienen. Meist stehen sie in direktem Bezug zum eigenen professionellen Hintergrund und geben so auch wertvolle Hinweise zum gesellschaftlichen Umgang mit Adoleszenz. Einige kreative Ideen enthält der Sammelband, der von Krebs u.a. herausgegeben wurde: *Lebensphase Adoleszenz*. Bei manchen theoretischen Ableitungen fehlt mir da nur noch die Unterfütterung durch die Praxis. Spiegeln die theoretischen Erkenntnisse nicht in gewisser Weise Wunschdenken von Autorinnen oder Autoren wider, wenn von »Entwicklungsaufgaben«, besonders der Mädchen, geschrieben wird? Manche ein guter Gedanken scheint mir da noch mit zu wenig Erdhaftung. Diese Haftung bekommen wir eher durch die Beiträge des Themenheftes *Adoleszenz* (Heft 94) der Zeitschrift *Analytische Kinder- und Jugendlichen Psychotherapie*. Dort werden in mehreren Beiträgen psychoanalytische Therapien Jugendlicher vorgestellt. Sie bieten einen guten Einblick in das unbewußte Erleben und die damit zusammenhängenden Konflikte Jugendlicher. Was es heißt, das Aufdecken unbewußter Konflikte in den Mittelpunkt zu stellen, zeigen diese Fallberichte.

Das Buch *Der Kastrationskomplex* von André Green, kompetent aus dem Französischen von Erika Kittler übersetzt, ist nun erschienen. Greens Werk ist in Deutschland erst noch zu entdecken, geht es doch mit dem Finanzieren von Übersetzungen nur schleppend voran. Um so besser, daß nun dieses theoretische Werk erschienen ist, in dem der Autor seine Sicht von »Sinn und Bedeutung des Kastrationskomplexes« vorlegt und diesen Teil psychoanalytischer Theorie auf den Erkenntnisstand der Zeit bringt. Green bezieht mit seinen Erkenntnissen auch den Geschlechterdiskurs und die Bedeutung von Kastrationsangst und ihrer Überwindung durch Verzicht ein; in der Konsequenz macht dies Green auch für die Ethnologie zu einem wichtigen Autor.

Für mich ist es immer wieder schön zu sehen, wie unterschiedliche Denkbewegungen zwanglos in der Ethnopsychoanalyse zusammenlaufen können und integriert werden können. Bernhard Waldenfels: *Topographie des Fremden* ist so ein Beispiel. Seine Aufarbeitung der Phänomenologie des Fremden in seiner geschichtlichen und raum-zeitlichen Dimension erscheint mir für die Ethnopsychoanalyse nutzbringend, und es ist interessant zu sehen, wie ihm eine Konzeption von Unbewußtheit weiterhelfen könnte, weitere Dimensionen des Fremden zu verstehen. Doch Waldenfels Denken ist allemal inspirierend und sein Werk eine systematisch Fundgrube zum Verständnis des Fremden. Dabei ist es ein irgendwie deutsches Buch, wenn ich es jetzt mit dem mit typisch amerikanischer pragmatischer Leichtigkeit geschriebenen Buch von Clifford Geertz *Spurenlesen. Der Ethnologe und das Entgleiten der Fakten* vergleiche. Was Geertz Buch so zum Genuß werden läßt, im Gegensatz zu der Anstrengung bei Waldenfels, ist die Verbindung von Erzählen und Denken. All die Dinge, die Waldenfels theoretisch exemplifiziert, und die Diskurse, die er aufzeigt, werden auch von Geertz angesprochen und verarbeitet und wie im Spiel in einen voranschreitenden Erkenntnisprozeß eingegliedert und mit Beispielen unterfüttert, die das reiche anthropologische Forscherleben aufscheinen lassen. Geertz wird zum alters-weisen Erzähler, zum ironisch-kritischen und fundiert gesellschaftskritischen Kommentator. Er schreibt davon, wovon der englische Titel zeugt: *After the Fact: Two Countries, Four Decades, One Anthropologist.* Aber auch das ist noch nicht das Ganze: eigentlich sind es *Three Countries.* Der Reiz des Buches besteht in der Teilhabe an diesem Jahrzehnte während Forschungsprozeß über die Entwicklung dreier Länder: Marokko, Indonesien und den USA. Und so ganz beiläufig kommt er zu, würde ich meinen, ethnopsychoanalytischen Erkenntnissen über diese drei Kulturen und ihre Entwicklung – und über die den kulturellen Wandel vorantreibende Adoleszenz – nachzulesen auf den Seiten 162ff.

Literatur

Analytische Kinder- und Jugendlichen-Psychotherapie, Themenheft Adoleszenz, Heft 94, 2/1997, Frankfurt a. M., 124 Seiten

Clifford Geertz: *Spurenlesen. Der Ethnologe und das Entgleiten der Fakten.* München 1997, 220 Seiten

André Green: *Der Kastrationskomplex.* Tübingen 1996, 156 Seiten

Heinz Krebs u. a. (Hrsg.): *Lebensphase Adoleszenz. Junge Männer und Frauen verstehen.* Mainz 1997, 230 Seiten

Bernhard Waldenfels: *Topographie des Fremden. Studien zur Phänomenologie des Fremden 1.* Frankfurt a. M. 1997, 230 Seiten

Die Autorinnen und Autoren

Sigrid Awart, geboren 1966, Psychologin, in Ausbildung zur Psychoanalytikerin am Wiener Psychoanalytischen Seminar, mehrere Feldforschungen in Lihir (Papua Neuguinea), Studienaufenthalte in Südafrika und Großbritannien, arbeitet derzeit über »Geistheilen in Österreich«, Film über Lihir *Paradise is elsewhere.*

Mario Erdheim, 1940 in Quito, Ecuador, geboren, ab 1953 in der Schweiz. Studium in Wien, Basel und Madrid; ab 1975 psychoanalytische Praxis in Zürich und Lehrtätigkeit an verschiedenen Universitäten. 1985 Habilitation in Frankfurt a. M.Veröffentlichte u. a.: *Die gesellschaftliche Produktion von Unbewußtheit. Eine Einführung in den ethnopsychoanalytischen Prozeß* (Frankfurt a. M., 1982), *Die Psychoanalyse und das Unbewußte in der Kultur* (Frankfurt a. M., 1988).

Jürgen Krambeck, geboren 1942, Diplom Psychologe und Soziologe, Psychoanalytiker (DGPT) und Gruppenanalytiker (DAAG) in eigener Praxis. Dozent am Institut für Psychoanalyse und Psychotherapie in Heidelberg/Mannheim. Feldforschung in Indien (gemeinsam mit Beatrix Pfleiderer). Veröffentlichungen in Zeitschriften.

Christian Maier, Dr. med., Arzt für Neurologie und Psychiatrie, als Psychoanalytiker in freier Praxis tätig. Veröffentlichungen zur Psychiatrie (vor allem Psychosen), Psychoanalyse und Ethnopsychoanalyse: *Das Leuchten der Papaya. Ein Bericht von den Trobriandern in Melanesien* (EVA: Hamburg 1996).

Ellen Reinke, geboren 1942, studierte nach 15 Jahren Berufstätigkeit Psychologie und Soziologie in Frankfurt a. M. Promotion und Forschungstätigkeit. Psychoanalytikerin (DPV) in eigener Praxis. Seit 1991 Professorin für Psychologie an der Universität Bremen, Mitglied des Instituts für Theoretische und Angewandte Psychoanalyse an der Universität Bremen sowie Leiterin der Transfereinrichtung DIALOG.

Claudia Roth, Ethnologin, Dr. phil., geboren 1955, lebt in Zürich. Seit 1989 wiederholte Feldforschungsaufenthalte in Burkina Faso/Westafrika. Publikation u.a.: *Und sie sind stolz. Zur Ökonomie der Liebe. Die Geschlechtertrennung bei den Zara in Bobo-Dioulasso, Burkina Faso* (Brandes & Apsel Verlag, 1994), französisch: *La séparation des sexes chez les Zara au Burkina Faso* (L'Harmattan: Paris, 1996),

Ruth Waldeck, Dr. phil., geboren 1950, Pädagogin und Psychologin, arbeitet als Psychotherapeutin in eigener Praxis und ist Lehrbeauftragte an der Universität Frankfurt a. M. Veröffentlichungen zur Psychoanalyse der weiblichen Adoleszenz sowie das Buch *»Heikel bis heute«: Frauen und Nationalsozialismus* (Brandes & Apsel, 1992).

Cornelia Wegeler, Dr. phil., studierte Philosophie, klassische Philologie, Pädagogik und Psychoanalyse. Arbeitet als Wissenschaftshistorikerin und analytische Kinder- und Jugendlichen-Psychotherapeutin (in Ausbildung). Buchveröffentlichung: *»... wir sagen ab der internationalen Gelehrtenrepublik.« Altertumswissenschaft und Nationalsozialismus. Das Göttinger Institut für Altertumskunde 1921 – 1962* (Böhlau Verlag: Wien/Köln/Weimar, 1996).

Markus Weilenmann, Ph. D., Ethnologe und Psychoanalytiker, lebt in Zürich und führt das *Büro für Konfliktforschung in Entwicklungsländern* und arbeitet auch als Gutachter für die deutsche GTZ. Buchveröffentlichung: *Burundi: Konflikt und Rechtskonflikt. Eine rechtsethnologische Studie zur Konfliktregelung der Gerichte* (Brandes & Apsel, 1997).

Die Welt verstehen...

WERKBLATT 37

Zeitschrift für Psychoanalyse und Gesellschaftskritik

B. Rothschild & B. Rambert
Zum Tod von Goldy
Parin-Matthèy

Das Begehren.
Über das Sexuelle im
Analyseprozeß
B.Rambert, A.Koellreuter,
E. Storck, E.Danneberg &
U.Körbitz im Gespräch

Lilli Gast:
„Ein gescheites, überscharfes
Frauenzimmer..."- Joan Riviere

Gabriele Sorgo:
Martyrium und Pornographie

Doris Gödl:
„Die Psychoanalyse im Reisekoffer" - Ein Reisebericht aus dem ehemaligen Jugoslawien

u. a

erscheint 2 mal jährlich mit 128 Seiten
Einzelheft 140 ÖS / 21 DM / 19 sfr
Jahresabonnement 250 ÖS / 37 DM / 34 sfr

Bestelladresse:
Auerspergstr.10/30, A-5020 Salzburg
Fax: ++43/662/876 999
e-mail: maetzler@alpin.or.at
http://hhobel.phl.univie.ac.at/werkblatt

Ältere Hefte zu Sonderpreisen!
Vollständiges Inhaltsverzeichnis aller bisher erschienenen Hefte wird zugesandt!
Kostenloses Probeheft anfordern!

ISSN 0257-3601